CEDU쎄듀는 A **C**omprehensive **E**nglish e**DU**cation(종합적 영어교육)의 약자입니다.

온라인으로 학습하는 수능 핵심 어법 포인트

 Mobile & PC 동시 학습이 가능한

쎄듀런 온라인 문법 트레이닝 서비스

학생용

❶ 주관식 1

❷ 주관식 2

❸ 주관식 3

❹ 객관식

❺ 선택&주관식

첫단추 문법·어법편 온라인 학습 50% 할인 쿠폰

할인 쿠폰 번호 **LFP8KZU3Z9J8**
쿠폰 사용기간 **쿠폰 등록일로부터 90일**

PC 쿠폰 등록 방법

1 쎄듀런에 학생 아이디로 회원가입 후 로그인해 주세요.
2 [쿠폰 등록하기]를 클릭하여 쿠폰 번호를 입력해주세요.
3 쿠폰 등록 후 홈페이지 최상단의 [상품소개→(학생전용) 쎄듀캠퍼스]에서 할인 쿠폰을 적용하여 상품을 결제해주세요.
4 [마이캠퍼스→쎄듀캠퍼스→[고등] 첫단추 문법·어법편(2024 개정판)]에서 학습을 시작해주세요.

유의사항

- 본 할인 쿠폰과 이용권은 학생 아이디로만 사용 가능합니다.
- 쎄듀캠퍼스 상품은 PC에서만 결제할 수 있습니다.
- 해당 서비스는 내부 사정으로 인해 조기 종료되거나 내용이 변경될 수 있습니다.

첫단추 문법·어법편 맛보기 클래스 무료 체험권 (Chapter 2개)

무료 체험권 번호 **TGS73KDJQNLN**
클래스 이용기간 **체험권 등록일로부터 30일**

Mobile 쿠폰 등록 방법

1 쎄듀런 앱을 다운로드해 주세요.
2 쎄듀런에 학생 아이디로 회원가입 후 로그인해 주세요.
3 [쿠폰 등록]을 클릭하여 쿠폰 번호를 입력해주세요.
4 쿠폰 등록 후 [마이캠퍼스→쎄듀캠퍼스→<맛보기>첫단추 문법·어법편 (2024 개정판) 클래스]에서 학습을 바로 시작해주세요.

PC 쿠폰 등록 방법

1 쎄듀런에 학생 아이디로 회원가입 후 로그인해 주세요.
2 [쿠폰 등록하기]를 클릭하여 쿠폰 번호를 입력해주세요.
3 쿠폰 등록 후 [마이캠퍼스→쎄듀캠퍼스→<맛보기>첫단추 문법·어법편 (2024 개정판) 클래스]에서 학습을 바로 시작해주세요.

쎄듀런 모바일앱 설치

쎄듀런 홈페이지
www.cedulearn.com

쎄듀런 카페
cafe.naver.com/cedulearnteacher

첫단추

문법·어법편

BUTTON UP

저자

김기훈   現 ㈜쎄듀 대표이사

현 메가스터디 영어영역 대표강사

前 서울특별시 교육청 외국어 교육정책자문위원회 위원

저서 천일문 / 천일문 Training Book / 천일문 GRAMMAR

첫단추 BASIC / 쎄듀 본영어 / 어휘끝 / 어법끝 / 문법의 골든룰 101

절대평가 PLAN A / 리딩 플랫폼 / ALL씀 서술형

Reading Relay / The 리딩플레이어 / 빈칸백서 / 오답백서

첫단추 / 파워업 / 수능영어 절대유형 / 수능실감 등

쎄듀 영어교육연구센터

쎄듀 영어교육센터는 영어 콘텐츠에 대한 전문지식과 경험을 바탕으로
최고의 교육 콘텐츠를 만들고자 최선의 노력을 다하는 전문가 집단입니다.

오혜정 센터장 · **이혜경** 전임연구원 · **이민영** 연구원

마케팅	콘텐츠 마케팅 사업본부
영업	문병구
제작	정승호
인디자인 편집	올댓에디팅
디자인	윤혜영·정지은
영문교열	James Clayton Sharp

펴낸이	김기훈·김진희
펴낸곳	(주)쎄듀 / 서울시 강남구 논현로 305 (역삼동)
발행일	2023년 11월 10일 제4개정판 1쇄
내용문의	www.cedubook.com
구입문의	콘텐츠 마케팅 사업본부
	Tel. 02-6241-2007
	Fax. 02-2058-0209
등록번호	제22-2472호
ISBN	978-89-6806-289-6

개정판을 내며

이 책은 2009년에 처음 출판되어 지금까지 총 55만 부 이상이 팔린 베스트셀러 <첫단추 모의고사 문법·어법편>의 개정판입니다. 2018년에 개정판이 나온 후로 5년이 흘러, 새로이 개정판을 내게 되었습니다. 기존에 좋은 평가를 받았던 부분은 그대로 보존하되, 최신 입시와 내신 현황을 반영한 것입니다.

개정 중점 사항은 아래와 같습니다.

◆ 최신 출제 경향을 완벽히 반영
◆ 최신 출제 기출 및 내신 예문을 응용하여 완벽 반영
◆ 내신 대비 서술형 문제 보강

고등학교에서의 문법·어법 학습은 개별 문법 사항에 대한 지식에 그치지 않고 통합적인 문제 해결력과 독해 지문 속에서 해결할 수 있는 적용력 향상에 초점이 맞추어져야 합니다.

이는 단순히 중학 문법을 반복하거나 문장 위주로 학습하는 것으로는 성공하기 어려운 과제입니다. 본 교재는 학습 목표를 효과적으로 달성할 수 있도록 매우 체계적인 학습 단계로 구성한 것입니다. 우선, 기본 문법 개념을 한눈에 볼 수 있도록 정리합니다. 이어지는 빈출 핵심 어법 Point에서는 시험에 나오는 중점 사항만을 집중적으로 학습하고 문장-단문-중문의 순서로 적용·훈련합니다. 핵심 Point들이 반복해서 등장하고 서술형을 포함한 여러 다양한 문제와 지문 속에서 해결하는 과정을 통해, 문제 적용력이 자연스럽게 체화될 수 있습니다.

기본 개념과 핵심을 꿰뚫은 질 좋은 문제로, 고등학교 어법 학습의 첫단추를 수월하게 채울 수 있습니다. 의미와 표현을 생각하며 이해해 보고 많이 접해 본다면, 어느새 익숙해져 자연스럽게 통합적 문제들도 해결할 수 있게 될 것입니다. <첫단추 문법·어법편>이 내신 시험과 학력평가의 문법·어법 시험에서 그리고 더 나아가 독해와 듣기에서도 많은 도움이 되는 교재가 되기를 바랍니다.

저자

CONTENTS

이 책의 구성과 특징

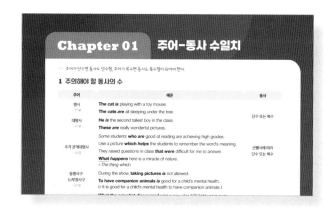

기본적인 문법 사항을 한눈에 볼 수 있도록 한 페이지에 정리하였습니다. 바로 뒤에 이어질 '**시험에 나오는 어법 Point**'에 대한 이해를 높일 수 있습니다.

시험에 나오는 어법 Point

체계적인 4단계 학습 시스템과 적용 시스템으로 어법을 효율적으로 학습할 수 있도록 구성했습니다.
Point를 모두 학습한 뒤에 오른쪽 페이지의 문제를 풀어도 되고,
Point 하나와 오른쪽 페이지의 문제를 풀고 다음 Point로 넘어가는 식으로 학습해도 됩니다.

1 기출 분석을 통해 엄선된 어법 Point로 **출제 경향 파악!**

2 자기 주도적 학습으로 **주요 어법 Point 파악!**

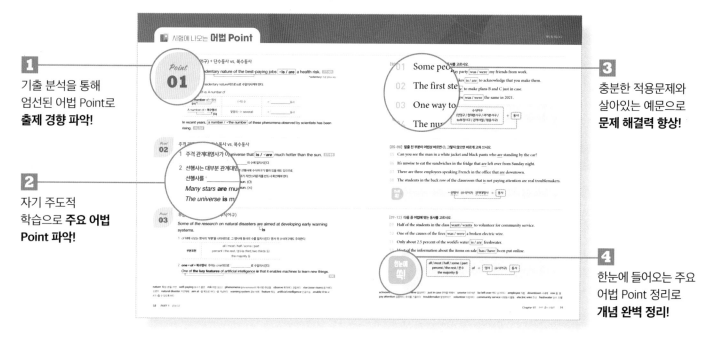

3 충분한 적용문제와 살아있는 예문으로 **문제 해결력 향상!**

4 한눈에 들어오는 주요 어법 Point 정리로 **개념 완벽 정리!**

빈틈을 채우는 촘촘문법

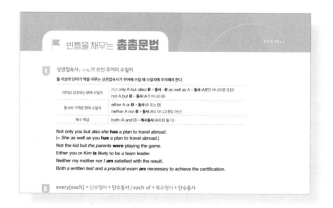

출제 가능성이 있는 관련 문법·어법 Point들을 망라하여 빈틈없는 완벽한 학습이 가능합니다.

How to use this book

실력이 쌓이는 적용훈련

앞서 학습한 모든 어법 Point를 문장을 통해 반복 훈련하여
문제 해결력을 높인 후, 3~4줄 정도의 짧은 문단 단위 내에서
어법 Point를 집중적으로 적용해볼 수 있습니다.

실전에 통하는 적용훈련

본격적인 지문형 문제로 실전 어법 문제에 대한 적용력을
높여줍니다.

실력을 완성하는 서술형 훈련

어법 Point 적용 훈련에 가장 효과적인 서술형 유형으로
구성되어 있습니다.

내신·학평 대비 미니 모의고사

각 PART별로 학습한 어법 사항을 종합적으로 점검해 볼 수
있습니다. 본 개정으로 서술형이 추가되었으며, 누적 테스트
개념이므로 복습에도 효과적입니다.

무료 부가서비스 **www.cedubook.com**
어휘리스트/어휘테스트를 무료로 다운로드하실 수 있습니다.

쎄듀런 학습하기 유료 **www.cedulearn.com** *[첫단추 문법·어법편] 교재 서비스는 12월 말부터 이용 가능합니다.
쎄듀런 웹사이트와 앱을 통해 온라인으로 풍부한 문법 문항을 학습하실 수 있습니다.

쎄듀런

학생
· 학습 TR(Training) 제공
· 실력향상 TEST 제공

선생님
온라인 TR/TEST 및 학사관리 제공
학교 및 학원용 TEST 인쇄 서비스 제공

준비편

문법·어법 Q & A

Q 문법은 왜 필요한가?

A 영어가 모국어가 아닌 학습자들은 정확한 영어를 구사하기 위해 문법을 학습해야 한다. 정확하지 않은 영어를 구사하다 보면 의사소통에 오해를 불러일으킬 수도 있다.

다음 이야기는 한 외국인이 한국에 온 지 일주일째 되던 날 경험한 일이다.

> **A(한국인)** : I think sometimes you are **boring**.
> **B(외국인)** : Really? Do you think so?
> **A(한국인)** : Yes! When you are very **boring**, you can call me.
> **B(외국인)** : @-@

B는 매우 당황했다. "You are **boring**(너는 지루해)."이라니! A는 분명 '한국에 친구도 가족도 없으니 심심하겠다. 언제든 내게 전화해.'라는 친절한 의도였겠지만 외국인 친구를 당황하게 하는 결과를 가져온 것이었다. 이 상황에 적절한 표현은 "You might get **bored** sometimes. Call me when you are **bored**."이다.

외국인과 직접 소통하면서 올바른 표현을 배우는 방법도 있지만, 우리는 일상생활에서 그런 기회가 거의 주어지지 않는 환경에 놓여 있다. 즉, 영어로 소통하지 않는 EFL(English as a Foreign Language) 환경이므로, 문법 학습이 필수적이다.

Q 고등학교에서 문법·어법은 어떻게 학습해야 하는가?

A 세세한 문법 지식만을 테스트하는 문제는 거의 등장하지 않고 대부분이 독해 지문 속에서 출제된다. 내신 시험은 출제 범위가 아주 넓고, 학평은 출제 범위조차 정해져 있지 않다. 기본적인 해석력을 갖춰야 하기 때문에 어휘와 구문 학습도 중요하다. 하지만, 출제되는 어법 Point는 거의 정해져 있다. 시험에 나오는 것을 중점적으로 훈련하면 어느 지문에서 출제되더라도 올바른 답을 할 수 있으므로, 학습을 해두기만 하면 점수를 쌓을 수 있기 때문에 아주 중요하다. 중학교에서 기본문법을 전반적으로 학습하였다면, 고등학교에서는 출제되는 어법 Point를 중심으로 학습하면 된다. 이들은 또한, 의사소통에 아주 중요한 것들이므로, 정확한 독해와 듣기를 위해서도 큰 도움이 된다.

수능 어법 문제는 어떠한 특징이 있는가?

그렇다면, 수능 어법 문제는 어떤 특징이 있을까? 아래의 기출 문제와 정답을 보자.

Clothes are part of how people present them(→ themselves) to the world, and fashion locates them in the present, relative to what is happening in society and to fashion's own history. 수능

[해석] 옷은 사람들이 세상에 자신을 표현하는 방법의 일부이며, 패션은 현재에 옷들을 위치시키는데, 사회에서 일어나고 있는 일과 패션 자체의 역사와 관련된다.

them은 복수명사를 받는 대명사이며 목적어 자리에 있으므로 주어인 people과 동일 대상이 아니다. 그런데, 앞에 나온 복수명사 clothes 와 people 중, 문맥상 people을 의미하므로 어법상 them은 틀린 표현이고 themselves가 되어야 한다.

주어와 목적어가 동일할 때 목적어 자리에 재귀대명사를 써야 한다는 것은 이해가 어려운 어법 사항은 아니다. 하지만, 이 문제는 그해 수능 영어 전체 문제 중 오답률 3위를 기록하였다. them이 맞다고 생각한 많은 수험생들은 present라는 동사의 의미를 잘못 판단했을 가능성이 가장 높다. present의 의미를 '~을 주다'로 해석하면, 목적어를 clothes로 판단하게 되기 때문이다. 또한, 뒤에 and로 이어지는 어구에서 locates의 목적어로 them(= clothes)이 쓰인 것도 오답을 유도했으리라 추정된다.

이렇듯, 수능 어법 문제는 오답을 유도하는 함정을 치밀하게 포함한다. 재귀대명사는 주어와 동일한 대상인지 아닌지를 판단해야 하므로, 정확한 문맥을 판단해야 하는데, 문맥을 오해하기 쉬운 문장을 일부러 출제하는 것이다.

이런 함정을 뛰어넘기 위해서는 먼저 빈출 어법 Point를 학습하여 독해 지문에 어떻게 적용되었는지를 세밀히 살피고 이해하는 과정이 필요하다. 문어법의 첫단추를 잘 끼워 꾸준히 독해 연습을 하다 보면, 수능에서 어법은 걸림돌이 될 수 없을 것이다.

문어법 출제 경향의 대세는 무엇인가?

최근의 문제들은 다양한 문장구조를 바탕으로 문맥을 올바로 판단해야 답할 수 있는 것들이 좋은 문제로 여겨지는 경향을 보인다. 단순한 문장 구조로, 제대로 해석하지 않아도 앞뒤에 바로 보이는 단어나 어구로 답할 수 있는 아래와 같은 문제는 점차 사라지고 있다.

Bakers are researching methods for producing the handmade sourdough breads of the past. 2014년 수능

[해설] 전치사 for 뒤의 동사 뒤에 바로 목적어 the handmade sourdough breads가 왔으므로 동명사 producing은 적절하다.

교과서나 교재에서 보는 학습용의 단순한 문장들이 아니라, 보다 훨씬 다양한 구조의 문장들에서 각 어구의 역할과 기능을 올바로 판단하여 답할 수 있어야 한다. 출제되는 문장들은 여러 수식어구나 삽입어구가 이어지기도 하고, 부사구의 위치 또한 자유롭다. 위에서 살펴본 present 의 경우처럼 제1뜻이 아닌 제2, 3뜻으로 쓰인 문장들도 출제에 선호된다. 그러므로, 문장을 이루는 각 어구의 역할에 대해 정확히 알고, 문맥 상 적절한 역할로 쓰였는지를 판단하는 훈련을 꾸준히 해야 한다.

준비편

2 문법에서 어법으로 도약하기

1 문법이란?

언어의 개별요소 즉, 품사의 형태와 그 기능에 대한 법칙을 의미한다.

> **예** to부정사
>
> **1 to부정사의 기본 형태 → to+동사원형**
>
> [문법문제] They provide a natural way to cooling(→ cool) your house in summer. [내신응용]
>
> **2 to부정사의 역할 → (1) 명사적 역할 (2) 형용사적 역할 (3) 부사적 역할**
>
> [문법문제] 밑줄 친 to be와 쓰임이 같은 것은? [내신]
>
> | Yet, all 15 boys grew up to be fine young men after their adventures at sea. |
>
> ① He has many friends to play with. (형용사적)
> ② She was surprised to hear the news. (부사적: 감정의 원인)
> ✓③ He woke up to find himself famous. (부사적: 결과)
> ④ He must be a fool to say such a thing. (부사적: 판단의 근거)
> ⑤ What I want to say is to do our best. (명사적: 보어)

2 어법이란?

개별요소로 이루어진 문법 사항을 종합하여 활용하는 것을 의미한다.

> **예** We often hear stories of ordinary people who, if education had focused on creativity, could have become great artists or scientists. Those victims of education should receive(→ should have received) training to develop creative talents while in school.

should receive가 문법적 형태로 틀린 것은 아니나, 전체 맥락을 살펴보면 '받아야만 한다'가 아니라 '받았어야 했는데 그러지 못했다'란 의미가 적절하므로 「should have p.p.」의 형태인 should have received가 되어야 한다.

3 도약을 위한 준비 - 이것만은 명심하자!

1 기본적인 문법 사항을 철저히 숙지하지만, 지나치게 세부적인 사항에 집착하면 안 된다.
2 틀린 문제에서 또 틀린다! 한 번 틀렸던 어법 Point는 다시 실수하지 않도록 완벽히 학습한다.
3 문법에 근거한 '구조' 파악과 내용 전개를 통한 '맥락' 이해를 동시에 할 수 있는 실력을 기른다.

4 수능 어법 해결 전략

1 글 전체 맥락에서 밑줄 친 부분이 해당 문장에서 하는 역할을 꼼꼼히 살펴본다.

2 학습한 어법 사항을 떠올려 판단해 본다.

3 기계적으로 답을 도출하지 않도록 주의한다. 함정을 파놓은 문제들이 있다.

5 대수능 문제로 맛보기!

Regulations covering scientific experiments on human subjects are strict. Subjects must give their informed, written consent, and experimenters must submit their proposed experiments to thorough examination by overseeing bodies. Scientists who experiment on themselves can, functionally if not legally, avoid the restrictions ① <u>associated</u> with experimenting on other people. They can also sidestep most of the ethical issues involved: nobody, presumably, is more aware of an experiment's potential hazards than the scientist who devised ② <u>it</u>. Nonetheless, experimenting on oneself remains ③ <u>deeply</u> problematic. One obvious drawback is the danger involved; knowing that it exists ④ <u>does</u> nothing to reduce it. A less obvious drawback is the limited range of data that the experiment can generate. Human anatomy and physiology vary, in small but significant ways, according to gender, age, lifestyle, and other factors. Experimental results derived from a single subject are, therefore, of limited value; there is no way to know ⑤ <u>what</u> the subject's responses are typical or atypical of the response of humans as a group. 수능

*consent: 동의 **anatomy: (해부학적) 구조 ***physiology: 생리적 현상

① **associated** | **-ed가 적절한 형태인지를 묻는 문제**
수식하는 명사인 the restrictions와의 의미 관계에 따라 적절한 형태인지를 판단해야 한다.
→ the restrictions는 뒤에 나오는 experimenting on other people과 '연관되는' 제한들이라는 의미이므로 associated는 적절하다.

② **it** | **대명사가 성·수·격에 맞게 쓰였는지 묻는 문제**
대명사가 나오면 대명사가 가리키는 것을 찾는다.
→ 문맥상 it은 the experiment를 대신하므로 적절하다. 앞의 복수명사인 hazards를 대신하는 대명사 자리로 착각하면 안 된다.

③ **deeply** | **부사 자리가 맞는지를 묻는 문제**
부사는 동사, 형용사, 다른 부사, 문장 전체를 수식할 수 있다.
→ 형용사인 problematic을 수식하는 것이 문맥상 정확하므로 부사인 deeply는 적절하다.

④ **does** | **do 동사의 쓰임, 또는 수, 시제가 알맞은지를 묻는 문제**
→ 동명사인 knowing을 주어로 하는데 동명사는 단수취급하므로 does는 적절하다.

✓ ⑤ **what** | **what의 쓰임이 적절한지 묻는 문제**
what은 관계대명사 또는 의문대명사로 쓰인다.
→ 뒤에 완전한 구조의 절을 이끌므로, what은 적절하지 않다. to know의 목적어절을 이끄는 접속사 whether가 와야 한다.

준비편

1 유형 보기

어법 문제의 유형은 아래와 같이 두 가지다. 첫 번째 유형은 (A), (B), (C) 선지에 나온 두 가지 선택 중 하나를 고르는 것이고, 두 번째 유형은 밑줄이 그어진 다섯 개의 선지 중 틀린 하나를 고르는 것이다. 최근에는 밑줄 어법이 출제되는 경향을 보이지만, 네모어법의 출제 가능성이 전혀 없다고는 볼 수 없으므로, 두 가지 유형 모두를 익혀두는 것이 바람직하다.

(A), (B), (C)의 각 네모 안에서 어법에 맞는 표현으로 가장 적절한 것은? 수능

On January 10, 1992, a ship (A) traveled / traveling through rough seas lost 12 cargo containers, one of which held 28,800 floating bath toys. Brightly colored ducks, frogs, and turtles were set adrift in the middle of the Pacific Ocean. After seven months, the first toys made landfall on beaches near Sitka, Alaska, 3,540 kilometers from (B) what / where they were lost. Other toys floated north and west along the Alaskan coast and across the Bering Sea. Some toy animals stayed at sea (C) even / very longer. They floated completely along the North Pacific currents, ending up back in Sitka.

	(A)		(B)		(C)
①	traveled	…	what	…	even
②	traveled	…	what	…	very
③	traveling	…	what	…	even
④	traveling	…	where	…	even
⑤	traveling	…	where	…	very

다음 글의 밑줄 친 부분 중, 어법상 틀린 것은? 수능

Researchers studied two mobile phone companies trying to solve a technological problem. One company developed what it called a 'technology shelf,' created by a small group of engineers, on which ① was placed possible technical solutions that other teams might use in the future. It also created an open-ended conversation among ② its engineers in which salespeople and designers were often included. The boundaries among business units were deliberately ambiguous because more than technical information was needed ③ to get a feeling for the problem. However, the other company proceeded with more seeming clarity and discipline, ④ dividing the problem into its parts. Different departments protected their territory. Individuals and teams, competing with each other, stopped sharing information. The two companies did eventually ⑤ solve the technological problem, but the latter company had more difficulty than the former.

2 수능 출제 경향 분석

	2016	2017	2018	2019	2020	2021	2022	2023	2024
수일치		○	○		○	○			
도치/어순									
대동사/동사강조				○			○		○
준동사	○	○	○	○	○	○	○	○	○
명사/대명사	○	○	○	○	○	○		○	○
형용사/부사/전치사	○					○	○	○	
태		○	○	○					
접속사/병렬	○		○		○	○	○	○	
관계사		○		○	○		○		○

위의 표에서 볼 수 있듯이, 거의 모든 문법 사항이 꾸준히 출제되고 있다. 특히, 수일치, 준동사, 명사/대명사, 접속사/병렬, 관계사는 출제 빈도가 매우 높다. 이렇게 출제 빈도가 높은 문법 사항을 좀 더 집중적으로 학습하되, 내신의 경우는 이보다 다양한 사항이 출제되므로 나머지 출제 가능성이 있는 문법 사항도 꼼꼼히 학습하는 것이 중요하다.

1 **각 문법 사항에서 중요시되는 어법 Point를 중심으로 학습한다.**
    예 태와 관련된 문제는 의미상 주어를 찾아 행동하는 주체인지, 행동을 받는 대상인지 먼저 살핀다.
    → 핵심적인 40개의 어법 Point만 엄선하여, 충분한 연습을 할 수 있도록 구성된 <첫단추 문법·어법편>으로 준비할 수 있다.

2 **문단 안에서 어법 문제를 충분히 학습하여 영어의 문장구조를 파악함과 동시에, 문맥 안에서 올바른 어법 판단을 할 수 있어야 한다.**
    → <첫단추 문법·어법편>이 엄선한 90개의 독해형 어법 문제로 준비할 수 있다.

'문맥을 통한 문장구조 파악'이 핵심임을 명심하고, 많은 문장과 문제를 접하면서 다양한 문제 유형을 연습한다면, 실력 향상을 통해 자신감을 느끼며 내신은 물론, 수능까지 완벽하게 대비할 수 있을 것이다.

PART

1

문장구조

The merit of an action lies in
finishing it to the end.

- Genghis Khan -

Chapter 01 주어-동사 수일치

◦◦ 주어가 단수면 동사도 단수형, 주어가 복수면 동사도 복수형이 되어야 한다.

1 주의해야 할 동사의 수

주어	예문	동사
명사 → 111쪽	**The cat *is*** playing with a toy mouse. **The cats *are*** all sleeping under the tree.	단수 또는 복수
대명사 → 111쪽	**He *is*** the second tallest boy in the class. **These *are*** really wonderful pictures.	
주격 관계대명사 → 95쪽	*Some students* **who *are*** good at reading are achieving high grades. Use *a picture* **which *helps*** the students to remember the word's meaning. They raised *questions* in class **that *were*** difficult for me to answer. **What *happens*** here is a miracle of nature. = *The thing* which	선행사에 따라 단수 또는 복수
동명사구· to부정사구 → 57쪽	During the show, **taking pictures *is*** not allowed. **To have companion animals *is*** good for a child's mental health. (= It is good for a child's mental health to have companion animals.)	단수
명사절 → 87쪽	**What the scientist discovered *was*** a new star 162 light years away. **That our jobs influence our behavior *is*** true to some extent. (= It is true to some extent that our jobs ~.) **Whether it's true or not *doesn't*** make any difference. **How I can explain it to him *is*** the problem.	

▸ 주격 관계대명사는 선행사를 대신하므로, 선행사의 수에 따라 동사의 수를 일치시킨다.
▸ 구나 절이 주어일 때는 단수 취급하므로 동사도 단수로 일치시킨다.

2 주어를 뒤에서 수식하는 어구들

수식어구에 속하는 명사, 특히 동사 바로 앞의 명사에 동사를 수일치시키지 않도록 주의해야 한다.

수식어구	예문
전명구	*A woman* **with two little kids** *was* standing just before me.
-ing (현재분사구)	*Students* **participating in this program** *are* interested in music.
p.p. (과거분사구)	*The novels* **written by an unknown author** *are* gaining popularity.
to-v (to부정사구)	When CDs first came out, *the equipment* **to manufacture them** *was* expensive.
관계사절	*Anyone* **who cares about animals** *is* encouraged to join this club.
형용사 + 전명구	*The shops* **close to the bus stop** *are* always crowded. ▸ 형용사 뒤에 전명구가 오면 명사의 뒤에서 수식한다. 「명사 + 형용사 + 전명구」

시험에 나오는 **어법 Point**

Point 01
주어(+ 수식어구) + 단수동사 vs. 복수동사

Indeed, the sedentary nature of the best-paying jobs **✓is / are** a health risk. 모의응용

*sedentary: 주로 앉아서 하는

1 주어는 단수인 the sedentary nature이므로 is로 수일치시켜야 한다.

2 The number of vs. A number of

The number of + 명사 주어	(~의) 수	→¹ _____ 동사
A number of + 복수명사 주어	몇몇의 ~ (= several)	→² _____ 동사

In recent years, a number / ✓the number of these phenomena observed by scientists has been rising. 내신응용

Point 02
주격 관계대명사 + 단수동사 vs. 복수동사

There are *many stars* in the universe that **is / ✓are** much hotter than the sun. 모의응용

1 주격 관계대명사가 이끄는 절의 동사는 ³ _____ 의 수에 일치시킨다.

2 선행사는 대부분 관계대명사 바로 앞에 온다. 하지만 선행사에 수식어구가 딸려 있을 때도 있으므로, 선행사를 ⁴ _____ 자리에 대입했을 때 의미가 자연스러운지를 반드시 확인해야 한다.

Many stars **are** much hotter than the sun. (O)

The universe **is** much hotter than the sun. (×)

Point 03
부분표현 + of + 명사(+ 수식어구)

Some of *the research* on natural disasters are aimed at developing early warning systems. └→**is**

1 of 뒤에 나오는 명사의 '부분'을 나타내므로, 그 명사에 동사의 수를 일치시킨다. 명사 뒤 수식어구에도 주의한다.

부분표현	all / most / half / some / part percent / the rest / 분수(a third, two thirds 등) the majority 등

2 **one + of + 복수명사**: 주어는 one이므로 ⁵ _____ 로 수일치시킨다.

One of **the key features** of artificial intelligence *is* that it enables machines to learn new things. 모의

---

nature 특성; 본질; 자연   well-paying 보수가 좋은   risk 위험 (요소)   phenomena ((phenomenon의 복수형)) 현상들   observe 목격하다; 관찰하다   rise ((rose-risen)) 증가하다; 오르다   natural disaster 자연재해   aim at ~을 목표로 하다; ~을 겨냥하다   warning system 경보 체제   feature 특징   artificial intelligence 인공지능   enable A to-v A가 v할 수 있도록 하다

[01-04] 주어에 밑줄을 긋고, 어법에 맞는 동사를 고르시오.

01 Some people invited to my birthday party │was / were│ my friends from work.

02 The first step toward avoiding mistakes │is / are│ to acknowledge that you make them.

03 One way to achieve your goals │is / are│ to make plans B and C just in case.

04 The number of visitors who used ships │was / were│ the same in 2021.

[05-08] 밑줄 친 부분이 어법상 바르면 ○, 그렇지 않으면 바르게 고쳐 쓰시오.

05 Can you see the man in a white jacket and black pants who <u>are</u> standing by the car?

06 It's unwise to eat the sandwiches in the fridge that <u>are</u> left over from Sunday night.

07 There are three employees speaking French in the office that <u>are</u> downtown.

08 The students in the back row of the classroom that <u>is</u> not paying attention are real troublemakers.

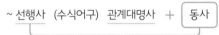

[09-12] 다음 중 어법에 맞는 동사를 고르시오.

09 Half of the students in the class │want / wants│ to volunteer for community service.

10 One of the causes of the fires │was / were│ a broken electric wire.

11 Only about 2.5 percent of the world's water │is / are│ freshwater.

12 Most of the information about the items on sale │has / have│ been put online.

---

acknowledge 인정하다   achieve 달성하다   just in case 만약을 위해서   unwise 어리석은   be left over 먹다 남겨지다   employee 직원   downtown 시내에   row 줄, 열
pay attention 집중하다, 주의를 기울이다   troublemaker 말썽꾸러기   volunteer 자원하다   community service 사회봉사 활동   electric wire 전선   freshwater 담수, 민물

▶ 빈틈을 채우는 **촘촘문법**

1 상관접속사 (→87쪽)가 쓰인 주어의 수일치

둘 이상의 단어가 짝을 이루는 상관접속사가 주어에 쓰일 때 수일치에 주의해야 한다.

의미상 강조되는 B에 수일치	not only A but (also) **B** + **동사** = **B** as well as A + **동사** (A뿐만 아니라 B 또한)
	not A but **B** + **동사** (A가 아니라 B)
동사와 가까운 B에 수일치	either A or **B** + **동사** (A 또는 B)
	neither A nor **B** + **동사** (A도 아니고 B도 아닌)
복수 취급	both (A and B) + **복수동사** (A와 B 둘 다)

Not only you but also *she* **has** a plan to travel abroad.
(= *She* as well as you **has** a plan to travel abroad.)
Not the kid but *the parents* **were** playing the game.
Either you or *Kim* **is** likely to be a team leader.
Neither my mother nor *I* **am** satisfied with the result.
Both *a written test* and *a practical exam* **are** necessary to achieve the certification.

2 every[each] + 단수명사 + 단수동사 / each of + 복수명사 + 단수동사

Each stone block that makes up the Great Pyramid weigh more than 2 tons. 내신응용
　　　　　　　　　　　　　　　　　　　　　　↳**weighs**

Each of the students in this school **has** talent. 내신

✗ every + 복수명사: ~에 한 번 ((시간·거리 등의 간격을 의미))
　According to the study, we should exercise *every two days*. (이틀에 한 번 = every second day, every other day)
　There are resting places *every few miles* on the freeway.

QUICK CHECK · · · · · · · · · · · · · · · ·

01 다음 중 어법상 바른 문장을 고르시오.

① The interior goods as well as all the furniture is for sale at discounted prices.

② Not only the father but also his sons is fond of the computer game.

③ Not the students but the teacher guide the discussion.

④ Either you or Susan are going to move into the new room.

⑤ Neither Tom nor his brothers like the idea.

02 다음 중 빈칸에 들어갈 수 없는 것을 고르시오.

_____ is responsible for the accident.

① Not the pedestrians but the bus driver

② Both the pedestrians and the bus driver

③ Not only the pedestrians but the bus driver

④ The bus driver as well as the pedestrians

⑤ Neither the pedestrians nor the bus driver

실력이 쌓이는 **적용훈련**

A 다음 각 문장에서 어법상 맞는 것을 고르시오.

01 A significant number of galaxies in the universe is / are commonly shaped like disks.

02 The boy who brought those beautiful flowers was / were very pleased and left. 모의응용

03 The great majority of people seem / seems to agree with this view.

04 All the information available on our websites is / are also available in our brochures.

05 Making most manufactured goods involve / involves several different processes using different skills. 모의응용

significant 상당한; 중요한
galaxy 은하계
commonly 흔히, 보통
disk (컴퓨터의) 디스크

view 의견, 견해

available 이용할 수 있는
brochure 책자

manufactured goods (생산)제품, 공산품
involve 수반하다; (필연적으로) 포함하다
process 과정; 처리하다

B 다음 밑줄 친 부분이 어법상 바르면 ○, 틀리면 바르게 고치시오. (단, 현재시제를 이용할 것)

06 When you travel abroad, try not to drink any water in the water bottles which is not sealed.

07 Customers waiting in line for more than an hour gets a 10% discount off their purchases.

08 The books borrowed from the library are overdue and need to be returned.

09 Since 1960, the number of U.S. immigrants coming from Asia have increased from 11% to 34%. 내신응용

10 Surveys show that around one to two-thirds of all retail prices now end in a 9. 모의응용

11 The best way to get the necessary vitamins is through a healthy diet.

12 Due to its many benefits, one of the most suggested activities for kids is martial arts.

13 The severely injured dog found by hikers need to be treated.

14 An umbrella as well as books for the class are in my backpack.

15 Every shopping mall have a different return policy, and the return conditions also vary by item. 내신응용

seal 밀폐[밀봉]하다, 봉하다

purchase 구입(한 것); 구입하다

overdue 연체된(지급[반납] 등의 기한이 지난)

immigrant 이민자
increase 증가하다

retail price 소매가격

due to ~ 때문에
benefit 이점, 이득
suggest 제안하다; 추천하다
martial art 무술

severely 심하게
injured 다친, 상처 입은
hiker 등산객, 도보 여행자

return policy 환불 정책
condition 조건
vary by ~에 따라 다르다

C

다음 글을 읽고 어법상 맞는 것을 고르시오.

16 Our best decisions in life ⓐ come / comes when we balance our emotions with thinking. Stop and think about how you behave when you are angry. Some of the actions you have done ⓑ is / are regretful, because they were based on your emotions only.

> balance 균형을 이루다
> emotion 감정
> behave 행동하다
> regretful 후회하는

17 One of the most attractive traits in a person ⓐ is / are a nice, friendly smile. Smiles can open the door for you to make new friends. Saying hello with a smile ⓑ make / makes you more approachable and gives a good first impression.

> attractive 매력적인
> trait 특성
> approachable 말을
> 붙이기 쉬운
> first impression 첫인상

18 Teens hold their head in uncomfortable positions when using cell phones. This posture can harm the neck bone. Each ten-centimeter forward head posture ⓐ increase / increases the weight of your head on your spine by an additional 4.5 kilograms. This posture increases the possibilities of developing pain that ⓑ spread / spreads down the body. 내신응용

> position 자세
> posture 자세
> harm 손상시키다
> neck bone 목뼈
> spine 척추
> additional 추가의
> possibility 가능성
> develop (병·문제 등이)
> 생기다; 성장하다

D

다음 글의 밑줄 친 부분 중 어법상 틀린 것을 모두 찾아 바르게 고치시오.

19 Most nutrients for our health ⓐ <u>are</u> better absorbed and used by the body when consumed from a whole food instead of a supplement. The large majority of supplements ⓑ <u>is</u> artificial and may not even be completely absorbed by your body. With little control, taking supplements ⓒ <u>is</u> uncertain and often costly. 모의응용

> nutrient 영양소
> absorb 흡수하다
> consume 섭취하다;
> 소비하다
> whole food 자연식품
> supplement (비타민 등
> 의 건강) 보충제
> artificial 인공의
> control 통제
> uncertain 불확실한
> costly 대가가 큰; 많은
> 비용이 드는

20 One of the many ways that koalas stay cool in the heat of the summer ⓐ <u>were</u> discovered: They hug trees. Koalas tired in the intense heat of the sun ⓑ <u>spread</u> themselves out on the cool surface of branches and trunks. Thanks to trees, the huge amount of water used by koalas which ⓒ <u>are</u> needed to keep them cool on a hot day can be saved.

> hug 껴안다
> intense 강렬한
> trunk (나무의) 줄기;
> (동물의) 몸통
> thanks to ~ 덕분에
> huge 막대한, 거대한
> save 절약하다; 구하다

01 (A), (B), (C) 각 네모 안에서 어법에 맞는 표현으로 가장 적절한 것은?

Within a few years, treating eye diseases (A) is / are going to be as simple as putting on a contact lens. Researchers at the University of Florida (B) is / are developing soft contact lenses containing tiny amounts of drugs that are slowly released into the eye. Today, most eye medications are in the form of drops, but they can drip down into the nose and enter the bloodstream and travel throughout the body. Only about five percent of the medication (C) stay / stays in the eye. On the other hand, the new lenses will deliver the drug to where it's needed in a steady amount, which may be the ideal method of treating various eye diseases.

	(A)		(B)		(C)
①	is	…	is	…	stay
②	are	…	is	…	stays
③	is	…	are	…	stay
④	are	…	are	…	stay
⑤	is	…	are	…	stays

02 다음 글의 밑줄 친 부분 중, 어법상 틀린 것은?

Every manager ① has their own leadership style. Leadership is the manner in which they use their power over others. Three broad categories of leadership style ② has been identified. First is the ruling style. A ruler centralizes power, which ③ makes him the single authority in a company. Next is the democratic style. Democratic leaders share authority. They involve others in decision-making and ④ encourage openness. Yet they make it clear the manager is the final decision maker. Third is the hands-off style. Hands-off leaders ⑤ act like consultants. They encourage employees to manage themselves, and they only give advice when asked. Their goal is to support employees and not to control them.

*centralize: ~을 중앙집권화하다[중심화하다] **hands-off: 무간섭의

03 다음 글의 밑줄 친 부분 중, 어법상 틀린 것은?

Some of the desertification occurring in developing countries ① result from natural processes, like natural climate change. However, it is generally agreed that human influences on the rate of desertification ② are greatly accelerating. As a result of increased population and global warming, the rate of desertification may start to rapidly increase, and it already ③ causes serious environmental problems in some African nations. Efforts to stop desertification and create usable land ④ continue to be made by many environmental organizations, including the United Nations. Plants with strong roots, in an effort to hold the soil down, ⑤ are also being planted.

*desertification: 사막화

[01-05] 주어진 우리말과 같은 의미가 되도록 괄호 안의 동사를 올바른 형태로 변형하여 쓰시오. [각 5점]

01
> 수납장 안의 모든 우유가 완전히 상했다. (have)

→ All of the milk in the cabinets _____ completely spoiled.

02
> 파란색과 보라색 꽃무늬가 있는 작은 상자가 나에게 배달되었다. (be)

→ A little box patterned with blue and purple flowers _____ delivered to me.

03
> 취업 기회를 찾는 대학생들은 이력서와 자기소개서를 미리 완성해야 한다. (need)

→ College students looking for employment opportunities _____ to complete their resume and cover letter in advance.

04
> 재능 있는 디자이너가 새롭게 공개한 캐릭터 상품들이 팬들 사이에서 꾸준히 인기를 얻고 있다. (be)

→ The character products newly revealed by the talented designer _____ steadily gaining popularity among fans.

05
> 시내 가까이에 있는 가구점에 가는 가장 빠르고 편한 선택 방법 중 하나는 지하철 8호선을 타는 것이다. (be)

→ One of the fastest and most convenient options to get to the furniture stores near the downtown area _____ taking subway line 8.

[06-08] 주어진 우리말과 같은 의미가 되도록 괄호 안의 단어를 올바른 순서로 배열하시오. (필요하면 단어 변형 가능) [각 15점]

06
> 그 끔찍한 사고로 부상을 당한 몇몇 사람들이 현재 병원에 입원해 있다. (the terrible accident / from / be / of / injured people / a number)

→ _____

_____ in the hospital now.

07
> 그 아니면 그의 형제들이 그 실망스러운 결과에 책임이 있다. (be / either / responsible / his brothers / he / or)

→ _____

for the disappointing result.

08
> 그의 발표가 끝난 후, 교실의 나머지 학생들에게 그것을 평가할 시간이 5분 주어졌다. (the students / in the class / the rest of / be)

→ After his presentation, _____

_____ given five minutes to evaluate it.

[09-10] 다음 글에서 어법상 틀린 동사를 2개씩 찾아 바르게 고쳐 쓰시오. [각 15점]

09
> Calcium is important for growing bones and teeth. Every animal require calcium for its health. A lack of calcium can be a serious problem. To prevent this, you should exercise regularly and eat foods that has high calcium.

→ _____

10
> The people who analyze crime scenes and evidence is called criminal profilers. The information analyzed by them help the police to narrow down the suspects. Using the profiles, the police can catch the criminals easily.

→ _____

Chapter 02　태

● 주어가 동작을 하면 능동태, 동작을 받으면 수동태로 나타낸다.

1 문형별 수동태 (be + p.p.)

능동태 문장의 목적어를 주어로 하고 동사는 「be+p.p.」로 표현된다. 능동태 주어인 「by+목적격」은 흔히 생략된다.

문형	능동태와 수동태
SVO	[능동] The violent storm **destroyed** many houses and buildings. [수동] Many houses and buildings **were destroyed** by the violent storm.
SVOO	목적어가 두 개이므로 보통 두 가지 형태의 수동태가 가능하다. [능동] She **gave** me^{O1} a smile^{O2} when I entered the room. [수동1] I **was given** a smile by her when ~. / [수동2] A smile **was given** to me by her when ~.
SVOC	수동태 문장에서 목적격보어는 동사 뒤에 '그대로' 남는다. [능동] They **consider** the injury *serious*. (C = 형용사) [수동] The injury **is considered** *serious* (by them). [능동] Her friends **call** her *Car*, instead of Carolyn. (C = 명사) [수동] She **is called** *Car* by her friends, instead of Carolyn. [능동] We **expect** him *to become* a successful writer. (C = to부정사) [수동] He **is expected** *to become* a successful writer (by us). [능동] I **saw** Ken *riding* a bicycle in the park. (C = 현재분사) [수동] Ken **was seen** *riding* a bicycle in the park by me. 단, 원형부정사 목적격보어는 수동태 문장에서 to부정사로 바뀌므로 주의해야 한다. [능동] Our teacher **made** us *clean* the classroom. (C = 원형부정사) [수동] We **were made** *to clean* the classroom by our teacher.

* SV와 SVC문형은 목적어가 없으므로 수동태가 있을 수 없다. 다음의 동사들은 수동태로 쓸 수 없음에 유의한다.

arrive 도착하다	come 오다	consist of ~으로 구성되다	appear 나타나다 / disappear 사라지다
exist 존재하다	remain 여전히 ~이다	result in ~라는 결과를 낳다	occur, happen, take place 일어나다
fall 떨어지다	turn out ~으로 판명되다	result from ~의 결과로 생기다	look like, seem ~같아 보이다

2 시제별 수동태

시제	형태	능동태	수동태
단순시제	be + p.p.	explain(s) explained will explain	am/is/are explained was/were explained will be explained
진행형	be being + p.p.	am/is/are/was/were explaining	am/is/are/was/were being explained
완료형	have[has, had] been + p.p.	have/has/had explained will have explained	have/has/had been explained will have been explained

Point 01 능동 vs. 수동

If you drink water when you're thirsty, it [absorbs / ✓is absorbed] faster than a soft drink. 모의응용

1 1 _____가 동사의 동작을 하는 능동 관계이면 능동태, 동작을 받는 수동 관계이면 수동태(be+p.p.)이다.
   주어가 대명사일 때는 무엇을 지칭하는지 문맥을 잘 살펴서 판단한다.

2 SVO문형의 수동태는 능동태의 목적어가 주어이므로 p.p. 바로 뒤에 명사가 없다.
   하지만 SVOO문형의 수동태는 남은 목적어(명사)가 하나 있고, SVOC문형의 수동태는 보어(명사)가 남아 있을 수 있다.
   Some famous professional writers [paid / ✓are paid] a little extra for their work, when it sells well.

Point 02 복잡한 구문에서의 능동 vs. 수동

In case of poisoning, call the doctor immediately and be prepared to give the name of the plant that [ate / ✓was eaten] . 모의응용

1 **주격 관계대명사절의 동사**: 2 _____를 찾아, 동사와의 관계가 능동인지 수동인지를 판단한다. 관계대명사 앞의 명사들 중 관계대명사 자리에 넣어 해석할 때 가장 자연스러운 것을 선행사로 판단하면 된다. 많은 경우, 선행사는 관계대명사 바로 앞의 명사이다. (→ 95쪽)

2 **주어와 동사 사이의 거리가 먼 경우**: 동사 바로 앞의 수식어구 또는 삽입어구의 명사를 주어로 혼동하여 태를 판단하면 안 된다. 삽입어구는 보통 앞뒤에 콤마(,)가 있으므로 쉽게 알 수 있다.
   Even the issues that cause arguments among the participants [discuss / ✓are discussed] because he considers it useful to explore difficult topics openly and honestly. 모의응용
   The 1946 classic film, *It's a Wonderful Life*, [✓shows / is shown] snow produced with special effects.

Point 03 감정을 나타내는 동사

Newcomers to New York are often [surprising / ✓surprised] to see so many rich people and so many poor people. 모의

주어가 누군가에게 감정을 일으키면 3 _____. 주어가 누군가[무엇]에 의해 감정을 느끼면 4 _____로 표현한다.

■ **감정을 나타내는 대표적인 동사**

amaze 놀라게 하다	astonish 깜짝 놀라게 하다	confuse 혼란하게 하다	embarrass 당황스럽게 하다
excite 흥분시키다	frighten 겁먹게 만들다	interest 관심을 끌다	please 기쁘게 하다
puzzle 어리둥절하게 하다	satisfy 만족시키다	surprise 놀라게 하다	worry 걱정하게 만들다

soft drink 청량음료 professional 전문적인 extra 추가 보상, 가외 수당 in case of ~의 경우 poisoning 음독, 중독 immediately 즉시 issue 주제 argument 논쟁
participant 참가자 consider ~로 여기다 explore 탐구하다 classic (책, 영화 등이) 명작인 special effect 특수 효과 newcomer 새로 온 사람, 신입자

[01-04] 다음 중 문맥과 어법에 맞는 것을 고르시오.

01 Since its foundation in 1946, UNICEF has saved / been saved the lives of many children.

02 The investment in a new system and equipment encouraged / was encouraged by the increase in product price.

03 The patients who want to be cured have offered / been offered a new medical treatment.

04 Despite some disagreements, the conference considered / was considered a success.

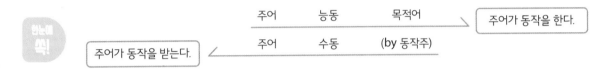

[05-08] 다음 중 문맥과 어법에 맞는 것을 고르시오.

05 This robot, which is made by Japanese scientists, designed / is designed to have a flexible body.

06 All of the sources referred to by the authors list / are listed at the end of each chapter. 모의응용

07 The room is nice, although the shower has some problems that should fix / be fixed .

08 Below the cliffs were fantastic sculptures from a hundred years before which destroyed / were destroyed in the war.

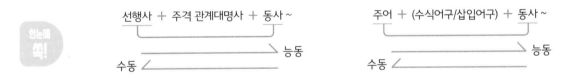

[09-12] 다음 중 문맥과 어법에 맞는 것을 고르시오.

09 We were really embarrassing/embarrassed when we were late home for dinner.

10 The magician's tricks are often amazing / amazed and funny, too.

11 As the two road signs are pretty similar, they might be rather confusing / confused .

12 The gift of time can be more satisfying / satisfied and more valuable than money. 모의

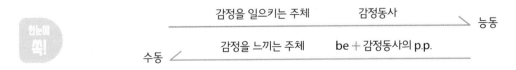

foundation 창립; 토대 investment 투자 equipment 장비 increase 인상 product 제품 treatment 치료 disagreement 의견 차이 conference 회담, 회의 flexible 유연한 source (자료의) 출처; 근원, 원천 refer to ~을 참고하다 cliff 절벽 sculpture 조각상 valuable 소중한, 귀중한

빈틈을 채우는 **촘촘문법**

1 **be used to-v vs. be used to v-ing**

- be used to-v: v하는 데 이용되다
- be used to v-ing: v하는 데 익숙하다

서로 의미가 다르므로 문맥을 잘 파악하여 to-v 또는 v-ing를 선택하면 된다.

Plastics **are used to make** clothes, parts for cars, and many other products. 모의응용

He **was used to making** all the decisions and **having** them carried out promptly. 모의

× used to+동사원형: (과거에) ~하곤 했다 ((과거의 습관)) / ~이었다 (지금은 아니다) ((과거의 상태))

  Tom **used to study** at least six hours every night when he was a student.

2 **목적어가 명사절인 문장의 수동태**

「think, consider, believe, say, expect 등 + 명사절」의 경우, 두 가지 형태의 수동태로 표현할 수 있다.

We think that sunlight is more damaging in the afternoon.

❶ 가주어 it ~ that 구문 사용

  → **It is thought that** sunlight is more damaging in the afternoon.

❷ to부정사 사용

  → **Sunlight is thought to be** more damaging in the afternoon.

3 **구동사의 수동태**

구동사는 하나의 동사로 취급하므로 수동태에서도 한 덩어리로 움직인다. 나올 때마다 숙어처럼 학습해두면 된다.

look for ~을 찾다	look after ~을 돌보다[보살피다]	deal with ~을 다루다
put off ~을 미루다[연기하다]	take care of ~을 돌보다[보살피다]	pay attention to ~에 유의하다

Musical instruments are not toys and they must **be looked after**. 모의응용

QUICK CHECK

01 다음 주어진 문장과 같은 의미가 되도록 빈칸을 채우시오.

(1) We expect that she will start a new business soon.

= It _____

_____.

= She _____

_____.

(2) We generally believe that money is important.

= It _____

_____.

= Money _____

_____.

02 다음 중 문맥과 어법상 바른 문장을 고르시오.

① I used to enjoying gardening, but I don't have time for it now.

② She felt uncomfortable because she was not used to wear a dress.

③ The software is used to protecting your email account from unwanted mail.

④ There used to being a lot of movie theaters in this town when I was young.

⑤ When there were no refrigerators, salt was used to prevent food from spoiling.

실력이 쌓이는 **적용훈련**

A 다음 각 문장에서 어법상 맞는 것을 고르시오.

01 After the project finished, they boxed[gave / were given] a week's vacation from the project manager.

02 Whenever it boxed[attacked / is attacked], the fish blows up its body to three times its normal size.

03 Our coach who had prepared us for the game boxed[pleased / was pleased] to hear that we won the gold medal.

04 The plans to renovate the old library for local residents will boxed[announce / be announced] tomorrow.

05 Sometimes your goals boxed[remain / are remained] unclear, and therefore unrealized.

blow up ~을 부풀리다;
폭파하다

normal 정상의; 보통의,
평균적인

renovate 보수하다
resident 거주자, 주민

unclear 불분명한
unrealized 실현되지 않은

B 다음 밑줄 친 부분이 어법상 바르면 ○, 틀리면 바르게 고치시오.

06 They robbed the bank of three million dollars, but <u>caught</u> on the spot.

07 The buildings which were designed by the famous architect <u>destroyed</u> by the fire.

08 Personal information of the company's customers <u>used</u> without their permission.

09 The children <u>were seemed</u> happy when they went to the amusement park to ride the roller coasters.

10 The incidents of that night have been <u>puzzling</u> me for a long time.

11 My baby sister is not used to <u>show</u> her feelings to people when she meets them for the first time.

12 The children who made a monster costume from various household items <u>frightened</u> their friends last Halloween.

13 Connectives such as "so," "because," and "therefore" are used to <u>express</u> cause and effect.

14 The novels written by the famous British author <u>are considered</u> a means for children to imagine other worlds.

15 The event that had been prepared for two weeks <u>put off</u> because of bad weather.

rob A of B A에게서 B를
빼앗다[훔치다]
on the spot 현장에서

architect 건축가

personal 개인적인
permission 허락

amusement park 놀이
공원
ride (탈것을) 타다

incident 일, 사건

costume 의상
household 가정(의)

connective 《문법》 연결어
cause and effect 원인과
결과

means 수단

C 다음 글을 읽고 어법상 맞는 것을 고르시오.

16 Plastics in the ocean ⓐ consider / are considered a serious environmental concern by experts. In particular, microplastics, which are tiny particles of plastic from bottles and other waste, ⓑ have found / have been found to be especially harmful.

environmental 환경의
concern 우려, 걱정
expert 전문가
in particular 특히
particle (아주 작은) 입자
harmful 해로운, 유해한

17 Our body is used to ⓐ maintain / maintaining our original body weight. People who have ⓑ lost / been lost weight with great effort may be frustrated because this trait makes them gain the weight again.

original 원래의
frustrate 좌절시키다
trait 특성

18 You might believe that money is not related to happiness. However, what if it ⓐ spends / is spent on goods and services that you are interested in? For example, taking your good friends to a nice place to eat could be ⓑ satisfying / satisfied .

be related to ~와 연관이 있다
goods 상품

D 다음 글의 각 괄호 안에 주어진 단어를 어법에 맞게 고치시오.

19 One of the causes of boredom in class is a lack of understanding of the lesson. If a student cannot ⓐ (follow) _____ the lesson, he or she might be ⓑ (bore) _____ . However, the opposite can also be the cause of boredom. A class that ⓒ (understand) _____ too easily can also be boring.

boredom 지루함
lack 부족
opposite 반대

20 The world's first subway ⓐ (build) _____ in London in 1863. At the time, the poor areas of the city were too crowded to get around. So, city officials were ⓑ (look) _____ for a way to reduce traffic problems. Also, they ⓒ (interest) _____ in enabling workers to travel easily to work each day. The first subway system was born from this idea.

area 지역
crowded 혼잡한, 붐비는
get around 돌아다니다
official 공무원

01 (A), (B), (C) 각 네모 안에서 어법에 맞는 표현으로 가장 적절한 것은?

It is somewhat difficult to measure the quality of the air in different metropolitan areas because of the lack of monitoring stations, and the fact that the various stations' testing methods can be inconsistent. Air quality, for example, (A) often measured / is often measured at only one station, and the location of that station affects the level of the measurement. Even if measurements from that station (B) indicate / are indicated poor air quality, there is no way of telling whether all persons in the metropolitan area breathe poor air or only those close to the monitoring station. It shows that single station measurements (C) appear / are appeared to be adequate for small cities, but not for larger ones.

	(A)	(B)	(C)
①	often measured	indicate	appear
②	is often measured	indicate	are appeared
③	often measured	are indicated	are appeared
④	is often measured	indicate	appear
⑤	often measured	are indicated	appear

02 다음 글의 밑줄 친 부분 중, 어법상 틀린 것은?

Diwali is the Hindu festival of lights. It ① is celebrated for five days across India and other parts of southern Asia, as well as in many other places around the world. It is the biggest and most important Hindu holiday of the year. During Diwali, homes ② decorate with patterns made with colored rice, lentils, and powder. In addition, people gather for special feasts, light fireworks, and ③ are given gifts of all types. Though the exact dates could change depending on local custom, the festival usually occurs in the Hindu month of *Kartik*, which falls in October or November. The festival ④ is considered to be the most awaited festival of India. People ⑤ are pleased to attend and promote awareness of the festival.

03 다음 글의 밑줄 친 부분 중, 어법상 틀린 것은?

Most students are used to a classroom in which they ① ask questions and the teacher answers them. But how would you feel if in your class the teacher asked all the questions, and you ② were expected to answer them? If this ③ happened in your class, your teacher would be using the Socratic method of teaching. The Socratic method is most often used to ④ teaching moral concepts such as the meaning of justice. In the Socratic method, the teacher asks the student to answer a series of questions about a topic. The questions ⑤ lead the student to stronger, better ideas.

[01-03] 주어진 우리말과 같은 의미가 되도록 괄호 안의 말을 이용하여 문장을 완성하시오. (필요하면 단어 변형 및 추가 가능) [각 5점]

01

화성은 독특한 색 때문에 '붉은 행성'이라고 불린다. (call)

→ Mars _____ the "Red Planet" because of its distinctive color.

02

그 테니스 동아리는 20명의 남자와 15명의 여자로 구성되어 있다. (consist of)

→ The tennis club _____ twenty men and fifteen women.

03

배우들이 무대에 있는 동안 관객들은 사진 촬영이 허용되지 않는다. (permit)

→ While the actors are on stage, members of the audience _____ to take photographs.

[04-06] 주어진 우리말과 같은 의미가 되도록 어법상 틀린 부분을 찾아 바르게 고쳐 쓰시오. [각 10점]

04

의사들은 환자의 회복 속도에 매우 놀랐다.
Doctors were very astonishing because of the speed of the patient's recovery.

→ _____

05

나는 영국에서 3년 넘게 살고 있어서 이제는 영국 억양으로 말하는 것에 익숙해져 있다.
I've lived in England for over three years, so now I am used to speak in a British accent.

→ _____

06

극심한 태풍으로 피해를 본 그 집은 거의 1년 동안 복구되어 왔다.
The house damaged by severe typhoons has restored for almost a year.

→ _____

[07-08] 다음 글에서 어법상 틀린 부분을 찾아 바르게 고쳐 쓰시오. [각 10점]

07

When I visited the museum, the visitors offered an explanation about the exhibition by the guide. It looked so interesting that I followed the guide and listened to the explanation.

→ _____

08

Although it was difficult to communicate with each other, the negotiation settled by each representative was satisfied both countries. I thought that the negotiation ended successfully.

→ _____

09 주어진 문장과 같은 의미가 되도록 <조건>에 맞게 완성하시오. [15점]

<조건> 가주어 it과 접속사 that을 사용할 것.

We think air pollution is one of the world's most serious dangers.

→ _____

10 다음 글에서 어법상 틀린 부분을 2개 찾아 바르게 고쳐 쓰시오. [20점]

Some people using SNS (Social Networking Services) such as Facebook and Twitter always are paid too much attention to what others think of them. Users post a photo and wait to see how many people like it, and are embarrassing if people do not like it.

→ _____

Chapter 03 도치와 어순

‥ 어순에 주의해야 하는 문장을 살펴보자.

1 도치구문

부정어(구)(→34쪽), 장소나 방향을 의미하는 부사(구), 주격보어 등이 강조 등의 이유로 문장 앞으로 나올 때,
주어와 동사의 어순이 「(조)동사+주어」로 되는 것을 도치라고 한다.

부정어(구) + (조)동사 + 주어 ▸ 일반동사는 주어 앞에 조동사 do, does, did를 쓴다.	He has *never* **experienced** such care from others. 《부정어 never: 결코 ~아닌》 → *Never* **has he experienced** such care from others. I *little* **knew** that I would meet such an ideal man. 《부정어 little: 거의 ~아닌》 → *Little* **did I know** that I would meet such an ideal man. He is *seldom* late for an appointment. 《준부정어 seldom: 좀처럼 ~아닌》 → *Seldom* **is he** late for an appointment. I **decided** to go to graduate school *only then*. 《준부정어 only: 오직, ~만》 → *Only then* **did I decide** to go to graduate school.
장소, 방향의 부사(구) + 동사 + 주어 ▸ 조동사 do, does, did가 아닌, 동사 그대로 주어 앞에 쓴다.	Several coins were *inside the pocket*. 《SV문형에 쓰인 장소 부사구》 → *Inside the pocket* **were several coins.** The rain came *down*. 《방향 부사어》 → *Down* **came the rain.**
보어 + 동사 + 주어	Those who know the pleasure of doing good are *happy*. → *Happy* **are those who know the pleasure of doing good.**
There[Here] + 동사 + 주어	*There* **are 24 teams** competing in the tournament. *Here* **comes the bus.**

▸ 다음과 같은 경우에는 주어와 동사를 도치시키지 않는다.

Only 15% of adults^S say^V they trust the information provided by influencers. ((준)부정어가 주어를 수식할 때)

In Rome, he^S met^V a famous Italian composer^O. (장소, 방향의 부사구가 SVO문형에 쓰일 때)

That promise^O he^S broke^V within a week. (목적어가 강조를 위해 문장 앞으로 나온 경우)

Here they^S come^V with their dog. (There[Here] 뒤 주어가 대명사인 경우)

2 간접의문문

의문문이 다른 문장의 일부로 쓰이면 간접의문문이라고 한다. 특히 의문사가 있는 간접의문문의 어순에 주의해야 한다.

I wonder **where I can buy** this old album. (「의문사 + 주어 + 동사」)

(← I wonder. + **Where can I buy** this old album?)

생각[추측]을 나타내는 동사(think, believe, guess, suppose 등)일 때는 의문사를 문장 맨 앞으로 보내 다음과 같은 어순이 된다.

· 「의문사 + do you think[believe, guess, suppose] + 주어 + 동사」

What do you *think* **the world would be** like without music?

(← Do you *think*? + **What would the world be** like without music?)

Point 01

(조)동사 + 주어

Rarely ☑**do people get / people get** their best ideas at work. 수능응용

1 ¹_____가 강조를 위해 문장 앞으로 나올 때

Never **had I dreamed** that I would achieve such remarkable success.
(← I had *never* dreamed that I would achieve such remarkable success.)

■ **부정어(구) 종류:** no, not, never, little, hardly, rarely, scarcely, seldom, only, no longer, not only

2 장소, 방향을 나타내는 ²_____가 강조를 위해 SV문형의 문장 앞으로 나올 때

SV문형을 만드는 자동사로는 be, come, go, sit, stand, remain 등이 있다.

In the grass **sat an enormous frog.** (← An enormous frog sat *in the grass*.)

Point 02

도치구문의 수일치

Only in the last few decades **have / ☑has** *food* become so plentiful and easy to obtain as to cause fat-related health problems. 모의응용

동사는 언제나 주어와 수일치시켜야 한다. 무조건 동사 바로 앞의 명사에 수일치시키지 않도록 주의한다.

In the back seat of the car next to mine **were two sweet little boys.** 모의 (장소 부사구 + 동사 + 주어)

Rarely **do Jake and his coach** talk about scoring a goal. 모의응용 (부정어 + 동사 + 주어)

There **is a lot of disagreement about the best way to punish children.** 수능 (There + 동사 + 주어)

Point 03

의문사 + S + V

I asked him why **had no one taken / ☑no one had taken** any notes. 내신

1 의문문이 문장의 일부가 되면 「의문사 + ³_____ + ⁴_____」의 어순이 된다.

I want to know **when you finish** your project.
(← I want to know. + **When do you finish** your project?)

2 의문사가 ⁵_____일 경우에는 「의문사(주어) + 동사」의 어순이 된다.

Can you tell me **who made** this speech?
(← Can you tell me? + **Who made** this speech?)

3 의문사 how가 형용사나 부사와 함께 쓰이는 경우, 한 덩어리로 취급한다. (예) how long, how much, how old, how well 등)

I don't know **how old my grandmother is.**
(← I don't know. + **How old is my grandmother**?)

---

achieve 달성하다   remarkable 놀랄 만한   enormous 거대한, 엄청난   decade 10년   so ~ as to-v v할 만큼 ~한   plentiful 풍부한   obtain 얻다   disagreement 의견 차이   punish 벌을 주다, 처벌하다   take notes 필기하다, 메모하다

[01-03] 밑줄 친 부분이 어법상 바르면 〇, 그렇지 않으면 바르게 고쳐 쓰시오.

01 Only after the computer restarted I <u>was</u> able to open all the files.

02 Above the fireplace <u>was</u> an antique vase with a design of roses.

03 In front of the building <u>is a single row of trees.</u>

$$부정어(구) \; + \; \begin{array}{l} be동사 \; + \; 주어 \\ 조동사 \; + \; 주어 \; + \; 본동사 \end{array}$$

장소, 방향의 부사(구) + 동사 + 주어

[04-07] 다음 중 어법에 맞는 것을 고르시오.

04 Not until we lose our health │ do / does │ we learn of its importance.

05 At the center of the city │ is / are │ plenty of restaurants and cafes.

06 In fact, there │ have / has │ been numerous times in history when food has been rather scarce. 모의응용

07 Seldom │ do / does │ my mother wear jewelry these days.

$$\begin{array}{|c|} \hline 부사(구) \\ 부정어(구) \\ There[Here] \\ \hline \end{array} \; + \; (조)동사 \; + \; 주어$$

수일치

[08-10] 밑줄 친 부분이 어법상 바르면 〇, 그렇지 않으면 바르게 고쳐 쓰시오.

08 I asked a clerk <u>where did they have</u> books about computers. 모의

09 After she was told <u>what happened</u>, she went back to the room with him. 모의응용

10 After an hour of hard, boring work, everyone rated <u>how much did they enjoy</u> the afternoon. 모의응용

의문사 + 주어 + 동사
의문사(주어) + 동사

---

fireplace 벽난로   antique 골동품인   row 줄, 열   plenty of 많은   numerous 수많은   scarce 부족한; 희귀한   jewelry 보석류   clerk (가게의) 점원   rate 평가하다

▶ 빈틈을 채우는 **촘촘문법**

1 도치구문으로 잘 쓰이는 부정어 포함 어구

❶ not only A but (also) B: A뿐만 아니라 B도

I *not only* enjoyed the class *but* I *also* received an A for the course.

= *Not only* **did I enjoy** the class *but* I *also* received an A for the course.

❷ no sooner ~ than ...: ~하자마자 …하다

All the people had *no sooner* arrived *than* the meeting started.

= *No sooner* **had all the people arrived** *than* the meeting started.

❸ not A until B: B해서야 비로소 A하다

He did*n't* meet his parents again *until* World War II ended.

= *Not until* World War II ended **did he meet** his parents again.

2 관용적으로 쓰이는 도치구문

❶ so + V + S: S도 역시 그렇다. (so는 '긍정'의 말에 동의하는 표현)

I'm tired. I want to go to bed early, and *so* **does my mother**.

❷ neither/nor + V + S: S도 역시 그렇다[~하지 않는다]. (neither/nor는 '부정'의 말에 동의하는 표현)

I don't like a noisy restaurant. — *Neither[Nor]* **do I**.

3 so/such 뒤의 어순

「so + 형용사 + (a/an) + 명사」 vs. 「such + (a/an) + 형용사 + 명사」

This is **so good a chance** for you.

It was **such a long journey** for us.

QUICK CHECK

01 밑줄 친 부분으로 시작하는 문장으로 고쳐 쓰시오.

(1) You not only tried to fix my camera, but Mike did too, and it's still not working.

→ Not only ＿＿＿＿＿＿＿＿＿＿＿＿＿ to fix my camera, but Mike did too, and it's still not working.

(2) I had no sooner stopped petting the dog than it began to bark.

→ No sooner ＿＿＿＿＿＿＿＿＿＿＿＿＿ petting the dog than it began to bark.

(3) He didn't know her true worth until she died.

→ Not until ＿＿＿＿＿＿＿＿＿＿＿＿＿ her true worth.

02 다음 중 어법상 바르지 않은 것을 모두 고르시오.

① I am sure that Marie is a so honest girl.

② They have a very big dog, and so does Kate.

③ It was such a cold night that I decided not to go out.

④ I haven't heard this song before, nor have my brothers.

⑤ I can't believe our team lost the game, and so can Jenny.

A 실력이 쌓이는 **적용훈련**

A 다음 각 문장에서 어법상 맞는 것을 고르시오.

01 Little $\boxed{\text{I knew / did I know}}$ she was trying to solve the problems by herself.

02 He won't go to the party, nor $\boxed{\text{I will / will I}}$. I'm not in the mood to dress up.

03 Seldom $\boxed{\text{Tom drinks / do Tom drink / does Tom drink}}$ coffee at night because it affects his sleep.

04 You can't imagine how beautiful $\boxed{\text{the flowers are / are the flowers}}$ here in the Netherlands!

05 In the forest $\boxed{\text{was / were}}$ a number of rare plants and trees which were used to make herbal medicine.

06 Better than studying diligently for a thousand days $\boxed{\text{is / are}}$ one day with a great teacher.

07 I wonder where $\boxed{\text{I left / left I / did I leave}}$ my purse.

by oneself 혼자, 스스로

mood 기분
dress up 옷을 차려입다

affect 영향을 주다

imagine 상상하다

rare 희귀한
herbal medicine 한방약

diligently 부지런하게, 성실하게

purse 지갑

B 다음 밑줄 친 부분이 어법상 바르면 ○, 틀리면 바르게 고치시오.

08 Inside the old bag <u>were several books and pencils.</u>

09 I wonder <u>who told</u> you about this special restaurant.

10 Keep working on one habit long enough, and not only <u>it becomes</u> easier, but so do other things as well. 내신 응용

11 Under the Christmas tree <u>is</u> a lot of beautifully wrapped gifts for her kids.

12 If the tree has experienced a drought, hardly <u>it might</u> grow at all during that time. 모의 응용

13 Since it was <u>such a simple request</u>, nearly all of the participants agreed. 모의 응용

14 When there <u>was</u> bad storms with wind and snow, Barry used to go out to find the travelers who lost their way. 모의

15 Only in the last few decades <u>have</u> a healthy life become so important to us.

several 몇몇의

work on ~에 노력을 들이다, 공들이다

wrap 포장하다; 싸다

drought 가뭄

request 요청, 요구
participant 참가자

C

다음 글을 읽고 어법상 맞는 것을 고르시오.

16 On city streets ⓐ | is / are | the huge popularity of online shopping causing confusion. The number of online deliveries is increasing and so ⓑ | is / are | the number of delivery trucks on the roads.

huge 큰, 막대한
popularity 인기
confusion 혼란
delivery 배달

17 Hardly ⓐ | he had / did he have | any time to prepare for his trip. It was late on Tuesday night when he began to pack his bags; on the street ⓑ | was / were | a lot of people still making noise, so it didn't feel late.

pack (짐을) 싸다[꾸리다]

18 The entrance of the bookstore was a hidden door, and inside the door ⓐ | dozens of bookshelves stood / stood dozens of bookshelves |. Never ⓑ | I had / had I | seen so many book series listed under unique topics, such as C for "Coffee & Tea" and M for "Memories."

entrance (출)입구

D

다음 글의 밑줄 친 부분 중 어법상 틀린 것을 모두 찾아 바르게 고치시오.

19 It is hard to believe, but there ⓐ <u>are</u> bananas with an edible peel. Scarcely ⓑ <u>most people have thought</u> of eating the peel of a banana. Some banana farmers can tell us how ⓒ <u>do they grow</u> bananas with a peel we can eat.

edible 먹을 수 있는
peel 껍질; 껍질을 벗기다

20 One day after grocery shopping, I was sitting at the bus stop. When the bus arrived, I just hopped on. Not until I got home and reached for the house key ⓐ <u>I realized</u> that I had left my purse on the bench at the bus stop. I asked myself how ⓑ <u>I can</u> get by without the money. I rushed back to the bus stop. No sooner ⓒ <u>had I arrived</u> at the bus stop than I started searching for my purse. 모의응용

grocery shopping
장보기
hop on ~에 급히 타다
reach for ~에 손을 뻗다
get by 살아 나가다
rush 급히 움직이다
search for ~을 찾다

01 다음 글의 밑줄 친 부분 중, 어법상 틀린 것은?

Waiting for my wife to finish shopping, I sat in a chair and watched my three-year-old daughter play between the hanging clothes. Daisy ① seemed to have found a way to amuse herself while we waited, and her little legs and bright pink shoes kept moving beneath all the dresses. Around 15 minutes passed. Looking at my watch, I wondered how much longer ② my wife would be. Suddenly, at my side ③ was Daisy. "Look, Daddy! Look what I have for you!" In her bag ④ was dozens of shiny, plastic price tags. "Daisy! Did you take these off the clothes?" I quickly took them from her, but hardly ⑤ did I know what to do next. I just looked around to see if anyone was watching.

03 다음 글의 밑줄 친 부분 중, 어법상 틀린 것은?

"No" may be the most important word in our vocabulary, but it is almost certainly the most difficult to say. "I don't want to destroy the relationship." "I'm afraid of what ① they might do to me in revenge." "I feel guilty — I don't want to hurt them." These are the most common reasons I hear when I ask the participants in my seminars why ② they find it so hard to say no. At the heart of the difficulty in saying no ③ is the tensions between exercising your power and not harming your relationship. Exercising your power, while it is central to the act of saying no, ④ is likely to spoil your relationship. However, only when you accept this fact ⑤ can you begin to live an authentic life.

*authentic: 진정한, 진짜의

02 다음 글의 밑줄 친 부분 중, 어법상 틀린 것은?

I have a friend who spent most of his adult life insisting he couldn't write a book. Not only ① was he an excellent writer, but he also felt quite comfortable writing articles and chapters. I wondered why ② did he insist that he couldn't write a book. This was very ③ puzzling to me. One day, I asked him to consider the idea that a book is nothing more than a series of interesting chapters put into sequence. Seldom ④ had he thought of it in these terms, even though this was obvious to me. Instead, he had stubbornly believed that writing a book was such ⑤ a big project that this simple shift in thinking made all the difference. Two years later, he finished his first book.

[01-03] 주어진 우리말과 같은 의미가 되도록 괄호 안의 단어를 올바른 순서로 배열하시오. [각 5점]

01
너는 내가 아침에 어디에 있었다고 생각하니?
(do / think / you / I / in the morning / where / was)

→ _____ ?

02
나는 그렇게 무시무시한 광경을 좀처럼 본 적이 없다.
(I / a / seen / horrible / such / have / sight)

→ Seldom _____ .

03
기온이 올라갈수록 탈진과 같은 건강 문제의 가능성도 커진다.
(the chance / does / so)

→ As temperatures rise, _____
for health problems, such as exhaustion.

[04-05] 주어진 우리말과 같은 의미가 되도록 괄호 안의 말을 이용하여 문장을 완성하시오. (필요하면 단어 변형 및 추가 가능) [각 5점]

04
화를 가라앉힐 수 있는 몇 가지 방법이 있다.
(here / some tips)

→ _____ to get
your anger under control.

05
우리 엄마는 온라인으로 쇼핑을 거의 하지 않으신다.
(shop / my mom)

→ Rarely _____
for anything online.

[06-09] 다음 주어진 어구로 시작하여 문장을 완성하시오. [각 15점]

06
Nobody told me. Why did I have to give up
my rights?

→ Nobody told me _____

_____ .

07
Do you know? How much do I love collecting
classic novel series?

→ Do you know _____

_____ ?

08
The drug not only treats diseases but also
controls their growth.

→ Not only _____
but also controls their growth.

09
She had no sooner finished one project than
she started working on the next.

→ No sooner _____
than she started working on the next.

10 다음 괄호 안의 단어를 올바른 순서로 배열하여 문장을 완성하시오. [각 5점]

Deep within the jungle of southeast Indonesia
ⓐ (the Korowai people / live). Until their
discovery by a Dutch man in 1974, hardly
ⓑ (they / have / did) any contact with the
outside world. They live in houses high up in
the trees. Not only ⓒ (protect / the houses /
do) families against a mass of mosquitoes
below, but they also safeguard them from
annoying neighbors and evil spirits. 모의응용

→ ⓐ _____

→ ⓑ _____

→ ⓒ _____

01 다음 글의 밑줄 친 부분 중, 어법상 틀린 것은?

There ① are plenty of good reasons to keep marine fish in home aquariums. There are endless varieties of them, they are often beautifully colored, and their biology and behavior are endlessly ② fascinating. However, it ③ considers difficult for even the experienced freshwater aquarist to keep the seawater quality and temperature stable in their home aquarium. Unlike freshwater fish, little tolerance ④ do many marine species have for variations in water quality and temperature. Therefore, keeping them in home aquariums ⑤ demands significantly more monitoring and attention to detail than other fish.

02 다음 글의 밑줄 친 부분 중, 어법상 틀린 것은?

Some experts think the educational aspect of toys ① has been overestimated. Of course, a variety of toys ② are able to help a baby learn certain skills earlier than he or she would without them. But there ③ is no evidence that such early acquisition of skills will make a child more intelligent or that babies who don't have the toys can't catch up quickly. Far more important than toys in helping brain development ④ is the various kinds of stimulation a baby receives. Chief among these ⑤ are the baby's interactions with other humans. These are the most complex, interesting, and educational "toys" a baby can ever have.

03 (A), (B), (C) 각 네모 안에서 어법에 맞는 표현으로 가장 적절한 것은?

On a hot and dry summer's day, you might see a dust devil if you are lucky. It is not actually a real devil, but a spinning body of wind. Dust devils need very dry and hot weather, strong sunlight, and light winds. In these conditions, dry dust and fine sand get caught up in the spinning air, and the hot surfaces of the land (A) make / makes the air roll over and over. Some of these rolling bodies of air (B) start / starts to stand up straight, and in this way they become dust devils. Some very powerful devils (C) have known / have been known to move cars and throw trees into the air, but most dust devils don't harm anything at all.

	(A)		(B)		(C)
①	make	⋯	start	⋯	have known
②	make	⋯	start	⋯	have been known
③	makes	⋯	start	⋯	have known
④	makes	⋯	starts	⋯	have been known
⑤	makes	⋯	starts	⋯	have known

04 다음 글의 밑줄 친 부분 중, 어법상 틀린 것은?

Box jellyfish are not actually jellyfish. Unlike true jellyfish, box jellyfish have an active visual system with twenty-four eyes. These ① are arranged in separate clusters of six. Sixteen of the eyes are merely light-sensitive; two eyes in each cluster ② is more delicate. However, they do not produce clear images, since the box jelly's eyes ③ are not made for focus. The image is blurred. This is not the only curious thing about box jellyfish. No brain ④ do they have, nor anything else that looks like it could process sensory information. In fact, at this current time, we are still uncovering the mystery of how ⑤ the box jellyfish handle the visual information that arrives from its multiple eyes.

*blur: 흐릿해지다

05 다음 글의 밑줄 친 부분 중, 어법상 틀린 것은?

One of the most famous world festivals ① is the festival of Mardi Gras, which means "Fat Tuesday" in French. It ② was introduced to America in the 18th century by the original French residents of New Orleans, and is now a public holiday in several southern U.S. states. Festivities begin in New Orleans a week prior to Mardi Gras, the day that ③ are before Ash Wednesday on the Christian calendar. Costume parades, street parties, masked balls, and many other entertainments ④ take place throughout the week. Tourists from all over the world ⑤ gather in New Orleans for the celebration, where they are sure to have a lot of fun and very late nights.

*Fat Tuesday: 참회의 화요일
**Ash Wednesday: 재의 수요일 《성회일, 사순절의 첫날》

06 다음 글의 밑줄 친 부분 중, 어법상 틀린 것은?

Knowledge about blood types is actually quite new. ① Only in 1900 were the ABO groupings discovered, and the fourth blood type, AB, was discovered two years later. Soon, in many cultures, people tried to classify human character according to blood type. ② The idea of using blood types to classify personalities is quite attractive because it seems so simple. Some think it especially useful for matchmaking. They believe that on the basis of blood type ③ will they find their ideal romantic partner. ④ Blood typing is also thought to help us deal with difficult relationships. However, ⑤ most of the world's scientists think blood typing beliefs are nothing but superstition.

07 다음 글의 밑줄 친 부분 중, 어법상 틀린 것은?

In too many homes, the spare room for guests ① is a hiding place for luggage, old toys, winter clothes and anything else that doesn't fit into the rest of the home. You don't want your guests to think, "My goodness, they're putting me in a storage room." A guest room should ② be treated as if it's a five-star hotel room. Old books and magazines should be cleaned up and put on shelves for guests to enjoy. What's more, family photos and artwork that ③ are decorated the rest of your home should not be excluded from the guest room — no one wants to look at bare walls. Some fresh flowers in a vase are a lovely decoration, and little bottles of shampoo and lotion as well as sweet-smelling soap also ④ work well. Finally, hardly ⑤ would a five-star hotel leave its hotel guests without slippers and a fresh bath gown.

08 다음 글을 읽고 물음에 답하시오.

There ① is no doubt that most kids have problems when they are growing up. However, you may be ② surprised to know that it is hard for many children to talk about their problems with their parents. What's more, when they get into trouble, their parents often simply punish them. Better communication between parents and children ③ are important. 부모가 자신들과 보내는 시간이 거의 없다, many children complain. Children need support and love from their parents, not silence and punishment. After all, children in trouble really just ④ want some company and reassurance that they are okay.

*reassurance: 안심, 안도

(1) 밑줄 친 ①~④ 중, 어법상 틀린 것을 찾아 기호를 쓰고 바르게 고치시오.

기호: _____ 고친 것: _____

(2) 밑줄 친 우리말과 같은 의미가 되도록 <보기>에 주어진 어구를 모두 이용하여 영작하시오. (단어 추가 가능)

<보기> spend / them / their parents / with

→ Little time _____

_____

09 다음 글을 읽고 물음에 답하시오.

Some of Africa's finest art (A) is / are in the form of sculpture. 그 조각들의 대부분은 나무로 만들어져 있지만 다른 재료도 사용된다, including metal, stone, clay, and animal skins. Other notable African art includes the ancient rock paintings that exist at millions of sites throughout the continent. Many of these rock paintings (B) believe / are believed to have been made as long as 20,000 years ago. Traditionally, never (C) African art was / was African art created to be enjoyed for its beauty, but to protect against evil spirits or witches, or bring about a desired event, such as rainfall or a pregnancy.

(1) (A), (B), (C) 각 네모 안에서 어법에 맞는 표현으로 가장 적절한 것을 골라 쓰시오.

(A) _____

(B) _____

(C) _____

(2) 밑줄 친 우리말과 같은 의미가 되도록 <보기>에 주어진 어구를 모두 이용하여 영작하시오. (밑줄 친 단어 변형 및 단어 추가 가능)

<보기> of / but also / use / make from / other / wood / those sculptures / materials / the majority

→ _____

_____

PART

2

준동사

내신·학평 대비 미니 모의고사 2

The great aim of education is
not knowledge but action.

- Herbert Spencer -

Chapter 04 　동사와 준동사

1 동사와 준동사

동사	주어의 동작이나 상태를 나타낸다. 각각의 절에는 주어와 동사가 하나씩 있어야 한다. 접속사[관계사] 없이 한 문장에 두 개의 동사가 있을 수 없다. He **showed** me around the city *and* **invited** me to his house.
준동사	동사에서 나온 것이지만 문장에서 주어, 목적어, 보어, 수식어 역할을 한다. I *decided* **to spend** the holidays with my grandparents.

문장에 동사가 이미 있으면 다른 동사는 반드시 준동사여야 한다.

I **have to go** to the airport **to pick up** my sister.
　　동사　　　　　　　　　　준동사

즉, 문장에 동사가 두 개 이상 있으려면 접속사나 관계사가 반드시 필요하다.

▸ 접속사[관계사]의 개수 = 동사의 개수 - 1

I **have to go** to the airport *and* **pick up** my sister.
　　동사¹　　　　　　　　접속사　동사²

I **have to go** to the airport, *which* **is** only a few miles away, *and* **pick up** my sister.
　　동사¹　　　　　　　　　　관계사 동사²　　　　　　　　　접속사　동사³

2 문형에 따른 동사

문형	동사	예문
SV	목적어나 보어가 없어도 문장의 뜻이 완전한 동사	The sun already **rose**.
SVC	주격보어가 있어야 문장의 뜻이 완전한 동사	He **became** *a lawyer*. 　　　　　　 C = 명사 This coat **looks** *good*. 　　　　　　　 C = 형용사
SVO/SVOO	목적어가 있어야 문장의 뜻이 완전한 동사	He already **ate** *all the apples*. (목적어 1개) She **gave** *me this bag*. (목적어 2개)
SVOC	목적어와 목적격보어가 모두 있어야 문장의 뜻이 완전한 동사 (→ 50쪽)	My gift **made** *her happy*. 　　　　　　 C = 형용사 He **considers** *me a friendly person*. 　　　　　　　　 C = 명사 I **allowed** *her to play on the playground*. 　　　　 C = to부정사

Point 01 동사 vs. 준동사

He *woke up* find / ✓**to find** the whole house on fire. 내신

Instead, ✓**organize** / organizing all of your tasks in one place. 모의

Chickpeas ✓**grow** / growing from 8 to 40 inches in height, spreading their branches in all directions. 모의응용

*chickpea: 병아리콩

1 문장에 ¹＿＿＿＿＿＿＿나 관계사 없이 동사 두 개가 있을 수 없다.

2 동사가 이미 있는 경우, 다른 동사는 반드시 ²＿＿＿＿＿＿여야 한다.

Point 02 보어 자리 = 형용사(○), 부사(×)

I'm less ✓**aggressive** / aggressively than my older brothers and sisters. 수능응용

They want guests to relax and feel comfortably, just as they do in their own homes.
↳**comfortable**

1 주격보어와 목적격보어 자리에 ³＿＿＿＿＿＿를 쓰지 않도록 한다.

2 주격보어로 형용사를 취하는 동사

be동사	~이다	주어의 상태
keep, remain, stay, stand	(계속해서) ~인 채로 있다	주어의 계속되는 상태
become, grow, go, turn, come, get	~가 되다	주어의 변화
seem, appear	~인 것 같다	주어에 대한 생각
look, feel, sound, taste, smell 등의 감각동사	~하게 보이다, ~한 느낌이 들다, ~하게 들리다, ~한 맛이 나다, ~한 냄새가 나다 등	주어에 대한 감각적 느낌

3 목적격보어로 형용사를 취하는 동사

consider	~이 …하다고 여기다	find	~이 …함을 발견하다[알다]
keep	~을 …한 상태로 두다	leave	~을 …한 상태로 놓아두다
make	~을 …하게 만들다[하다]	think	~이 …하다고 생각하다

whole 전체의　organize 정리하다; 조직하다　in height 높이[키]는　spread 뻗다; 퍼다　in all directions 사방팔방으로　aggressive 적극적인; 공격적인 *cf.* aggressively 적극적으로; 공격적으로

[01-05] 다음 중 어법에 맞는 것을 고르시오.

01 He joined a club for | share / sharing | knowledge about computers.

02 This survey shows that some old people living in urban areas | hope / hoping | to live in rural areas.

03 It is important to do regular exercise and eat healthy food | lower / to lower | your blood pressure.

04 When you read the comics section of the newspaper, | cut / cutting | out a cartoon that makes you laugh. 모의

05 Lower magnesium levels in soil | occur / occurring | with acidic soils, and around 70% of the farmland on earth is now acidic. 모의

*magnesium: 마그네슘 **acidic: 산성의

주어 + 동사 + 동사 (×)
주어 + 동사 + 준동사 (○)
주어 + 동사 + 접속사 + 주어 + 동사 ~ (○)

[06-10] 다음 중 문맥과 어법에 맞는 것을 고르시오.

06 Everybody in the room remained | silent / silently |.

07 She is smiling | happy / happily | at her daughter's picture.

08 My eyes feel | heavy / heavily | from a lack of sleep because I stayed up late last night.

09 How was your first day at your new job? Did you find the work | easy / easily |?

10 Technological advances have caused more material use, making us | dependent / dependently | on more natural resources. 모의응용

be동사, 감각동사 등 + ~~부사~~
find, keep, make 등 + 목적어 + ~~부사~~
형용사

survey (설문) 조사   urban 도시의   rural 시골의   lower 낮추다; 더 낮은   blood pressure 혈압   section (신문의) 난(欄), 부분   soil 흙, 토양   farmland 농경지   lack 부족, 결핍   stay up (안 자고) 깨어 있다   technological advance 기술 발전   material 물질; (물건의) 재료   natural resources 천연자원

동사에 따라 다른 준동사 목적격보어

Moreover, the economic and social changes *allowed* women │enter / ✓to enter│ the labor market. 〔모의응용〕

This drink *made* their pains and fevers │✓go / to go│ away. 〔모의〕

1 목적격보어로 to부정사가 오는 동사들을 알아두자. 주로, O가 v하도록 하다[바라다] 등의 의미를 가지고 있다.

advise	O가 v하도록 충고하다	**allow/permit**	O가 v하도록 (허락)하다
ask	O가 v하도록 요청하다	**cause**	O가 v하도록 하다
enable	O가 v할 수 있게 하다	**encourage**	O가 v하도록 장려하다
expect	O가 v하는 것을 예상하다	**require**	O가 v하도록 요구하다
persuade	O가 v하도록 설득하다	**want**	O가 v하기를 원하다

2 동사에 따라 어떤 준동사를 목적격보어로 취하는지 잘 알아두자.

동사	목적어와 목적격보어의 관계가 능동	목적어와 목적격보어의 관계가 수동
지각동사 hear, watch, see, feel, notice	원형부정사 / -ing(진행 강조)	p.p. (사역동사 let은 be + p.p.)
사역동사 let, have, make	원형부정사	
help	원형부정사 / to부정사	
get	to부정사 / -ing(진행 강조)	
keep, find	-ing	

I *watched* smoke **rise** from the roof of an apartment building. 〔모의응용〕

You should *have* missing files **recovered** in case things go wrong. 〔모의응용〕

She *found* her sister **crying** in the bedroom when she came home.

앞의 동사를 대신하는 동사

Some people *learn* more from their failures than they do from their successes.
= **learn**

앞에 쓰인 동사나 그에 딸린 어구를 대신하여 문장을 간결하게 표현하기 위해 do동사, be동사, 조동사를 사용한다.
이때 be동사 자리와 do동사 자리를 잘 구별해야 한다.

Our sense of sight *is* more delicately developed than the other senses **are** in the body.

Animals *should* have the same rights to be protected as human beings **should**.

---

moreover 게다가   economic 경제의   social 사회의   labor market 노동 시장   fever 열   smoke 연기   recover 복구하다   in case ~할 경우를 대비해서   failure 실패
delicately 섬세하게   right 권리

[11-23] 다음 중 문맥과 어법에 맞는 것을 <u>모두</u> 고르시오.

11 When I had my hair dye / dyed / to dye green, my parents were pretty upset with me.

12 The coach advised the players take / taking / to take a rest for the next match. 내신응용

13 Some people seem to let their kids do / done / to do whatever they want.

14 I used to help Mom prepare / prepared / to prepare dinner when I lived with her.

15 His parents saw him award / awarding / awarded the winner's medal by the president at the stadium.

16 The scientists hope that by making a documentary about sea life, they can encourage more people protect / protecting / to protect the species that live in the oceans. 모의응용

17 The motorcycle accident made him spend / spending / spent the rest of his life in a wheelchair.

18 When you get into the seat of a simulator ride, you find yourself surrounding / surrounded / to surround by a large screen. 내신

19 Keep your seat belt fastening / fastened / to fasten until the plane has come to a complete stop.

20 She wanted her father know / knowing / to know how important he was to her. 내신응용

21 My teacher had me apologize / apologized / to apologize for what I had said to my classmate.

22 They noticed the bus disappear / disappearing / to disappear into the distance.

23 I watched a man on the subway in Paris try / trying / to try to get off the crowded train. 수능응용

[24-26] 다음 중 어법에 맞는 것을 고르시오.

24 I think he is more generous to his children now than he was / did a year ago.

25 The neighborhood where I spent my childhood looks just as it was / did in the old days.

26 The washing machine not only cleans clothes quickly, but it uses far less water than hand washing is / does . 모의응용

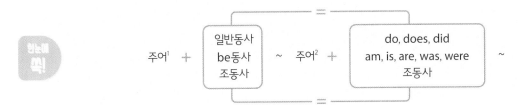

주어¹ + 일반동사 / be동사 / 조동사 ~ 주어² + do, does, did / am, is, are, was, were / 조동사 ~

dye 염색하다 award (상을) 수여하다 documentary 다큐멘터리, 기록물 species 종(種) wheelchair 휠체어 simulator ride 시뮬레이션 놀이기구 seat belt 안전벨트
into the distance 저 멀리 get off (탈것에서) 내리다 crowded 붐비는, 혼잡한 generous 관대한 childhood 어린 시절 washing machine 세탁기

⚑ 빈틈을 채우는 **촘촘문법**

1 우리말 해석으로 풀면 위험한 동사

❶ 자동사로 착각하여 목적어 앞에 전치사를 쓰기 쉬운 타동사

answer ~~to~~ the question 질문에 답하다

attend ~~to~~ the meeting 회의에 참석하다

enter ~~into~~ the room 방에 들어가다

marry ~~with~~ him 그와 결혼하다

resemble ~~with~~ her mom 그녀의 엄마와 닮다

approach ~~to~~ the bus stop 버스 정거장에 다다르다

discuss ~~about~~ the topic 그 주제에 대해 토론하다

leave ~~from~~ Seoul 서울에서 떠나다[출발하다]

reach ~~to~~ the shelf 선반에 닿다

❷ SVOO문형 동사로 착각하기 쉬운 SVO문형 동사

explain the risk *to* me 내게 위험을 설명하다

say something *to* me 내게 무언가를 말하다

introduce her *to* him 그에게 그녀를 소개하다

suggest an idea to *me* 내게 아이디어를 제안하다

✘ 목적어가 길면 문장 이해를 쉽게 하기 위해 보통 「동사 + to + (대)명사 + 긴 목적어」 순서가 된다.

Then, she explained *to me* the reason for her sudden trip and the exciting adventure she had experienced along the way.

❸ 타동사로 착각하여 목적어 앞에 전치사를 빠뜨리기 쉬운 자동사

apologize to him 그에게 사과하다

graduate from college 대학을 졸업하다

object to the proposal 제안에 반대하다

complain about the traffic jam 교통정체를 불평하다

hope for peace 평화를 바라다

2 가목적어를 취하는 동사

make, think, believe, find, consider와 같은 동사가 SVOC문형에 쓰일 때 목적어 to부정사구/that절은 대신 가목적어 it을 목적어 자리에 두고 진목적어인 to부정사구/that절은 문장 뒤로 보낸다.

People who have depression **find** *it* easy *to interpret large images or scenes*, but struggle to discover the difference in detail.

She **made** *it* possible *that her students could concentrate on their preparation for the final exam*.

QUICK CHECK

01 다음 중 어법상 바른 문장을 고르시오.

① He explained me the meaning of the word.

② I want to discuss this problem with him.

③ He introduced me a traditional Korean performing art, Pansori.

④ The police said that the thief entered into the room through open windows.

⑤ He suggested them possible solutions for youth unemployment.

02 다음 중 어법상 바르지 <u>않은</u> 문장을 고르시오.

① People find it easier to live in a mild climate.

② I consider it important that our privacy should be protected.

③ They made it a rule refund the money if the product is defective.

④ She thought it strange to receive a message from an unknown person.

⑤ People believe it essential that government leaders be diligent and honest.

실력이 쌓이는 **적용훈련**

A 다음 각 문장에서 어법상 맞는 것을 고르시오.

01 She expected us help / to help / helping and told us the plan about what to do.

02 My father lets me drive / to drive / driven his car while he is away from home on business.

03 He spends at least as much time surfing as he is / does reading.

04 Only that girl insisted that she noticed someone enter / to enter the house last night.

05 He realized that the continent found / was found by Columbus was not part of Asia.

06 I saw my friends surprising / surprised at the news that I got a job.

07 Some companies asked their staff to communicate / communicating only in English.

08 Our body and mind can remain active / actively by engaging in physical activity.

09 The tourists had the room clean / cleaned / to clean while they were eating lunch in the cafeteria.

10 Airport security workers check the passengers' luggage and make / to make / making sure that nothing is dangerous.

- be away 떨어져 있다
- insist 주장하다
- continent 대륙
- engage in ~에 참여하다
- physical 신체적인
- security 보안
- passenger 탑승객
- luggage 수하물

B 다음 밑줄 친 부분이 어법상 바르면 O, 틀리면 바르게 고치시오.

11 Last year, the oil prices across the world increased, and then the taxi fares <u>were</u> as well in response.

12 The scientist who first made the telescope <u>realized</u> the device could help armies and sailors. 모의응용

13 Eating healthy food and taking a rest can keep your energy <u>highly</u>.

14 The manager should let the problems <u>know</u> so that they can be solved.

15 I woke up when I heard my mom <u>to cough</u> violently in the middle of the night.

16 I think it polite to <u>make</u> eye contact with others while having a conversation.

17 We encourage you <u>reviewing</u> a comparison between the prices of shoes online.

- increase 인상되다
- fare 요금
- as well 또한
- in response ~에 대응하여
- telescope 망원경
- device 기구, 장치
- army 군대
- sailor 선원
- violently 심하게, 격렬하게
- eye contact 눈 마주침
- conversation 대화
- comparison 비교

C 다음 글을 읽고, 어법상 맞는 것을 고르시오.

18 Scientists have made plants ⓐ glow / to glow for hours in the dark. The idea for the lighting plants ⓑ came / coming from the substance in fireflies which glows by itself. They expect the plant lights ⓒ replaced / to replace lamps that you have to plug in.

19 Most parents believe that keeping their children's room ⓐ clean / cleanly is essential for their health. However, doctors ⓑ object / object to the parents' belief and say dirt can make children strong. In fact, dirt enables them ⓒ strengthen / to strengthen their immune system.　　*immune system: 면역체계

20 Research shows that people who work ⓐ have / having two calendars: one for work and one for their personal lives. Although it may seem sensible, ⓑ have / having two separate calendars for work and personal life can lead to distractions. To check if something is missing, you will find yourself ⓒ checked / checking your to-do lists multiple times. 모의 응용

D 다음 글의 각 괄호 안에 주어진 단어를 어법에 맞게 고치시오.

21 Yawning is contagious, powerful and unstoppable. You automatically yawn when you see other people ⓐ (yawn)＿＿＿＿＿＿＿. In addition, when you try to stop yawning, you yawn even more than other people usually ⓑ (do)＿＿＿＿＿＿. More surprisingly, reading about yawning could make you ⓒ (yawn)＿＿＿＿＿＿.　　*contagious: 전염되는

22 Physical activity during class ⓐ (create)＿＿＿＿＿＿ better students because of the influence of movement on the brain. Movement makes the nerve cells in the brain ⓑ (stimulate)＿＿＿＿＿＿ to be activated. A recent study found students who participate in physical activity in class do better in reading and math than students who ⓒ (do)＿＿＿＿＿＿ not.

01 (A), (B), (C) 각 네모 안에서 어법에 맞는 표현으로 가장 적절한 것은?

I remember finding a turtle when I was little. I tried to play with it, but its head and legs disappeared. So I used a stick to try to open the shell. My mother saw me (A) to dig / digging into his shell and yelled, "Stop! You might kill it! You'll not get it (B) moved / to move with a stick." Then, she took the turtle inside and put it in the bathtub with a little warm water. The turtle soon stretched its head and legs out and began to crawl. "Turtles are like that," said Mom. "And so are people. You can't use force on them. But if you warm them up with kindness, they will probably do what you want them (C) to do / do."

	(A)		(B)		(C)
①	to dig	…	moved	…	to do
②	to dig	…	to move	…	to do
③	digging	…	moved	…	do
④	digging	…	to move	…	to do
⑤	digging	…	to move	…	do

02 다음 글의 밑줄 친 부분 중, 어법상 틀린 것은?

"Please" and "thank you" ① are often called "the magic words," because they make all interactions ② smooth. Everyone has to ask others to do things, and ③ say "please" shows respect and consideration for the person we ask. People are always more willing to help those who treat them with kindness and consideration. Similarly, if someone does something for you, it is polite to say "thank you" to show your appreciation. Someone who is thanked ④ is much more likely to help again. Clearly, good manners help us ⑤ get things done, and "the magic words" make the world more thoughtful for all.

03 다음 글의 밑줄 친 부분 중, 어법상 틀린 것은?

Although technology has the potential ① increase productivity, it can also have a negative impact on productivity. For example, in many office environments workers ② sit at desks with computers and have access to the Internet. They are able to check their personal emails and use social media whenever they want to. This can stop them from doing their work and make them less ③ productive. Introducing new technology can also have a negative impact on production when it causes a change to the production process or requires workers ④ to learn a new system. ⑤ Learning to use new technology can be time consuming and stressful for workers and this can cause a decline in productivity. 모의응용

[01-03] 주어진 우리말과 같은 의미가 되도록 괄호 안의 말을 이용하여 문장을 완성하시오. (필요하면 단어 변형 및 추가 가능) [각 5점]

01
> 그 판매원은 당신이 정말 원하지 않는 물건을 사도록 설득할 수 있다. (persuade / buy)

→ The salesperson can _____ things you don't really want.

02
> 나는 그 회의에서 참가자의 이름이 틀리게 발음된 것을 알아차렸다. (pronounce / wrong)

→ I noticed the participant's name _____ _____ at the conference.

03
> 나의 오빠들은 바쁜데도 불구하고 내가 새 아파트로 이사하는 것을 도와주었다. (help / move)

→ My brothers _____ into my new apartment even though they were busy.

[04-06] 주어진 우리말과 같은 의미가 되도록 어법상 <u>틀린</u> 부분을 찾아 바르게 고쳐 쓰시오. [각 10점]

04
> 왜 현대의 미국식 억양은 영국식 억양과 유사하게 들리지 않는가?
> Why doesn't the modern American accent sound similarly to a British accent? 모의

→ _____

05
> 그것이 사실이라고 추정할 어떤 분명한 이유도 없어 보이지만, 그것은 아마도 그럴 것이다.
> There doesn't seem to be any obvious reason to suppose it is true, but it probably does. 모의

→ _____

06
> 나는 잠깐 쉬고 싶어서 경기에 참여하는 대신 그들이 축구를 하는 것을 보기만 했다.
> I wanted to rest for a while, so I just watched them to play football instead of joining the game.

→ _____

[07-09] 다음 글에서 어법상 <u>틀린</u> 부분을 찾아 바르게 고쳐 쓰시오. [각 10점]

07
> When your students first enter to the classroom, their initial action is to look for their teacher. 모의

→ _____

08
> Because his headache became worse, his doctor advised him reducing his working hours. His doctor also told him to rest for two weeks.

→ _____

09
> With thousands of websites, television channels, and text messages, it seems easily to become drowned in a flood of media.

→ _____

10 다음 문장에서 어법상 <u>틀린</u> 부분을 찾아 바르게 고쳐 쓰고 그 이유를 서술하시오. [25점]

> Spending money on products that enable us to express who we are to reflect an idea that our unique characters can be shown through something visible.

(1) 틀린 부분: _____

(2) 올바로 고친 것: _____

(3) 고친 이유 서술: _____
_____
_____

Chapter 05　to부정사와 동명사

to부정사와 동명사는 문장 내에서 다양한 역할을 한다.

1 to부정사

to부정사는 「to + 동사원형」의 형태로, 문장에서 명사, 형용사, 부사의 역할을 한다.
not, never는 to부정사 앞에 써서 「not[never] to + 동사원형」으로 나타낸다.

역할		예문	뜻
명사	주어	**To find** the cause of the problem is difficult. (= It is difficult **to find** the cause of the problem.) ▸ 주어 자리에 가주어 it을 쓰고, 진주어인 to부정사(구)는 문장 뒤로 보내는 경우가 대부분이다. ▸ to부정사(구)가 주어로 쓰일 경우 단수 취급한다.	v하는 것, v하기
	보어	The performer's basic task is **to try** to understand the meaning of the music. Your goal is not **to compete** with others. Focus on self-improvement.	
	목적어	I hope **to become** good friends with her.	
형용사	명사 수식	I don't have *much time* **to spend** with my family.	v하는, v할
	보어	*He* seems **to get along** well with his coworkers.	
부사	목적	We have to buy flour and milk **to make** bread.	v하기 위해서
	감정의 원인	She was happy **to hear** that her son won first prize.	v해서
	판단의 근거	He must be foolish **to believe** that strange rumor.	v하다니, v하는 것을 보니
	결과	She grew up **to become** a very intelligent person. ▸ wake up, grow up, live, awake 등 주어의 의지와 무관한 동작을 나타내는 동사와 함께 쓰인다.	(결국) v하다

2 동명사

동명사는 「동사원형 + -ing」의 형태로, 문장에서 명사 역할을 한다.
not, never는 동명사 앞에 써서 「not[never] + v-ing」로 나타낸다.

역할		예문	뜻
명사	주어	**Having** companion animals gives more benefits than inconveniences. ▸ 동명사(구)가 주어로 쓰일 경우 단수 취급한다.	v하는 것, v하기
	보어	The most important thing here is not **jumping** to conclusions.	
	목적어	Some people don't like **getting up** early.	
	전치사의 목적어	I'd like to thank everybody *for* **coming** along today.	

Point 01

동사의 목적어: to부정사 vs. 동명사

You must decide ✓**to forget / forgetting** and let go of your past. 모의응용

*let go of: (손에서) 놓다; 버리다

목적어로 to부정사를 쓰는 동사와 동명사를 쓰는 동사를 구분하여 알아두자.

1 동사 + to부정사 목적어: 주로 [1] _____의 일을 의미

decide to-v	v할 것을 결심하다	want to-v	v하기를 원하다	hope to-v	v하기를 바라다
plan to-v	v할 것을 계획하다	refuse to-v	v하기를 거부하다	learn to-v	v하기를 배우다
agree to-v	v하기로 동의하다	need to-v	v하는 것이 필요하다	afford to-v	v할 여유가 있다
manage to-v	간신히 v하는 데 성공하다				

2 동사 + 동명사 목적어: 주로 [2] _____ 혹은 이미 진행 중인 일을 의미

enjoy v-ing	v하기를 즐기다	avoid v-ing	v하기를 피하다	mind v-ing	v하기를 꺼리다
suggest v-ing	v하기를 제안하다	consider v-ing	v하기를 고려하다	keep v-ing	계속해서 v하다
finish v-ing	v하기를 마치다	imagine v-ing	v하기를 상상하다	deny v-ing	v한 것을 부인하다
put off v-ing	v하기를 미루다[연기하다]				

Point 02

동사의 목적어: to부정사 vs. 동명사 의미 구분

The fire occurred because someone *had forgotten* **turning off / ✓to turn off** the gas range. 모의응용

목적어 형태에 따라 의미 차이가 거의 없는 동사와 의미가 달라지는 동사가 있으므로 구분하여 알아두자.

1 to부정사와 동명사 모두를 목적어로 쓰면서 의미 차이가 거의 없는 동사

like / love / prefer / hate / start / begin / continue + ┌ to부정사
                                                          └ 동명사

The rain *continued* **pouring** down all day. (= The rain *continued* **to pour** down all day.)

2 to부정사와 동명사 모두를 목적어로 쓰지만 의미 차이가 있는 동사

I *forgot* **to buy** a birthday card for my brother. (아직 사지 않음)
I *forgot* **buying** a birthday card for my brother. (이미 샀음)

to부정사 (미래의 의미: 아직 v하지 않음)		동명사 (과거의 의미: 이미 v함)	
remember to-v	(미래에) v할 것을 기억하다	remember v-ing	(과거에) v했던 것을 기억하다
forget to-v	(미래에) v할 것을 잊다	forget v-ing	(과거에) v했던 것을 잊다
regret to-v	v하게 되어 유감이다	regret v-ing	(과거에) v한 것을 후회하다
try to-v	v하려고 노력하다[애쓰다]	try v-ing	시험 삼아 v해보다
stop to-v	v하기 위해 멈추다	stop v-ing	v하는 것을 멈추다

✗ stop to-v의 to부정사는 stop의 목적어가 아니라 '목적'을 뜻하는 부사적 쓰임이다.

occur 일어나다 **gas range** 가스레인지 **prefer** 선호하다 **continue** 계속되다 **pour** 마구 쏟아지다; 붓다

[01-06] 다음 중 어법에 맞는 것을 고르시오.

01 When can you finish │ to wrap / wrapping │ all these gifts?

02 Some people refuse │ to join / joining │ the army because of their bad health.

03 He suggested │ to make / making │ some changes to next year's work schedule.

04 I decided │ to follow / following │ his advice, and then all my stress disappeared.

05 I promised I would not put off │ to do / doing │ homework again.

06 People are often under stress. Some are taking exams, some are considering │ to move / moving │ to another job, and others are worried about deadlines.

| want, learn, agree, need, afford 등 | + | to부정사 |
| enjoy, consider, keep, imagine, deny 등 | + | 동명사 |

[07-12] 밑줄 친 부분이 어법상 바르면 ○, 그렇지 않으면 바르게 고쳐 쓰시오.

07 I remember to play football at Tony's house when I was a child.

08 Do not forget calling Ms. Smith after work tomorrow.

09 I regret to say that I am unable to help you. I should leave now.

10 While feet stop to grow in length by age twenty, most feet gradually widen with age. 모의

11 We are trying hard to solve the problem as soon as possible.

12 That sign means we cannot park cars there, but we can stop to pick up passengers.

| remember, forget, regret, try, stop | + | to부정사 ——→ 미래 |
| | | 동명사 ——→ 진행 혹은 과거 |

---

wrap 포장하다   disappear 사라지다   be under stress 스트레스를 받고 있다   deadline 마감일, 기한   unable ~할 수 없는   gradually 서서히   widen 넓어지다
with age 나이를 먹어감에 따라   as soon as possible 최대한 빨리   sign 표지판   pick up ~을 차에 태우다; ~을 집다

▶ 빈틈을 채우는 **촘촘문법**

1 to부정사의 관용 표현

- to begin with: 우선, 첫째로
- to tell the truth: 사실대로 말하자면
- so to speak: 말하자면
- to make a long story short(= to sum up, to put it briefly): 간단히 말하자면
- needless to say: 말할 것도 없이, 물론

2 동명사의 관용 표현

- feel like v-ing: v하고 싶다
- spend 시간[돈] (in) v-ing: v하는 데 시간[돈]을 쓰다
- prevent A (from) v-ing: A가 v하지 못하게 하다
- keep (A) from v-ing: (A가) v하는 것을 억제하다
- be worth v-ing: v할 가치가 있다
- cannot help v-ing: v하지 않을 수 없다 (→ 154쪽)
- have (a) difficulty[trouble, a hard time] (in) v-ing: v하는 데 어려움을 겪다
- when it comes to v-ing: v하는 것에 관한 한

3 전치사 to vs. to부정사

❶ 전치사 to의 목적어(v-ing/명사(구))
- look forward to v-ing: v하기를 기대하다
- object to v-ing: v하는 것에 반대하다
- be used[accustomed] to v-ing: v하는 데 익숙하다
- commit oneself to v-ing: v하는 데 헌신하다
- adjust to v-ing: v하는 것에 적응하다
- be addicted to v-ing: v하는 것에 중독되다

❷ to부정사
- be likely to-v: v할 것 같다
- be ready to-v: v할 준비가 되다
- be willing to-v: 기꺼이 v하다
- make sure to-v: 반드시 v하다
- be about to-v: 막 v하려고 하다
- be supposed to-v: v하기로 되어 있다

QUICK CHECK

01 다음 중 빈칸에 들어갈 말이 알맞게 짝지어진 것을 고르시오.

- We look forward to _____ further answers to the mystery.
- His injury may prevent him _____ in tomorrow's game.

① find – from playing
② find – to play
③ find – playing
④ finding – to play
⑤ finding – from playing

02 다음 중 어법상 바른 문장을 고르시오.

① They could not keep from to laugh because of him.
② We were about to starting a soccer game when you called me.
③ To tell the truth, this book is not worth reading.
④ I spent every summer vacation travel across the country.
⑤ To begin with, please make sure getting me a sample soon.

실력이 쌓이는 **적용훈련**

A 다음 각 문장에서 어법상 맞는 것을 고르시오.

01 I asked a private hospital for help, but they refused provide / to provide / providing treatment for my mother. 모의응용

treatment 치료

02 We really enjoyed spend / to spend / spending time at the beach last summer.

03 We regret inform / to inform / informing you that the flight has been canceled.

04 The mayor plans plant / to plant / planting grass and trees in the downtown area.

mayor 시장, 군수
downtown area 도심 지역

05 When I was very young, I had difficulty tell / to tell / telling the difference between dinosaurs and dragons. 모의응용

tell the difference (차이를) 구별하다

06 You didn't come yesterday. Did you forget to promise / promising to visit her in the hospital?

07 I put off go / to go / going abroad because my mother had an accident a week ago.

08 My father wasn't accustomed to use / using chopsticks, so it took him a long time to eat his food.

B 다음 각 문장의 괄호 안에 주어진 단어를 어법에 맞게 고치시오.

09 Avoid (eat) _____ any food which has been left outside for more than an hour.

10 On the way to Chuncheon we stopped (have) _____ lunch at a rest area.

rest area 휴게소

11 Although buses are supposed (depart) _____ at a certain hour, they are often late.

depart 출발하다
certain 특정한

12 He deeply regrets (tell) _____ a lie to his parents to hide his test score.

deeply 크게[깊이]

13 According to a recent report, roughly 70 percent of households in this city can't afford (own) _____ a house.

roughly 대략
household 가정

14 The farmers cannot help (grow) _____ those crops because they are one of only a few sources of income for them. 모의응용

crop (농)작물
income 수입

15 The university has denied (make) _____ a scholarship offer to him.

make an offer 제의하다
scholarship 장학금

C

다음 글을 읽고, 어법상 맞는 것을 고르시오.

16 When you leave the hotel room, make sure not ⓐ | to leave / leaving | anything behind. You may need ⓑ | to check / checking | under the bed for that lost sock and the socket for your phone charger.

leave behind 두고 가다
socket 콘센트
charger 충전기

17 If you agree ⓐ | to reserve / reserving | a wedding venue, we suggest ⓑ | to make / making | a reservation at least two weeks before the day for the best selection of dates and times. And please remember ⓒ | to pay / paying | a $100 deposit at the time of making a reservation.

reserve 예약하다
cf. reservation 예약
venue 장소
at least 적어도
selection 선택
deposit 보증금

18 An adventurer decided ⓐ | to climb / climbing | up a 123-story building one day. He started his journey without obtaining any permission from the building's owners or authorities. The building's staff tried to make him stop ⓑ | to climb / climbing |, but he ignored them. He kept ⓒ | from going / going | and reached the 73rd floor, where he finally gave in and ended his journey.

adventurer 모험가
story (건물의) 층; 이야기
journey 여정[이동]
obtain 얻다, 구하다
permission 허가, 허락
authorities 관계자; 당국
staff 직원
ignore 무시하다; 못 본 척하다
give in 굴복하다

D

다음 글의 밑줄 친 부분 중 어법상 <u>틀린</u> 것을 <u>모두</u> 찾아 바르게 고치시오.

19 The supermarket is considering ⓐ <u>to close</u> on Sundays. Employees want time to do what they love ⓑ <u>to do</u> like spending time with their families. It is also important for them to rest and to return refreshed. Making Sunday a work day would prevent employees from ⓒ <u>do</u> their best to reach their goals.

employee 종업원, 직원
refresh 상쾌하게 하다
do one's best 최선을 다하다

20 We regret ⓐ <u>informing</u> you that your application has been unsuccessful at this time. We need only two salespeople, but more than a hundred want ⓑ <u>working</u> with us. We hope ⓒ <u>to see</u> you find success in your job search at a different company. Thank you for your interest in our organization.

application 지원, 신청
unsuccessful 성공하지 못한
salespeople 《복수형》 판매원들
organization 회사, 조직

01 (A), (B), (C) 각 네모 안에서 어법에 맞는 표현으로 가장 적절한 것은?

Humans have an amazing power of forgiveness. I remember (A) to visit / visiting the town of Coventry, England a few years ago. I stood in the shell of a cathedral that had (B) attacked / been attacked by the Nazis in the Second World War. I listened as the guide told the story of the new cathedral that rose beside the ruins. Some years after the war, a group of Germans had come and helped to build the new cathedral as an act of apology for the damages their ancestors had caused. Everyone had agreed (C) to allow / allowing the ruins to remain in the shadow of the new cathedral. Both structures were symbolic: the one of man's cruelty to man, the other of the power of forgiveness and reconciliation.

*reconciliation: 화해

	(A)		(B)		(C)
①	to visit	⋯	attacked	⋯	allowing
②	to visit	⋯	been attacked	⋯	to allow
③	visiting	⋯	attacked	⋯	to allow
④	visiting	⋯	been attacked	⋯	to allow
⑤	visiting	⋯	been attacked	⋯	allowing

02 다음 글의 밑줄 친 부분 중, 어법상 틀린 것은?

A man in a subway station took out his violin and started ① to play. Some threw money into the man's hat as they walked by. He kept ② playing for 45 minutes and collected a few dollars. When he finished ③ to play, nobody noticed or cared. That man was Joshua Bell, one of the world's best violinists. That same week he was playing at sold-out concerts, where tickets cost $100 each. Bell did it as part of a social experiment. The experiment expected ④ to learn how people respond to something beautiful if it is at a strange place and a strange time. Do people see it as beautiful? Do they stop ⑤ to admire it or enjoy it? If we do not have even a second to stop and listen to a great musician playing for free, how many other things are we missing?

03 다음 글의 밑줄 친 부분 중, 어법상 틀린 것은?

If our eyes, kidneys, lungs, liver, heart, or any other organs stop ① to work or are damaged in an accident, which ones can be replaced? The answer is all of them — except the brain. Theoretically, artificial organs and human donor organs can now replace all except one of our organs. You can even be a donor to yourself if your skin ② is burned, by having skin removed from an undamaged part of your body and transplanted onto the burned area. Clearly, ③ registering to be an organ donor is an opportunity to save another's life. It is a noble thing to do, and definitely not something that should ④ be avoided. Are you a registered organ donor? If not, consider ⑤ doing it, but make sure you talk about it with your family first.

*kidney: 《신체》 신장

[01-05] 주어진 우리말과 같은 의미가 되도록 괄호 안의 말을 이용하여 각 빈칸에 쓰시오. (필요하면 단어 변형 및 추가 가능) [각 5점]

01
> 그 부모들은 그들의 자녀들이 어린 나이에 소셜 미디어를 사용하도록 하는 데 반대했다. (allow / use)

→ The parents objected to _____ their children _____ social media at a young age.

02
> 변화를 만드는 것은 불편하지만, 안락한 곳에서 벗어나 새로운 일을 시험 삼아 해보아라. (make / do)

→ _____ a change is uncomfortable, but try _____ new things outside of your comfort zone. 모의응용

03
> 나는 이 소형 전자레인지를 산 것을 후회하는데, 그것이 자주 작동을 멈추기 때문이다. (buy / work)

→ I regret _____ this compact microwave because it stops _____ frequently.

04
> 행복을 우선순위로 여기는 사람들이 자신들의 장기적인 건강에 대해 관심을 갖는 것에 동의할 가능성이 더 크다. (prioritize / care)

→ People who consider _____ their own well-being are more likely to agree _____ about their long-term health. 모의응용

05
> 건강한 생활방식으로 살려고 애쓰는 것은 특히 패스트푸드점에서 먹지 않는 것에 관해서라면 어려울 수 있다. (live / eat)

→ Trying _____ a healthy lifestyle can be difficult, especially when it comes to not _____ at fast-food restaurants.

[06-08] 주어진 우리말과 같은 의미가 되도록 괄호 안의 단어를 올바른 순서로 배열하시오. (필요하면 단어 변형 및 추가 가능) [각 15점]

06
> 내가 살아있는 한, 그날 오후에 그녀의 가족을 만난 것을 절대 잊지 않을 거야. (meet / forget / her family)

→ I will never _____ that afternoon for as long as I live.

07
> 그 축제 주최자들은 당신의 반려동물들을 집에 두고 올 것을 제안했다. (leave / your companion animals / suggest)

→ The festival organizers _____ _____ at home.

08
> 범인 한 명은 추격 끝에 붙잡혔지만, 나머지 한 명은 계속해서 도망쳤다. (continue / the other / run)

→ Though one criminal was caught after a chase, _____.

[09-10] 다음 문장의 밑줄 친 곳 중 어법상 틀린 부분을 찾아 바르게 고쳐 쓰고 그 이유를 서술하시오. [각 15점]

09
> The committee unanimously decided to extend the contract, because the contractor managed offering competitive pricing.
> *unanimously: 만장일치로

(1) 틀린 부분: _____

(2) 올바로 고친 것: _____

(3) 고친 이유 서술: _____
_____

10
> You should remember changing the filter in your water purifier regularly. This prevents harmful bacteria from growing and ensures clean drinking water.
> *water purifier: 정수기

(1) 틀린 부분: _____

(2) 올바로 고친 것: _____

(3) 고친 이유 서술: _____
_____

Chapter 06 분사

-ing 또는 p.p.는 명사 수식, 보어 역할을 하거나 분사구문을 이끈다.

1 분사의 종류

현재분사 (-ing)	과거분사 (p.p.)
능동 (~하는, ~할) / 진행 (~하고 있는)	수동 (~된, ~해진) / 완료 (~한)
a **boring** movie (지루한 영화) 《능동》	**broken** glass (깨진 유리) 《수동》
falling raindrops (떨어지고 있는 빗방울) 《진행》	a **fallen** leaf (떨어진 나뭇잎) 《완료》

▶ 명사가 분사의 동작을 완료한 것을 의미하기도 하는데, 일부 자동사에 한하여 쓰인다.
a **fallen** *tree[bridge]*, a **retired** *teacher*, **rotten** *eggs* 등

2 분사의 역할

명사 수식		These **following** *examples* show various functions of this machine.
		There was a lot of *old furniture* **covered** with dust.
		▶ 분사가 혼자일 때는 명사 앞에 오고, 딸린 어구와 함께 길어지면 명사 뒤에 온다.
보어	주격	*She* stood **looking** at the painting in the museum.
		The treasure remained **buried** under the tree.
		I am **interested** in trying something new.
	목적격	I could hear *my mom* **talking** on the phone.
		Can I get *this gift* **wrapped**, please?

3 분사구문

분사구문은 「접속사 + 주어 + 동사 ~」의 부사절을 부사구로 간결하게 나타낸 것이다.
Listening to music, she read a magazine. (← **As she listened** to music, she read a magazine.)

• 부사절을 분사구문을 이용하여 간결하게 만들기

	Because I felt hungry, I looked in the refrigerator.
① 부사절의 접속사와 주어를 없앤다.	~~Because I~~ felt hungry, ~.
② 부사절의 동사를 -ing로 바꾼다.	**Feeling** hungry, ~.

▶ 부사절 시제가 주절의 시제보다 앞서거나 완료시제일 때는 Having p.p로 바꾼다.
▶ 수동태인 경우에는 (Being) p.p. 또는 (Having been) p.p.로 바꾼다. 보통, Being, Having been은 생략한다.

• 분사구문은 문맥에 따라 자연스럽게 해석한다. 대부분의 경우, 부대상황을 나타낸다.

부대상황	as ~하면서 …하다 (동시동작) / and ~하고 나서 …하다 (연속동작), ~하여 …하다 (결과)
이유	because, as, since ~때문에
시간	when, as, while ~하는 동안에 / since / before / after / as soon as
조건	if ~라면
양보	although, (even) though, (even) if 비록 ~이지만

Point 01

명사 수식의 -ing vs. p.p.

A government policy [✓restricting / restricted] the use of plastic bags is gradually having an effect. 모의응용

He inspected the [purchasing / ✓purchased] *goods* to ensure they were in perfect condition.

1 -ing: 수식받는 명사가 분사의 동작을 직접 하거나 하고 있는 것을 의미한다. (명사와 분사가 능동 관계)
People **working** at night feel more tired than *people* **working** in the daytime.

2 p.p.: 수식받는 명사가 분사의 동작을 받는 것을 의미한다. (명사와 분사가 수동 관계)
Jane put her jewels in a **locked** *box* for safekeeping.

Point 02

분사구문의 -ing vs. p.p.

[✓Realizing / Realized] how important the environment is, we are getting serious about recycling. 모의응용

1 분사의 의미상 주어(주절의 주어와 일치)와 분사가 ¹_____ 관계이면 현재분사(-ing),
²_____ 관계이면 being을 생략하고 과거분사(p.p.)를 쓴다.
Studying abroad, she missed her family a lot. (← **As she studied** abroad, ~.)
(Being) **Seen** from a distance, the doll is really lifelike. (← **When it is seen** from a distance, ~.)

2 「with + (대)명사 + 분사」: ~이 …한[된] 채로 《부대 상황》
with 뒤의 (대)명사(의미상 주어)와 분사의 관계가 능동이면 현재분사(-ing)를, 수동이면 과거분사(p.p.)를 쓴다.
The meeting started **with** *everyone* **sitting** together around a table.
She sat still, **with** *her legs* **crossed**.

Point 03

감정분사 -ing vs. p.p.

This is often a [✓pleasing / pleased] *experience* for me because I enjoy meeting people. 모의

1 수식받는 명사가 누군가에게 감정을 느끼게 할 때는 -ing, 누군가[무엇인가]에 의해 감정을 느낄 때는 p.p.
I'm reading a **fascinating** *novel* about world history and culture.
A good night's sleep will help your **tired** *eyes* work properly again.

2 주어나 목적어가 누군가에게 감정을 느끼게 할 때는 -ing, 누군가[무엇인가]에 의해 감정을 느낄 때는 p.p.
This book is **amazing** because of its unpredictable plot.
The news that she finally arrived here last week made *us* **surprised**.

---

policy 정책 restrict 제한하다 gradually 점차 inspect 조사[검사]하다 purchase 구입하다 goods 물건, 물품 ensure 확실하게 하다 safekeeping 보관 realize 깨닫다
lifelike 살아 있는 듯한; 실물과 똑같은 fascinating 흥미진진한; 매력적인 properly 제대로; 올바르게 unpredictable 예측할 수 없는 plot (소설 등의) 줄거리

[01-04] 다음 중 어법에 맞는 것을 고르시오.

01   An expressway connecting / connected these two cities will be completed in 2027.

02   The detective investigated two incidents connecting / connected with each other.

03   The woman standing / stood over there is the owner of the store.

04   Sharks have a highly developing / developed sense of smell.

| 수식받는 명사 | ← | 능동 또는 진행 | → | 분사 | = | 현재분사(-ing) |

| 수식받는 명사 | ← | 수동 또는 완료 | → | 분사 | = | 과거분사(p.p.) |

[05-09] 밑줄 친 부분이 어법상 바르면 ○, 그렇지 않으면 바르게 고쳐 쓰시오.

05   <u>Arrived</u> at the store, I found that it was closed.

06   <u>Writing</u> in plain English, with easily understandable information, this book is fit for beginners.

07   A lady entered the classroom with a big basket <u>filled</u> with flowers.

08   <u>Wanted</u> to make a good first impression, he practiced good manners.

09   The researchers had some participants play alone or with two peers <u>looking</u> on.

| 주절의 주어 | ← | 능동 | → | 분사 | = | 현재분사(-ing) |

| 주절의 주어 | ← | 수동 | → | 분사 | = | 과거분사(p.p.) |

[10-13] 괄호 안에 주어진 동사를 알맞은 분사 형태로 바꿔 쓰시오.

10   The movie was (bore)_____. I was (disappoint)_____ by it.

11   It has been raining for three days. I feel (depress)_____ during the rainy season.

12   The (excite)_____ spectators ran onto the field in joy.

13   The traffic rules in this city can seem (confuse)_____ to visitors.

| 수식받는 명사/주어/목적어가 감정을 유발 | → | 현재분사(-ing) |

| 수식받는 명사/주어/목적어가 감정을 느낌 | → | 과거분사(p.p.) |

expressway 고속도로   complete 완공하다   detective 형사, 수사관   investigate 조사하다   owner 주인   highly 대단히, 매우   plain 쉬운; 평범한   fit 적합한
beginner 초보자   manners 《복수형》 예절   disappoint 실망시키다   depress 우울하게 만들다   rainy season 장마철   spectator 관중   confuse 혼란시키다

빈틈을 채우는 촘촘문법

1 주어가 있는 분사구문

주절의 주어와 분사구문의 의미상 주어가 다를 경우, 분사구문의 의미상 주어를 표시한다. (독립분사구문)

부사절이 「접속사 + there + be동사」 구문인 경우, there를 주어로 보고 분사구문을 만든다.

If time permits, we will take a walk along the beach.
→ **Time** permitting, we will take a walk along the beach.

Because there was no objection, the committee approved the proposed project.
→ **There** being no objection, the committee approved the proposed project.

2 접속사가 있는 분사구문

분사구문의 명확한 의미 표현을 위해 접속사를 남겨두는 경우도 있다.

Though living here now, I don't know where the library is.
When making a decision, you should consider every possibility.

3 분사구문의 위치

분사구문은 문장 앞, 뒤, 중간(주어와 동사 사이) 모두 올 수 있다.

중간에 올 때는 대부분 주어를 부연 설명하는 것이다.

The boy, **having just turned ten years old,** acts like he's an old man.

QUICK CHECK

01 다음 중 어법상 바른 문장을 모두 고르시오.

① While fighting in the Korean War, he was taken prisoner by North Korean soldiers.

② There being no taxi so late at night, I had to walk home.

③ School being over, the children went home.

④ While walked on the shore, we collected seashells.

⑤ The elevator being broken down, I had to take the stairs.

02 다음 중 어법상 바르지 않은 문장을 고르시오.

① Not knowing what to do about the situation, I called the police.

② Weather permitting, we can go out for a walk at lunchtime.

③ Being no seat on the bus, he had to stand up all the way.

④ He was watching TV, his wife knitting beside him.

⑤ It starting to rain, Mia put her umbrella up and put on her rain coat.

실력이 쌓이는 **적용훈련**

A 다음 각 문장에서 어법상 맞는 것을 고르시오.

01 She was very worrying / worried about her mother's illness.

02 Take a look at the park covering / covered with trees and flowers.

03 The service at the hotel was very disappointing / disappointed .

04 He is standing over there with his arms folding / folded .

05 When I arrived at my friend's house, I was confronted by a barking / barked dog.

confront (곤란한 상황에) 직면하다

06 Knowing / Known much about the climate in Australia, we were not surprised by the unpredictable weather.

07 Completely destroying / destroyed in the 1963 earthquake, the church has been restored.

earthquake 지진
restore 복원하다; 회복 시키다

08 It being / Being a very hot day, I remained in my tent.

B 다음 밑줄 친 부분이 어법상 바르면 ○, 틀리면 바르게 고치시오.

09 All breaking glass must be picked up as soon as possible.

reserve 예약하다
parking space 주차 공간

10 She was annoying to see a strange car in her reserved parking space.

11 There is a lot of junk floated around out there in space.

junk 쓰레기
float 떠돌다, 떠다니다

12 Walking along the road, he found an old apple tree and beautiful flowers.

13 Though lived with my parents, I don't have dinner with them often.

14 Human beings have used land very poorly, threatening the planet's ecosystems.

ecosystem 생태계

15 He spends all day looking for inspired stories to write.

inspire 영감을 주다

C

다음 글의 각 괄호 안에 주어진 단어를 어법에 맞게 고치시오.

16 An ⓐ (interest) _____ hotel has opened recently. People who want to play games while traveling can go there. Every room has two computers, gaming chairs, and lights ⓑ (create) _____ the perfect mood.

mood 분위기; 기분

17 ⓐ (grow) _____ everywhere, a weed called "hairy panic" is a big problem for a town. ⓑ (gather) _____ in large bundles on its own, the weed piles up as high as a roof. It looks like a scene from a horror movie.

weed 잡초
bundle 묶음, 꾸러미
pile up 쌓이다

18 ⓐ (flood) _____, the town of Athens lay in ruins. Pieces of broken things filled the streets, ⓑ (make) _____ roads unusable. Moreover, twenty people, including my best friend, have been missing since the flood began.

in ruins 폐허가 된
unusable 사용할 수 없는
missing 실종된

D

다음 글의 밑줄 친 부분 중 어법상 틀린 것을 모두 찾아 바르게 고치시오.

19 A donkey ⓐ crossed a river with a heavy load of salt fell into the water. His heavy load of salt quickly dissolved, and he was ⓑ pleasing at finding that the load became much lighter. So, the next time he came to a river with a load on his back, ⓒ thinking that he could again lighten his load, he fell into the water on purpose. But this time, he was loaded with sponges, which absorbed so much water he could not stand up again and drowned.

load 짐; ~에 짐을 싣다
fall into ~에 빠지다
dissolve 녹다, 용해되다
lighten 가볍게 해주다
on purpose 고의로, 일부러
absorb 흡수하다
drown 익사하다, 물에 빠져 죽다

20 When we set a plan, we get very ⓐ excited about it. We can even imagine ourselves happily ⓑ dancing on the top of that mountain, ⓒ feeling successful. However, when you start putting the plan into practice to achieve your goal, the happiness, excitement, and energy suddenly disappear. That is because the road to your goal, doing the plan is not usually very ⓓ pleased.

put A into practice
A를 실행에 옮기다

모의 응용

01 다음 글의 밑줄 친 부분 중, 어법상 틀린 것은?

Once there was a Greek man ① diagnosed with a serious illness. ② Knowing he was going to die soon, the man hurried to join the army when Greece went to war. Hoping to die in battle, he fought bravely in the front line, ③ exposing himself to danger without fear. Eventually Greece won the battle, and the soldier lived. The ④ impressing army general awarded him the highest medal of honor, but the soldier cried when he received the medal. The general asked him why and found out about the soldier's illness, so he had the soldier ⑤ cured by the best doctor in Greece. After that, the courageous soldier would always try hard to be brave and live without fear.

02 다음 글의 밑줄 친 부분 중, 어법상 틀린 것은?

Isadora Duncan was one of the world's most famous celebrities during the early twentieth century, and ① is known today as the "Mother of Modern Dance." ② Born in California in 1877, Isadora dropped out of high school early to earn money through dancing, and set up her own dance school for children when she was 20. She moved to Europe in 1899 and lived there for the rest of her life, ③ earned huge fame for her fascinating, new style of dancing. Rejecting classical ballet and ④ inspired by the art and culture of ancient Greece, she performed barefoot in loose costumes. She also found inspiration in nature and invented dance movements to mirror things like ⑤ floating clouds and falling rain.

03 다음 글의 밑줄 친 부분 중, 어법상 틀린 것은?

The next time you're out under a clear, dark sky, look up and pick an ① amazing spot for stargazing. You'll see a sky full of stars ② shining like thousands of jewels. But this sight of stars can also be ③ confusing. Try to point out a single star to someone. It is likely that person will have a hard time knowing exactly which star you're looking at. It might be easier if there are ④ describing star patterns. You could say something like, "See that big triangle of bright stars there?" Or, "Do you see those five stars ⑤ looking like a big letter W?" 모의응용

[01-04] 주어진 우리말과 같은 의미가 되도록 괄호 안의 단어를 올바른 순서로 배열하시오. (필요하면 밑줄 친 단어 변형 가능) [각 5점]

01 원치 않는 습관을 그만두려고 애쓰는 것은 좌절감을 주는 일일 수 있다. (be / task / frustrate / a / can)

→ Trying to stop an unwanted habit _____

_____ .

02 한국에서 생산되고 이용되는 거의 모든 가스는 천연가스이다. (produce / in Korea / and / use / all the gas)

→ Almost _____

_____ is natural gas.

03 나는 취직될 거라 기대하지 않았어. 일자리를 제의받았을 때 난 정말 놀랐어. (amaze / really / I / was)

→ I didn't expect to get the job. _____

_____ when it was offered

to me.

04 그녀는 자신의 딸이 그들 앞에 있는 꽃들을 그리게 둔 채로 나무 아래 앉아 있었다. (in front of / draw / and / her daughter / them / the flowers)

→ She sat under the tree, _____

_____ .

[05-06] 주어진 우리말과 같은 의미가 되도록 괄호 안의 말을 분사구문으로 바꾸어 문장을 완성하시오. [각 10점]

05 모든 것이 안전하다고 생각하면서, 그 노인은 길을 건너려고 했다. (think that everything was safe)

→ _____

_____ , the old man attempted

to cross the road.

06 우유와 설탕이 함께 제공되면, 오트밀은 맛있는 아침 식사이다. (serve with milk and sugar)

→ _____

_____ , oatmeal is a delicious

breakfast.

[07-10] 다음 주어진 문장을 <조건>에 맞게 바꾸어 쓰시오. [각 15점]

<조건> 분사구문을 사용할 것.

07 While she was talking with her brother, she watched him closely.

→ _____ ,

she watched him closely.

08 As it was uprooted by the storm, the tree fell on the roof.

→ _____ ,

the tree fell on the roof.

09 Because he didn't know what to say at the interview, he didn't say anything at all.

→ _____

_____ , he didn't say anything

at all.

10 Since the concert was canceled, the audience is demanding that their tickets be refunded.

→ _____ ,

the audience is demanding that their tickets be

refunded.

Chapter 07 준동사 심화

준동사는 동사에서 나온 것이므로 동사적 성질을 가지고 있다.

1 준동사의 동사적 성질

딸린 어구		목적어, 보어를 취할 수 있고 부사의 수식을 받을 수 있다.
		He was asked *to make* **a speech**. 《목적어》
		The students soon began *feeling* **tired**. 《보어》
		Do you mind *getting up* **early**? 《부사 수식》
		문장의 주어, 목적어 등과 의미상 주어가 일치할 때는 따로 표시하지 않는다.
의미상 주어	to부정사	「for/of + 목적격 + to부정사」
		I am praying **for him** *to recover* quickly.
		nice, foolish 등 일부 형용사는 의미상 주어 앞에 of를 쓴다. 주로 칭찬·비난을 의미한다.
		It was nice **of him** *to offer* his assistance when I needed it the most.
	동명사	「소유격[목적격] + 동명사」
		I cannot forgive **his[him]** *coming* late to work so often.
	분사	「주어 + 분사구문」 《독립분사구문》
		The bookstore *being* closed, I couldn't buy my textbook.
시제	완료형	문장의 동사가 나타내는 때보다 이전의 일, 또는 완료시제를 나타낸다.
		I regret not **having finished** my homework yesterday.
		(= I regret that I **did** not **finish** ~.)
		He is ashamed of **having been** lazy when he was young.
		(= He is ashamed that he **was** lazy ~.)
		Having studied English for many years, he speaks it well.
		(= Because he **has studied** English for many years, ~)
태	수동형	의미상 주어와 수동 관계일 때 수동형으로 표현한다.
		He was very pleased **to be chosen** for the team.
		I was afraid of **being scolded** by my father.
		(Being) Written in easy English, it can be read without difficulty.

2 to부정사가 쓰이는 주요 구문

too ~ (for A) to-v	너무 ~해서 (A가) v할 수 없는; (A가) v하기에 너무 ~한
	I'm **too** busy **to do** laundry right now.
~ enough (for A) to-v	(A가) v할 만큼 ~한; 충분히 ~해서 (A가) v할 수 있는
	The bird is fast **enough to catch** and **eat** even a snake.
seem to-v	v인 것 같다
	Many people **seem to agree** that exercise should be painful.
it takes + 시간 + (for A) to-v	(A가) v하는 데 ~가 걸리다
	Sometimes **it takes** a while **to get** used to a new place and **make** friends.

시험에 나오는 **어법 Point**

Point 01

명사 vs. 동명사

A system of <u>transportation</u> letters by special boats developed in the 17th century.
↳ **transporting[transportation of]**　　　　　　　　　　모의응용

1　동명사는 준동사로서 동사적 성질을 가지고 있으므로 ¹_____가 바로 뒤에 올 수 있다.
There is also the possibility of **damaging** your stuff. 수능

2　반면, 명사는 의미상 목적어인 명사가 바로 뒤에 올 수 없고 of 등의 전치사 뒤에 올 수 있다.
You can send several emails together by <u>separation</u> addresses with a comma.
↳ **separating[separation of]**

Point 02

의미상 주어

It is quite possible │✓**for / of**│ an amateur photographer to take great shots
with an inexpensive camera. 모의응용

1　to부정사의 의미상 주어를 따로 명시하는 경우, 대개 「for + 목적격」의 형태이다.
단, nice, polite, kind, foolish, rude 등의 형용사가 be동사의 보어인 경우, 「²_____ + 목적격」의 형태이다.
It was *foolish* **of me** to believe him.

2　명사 수식 분사의 의미상 주어는 분사의 수식을 받는 명사이고, 분사구문의 의미상 주어는 문장의 주어이다.
There was a *young man* **playing** his violin with great passion. 모의응용
The boy put his arm in front of his friend, **motioning** for me to go ahead. 모의응용

3　동명사의 의미상 주어는 소유격(my, his 등)으로 나타내는데, 일상회화에서는 목적격(me, him)을 더 많이 쓴다.
The parents felt really good about *his[him]* **helping** their daughter with her studies.

Point 03

완료형과 수동형

When you learn a new word, it takes several repetitions at various intervals
for the word to │**master / ✓be mastered**│. 모의응용

1　**완료형**: to have p.p. / having p.p.

술어동사보다 먼저 일어난 일	He *was* disappointed **to have missed** the party. I *apologize* for **having been** rude to you yesterday.
완료시제(완료, 결과, 경험, 계속)	I'm sorry **to have kept** you waiting. 《계속》

2　**수동형**: to be p.p. / being p.p. (완료 수동형: to have been p.p. / having been p.p.)
준동사의 의미상 주어를 확인한 후, 그 주어와 준동사의 능동·수동 관계를 파악해 본다.
(Being) Connected to the subway station, *the building* is easy to find. (*the building*이 **연결되어** 있다.)
The newspaper article states that *they* denied **having been offered** a bribe. (*they*가 뇌물을 **제공받았다**.)

---

separation 분리, 구분　motion 몸짓[동작]을 해 보이다　feel good about ~을 기뻐하다　repetition 반복　interval 간격　master ~을 완전히 익히다
connect A to B A를 B에 연결하다　bribe 뇌물

[01-04] 다음 중 어법에 맞는 것을 고르시오.

01 He gathered evidence by record / recording their conversations.

02 In development / developing a design, you have to take account of many factors.

03 The scientific discoveries should be proved by analysis / analyzing of the experiments.

04 He showed me several methods for achievement / achieving success in growing tomatoes.

명사 + 명사 ⟶ 명사 + 전치사 + 명사 / 동명사 + 명사 목적어

[05-06] 다음 중 어법에 맞는 것을 고르시오.

05 It is difficult for / of customers in wheelchairs to access the department store.

06 It is very considerate for / of you to inform us of the change in the schedule.

[07-08] 다음 굵은 글씨로 된 분사의 의미상 주어를 찾아 밑줄을 그으시오.

07 Not **knowing** French, she found it hard to communicate.

08 Waves are caused by the wind **blowing** over the ocean.

It + easy, difficult, possible, important 등 + 「for + 목적격」 + to부정사
가주어   의미상 주어   진주어

It + foolish, kind, nice, rude, polite 등 + 「of + 목적격」 + to부정사
가주어   의미상 주어   진주어

[09-14] 괄호 안에 주어진 동사를 알맞은 형태로 바꿔 쓰시오.

09 Dry foods such as rice and flour don't need to (keep)_____ in the fridge.

10 It's illegal for taxi drivers to refuse to (take)_____ a passenger.

11 We hope you will consider (involve)_____ in our club.

12 He's proud of (be)_____ a coach for the national soccer team three years ago.

13 He is pleased with (appoint)_____ the new marketing chief last week.

14 (finish)_____ my homework, I went out to meet my friends.

과거	술어동사	수동	능동
to have (been) p.p. having (been) p.p.		to be p.p. being p.p.	to-v v-ing

take account of ~을 고려하다   experiment 실험   considerate 사려 깊은   illegal 불법의   refuse 거절하다   involve 포함하다   appoint 임명하다

⚑ 빈틈을 채우는 **촘촘문법**

◉ to부정사 구문의 문장 전환

❶ 형용사/부사 + enough + to부정사 (~할 만큼 충분히 …하다)

= so + 형용사/부사 + that 주어 + can + 동사원형 ~

The baby is old **enough to start** eating cereal. 내신

= The baby is **so** old **that he/she can start** eating cereal.

❷ too + 형용사/부사 + to부정사 (너무 ~해서 …할 수 없다)

= so + 형용사/부사 + that 주어 + cannot + 동사원형 ~

Firefighters arrived **too** late **to save** the building. 내신응용

= Firefighters arrived **so** late **that they couldn't save** the building.

❸ how/what/where/when 등 + to부정사 (~하는 방법/무엇을 ~할지/어디로 ~할지/언제 ~할지)

Have you decided **what to wear** to the party? 내신

= Have you decided **what you should wear** to the party?

❹ seem to부정사 (~인 것 같다)

She **seems to be** worried about something.

= It **seems that she is** worried about something.

She **seems to have been** worried about something.

= It **seems that she was** worried about something.

❺ be likely to부정사 (~할 것으로 예상된다, ~할 것 같다)

They **are likely to** help us. 내신

= **It is likely that** they will help us.

QUICK CHECK

01 짝지어진 두 문장의 뜻이 서로 같지 <u>않은</u> 것을 고르시오.

① I don't know what to say during the interview.

= I don't know what I should say during the interview.

② It seems that he worked for the company.

= He seems to have worked for the company.

③ The program is likely to be finished next year.

= It is likely that the program will be finished next year.

④ He did well enough to win the game.

= He did so well that he could win the game.

⑤ This book is so long that I can't read it overnight.

= This book is too long not to read overnight.

02 다음 중 문맥과 어법상 바르지 <u>않은</u> 것을 <u>모두</u> 고르시오.

① They waited for the winner to announce.

② Almost all people don't like being told what to do.

③ The question was so difficult that I couldn't answer it.

④ Tom is likely to show me how to play this game.

⑤ We are not enough rich to stay in such an expensive hotel.

실력이 쌓이는 **적용훈련**

A 다음 각 문장에서 어법상 맞는 것을 고르시오.

01 It was kind | for / of | you | treat / to treat / treating | us to lunch.

02 We are sorry for | taking / having taken | up so much of your valuable time in the last meeting.

03 The advertisement can be an opportunity for | increasing / being increased | sales and profits.

04 It is hard | for / of | amateur artists to | recognize / be recognized | internationally.

05 We have learned many things by | observation / observing | animals in their natural habitat.

06 When I tried to find the key in the bathroom, the light was not | enough bright / bright enough | to see clearly.

07 | Graduating / Having graduated | from a university in Seoul a few months ago, she's familiar with the area.

B 다음 각 문장의 괄호 안에 주어진 단어를 어법에 맞게 고치시오.

08 We can make the world peaceful by (maintain) _____ good relationships with other countries.

09 He put forward a plan for (improve) _____ the rate of production.

10 Card games are believed to (invent) _____ in the 10th century by the Chinese.

11 Non-smokers don't like to (expose) _____ to second-hand smoke.

12 I am sorry for (use) _____ your laptop computer yesterday without your permission.

13 She is out of work at the moment; she hopes (offer) _____ a job soon.

14 The boy was very proud of (raise) _____ two fully grown apple trees from small seeds.

15 The robot is good at (recognize) _____ possible dangers, so it avoids any possible crashes.

---

treat A to lunch A에게 점심을 대접하다

take up A's time A의 시간을 빼앗다

advertisement 광고
opportunity 기회
profit 이익

recognize ~을 인정하다; 알아보다

habitat 서식지, 거주지

familiar ~을 아주 잘 아는

peaceful 평화로운
relationship 관계

put forward a plan 계획을 제의하다
rate 비율
production 생산

second-hand 간접적인

permission 허락

out of work 실직한; (기계가) 고장 난
at the moment 현재

crash 충돌

다음 글을 읽고, 어법상 맞는 것을 고르시오.

16 Vitamin D can help protect against colds, the flu, and a number of diseases. It is usually made by ⓐ exposing / exposure to sunlight. Doctors recommend sunlight for 30 minutes three times per week, which is ⓑ enough long / long enough to produce vitamin D.

flu 독감

17 A history graduate student found a 500-year-old drawing which appears to ⓐ be made / have been made by Leonardo da Vinci. This new discovery is a good chance ⓑ for / of him to work as a historian.

graduate student 대학원생
appear ~인 것 같다
historian 역사학자

18 A company is involved in ⓐ developing / development an AI robot which can help farmers who use herbicides. This robot uses the exact amount of chemicals needed to kill the weeds. The farmers, ⓑ wasting / having wasted it already, can reduce their use of herbicides and save time and money.

*herbicide: 제초제

be involved in ~에 관여하다
exact 정확한
chemical 화학 물질; 화학의
weed 잡초

D 다음 글의 밑줄 친 부분 중 어법상 틀린 것을 찾아 바르게 고치시오.

19 Children should be close emotionally to their parents and need ⓐ <u>to be loved</u>. But, this means it is not easy ⓑ <u>for some children</u> to be away from their parents. One time, when I came back home from work, my daughter kept crying. I felt bad ⓒ <u>to make</u> her wait for me and cry.

close 친밀한; 가까운
emotionally 감정적으로

20 Ironically, being a little selfish improves your health. When you take care of yourself first, you are likely ⓐ <u>to become</u> a healthy, stable person in life. Instead of ⓑ <u>spending</u> all your time at work, you should take time to exercise and eat well. This enables your physical needs ⓒ <u>to meet</u> and also leads to strong mental health.

ironically 역설적으로, 반어적으로
stable 안정된
enable 가능하게 하다
need 욕구; 필요로 하다
meet 충족시키다; 만나다

실전에 통하는 **적용훈련**

01 (A), (B), (C) 각 네모 안에서 어법에 맞는 표현으로 가장 적절한 것은?

For several reasons, some of us find it hard to show affection, give compliments, or express admiration for others. One reason is we may have received little praise, warmth, or positive feedback ourselves. Not having received it, we don't know (A) | where to / how to | give it, or even if we ought to. Another reason for not (B) | compliment / complimenting | others is arrogance or egotism. Arrogant, egotistical people like to criticize others, because they think it makes themselves seem clever, funny, or more powerful. A final reason is fear. (C) | Show / Showing | warmth and affection is a way of opening up to others, and you have to be brave to open up because you might be rejected. Many fearful people think it's safer not to try.

*egotism: 이기주의 **egotistical: 이기적인

	(A)		(B)		(C)
①	where to	⋯	compliment	⋯	Show
②	where to	⋯	complimenting	⋯	Showing
③	how to	⋯	complimenting	⋯	Show
④	how to	⋯	compliment	⋯	Show
⑤	how to	⋯	complimenting	⋯	Showing

02 다음 글의 밑줄 친 부분 중, 어법상 틀린 것은?

Through the train window, I could see cattle ① being fed on the farms, crops ripening in the fields, and trees turning red and yellow. If this journey had been a week earlier, all this would have pleased my eyes. But now I could not enjoy ② watching the world go by outside. Too many thoughts ③ running through my head made me feel regretful. What had I done to Uncle Joe, the man who had raised me for twenty years? I felt ashamed for not ④ having visited him for the last five years. I disappointed him, the man who loved me like a father. It wasn't thoughtful ⑤ for me not to visit him on his sixtieth birthday, making him spend the day alone.

03 다음 글의 밑줄 친 부분 중, 어법상 틀린 것은?

Mary Mallon, or "Typhoid Mary," was the cook who is believed ① to be a carrier of typhoid between 1900 and 1915 in the United States. Mary didn't know that she was responsible for ② infecting hundreds of people with typhoid fever, because she herself was not affected by it. Many suspected her, but she refused ③ to be tested until finally she was arrested and confined to a hospital for three years. When ④ released, she took a false name and continued working as a cook. In 1915, however, at the hospital where she ⑤ was employed, 25 people caught typhoid and one died. This time, Mary was arrested and confined to a hospital for the rest of her life.

*typhoid (fever): 장티푸스

01 주어진 우리말과 같은 의미가 되도록 괄호 안의 단어를 올바른 순서로 배열하시오. [5점]

> 그 방은 10명이 들어갈 수 있을 만큼 크다.
> (enough / accommodate / large / ten people / to)

→ The room is _____

_____ .

[02-04] 주어진 우리말과 같은 의미가 되도록 괄호 안의 말을 이용하여 문장을 완성하시오. (필요하면 단어 변형 및 추가 가능) [각 5점]

02
> 손은 세균에 감염되기 쉽기 때문에 적어도 20초 동안 손을 씻어야 한다. (infect)

→ It is easy for hands _____

with germs, so we should wash our hands for at least 20 seconds.

03
> 나는 집을 떠나 처음 맞는 가을에 향수병을 앓았던 경험을 너와 공유하고 싶어. (of / be homesick / my experience)

→ I want to share with you _____

_____ during my first fall away from home.

04
> 아이들이 자신의 생각을 자유롭게 표현하는 것은 중요하다. (important / express / children)

→ It _____

their own thoughts freely.

[05-07] 주어진 우리말과 같은 의미가 되도록 어법상 **틀린** 부분을 찾아 바르게 고쳐 쓰시오. [각 10점]

05
> 모든 판매 직원들은 신제품 홍보에 주력해야 한다.
> All sales employees must concentrate on promotion the new product.

→ _____

06
> 그가 감당할 수 없는 그 값비싼 집을 사는 것은 어리석었다.
> It was foolish for him to buy that expensive house, which he couldn't afford.

→ _____

07
> 에밀리는 지난밤 여기서 교통사고가 있었던 것 같다고 말한다.
> Emily says that there seems to be a traffic accident here last night.

→ _____

[08-09] 다음 주어진 문장과 같은 의미가 되도록 <조건>에 맞게 완성하시오. [각 15점]

> <조건> so와 that을 반드시 사용할 것.

08
> The tablet computer is too large to fit inside this pouch.

→ _____

_____

09
> She is too young to handle the problem by herself.

→ _____

_____

10 다음 글에서 어법상 **틀린** 부분을 찾아 바르게 고쳐 쓰고 그 이유를 서술하시오. [20점]

> Julia and her husband fled their hotel 10 km from the volcano in Hawaii. They felt the ground shaking from the eruptions and saw people frightened by the closing roads. She said, "It is terrible for us to experience this disaster during our honeymoon."

(1) 틀린 부분: _____

(2) 올바로 고친 것: _____

(3) 고친 이유 서술: _____

_____

01 다음 글의 밑줄 친 부분 중, 어법상 틀린 것은?

Space junk is ① broken pieces of old satellites, space stations, and space shuttles. It goes around the Earth at 36,000 km per hour. Even very small objects can cause a lot of destruction when they are traveling at this speed. For instance, when a tiny piece of dried paint lighter than a piece of paper ② hit a space shuttle's window, it made a hole two centimeters deep. Imagine what a tennis ball-sized piece of metal could do! With a new satellite ③ arrived in space every month, the skies above Earth are becoming more dangerous. People are looking for ways ④ to stop the problem from becoming worse. One is building satellites that safely fall back to Earth after their useful life. Unfortunately, there are no international laws on space junk yet, so astronauts and satellite controllers will have to keep ⑤ driving very carefully.

02 다음 글의 밑줄 친 부분 중, 어법상 틀린 것은?

We usually get along best with people who we think are like us. In fact, we seek them out. It's why places like Little Italy, Chinatown, and Koreatown ① exist. But I'm not just talking about race, skin color, or religion. I'm talking about people who share our values and look at the world the same way we ② are. As the saying goes, birds of a feather flock together. This is a very common human tendency deeply ③ rooted in how our species developed. Imagine you are walking out in a forest. You would be conditioned to avoid something unfamiliar because there is a high likelihood that it would be ④ interested in killing you. Similarities make us ⑤ relate better to other people because we think they'll understand us on a deeper level than other people. 모의응용

*species: 종 ((생물 분류의 기초 단위))

03 (A), (B), (C) 각 네모 안에서 어법에 맞는 표현으로 가장 적절한 것은?

Our choice of words can have a big impact on the way we experience events. Most actors and musicians, for example, right before they go onstage, (A) get / getting a feeling of tension in their bodies. Their breathing changes, their pulse gets faster, they begin to sweat, and their stomach feels upset. Singer Carly Simon called it stage fright, and said it kept her (B) performing / from performing live for years. Bruce Springsteen, on the other hand, calls the same feeling excitement. (C) Exciting / Excited , he can't wait to get onstage. For him, pre-performance tension is his friend; for Carly Simon, it was an enemy. Which would you use to describe your tension — stage fright, or excitement?

(A)		(B)		(C)
① get	⋯	performing	⋯	Exciting
② get	⋯	performing	⋯	Excited
③ get	⋯	from performing	⋯	Excited
④ getting	⋯	performing	⋯	Exciting
⑤ getting	⋯	from performing	⋯	Excited

04 다음 글의 밑줄 친 부분 중, 어법상 틀린 것은?

Traditional Cherokee beliefs about the number seven are closely connected to a Creation story ① explained that the world was created over seven nights. Only the owl and the mountain lion were able to remain ② awake throughout the seven nights, and therefore the Cherokee regard them as the most sacred of all animals. Also, the number seven ③ was believed to be sacred because it represented the seven family groups of the Cherokee. Furthermore, the Cherokee believed in "Little People." These woodland creatures, ④ being of tiny size and usually invisible, looked like ordinary Cherokee. If ever one of the Little People was seen, then the witness had to keep it secret for seven years ⑤ to avoid bad luck.

*Cherokee: 체로키족 《북미 인디언》

05 다음 글의 밑줄 친 부분 중, 어법상 틀린 것은?

In the 1930s, British professor C.K. Ogden developed a method of ① use just 1,000 words to express everything we need to in English. He said if we replace thousands of difficult verbs with just 18 simple ones, including "get" and "put," ② communicating in English would be much easier for everyone. For example, "put together" replaces "assemble," "build," "unite," and several other verbs. Ogden spent a great deal of time ③ talking to experts in a variety of fields. He defined over 20,000 words in his *General Basic English Dictionary*, ④ using the 850 words of Basic English that he invented. Ogden promoted his Basic English as an international auxiliary language, trying ⑤ to establish it as the ideal method for teaching English.

*auxiliary language: 보조 언어

06 다음 글의 밑줄 친 부분 중, 어법상 틀린 것은?

For around one thousand years, until the early 20th century, it was a custom in China ① to bind the feet of young girls. This prevented their feet ② growing any longer than four inches (10 cm). Their tiny feet were considered ③ beautiful. Continuous pain, infections, broken bones, bad smells, and an inability to walk steadily ④ were the results of binding. Chinese poets made the custom more desirable by writing poems about the sensual appeal of tiny bound feet ⑤ wrapping in silk shoes. From a very early age, girls understood quite clearly that they would never have a good life or find a husband if they didn't bind their feet as tightly as possible and endure all the pain that binding caused.

07 다음 글의 밑줄 친 부분 중, 어법상 틀린 것은?

Googol is a mathematical term ① describing a huge quantity. It is not an incorrect spelling of the giant search engine's name, Google — actually, it's the opposite. Googol, a quantity larger than the number of atoms in the universe, ② is a number that was termed by an American mathematician in 1940 and is still used by mathematicians today. Larry Page and Sergey Brin, the two founders of Google, grew up ③ fascinated with mathematics and decided to name their company after the number. As the early Google team searched for available domain names, the person at the computer accidentally ④ typing googol as "google" and the name stuck. The company is based upon the same mathematical principles as "googol," even ⑤ choosing to name Google's headquarters in Mountain View as Googleplex, a combination of the company's name and the word "complex."

*complex: 《수학》 복소수

08 다음 글을 읽고, 물음에 답하시오.

When parents rule by fear and demand obedience, kids are taught at a very young age not to express their true feelings. Natural expressions of strong feelings like anger, fear, and sadness are discouraged because the parents want their child to be quiet and obedient. (A) Eventually the children become too conscious of their parents' disapproval to express their feelings naturally. They must first "check in" with their parents to see if the feeling is okay. (B) Because they are forbidden to express these "strong" emotions, kids get stuck in their anger, fear, sadness, and pain. Sometimes they even refuse to acknowledge that they are angry or hurt and have no way of getting rid of the energy produced by those feelings. It builds up inside, like steam pressure in a boiler.

(1) 밑줄 친 (A)를 「so ~ that ...」 구문을 이용하여 고쳐 쓰시오.

→ Eventually _____

_____

_____.

(2) 밑줄 친 (B)를 분사구문을 이용하여 고쳐 쓰시오. (단, 6단어로 고칠 것)

→ _____

_____

09 다음 글의 요지가 되도록 <조건>에 맞게 빈칸을 완성하시오.

The Grand Canyon in Arizona is one of the greatest natural wonders of the world. It is located in the Grand Canyon National Park, which is one of America's oldest national parks, but it took _____ _____. Senator Benjamin Harrison introduced the first bill to establish the Grand Canyon National Park in 1882, but it was rejected. Then, President Roosevelt established five new national parks between 1901 and 1909, but the Grand Canyon was not among them. Although more Grand Canyon National Park Senate bills were introduced in 1910, it wasn't until 1919 that the Grand Canyon National Park Act was signed into law.

<조건> 1. <보기>에 주어진 어구를 모두 한 번씩 사용할 것.
　　　 2. 필요하면 단어 변형 및 추가 가능.
<보기> the area / national park status / give / a long time

→ it took _____

_____

PART

3

연결사

내신·학평 대비 미니 모의고사 3

The wisest men follow
their own direction.

- Euripides -

Chapter 08 접속사·병렬구조

단어, 구, 절을 이어주는 것을 접속사라 한다. 다양한 의미와 역할을 학습해 본다.

1 등위접속사 and, but, or 등

문법적으로 대등한 단어와 단어, 구와 구, 절과 절을 연결한다.

There was *peace* **and** *growth* in the country in the 1900s. (명사 and 명사)

We wanted to see a movie, **but** *she didn't want to*. (절 but 절)

You can send me additional questions *by email* **or** *by fax*. (전명구 or 전명구)

2 and, but, or[nor]를 포함하는 상관접속사

짝을 이루는 단어가 있는 접속사이다. 역시 문법적으로 대등한 단어와 단어, 구와 구, 절과 절을 연결한다.

Both *my cousin* **and** *my brother* go to the same high school. (A, B 양쪽 모두)

The problem is **not** *what kinds of food we have* **but** *how much food we have*. (A가 아니라 B)

Not only *I* **but (also)** *my sister* likes traveling. (= *My sister* **as well as** *I* likes traveling.) (A뿐만 아니라 B도)

You can buy it **either** *on the Internet* **or** *in stores*. (A 혹은 B 중 어느 한쪽)

He **neither** *cleaned his room* **nor** *did his homework*. (A, B 둘 다 아닌)

3 종속접속사 문장에서 명사, 부사 역할을 하는 종속절을 이끌어 주절에 연결하는 접속사이다.

• 명사절: 주어, 목적어, 보어 역할을 하거나 동격절로 쓰임

that (~이라는 것)	The news said **that** there would be no hurricane. 《동사 said의 목적어》
whether[if] (~인지 아닌지)	I wonder **whether[if]** you are busy this weekend. I have two movie tickets.
의문사	who, how, what, which, where, why, when
	Who did it is not important.
	There is a rumor **that** he is a millionaire.
동격절을 이끄는 **that** (~라는)	that 앞에는 the fact[news, hope, belief, idea, feeling, possibility] 등의 일반적 의미의 명사가 온다. 동격절이 이들의 의미를 좀 더 구체적으로 보충 설명한다.

• 부사절: 시간, 이유, 조건, 양보, 대조, 목적, 결과 등을 의미

시간	when, after, before, while(~하는 동안에), as(~할 때), until(~까지), since(~한 이래로), every time(~할 때마다), by the time(~할 때쯤), as soon as(~하자마자)
이유	because, since, as(~ 때문에, ~이므로)
조건	if, unless(~하지 않는다면), as[so] long as(~하는 한), in case(만약 ~인 경우에는)
양보/대조	(al)though, even though[if](비록 ~이지만, ~할지라도), while, whereas(~인 반면에), whether ~ or not(~이든 아니든 간에)
목적	so (that) ~ can[may, will](~하기 위하여)(= in order that), in case(~할 경우에 대비하여)
결과	「so + 형용사[부사] + that …」(너무 ~해서 …하다), so (that) ~(그 결과 ~)

If you are late to the theater, you won't be seated until the break.

Although the traffic was heavy, we managed to arrive on time.

Please turn up the volume **so that** we **can** all hear the news.

My brother is **so** tall **that** he can reach the top shelf in the kitchen.

시험에 나오는 **어법 Point**

Point **01** 병렬구조

People work longer, go to meetings at night, read books, or | going / ✓go | out until late. 모의응용

1 콤마나 등위접속사 and, but, or 등에 의해 연결된 어구는 문법적으로 대등한 것이어야 한다.

His mother wished him *to leave school* **and** *(to) assist her in managing the farm*. (to-v and (to)-v)

The light bulb is a *simple* **but** very *brilliant* invention. (형용사 but 형용사)

2 상관접속사에 의해 연결된 어구도 문법적 성격이 대등해야 한다.

He likes **not only** *helping others* **but also** *listening to others' words attentively*. (동명사 and 동명사)

Lucy was absent today, so I think she is **either** *sick* **or** *busy*. (보어 or 보어)

Point **02** 전치사 vs. 접속사

| Because / ✓Because of | *the rapid reaction of weather forecasters*, no one was injured in last night's terrible storm. 모의응용

1 전치사 뒤에는 [1]_____가 온다.

She gave me a sweet smile **in spite of** *her disappointment*.

명사 뒤에 동격절이나 관계사절이 와서「전치사 + 명사 + 동격절/관계사절」의 형태를 이루기도 한다.

Despite *the fact* that being fat is life-threatening, some people can't stop overeating.

Because of *the snow* that fell during the night, the road is closed.

2 접속사는 주어, 동사를 포함하는 [2]_____을 이끈다.

Although he is now a retired professor, he will never retire from creating art.

	전치사	접속사
~ 동안	during / for	while 등
~ 때문에	because of / due to	because 등
~에도 불구하고; 비록 ~라도	despite / in spite of	(al)though 등

assist 돕다 **manage** 관리하다, 경영하다 **light bulb** 전구 **brilliant** 훌륭한 **invention** 발명품 **attentively** 주의 깊게, 신경 써서 **rapid** 빠른 **reaction** 반응 **injure** 부상을 입히다 **life-threatening** 생명을 위협하는 **overeating** 과식 **retire** 은퇴하다

[01-07] 다음 밑줄 친 부분이 어법상 맞으면 ○, 틀리면 바르게 고치시오.

01　His goal is to become an actor and <u>gets</u> a leading role.

02　My leg started to ache, so I stopped running and <u>seeing</u> a doctor.

03　Throughout history, gloves have been worn not only for protection but also <u>for decoration</u>.

04　She never went back to flying but <u>living</u> a long and exciting life nonetheless. 모의 응용

05　He felt sorry because he neither recognized her nor <u>remembered</u> her name. 모의 응용

06　Microplastics are known to be eaten by various animals and <u>get</u> into the food chain. 모의 응용

*microplastics: 미세 플라스틱 **food chain: 먹이 사슬

07　There are limits on the number of people we can possibly pay attention to or <u>develop</u> a relationship with. 모의 응용

 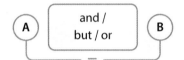 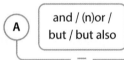

[08-12] 다음 중 어법에 맞는 것을 고르시오.

08　We study philosophy │because / because of│ the mental skills it helps us develop. 모의

09　I already finished my homework │during / while│ you were talking on the phone.

10　Recently, he has had no appetite │due to / because│ the stressful situation at his school.

11　Robert decided to keep going │though / in spite of│ the heavy rain.

12　│Despite / Though│ the fact that he doesn't have much experience, he has done a good job.

전치사 + 명사(구)
접속사 + 주어 + 동사 ~

---

leading role 주연　decoration 장식　go back to ~을 다시 시작하다　flying 비행기 조종, 비행　nonetheless 그럼에도 불구하고　pay attention to ~에 주의를 기울이다
philosophy 철학　mental 정신의, 정신적인　appetite 식욕

빈틈을 채우는 **촘촘문법**

1 부사절의 「주어 + be동사」 생략

부사절의 주어가 주절의 주어와 같은 경우에 부사절의 주어와 be동사를 생략할 수 있다.

While *(I am) cleaning my room*, I usually listen to music.

The Korean pear lowers fevers **when** *(it is) eaten fresh*.

Although *(I am) in trouble*, I will not change my mind.

2 뜻이나 형태가 비슷해서 혼동하기 쉬운 전치사

during vs. for: ~ 동안	What did you do **during** *the summer vacation*? (during + 특정한 때) I haven't seen him **for** *three years*. (for + 기간)
by vs. until: ~까지	Can you *finish* the report **by** tomorrow? (일회성의 상태나 동작의 완료 기한) The offer *remains* valid **until** June 15. (계속된 상태나 동작이 끝나는 시점)
beside vs. besides	You can sit here **beside** me. (~의 곁에) There are other visitors **besides** me. (~ 외에)

3 전치사 + 접속사

in that (~라는 점에서)	Hamsters are like goldfish *in* **that** they don't know when to stop eating.
except (that) (~을 제외하고)	I couldn't say anything *except* **that** I was sorry.
전치사 + whether(~인지 아닌지)	They argued ***about*** **whether** food labeled "sugar-free" really had no sugar in it.

4 that의 기타 용법

- Who is **that** boy in front of the door? (지시형용사)
- I went to see a concert last night. **That** was an amazing performance. (지시대명사)
- Don't walk **that** fast. (부사)

QUICK CHECK

01 다음 중 문맥과 어법상 바르지 <u>않은</u> 것을 고르시오.

① What did you eat for breakfast beside eggs?

② I was up until four o'clock in the morning trying to get the work finished.

③ Desert rats live underground during daylight hours.

④ She will be out of the office for a few days next week.

⑤ Did you know you have to complete the registration form by tomorrow?

02 다음 중 빈칸에 들어갈 말이 알맞게 짝지어진 것을 고르시오.

> (1) In general she was happy, except _____ she couldn't spend enough time reading.
>
> (2) Wasteful habits are like other habits _____ they can be difficult to break.
>
> (3) _____ taken every day, this medication can be really effective.

① what – in case – Although

② that – in that – Although

③ what – in case – If

④ that – in that – If

⑤ what – in that – If

실력이 쌓이는 **적용훈련**

A
다음 각 문장에서 문맥과 어법상 맞는 것을 고르시오.

01 The teacher had students read and summarize/summarizing/summarized the book.

summarize 요약하다

02 Did you hear the news that / what / which the airport is closed because of the storm?

03 She knows nothing about him except that / what / which he is young and handsome.

04 The material they choose to publish must not only have commercial value, but be / is / to be written perfectly and free of errors. 모의응용

material 자료
publish 출판하다
commercial 상업적인
free of ~이 없는
error 오류

05 I just wanted to read novels, take walks, or do / did / doing something new.

06 Using technology enables businesses to produce more goods and getting / gets / to get more out of the other factors of production. 모의응용

technology 기술
factor 요인
production 생산

07 For / During the history presentation, I forgot what I needed to say.

presentation 발표

08 There was a little lake beside / besides my house when I lived in Canada.

09 In animals, play has long been seen as a way of learning and practices / practicing skills and behaviors that are necessary for future survival. 모의

see A as B A를 B로 여기다
survival 생존

10 Business consultants document the existing problems in companies and collect / to collect / collecting relevant data to be analyzed. 모의응용

consultant 자문 위원, 컨설턴트
document 기록하다
existing 기존의; 현재의
relevant 관련된
analyze 분석하다

B
다음 각 문장의 빈칸에 문맥과 어법상 가장 적절한 표현을 <보기>에서 골라 쓰시오.

<보기> despite / although / due to / because / during / while / for / by / until

11 _____ his long legs, he is a good basketball player.

12 _____ now, I never realized that I loved Jessica.

realize 깨닫다

13 _____ his popularity, he cannot be called a great painter.

popularity 인기

14 She read the article _____ they were watching TV.

article 기사

15 If I do not speak of her, it is _____ I have nothing to do with her.

have nothing to do with ~와 아무 관련이 없다

C 다음 글을 읽고, 어법상 맞는 것을 고르시오.

16 Scientists have the idea ⓐ |what / that| you can get to sleep faster. They found writing a to-do list helps you get to sleep faster ⓑ |because / because of| it makes you worry less about what you have to do.

17 Singing in groups can reduce anxiety and ⓐ |depress / depression|. Researchers found that it helped people increase their confidence and ⓑ |felt / feeling| of well-being.

18 A man drowned ⓐ |during / while| he was trying to swim across a river. The police searched the water ⓑ |by / until| six o'clock. After six, the search was called off because of the quickly flowing water.

D 다음 글의 밑줄 친 부분 중 어법상 틀린 것을 모두 찾아 바르게 고치시오.

19 According to an Italian court, if someone steals food ⓐ because hunger, then it is not illegal. A lot of people's hope is ⓑ what this decision draws attention to homelessness. People believe that no one should be allowed to die of poverty and ⓒ hunger.

20 Remember ⓐ that patience is always essential. If an apology is not accepted, thank the individual for listening to you and ⓑ leaving the door open in case they wish to reconcile. Be conscious of the fact ⓒ that accepting your apology does not necessarily indicate that they have fully forgiven you. 모의응용

실전에 통하는 **적용훈련**

01 다음 글의 밑줄 친 부분 중, 어법상 **틀린** 것은?

Water contains no vitamins, protein, or energy-giving substances. However, ① <u>although</u> it has little nutritional value, it is essential for human survival, and we need ② <u>to consume</u> between two and seven liters of it every day, depending on the climate and one's level of activity. One major reason we need so much water is ③ <u>that</u> it transports nutrients throughout our bodies. It also removes waste and toxic substances. In addition, it helps us to digest food, and keeps our body's temperature ④ <u>steady</u>. Furthermore, it protects our heart, lungs, liver, and other organs, and ⑤ <u>keep</u> our joints moist, so that they can move freely. Humans can survive several weeks without food, but for no more than three days without water.

*joint 관절

02 다음 글의 밑줄 친 부분 중, 어법상 **틀린** 것은?

The reason that we do not know very much about the first languages ① <u>is</u> that they were never written down. Once people had words, they could tell one another ② <u>that</u> they were thinking. But as soon as someone said something, ③ <u>that</u> person's idea would be gone unless other people could remember what had been said. Then, about 5,000 years ago, people invented writing. This meant ④ <u>that</u> a person's thoughts could be put down for others to see and remember, even when the person was not there. But in the first known system of writing, simple pictures were used to represent single words; symbols were not used to represent individual sounds, as they ⑤ <u>are</u> today.

03 다음 글의 밑줄 친 부분 중, 어법상 **틀린** 것은?

Helping children explore the consequences of their choices ① <u>is</u> much different from forcing consequences on them. Exploring invites the participation of children, allowing them to think for themselves and ② <u>deciding</u> what is important and what they want. The end result is not tending towards rebellion and defensive thinking but ③ <u>focusing</u> on solutions to the problem. The key to helping children explore is ④ <u>that</u> adults start asking questions. Too often adults emphasize their version of what happened and what should be done about it. To question the child about how he or she understands the problem and possible solutions is much more respectful and encouraging and ⑤ <u>helps</u> their skill development. This is the true meaning of education.

*rebellion: 반항

[01-04] 주어진 우리말과 같은 의미가 되도록 어법상 **틀린** 부분을 찾아 바르게 고쳐 쓰시오. [각 5점]

01
우리는 그 여행을 위한 그녀의 계획이 무엇인지 궁금하다.
We wonder that her plans for the trip are.

→ _____

02
스트레칭은 부상을 방지하는 데 도움이 될 뿐만 아니라 기력을 회복하는 데에도 도움이 된다.
Stretching not only helps you to avoid injury, but also to help you to recover energy.

→ _____

03
베이킹소다와 소금 그리고 밀가루를 넣고, 혼합물에 거품이 생길 때까지 저어라.
Add baking soda, salt, and flour and stirring until the mixture is foamy.

→ _____

04
문제는 반에 중국어를 하는 사람이 없다는 것이다.
The problem is what there is no one to speak Chinese in class.

→ _____

05 괄호 안의 단어를 올바른 순서로 배열하여 문장을 완성하시오.
[10점]

There is some doubt (is / as to / the illness / whether / dangerous).

→ There is some doubt _____
_____.

[06-08] 주어진 우리말과 같은 의미가 되도록 괄호 안의 단어를 올바른 순서로 배열하시오. (필요하면 단어 변형 및 추가 가능) [각 10점]

06
크리스티나는 말하거나 무언가를 실행에 옮기기 전에 두 번 생각함으로써 그의 조언을 받아들였다.
(put / or / into action / something)

→ Christina took his advice by thinking twice before speaking _____.

07
그 나라는 스파이의 존재를 인정하지도 부인하지도 않는다.
(the presence / spies / of / deny)

→ The country neither confirms _____ .

08
독자는 그 책이 이야기를 어떻게 전개해 나가는지를 분석하고 글의 질을 평가한다. (the quality / evaluate / writing / of)

→ Readers analyze the book for how it tells a story and _____.

[09-10] 다음 문장에서 어법상 **틀린** 부분을 찾아 바르게 고쳐 쓰고 그 이유를 서술하시오. [각 20점]

09
I don't believe the idea what mental strength can be built even though you don't take care of yourself.

(1) 틀린 부분: _____

(2) 올바로 고친 것: _____

(3) 고친 이유 서술: _____
_____

10
Simple reminder notes allowed Greg to have a different point of view and realized that he didn't have to be perfect at everything. 모의 응용

(1) 틀린 부분: _____

(2) 올바로 고친 것: _____

(3) 고친 이유 서술: _____
_____

Chapter 09 관계사

관계사는 절과 절을 연결하는 접속사이면서 동시에 대명사나 부사의 역할도 한다.

1 관계대명사

● 관계대명사의 역할

절과 절을 이어주는 접속사와 앞에 나온 명사(= 선행사)를 대신하는 대명사의 역할을 한다.

I met a man. + He lives in our neighborhood.

→ I met a man **who** lives in our neighborhood. (who가 접속사와 lives의 주어인 대명사 he의 역할을 동시에 함)
　　　　선행사　관계대명사

→ I met a man, he lives in our neighborhood. (×: 두 절을 연결하는 접속사 없음)

→ I met a man lives in our neighborhood. (×: 접속사 없고, lives의 주어인 he도 없음)

→ I met a man and lives in our neighborhood. (×: 접속사 있으나, lives의 주어인 he가 없음)

→ I met a man who he lives in our neighborhood. (×: 관계대명사와 대명사를 중복해 쓸 수 없음)

● 관계대명사의 격변화

관계대명사가 관계대명사절의 주어이면 **주격**, 목적어이면 **목적격**, 소유를 나타내면 **소유격**을 쓴다.

선행사	격	주격	목적격	소유격
사람		who	who(m)	whose
사물·동물		which	which	whose
사람·사물·동물		that	that	-
선행사 포함		what	what	-

주격 **who**	주어	He is the man. + **He** bought this house. → He is the man **who** bought this house.
목적격 **who(m)**	동사의 목적어	He is the man. + I met **him** before. → He is the man **who(m)** I met before.
		He is the man. + I traveled *with* **him**. → ⅰ) He is the man **who(m)** I traveled *with*. → ⅱ) He is the man *with* **whom** I traveled. He is the man **who(m)** I traveled. (×) 전치사를 빠뜨리지 않아야 한다.
	전치사의 목적어	one, both, some, half, most, the majority 등 + of + 목적격 관계대명사 I have *a lot of friends*. + One of *them* can speak French. → I have a lot of friends, one of **whom** can speak French. 　(I have a lot of friends, one of **them** can speak French. (×)) 대명사는 두 절을 연결할 수 없으므로 관계대명사를 대신하지 못한다.
소유격 **whose**	소유격	He is the man. + **His** car was stolen. → He is the man **whose** car was stolen.

I would like to visit the building **which[that]** is the tallest in the world. 《주격》

Swimming is a skill **which[that]** everyone can learn. 《목적격》

I received many questions, most *of* **which** were very simple. 《목적격》

Look at the boy **whose** hair is blond. 《소유격》

● 관계대명사절의 위치

1) 선행사가 주절의 주어인 경우: 주어 + 관계사절 + 동사 ~

The candles **which** fell off the shelf started the fire.

The hotel manager **whom** we spoke to was very nice.

2) 선행사가 주절의 목적어나 보어인 경우: 주어 + 동사 + 목적어/보어 + 관계사절

I don't like *the man* **whom** we met at the party.

This is *the photo* **which** shows my house.

● 앞에 콤마(,)가 있는 관계대명사절과 콤마(,)가 없는 관계대명사절

제한적 용법	관계대명사 앞에 콤마 없음. 선행사가 어떤 것[사람]인지 그 의미를 제한.	She has two brothers **who became pilots.** 그녀에게는 파일럿이 된 남동생이 둘 있다. (→ 파일럿이 아닌 남동생이 더 있을 수 있음)
계속적 용법	관계대명사 앞에 콤마 있음. 선행사를 보충 설명.	She has two brothers, **who became pilots.** 그녀에게는 두 명의 남동생이 있는데, 그들은 파일럿이 되었다. (→ 두 남동생 이외에 다른 남동생이 없음)

- 제한적 용법은 선행사가 여럿 있음을 의미한다. 그중 어떤 사람[것]인지가 관계사절로 인해 분명해진다. 선행사를 이해하는 데 필수적인 정보이기 때문에 관계대명사절을 생략할 수 없고, 이미 지칭 대상이 분명한 선행사에 쓸 수 없다.

  Last year I visited the Eiffel Tower which is 324 meters tall. (×)

  여러 에펠탑 중에 324미터짜리 에펠탑을 방문했다는 의미가 되어 어색하다.

- 계속적 용법은 선행사가 이미 어떤 사람[것]인지 분명하거나 세상에 하나밖에 없는 것일 때, 설명을 보충하는 것이다. 그러므로 관계대명사절을 생략해도 선행사를 이해하는 데는 문제가 없다.

  Last year I visited the Eiffel Tower, which is 324 meters tall. (O)

  방문한 곳이 에펠탑이고, 그것이 324미터라는 것은 보충 설명이다.

● 콤마(,) 뒤의 which

계속적 용법의 which는 앞의 명사뿐만 아니라 구나 절도 선행사로 할 수 있다. which 자리에 넣어 해석할 때 가장 자연스러운 것이 선행사이다.

A career as a historian is a rare job, **which** is probably why you have never met one. 모의

● 관계대명사 what(= the thing(s) which)

관계대명사 what이 이끄는 절은 명사, 즉 선행사를 포함하므로 명사절에 해당한다.

what ~ = the thing(s) which ~ (~인 것(들), ~한 것(들)) ▶ 의문대명사 what: 무엇

What you say is not always true. 《주어 역할》

She showed me **what** she bought. 《목적어 역할》

This change is **what** I've always desired. 《보어 역할》

▶ 의문대명사 what(무엇)과 관계대명사 what(~인 것(들))은 해석만 다르다. 그 외, 불완전한 절을 이끄는 것과 앞에 선행사라 할 만한 것이 없다는 것은 동일하다. 자연스러운 해석에 따라 구별하면 된다.

2 관계부사

● 관계부사(= 접속사 + 부사(구))

선행사가 시간, 장소, 이유, 방법일 때 「**전치사 + 선행사**」를 대신하면서 절과 절을 이어주는 **접속사**의 역할도 한다. 「**전치사 + which**」로 바꿔 쓸 수 있다.

There is a restaurant. + You can eat Greek food at the restaurant.

= there

→ There is *a restaurant* **where/at which** you can eat Greek food.

● 관계부사의 종류

관계부사	선행사	예문
when	시간 (time[year, age], 1988, a period 등)	Spring is *a beautiful time* **when** the flowers begin to bloom.
where	장소 (place, his house, a mall 등)	This is *the gym* **where** I used to work out.
why	이유 (reason)	*The reason* **why** I'm here is to talk about my plans.
how	방법 (the way)	Technologies are changing *the way* people interact. Technologies are changing **how** people interact. Technologies are changing *the way* **how** people interact. (×) → 이 경우, 선행사와 관계부사 중 하나만 쓴다.

▸ 계속적 용법으로는 관계부사 when, where만 가능하다.

Andy moved to *a new house*, **where** he started to live alone.

Cats are most active in *the early morning and evenings*, **when** they do most of their hunting. 모의응용

3 관계사의 생략

● 목적격 관계대명사

The lady (**whom**) you met is our music teacher.

You can choose the major (**which**) you are interested **in**.

▸ 주의! 전치사 바로 뒤에 위치한 목적격 관계대명사는 생략할 수 없다.

You can choose the major **in** you are interested. (×) → **in which** (○)

● 관계부사

선행사가 일반적 의미의 명사인 time, day, year, place, reason 등일 때, 관계부사나 선행사 둘 중 하나를 생략할 수 있다.

I don't know ***the reason*** (**why**) the soccer game was canceled.

I don't know (***the reason***) **why** the soccer game was canceled.

▸ 주의! - the way how는 선행사와 관계부사 중 하나를 반드시 생략해야 한다.

I don't like **the way[how]** she spoke to me.

- where는 대개 생략하지 않는다.

This is (***the place***) **where** I was born.

Point 01 that/which vs. what

I will be able to find another job ✔**that / what** is a better match.

1 이끄는 절이 불완전한 구조일 때, 관계대명사는 선행사 유무로 판단한다.

   선행사가 있으면 that[which], 선행사가 없고 관계대명사 자리에 the thing(s) which를 넣어 의미가 자연스러우면 what이 맞다.

   That / ✔What I'd like to hear is your honest opinion.

   Thank you for your honest opinion ✔that / what I had asked for.

2 관계대명사 which는 계속적 용법으로 쓸 수 있지만, that과 what은 쓸 수 없다.

   A researcher came up with some simple math, that / what / ✔which proves that vampires can't exist. 모의 응용

3 관계대명사 that은 [1]_____ 뒤에 목적어로 쓸 수 없다.

   Desktop Notepad is a program *with* ✔which / that you can write directly on a desktop.

   Kids need to learn that they have to be responsible *for* ✔what / that they do.

Point 02 관계대명사 vs. 관계부사(= 전치사 + 관계대명사)

People enjoy the unique appeal of skiing in *most countries* **which / ✔where** there are many mountains. 모의 응용

1 관계사를 뺀 절이 완전한 구조이면 [2]_____, 불완전한 구조이면 [3]_____의 자리이다.

   관계부사는 부사 역할, 즉 수식어이므로 생략해도 절이 완전하다. 반면, 관계대명사는 주어, 목적어, 보어 역할이므로 생략하면 절이 완전하지 못하다. 동사나 전치사의 목적어 외에 준동사의 목적어가 없어도 완전하지 못한 절이다.

   They are willing to talk about the experiences **that[which]** they would like **to have** on their trip.

   (관계대명사 that[which]는 to have의 목적어 역할)

2 선행사만 보고 판단하지 않도록 주의한다.

   Christmas is usually *the time* **which** Western people spend with their family.
   _____
   목적격 관계대명사

   Money is *the reason* **which** keeps most people going to work.
   _____
   주격 관계대명사

3 「전치사 + 관계대명사」에서 전치사 뒤의 목적격 관계대명사는 생략할 수 없다.

   또한 전치사 뒤에 관계대명사 whom이 아닌 that과 who도 쓸 수 없다. 단, 전치사를 절 끝에 두면 모두 가능하다.

   I would like to thank my friends **from whom** I got a lot of help.
   ↳**that/who** (×)

   = I would like to thank my friends **whom[that/who]** I got a lot of help **from**.

---

match 어울리는 것   come up with 제시하다, 제안하다   math 계산; 수학   directly 직접적으로   be responsible for ~에 책임이 있다   appeal 매력; 호소

[01-05] 다음 중 문맥과 어법에 맞는 것을 고르시오.

01 You should not judge people according to `that / what` is on the outside.

02 Advertising helps people find the best products `which / what` they desire to buy.

03 We read a weekly newspaper column, `which / what` is quite informative.

04 If this place is not `that / what` you are looking for, you can search for other apartments on our website.

05 This listening test contains short and easy conversations on `that / which` questions are based.

선행사 있으면 [(that) / what], [(which) / what]
선행사 없으면 [that /(what)], [which /(what)] + 불완전한 절
~, [(which) / what / that]

[06-12] 다음 중 문맥과 어법에 맞는 것을 고르시오.

06 I remember the day `which / when` I first bought a dog.

07 The office `which / where` he works is very luxurious.

08 That was the first date with my girlfriend `that / when` I would never forget.

09 Language is a common element `which / by which` different cultural groups are identified. 모의응용

10 I will never forget one of the smartest executives for `who / whom` I ever worked during my twenties. 모의응용

11 Please volunteer for one of the several events `that / when` still need your help.

12 We plan to go to the city `which / where` my grandfather would like to visit this summer.

관계대명사 + (주어) + 동사 + (목적어/보어)
└─── 이어지는 절이 불완전

관계부사
(= 전치사 + 관계대명사) + 주어 + 동사 + (목적어/보어)
└─── 이어지는 절이 완전

according to ~에 따라서 advertising 광고 desire 바라다, 원하다 column 칼럼 informative 유익한 contain 포함하다 luxurious 호화로운 element 요소
cultural 문화의 identify 식별하다, 알아보다 executive 경영 간부, 중역 volunteer 자원하다

빈틈을 채우는 촘촘문법

1 접속사 that vs. 관계대명사 that

that을 뺀 절이 완전한 구조이면 접속사 that, 불완전한 구조이면 관계대명사 that이다.

❶ 접속사 that

I heard **that** your injury was not serious. (목적어인 명사절)

It was true **that** she committed the crime. (진주어인 명사절)

She spoke so quietly **that** I could hardly hear her. (부사절)

❷ 관계대명사 that

She cooked *the fish* **that** her dad caught. (caught의 목적어가 없으므로 불완전한 절)

I know *the girl* **that** offered the old man her seat. (offered의 주어가 없으므로 불완전한 절)

2 관계사 + -ever (복합관계대명사/복합관계부사)

❶ 복합관계대명사: 불완전한 구조의 명사절이나 부사절을 이끈다.

종류	명사절(문장에서 주어, 목적어, 보어 자리)	부사절
who(m)ever	~하는 누구든지 (= anyone who(m))	누가[누구를] ~하더라도 (= no matter who(m))
whichever	~하는 어느 쪽이든지 (= anything which)	어느 것이[것을] ~하더라도 (= no matter which)
whatever	~하는 무엇이든지 (= anything that)	무엇이[무엇을] ~하더라도(= no matter what)

Whoever breaks this rule will be punished. (명사절)

Whoever calls me, just say that I am out. (부사절)

❷ 복합관계부사: 완전한 구조의 부사절을 이끈다.

종류	부사절
however	아무리 ~하더라도 (= no matter how)
whenever	언제 ~하더라도; ~하는 언제든지 (= no matter when, at any time when)
wherever	어디에 ~하더라도; ~하는 어느 곳이든지 (= no matter where, in any place where)

Whenever I am in trouble, I consult him.

QUICK CHECK

01 밑줄 친 that의 용법이 나머지 넷과 다른 것을 고르시오.

① She has a cellphone that is connected to the Internet.

② He will do anything that you ask him to.

③ Is this the farm that they spoke of?

④ We hope that she will recover her health.

⑤ The tickets that I reserved will be delivered today.

02 밑줄 친 복합관계사의 용법이 나머지 넷과 다른 것을 고르시오.

① She always disagrees with whatever he suggests.

② Whoever joins our club will be welcome.

③ Wherever she goes, she gathers a crowd.

④ You can choose whichever you prefer.

⑤ We would support whatever you want to be.

실력이 쌓이는 **적용훈련**

A 다음 각 문장에서 어법상 맞는 것을 고르시오.

01 How do you know that's not │that / what / why│ she wants to have?

02 Emma celebrated her daughter's birthday │which / when│ she had expected for a week.

03 He is married to a writer about │that / who / whom│ you may have heard before.

04 The school │which / where│ my brother teaches is the only school on this island.

05 Do not hesitate to ask people to speak slowly or to repeat │that / which / what│ has been said.

06 It rained for a couple days and the backyard grass became so high │that / which / what│ I had to cut it. 모의응용

07 When I met him at the meeting, │how / however│ hard I tried, I couldn't remember his name.

08 Telling somebody your problem can be a simple act │that / how / what│ can help you solve it.

B 다음 밑줄 친 부분이 어법상 맞으면 ○, 틀리면 바르게 고치시오.

09 I believe this book will help you to figure out <u>that</u> you want to do in life.

10 One of the students kept laughing, <u>which</u> made the teacher angry.

11 She didn't understand the reason <u>why</u> her teacher wrote in the letter.

12 Poor people are at risk from a range of diseases, for <u>which</u> they cannot get appropriate treatment.

13 It is so easy to have prejudices <u>what</u> we have learned from our parents.

14 Watching sad movies is <u>what</u> the doctor advised as a means to forget the pain.

15 Here, you can get a list from <u>how</u> you can select the best resources for your research project.

celebrate 축하하다
expect 기대하다; 예상하다

hesitate 주저하다

figure out ~을 알다 [깨닫다]

a range of 다양한
appropriate 적절한
treatment 치료

prejudice 편견

means 수단

select 선정하다, 선택하다
resource 자료; 자원

C

다음 글을 읽고, 어법상 맞는 것을 고르시오.

16 A research company asked over 500 people ⓐ| that / what | they were afraid of. Many of the people replied that they have a fear of heights. When they reach a place ⓑ| which / where | is high enough to have a feeling of falling, they experience extreme fear.

reply 대답하다
a fear of heights
고소 공포증
extreme 극심한

17 My mother loves our kitchen because it is the place ⓐ| which / in which | everyone gathers and food is prepared. My family always talks and laughs around the kitchen table, ⓑ| which / what | is big enough for all of us.

18 A scientist found that the chemical in the brain ⓐ| which / where | makes us romantic disappears within a year. This explains ⓑ| what / why | the happy feelings at the start of a relationship do not last forever.

chemical 화학 물질
romantic 로맨틱한,
낭만적인
disappear 사라지다
relationship 관계
last 지속되다; 마지막의

D

다음 글의 밑줄 친 부분 중 어법상 틀린 것을 찾아 바르게 고치시오.

19 Young people have been handed a gift ⓐ <u>which</u> was not available to their grandparents. Even the economic crisis ⓑ <u>when</u> we are experiencing is nothing compared to the hard times they suffered. As they went through difficult times, we will find ⓒ <u>how</u> we can overcome these hard times, too.

hand 건네주다
available 이용할 수 있는
economic crisis 경제
위기
compare 비교하다
suffer 고통 받다; 겪다
go through 겪다
overcome 극복하다

20 There is a funny video in which the words people say are not ⓐ <u>what</u> they actually said. New technology uses Artificial Intelligence to produce this false video ⓑ <u>what</u> looks almost real. We are entering a world ⓒ <u>where</u> it will be difficult to believe what we see and hear.

technology (과학) 기술
Artificial Intelligence
인공 지능
false 가짜의; 사실이 아닌,
위조된

 실전에 통하는 **적용훈련**

01 다음 글의 밑줄 친 부분 중, 어법상 **틀린** 것은?

Buy low! Sell high! Avoid those unsafe hedge funds and put more money into a blue chip mutual fund! Huh? The language of stock markets ① is like a foreign language. You have to study and practice it to understand it. But with time and effort, you will find out ② how you can think and talk like a pro. The stock markets are perhaps the world's biggest betting playgrounds. Buying stocks ③ is like buying a small part of a company. If the company ④ where you bought stocks in does well, you make money. If it does poorly, then you're in trouble. But, the important thing is nobody really knows ⑤ what will happen in the stock markets. Even the smartest players lose sometimes.

02 다음 글의 밑줄 친 부분 중, 어법상 **틀린** 것은?

Is a tomato a fruit or a vegetable? The answer will be different depending on who is answering the question — especially if that person is a greengrocer ① that sells fruits and vegetables or a scientist. The common perception held by many individuals, including greengrocers, is ② that fruits are generally sweet while vegetables are not. As a result, tomatoes and cucumbers are often classified as vegetables from their perspective. But fruits have seeds inside and that is ③ why you won't hear a scientist say that tomatoes and cucumbers are vegetables. Vegetables, however, are any parts of a plant ④ that we can eat. They can be the seeds of a plant like peas, roots like carrots, leaves like spinach, flowers like broccoli, or stems like asparagus. In conclusion, a fruit includes seeds ⑤ which a new plant can grow, but a vegetable is any plant parts used for food.

03 다음 글의 밑줄 친 부분 중, 어법상 **틀린** 것은?

You can say ① that information sits in one brain until it is communicated to another, unchanged in the conversation. That's true of factual information, like your phone number or the place ② where you left your keys. But it's not true of knowledge. Knowledge relies on judgements, ③ which you discover and polish in conversation with other people or with yourself. Therefore you don't learn the details of your thinking until speaking or writing it out in detail and looking back critically at the result. "Is ④ that I just said foolish or true?" In the speaking or writing, you can uncover the bad ideas as well as the good ideas ⑤ that can bring you fame. Thinking requires its expression. 모의응용

01 주어진 우리말과 같은 의미가 되도록 괄호 안의 단어를 올바른 순서로 배열하시오. [5점]

> 그들이 어떤 것을 선택하든 우리는 그들의 결정을 받아들여야 한다. (choose / matter / they / no / which)

→ _____ ,

we must accept their decision.

[02-04] 주어진 우리말과 같은 의미가 되도록 어법상 **틀린** 부분을 찾아 바르게 고쳐 쓰시오. [각 5점]

02
> 토요일은 나를 숙제와 공부에서 자유롭게 해 주는 날이다.
> Saturday is the day when frees me from homework and study.

→ _____

03
> 화석은 우리가 쉽게 닿을 수 있는 세계 곳곳에서 발견된다.
> Fossils are found in many parts of the world where we can easily reach.

→ _____

04
> 누구에게도 한 번도 말한 적 없는 비밀을 너에게 말하는 것이 내가 존중을 보여주는 방법이다.
> Telling you the secret what I never told anyone before is how I show respect.

→ _____

[05-06] 다음 글에서 어법상 **틀린** 부분을 찾아 바르게 고쳐 쓰시오. [각 10점]

05
> Children are using electronic devices, which include computers and smartphones, from a younger age than ever before. The average age at what children begin has decreased from 8 years to 6 years.

→ _____

06
> There is a simple way how people can easily follow to stop overeating. Using smaller plates, knives, forks, and glasses could reduce the amount of food that we eat.

→ _____

[07-08] 다음 주어진 두 문장을 <조건>에 맞게 한 문장으로 바꿔 쓰시오. [각 15점]

> <조건> 「전치사 + 관계대명사」를 사용할 것.

07
> They found the village. They could get some food from the village.

→ _____
_____

08
> The building is the tallest in the world. He stared at the building with wide eyes.

→ _____
_____

[09-10] 다음 문장에서 어법상 **틀린** 부분을 찾아 바르게 고쳐 쓰고 그 이유를 서술하시오. [각 15점]

09
> The word "function" means the special purpose or activity for that a thing exists or is used.

(1) 틀린 부분: _____

(2) 올바로 고친 것: _____

(3) 고친 이유 서술: _____
_____

10
> The government officials are considering what they can restrict advertising which can be a bad influence to children.

(1) 틀린 부분: _____

(2) 올바로 고친 것: _____

(3) 고친 이유 서술: _____
_____

01 다음 글의 밑줄 친 부분 중, 어법상 틀린 것은?

Have you ever squeezed some snow in your hands? It stays packed together ① <u>because</u> the pressure of your hands turns the snow particles into ice crystals. The same thing occurs when great masses of snow build up on top of earlier snowfalls, ② <u>compressing</u> the layers beneath. This may happen in the dark valleys of mountain ranges, ③ <u>which</u> snow does not melt from one year to the next. Snow condensed in valleys forms a mass of ice, ④ <u>which</u> moves slowly downhill toward the lower slopes of the valley. This is known as a glacier. Some glaciers are as small as football fields, ⑤ <u>while</u> others grow to be dozens or even hundreds of kilometers long.

*condense: (기체가) 응결되다

02 다음 글의 밑줄 친 부분 중, 어법상 틀린 것은?

In the early 1700s, when much of the world was still unexplored, Russia decided to find out ① <u>if</u> Siberia was connected to North America. Danish explorer Vitus Bering had served in the Russian navy, so he was selected to lead an expedition ② <u>that</u> set out in 1725. Three years later, he sailed through ③ <u>which</u> was later named the Bering Strait, proving that Asia and North America are two separate continents. The expedition returned to Russia in 1730, but Bering set out again in 1733, ④ <u>aiming</u> to map the northern Siberian coast. In 1741, his ship was wrecked on the shore of a deserted island. Bering and 28 of his crew died on the island, ⑤ <u>which</u> was later named after him.

*the Bering Strait: 베링 해협

03 (A), (B), (C) 각 네모 안에서 어법에 맞는 표현으로 가장 적절한 것은?

Cardiovascular disease (CVD), the primary cause of heart attacks, remains a serious medical problem. (A) Despite / Although widespread public awareness of risk factors such as having high cholesterol, smoking, and being overweight, CVD continues to spread. As the leading cause of death in America, it kills more than 2,600 people a day and (B) has / having an annual mortality rate greater than the next six causes of death combined. The total cost to the economy of the illness is estimated at nearly $300 billion a year in medical expenses and lost productivity. The total cost in pain and suffering to individuals and families (C) is / are beyond imagining.

*cardiovascular: 심혈관의

	(A)		(B)		(C)
①	Despite	⋯	has	⋯	is
②	Although	⋯	has	⋯	are
③	Despite	⋯	having	⋯	is
④	Despite	⋯	has	⋯	are
⑤	Although	⋯	having	⋯	is

04 다음 글의 밑줄 친 부분 중, 어법상 틀린 것은?

In city planning, or urban design, two major systems are used to ① organize space. One is the "radiating star," ② which streets spread out in straight lines from a central point. The other is a system called the "grid." Streets in a grid system ③ intersect at 90° angles. An excellent example of the first system is found in Paris, France. The Arc de Triomphe, a monument ④ that was built by Napoleon Bonaparte, has wide avenues radiating out from it like the sun's rays. Similarly, Manhattan is a famous example of the grid plan. Sixteen avenues lie north-south along the length of the narrow island, ⑤ each of which is intersected by 155 regularly spaced streets running east-west.

*radiate (out): (도로 등이) 뻗다, 뻗어 나가다
**grid: 격자, 바둑판무늬

05 다음 글의 밑줄 친 부분 중, 어법상 틀린 것은?

You already have a business and you're about to launch your blog ① so that you can sell your product. Unfortunately, here is where a "business mind" can be a bad thing. Most people believe ② that to have a successful business blog promoting a product, they have to stay strictly "on topic." If all you're doing is shamelessly promoting your product, then ③ who is going to want to read the latest thing you're writing about? Instead, you need to give some useful or ④ entertaining information away for free so that people have a reason to keep coming back. Only by doing this ⑤ you can create an interested audience that you will then be able to sell to. 모의응용

06 다음 글의 밑줄 친 부분 중, 어법상 틀린 것은?

Successful and inspiring people can ① be found everywhere. Some of us hang their pictures on our walls, memorize their famous quotes, or ② imitate their style and behavior. But the problem is ③ that many of us compare ourselves to the biggest stars and smartest geniuses. When we see that our abilities and achievements don't look as good as theirs, we feel upset instead of feeling ④ motivating. It's much better to choose someone as a role model ⑤ who is closer to us, like a co-worker, family member, or someone from our hometown. They may not have done extraordinary things, but their lives have more in common with ours, and we can relate to them better.

07 다음 글의 밑줄 친 부분 중, 어법상 틀린 것은?

We've been seeing more creativity in interviewing recently. For example, J.C. Penney was famous for taking potential candidates to breakfast. If the interviewee put salt and pepper on his/her food before tasting it, the interview was over. Mr. Penney believed ① that such actions revealed a person who made decisions before having all the evidence. Similarly, August Technology's Jeff O'Dell often asks candidates to lunch and suggests ② what they drive. O'Dell believes the best job candidates not only will have clean cars but also ③ do well at casual conversation in a restaurant. He thinks it's a way to learn the personal side, ④ which doesn't come out in a traditional interview. Likewise, Dave Hall, a recruiter, likes to place job ads ⑤ that list his company's name but not its phone number because he wants candidates who'll look the number up.

08 다음 글의 요지가 되도록 <조건>에 맞게 문장을 완성하시오.

When we participate in face-to-face or telephone conversations, we need to listen actively to others, which includes paying attention to explanations, questions, and opinions. Even when we listen during one-way communication — for example, while listening to lectures, films, and musicals — we are active. Consider, for instance, how many times you agreed with a person giving a TV commentary and shouted at TV debates. Active listening is even happening when we ourselves are speaking, as we pay attention to our own thoughts and ideas.

*commentary: (라디오·TV 등의) 시사 해설

<조건> 1. <보기>에 주어진 어구를 모두 이용할 것.
　　　 2. 밑줄 친 동사는 어형 변화 가능.
　　　 3. 「not ~ but ...」 구문을 이용할 것.
<보기> not / but / that / attention / <u>require</u> / a passive skill / an active process

[요지] Listening is _____ _____ in various communication situations.

09 다음 글의 요약문이 되도록 <조건>에 맞게 문장을 완성하시오.

A surprising new study has found that we lie less when we're chatting online than when we're talking in person. This directly contradicts the general perception of cyberspace as a dark zone where nobody can be trusted; where, since anyone can conceal their true identity, people are more likely to be dishonest. But it seems that isn't the case. So, what is it about online life that makes us tell fewer lies? Well, if you lie to someone in person, you can later claim that you said no such thing. On the other hand, whatever you say on the Internet can come back to haunt you. We know that our words live forever in cyberspace because computers don't forget.

<조건> 1. <보기>에 주어진 어구를 모두 이용할 것.
　　　 2. 단어 변형 및 추가 가능.
　　　 3. 빈칸 하나에 한 단어씩 쓸 것.
<보기> less / online / communicate / to / because / when / lie

[요약문] People tend _____ _____ _____ _____ _____ _____ compared to face-to-face interactions, _____ _____ the long-term record.

PART

4

품사 · 비교

내신·학평 대비 미니 모의고사 4

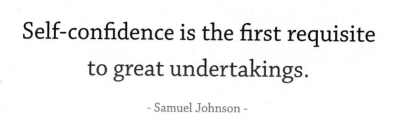

Self-confidence is the first requisite
to great undertakings.

- Samuel Johnson -

Chapter 10 명사와 대명사

> 명사는 이름이고 대명사는 명사를 대신한다.

1 명사의 종류

셀 수 있는 명사	부정관사(a/an)와 함께 쓰거나 복수형을 만들 수 있다. a book-books, an eye-eyes, a box-boxes, a baby-babies, a man-men 등
셀 수 없는 명사	원칙적으로, 부정관사(a/an)와 쓰이지 못하고 복수형을 만들 수 없다. 주어로 쓰이면 단수동사로 받는다. information, advice, news, peace, honesty, knowledge, bread, water, air, money, furniture, luggage, clothing, equipment, Korea(지명), Korean(언어), Smith(인명) 등

2 대명사

● 지시대명사

사람·사물을 대신함	this(these) 이것/이분(들), that(those) 저것/저분(들) **This** is my book. **These** are her students.
앞에 나온 명사의 반복을 피하기 위해 사용됨	앞의 명사가 단수이면 → that, 복수이면 → those *The lives* of dogs are shorter than **those** of humans.
those who(= people who)	**Those who** can't take the exam will be failed.

● 부정대명사

특정한 명사가 아니라 막연한 것을 표현한다. '정해지지 않았다'는 의미로 부정(不定)대명사라 한다.
one, other, another, some, any, all, both, either, neither, each, every 등이 있다.
I don't like this blue *shirt*. Can you show me the white **one**?
The apples were cheap, so I bought **some**. 《긍정문》
I tried to get a ticket, but there weren*'t* **any** left. 《부정문: 조금도 ~않다 = no》

▸ 지시대명사와 마찬가지로 형용사로도 쓰일 수 있다.
If you need **any** help, just let me know. 《조건문》
Pick **any** design you want — they're all the same price. 《긍정문: 어떤 ~라도》

3 명사의 수에 따른 수식어

의미	셀 수 있는 명사의 수식어	셀 수 없는 명사의 수식어	공통
많은	many, a great[good, large] number of	much, a great[good, large] amount[deal] of	a lot of, lots of, plenty of
약간 있는	a few	a little	some / any
거의 없는	few	little	-

He seems to have had **little** *interest* in other subjects except mathematics. 모의응용

▸ many + a + 단수명사 + 단수동사 = many + 복수명사 + 복수동사
Many a student ✔does / do volunteer work. = Many students does / ✔do volunteer work.

시험에 나오는 어법 Point

Point 01 재귀대명사

Sadly, *human beings* are the only species that will deliberately deprive them /
✓**themselves** of sleep. 모의

1 ¹_____와 목적어가 같은 대상일 때 목적어를 재귀대명사로 표현한다. 생략하면 목적어가 없는 불완전한 문장이 된다.
'자기 자신[스스로]을[에게]'로 해석한다.
He woke and found **himself** lying in bed. 모의

2 주어나 목적어를 강조할 때 사용하며, 생략해도 문장은 성립한다. '직접[바로 자기 자신]'으로 해석한다.
You might have liked the movie, but *I* (**myself**) found it rather dull.

3 관용표현

by oneself	홀로 (= alone), 혼자 힘으로 (= without help from anyone else)	enjoy oneself	즐겁게 보내다
for oneself	자신을 위하여 (= for one's sake), 혼자 힘으로	help oneself to + 명사	~을 마음껏 먹다
make oneself at home	편히 지내다	absent oneself	결석하다
say[talk] to oneself, tell oneself	혼잣말을 하다	teach oneself	독학하다

Point 02 one, other, another

There are two kinds of English on this West Indian island. One is "standard" and
other is "Creole." 내신
  └→**the other**

*Creole: 크리올어

1 둘 중 하나 one, 남은 하나 the other

2 셋 중 하나 one, (남은 둘 중 아무거나) 또 다른 하나 another, 남은 하나 the other

3 여러 개 중 하나 one, 몇몇 some, 남은 것 중 어떤 하나 another, 남은 것 중 몇몇 others, 남아 있는 전부 the others (= all the rest)

✗ other가 대명사일 때는 반드시 앞에 관사가 붙거나 복수형으로 쓰인다. the other / others / the others

✗ another + 단수명사 vs. other + 복수명사
another(= an + other)는 '또 다른 하나의'를 뜻하므로 ²_____ 명사 앞, other(다른)는 ³_____ 명사 앞에 온다.

✗ the other(둘 중 다른 하나의; 나머지 전부의)는 단수명사와 복수명사를 모두 수식할 수 있다.

---

species 종(種)   deliberately 의도적으로; 신중하게   deprive A of B A에게서 B를 빼앗다; A에게 B를 허용하지 않다   dull 따분한, 재미없는; 윤기 없는   standard 표준의

[01-07] 밑줄 친 대명사가 어법상 바르면 ○, 그렇지 않으면 바르게 고쳐 쓰시오.

01 Some animals have sharp teeth to help protect <u>them</u>.

02 It's important to do what you want for <u>yourself</u> because you're not a kid.

03 She <u>herself</u> had no knowledge of what was happening.

04 I don't like being left by <u>me</u> in this remote house.

05 Flexible learners have different strategies and know when to use <u>them</u>.

06 Give <u>yourself</u> a motivational pep talk because nobody knows your strengths and talents better than you. 모의 응용   *pep talk: 격려의 말

07 He had so little confidence in his ability to write that he mailed his work secretly to editors so that nobody would laugh at <u>himself</u>. 모의 응용

Jason introduced **himself** to me. (○)
Jason introduced **him** to me. (○)

[08-10] 다음 중 문맥과 어법에 맞는 것을 고르시오.

08 Bring your hands up to your chest and put one hand in front of | one / the other |.

09 It's unfair that some people waste food while | other / others | don't have enough to eat.

10 Do you want to exchange your broken computer for | another / the other |? There are plenty here.

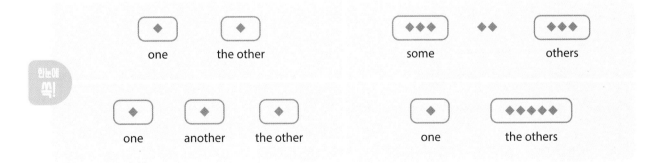

knowledge 지식 remote 외딴; (거리가) 먼 flexible 융통성 있는; 유연한 strategy 전략 motivational 동기를 주는; 동기의 strength 강점, 장점; 힘 talent (타고난) 재능; 장기
confidence 자신감 mail 메일[이메일]을 보내다; 우편물을 우송하다 chest 가슴 unfair 불공평한 exchange A for B A를 B와 교환하다 plenty 충분한 양

빈틈을 채우는 **촘촘문법**

1 one vs. it

❶ one = a/an + 명사 → 불특정한 셀 수 있는 명사를 대신한다. 복수형은 ones.

I've lost my cell phone. I have to buy **one**. '(아무거나 하나) 휴대전화'를 사야 한다.

❷ it → 특정한 명사를 대신한다. 복수형은 they.

I've lost my cell phone. I have to find **it**. 내가 잃어버린 '그 휴대전화'를 찾아야 한다.

2 기타 부정대명사의 쓰임

I was looking for a birthday present for my mother but I didn't find ✔anything / nothing suitable.

❶ some, any, every, no + -body/-one/-thing

형용사(구)가 뒤에서 수식한다.

anybody *young*, something *to drink*

❷ all[most/half/both] of + 정관사[소유격] + 명사

all of the books, most of his books

✗「of + 대명사」: all[most/both] of them

❸ either vs. neither(= not ~ either)

any vs. no(= not ~ any)

neither와 no는 '부정'의 의미이므로, 또 다른 부정어(not 등)를 중복해서 쓰지 않도록 주의한다.

Neither of us have ~~never~~ been to Europe. (→ **ever**)

QUICK CHECK

01 다음 빈칸에 들어갈 알맞은 대명사를 써넣으시오.

(1) She is only using this TV until she can buy a better _____.

(2) He bought a new computer yesterday, but he has not used _____ yet.

02 다음 밑줄 친 부분 중 어법상 바르지 <u>않은</u> 것을 고르시오.

① I have a lot of ideas, but <u>most of them</u> are not good.

② We appreciate <u>all of the feedback</u> from our customers.

③ I've lost my hat. Can you tell me a good place to buy <u>one</u>?

④ We have to take care not to make <u>no</u> mistakes.

⑤ To eat <u>something sweet</u> makes you feel better when you get depressed.

실력이 쌓이는 적용훈련

A 다음 각 문장에서 문맥과 어법상 맞는 것을 <u>모두</u> 고르시오.

01 A lot of information about studying Chinese is / are available on the site.

02 The terms describing relationships in Korean are more complicated than that / those in English.

03 One of my car's tires is so old that it / one is flat. I need a new it / one right now.

04 Did your grandmother bring up four children by her / herself ?

05 He did not have a definite study plan while at university and spent a lot of / a number of / a great amount of time doing nothing.

06 Some adult students attend classes to earn degrees, but another / other / others take courses to obtain knowledge and skills.

07 Unfortunately, we have no weapons to defend us / ourselves .

08 You'd better have one / other / another plan in your mind in case this one doesn't succeed.

term 용어, 말; 학기; 기간
describe 서술하다
relationship 관계
complicated 복잡한

flat 바람이 빠진; 평평한

bring up ~을 기르다

definite 명확한

earn 얻다, 받다
degree 학위
obtain 얻다

weapon 무기
defend 지키다, 방어하다

in case ~인 경우에 대비하여

B 다음 밑줄 친 부분이 문맥과 어법상 맞으면 ○, 틀리면 바르게 고치시오.

09 Many a soldier <u>were</u> severely wounded in the war.

10 She has made a study of violent movies and <u>its</u> effect on teenagers.

11 Hold the racket in one hand and the ball in <u>other</u> hand.

12 My grandfather <u>himself</u> used to make me a cup of tea when I got a cold, which is a cherished memory I'll always hold.

13 Because the apartment where I will move next week is equipped with <u>much</u> furniture, I don't have to buy any.

14 My sister, who attended his lecture, learned to believe in <u>her</u> and never give up.

15 You returned only one book out of three today. You have to pay a fine unless you return <u>other</u> by tomorrow.

severely 심하게
wounded 부상을 입은

violent 폭력적인
effect 영향

cherished 소중한

be equipped with ~을 갖추고 있다
furniture 가구

lecture 강연

return 반납하다; 돌아오다
fine 벌금; 연체료

C 다음 글을 읽고, 어법상 맞는 것을 고르시오.

16 Birds' eggs come in all sorts of shapes and sizes. Some eggs are round and ⓐ other / others are long and oval. Thousands of years ago, it was believed that flat eggs contained female chicks inside ⓑ itself / themselves, while round eggs contained male chicks.

sort 종류
oval 타원형의
contain ~이 들어 있다
female 암컷의
chick 병아리
male 수컷의

17 Human activity has caused a great ⓐ number / amount of trees to disappear. Europe used to be one giant forest, but now much of ⓑ it / them is farmland, fields, cities, and towns.

disappear 사라지다
farmland 농지

18 Scientists invented a new substance that does not require us to sew. Clothes made of cotton, linen, and wool can repair ⓐ them / themselves with the help of the substance. When a piece of clothing has a tear, the tear can quickly fix itself after ⓑ one / it is dipped in the substance.

substance 물질
require 필요하다
sew 바느질하다
cotton 면
linen 리넨
wool 양털, 양모
repair 수선하다, 수리하다
tear 찢어진 곳
dip 살짝 담그다

D 다음 글의 밑줄 친 부분 중 어법상 틀린 것을 모두 찾아 바르게 고치시오.

19 There are two ways to earn money. One is to run your own business and ⓐ <u>another</u> is to be employed. The difference between them ⓑ <u>depends</u> on your personality. To find your style, you should know why you work; is it ⓒ <u>for yourself</u> or is it just a duty?

run a business 사업을 경영하다
employ 고용하다
personality 성격
duty 의무; 임무

20 There is ⓐ <u>much</u> plastic trash on the beach and seabirds eat a lot of it. Plastic found inside ⓑ <u>it</u> includes bottle caps and plastic bags. Some seabirds eat so much plastic that there is ⓒ <u>few</u> room in their stomachs.

seabird 바닷새
include 포함하다
room 공간; 방
stomach 위

01 다음 글의 밑줄 친 부분 중, 어법상 틀린 것은?

In Greece, there once lived a wise man named Socrates. Young men from all parts of the land went to learn ① wisdom from him; and he said so many pleasant ② things in such a delightful way that no one got tired of listening to him. One summer he built ③ himself a house, but it was so small that his neighbors wondered how he could be content with it. "What is the reason," they said, "that you, who are ④ so great a man, should build such a little box as this for your home?" "Indeed, there may be ⑤ few reason," he said, "but, however small my place is, I will think myself happy if I can fill it with true friends."

02 다음 글의 밑줄 친 부분 중, 어법상 틀린 것은?

Starting from birth, babies are immediately attracted to faces. Scientists were able to show this by having babies look at two simple images, one that looks more like a face than ① the other. By measuring ② where the babies looked, scientists found that the babies looked at the face-like image more than they looked at the non-face image. Even though babies have poor eyesight, they prefer to look at faces. But why? One reason babies might like faces is ③ because of something called evolution. Evolution involves changes to the structures of an organism (such as the brain) that ④ occur over many generations. These changes help the organisms to survive, making them alert to enemies. By being able to recognize faces from afar or in the dark, humans were able to know someone was coming and protect ⑤ them from possible danger. 모의응용

03 다음 글의 밑줄 친 부분 중, 어법상 틀린 것은?

One of the ways that pearls can become dull and cracked ① is through regular contact with weak acids. Pearls can easily come into contact with such acids, which include human sweat, and which dissolve the organic minerals that pearls consist of. Also, ② much of the cloth that pearls are wrapped in for storage is treated with an acid. ③ The other acid that can damage pearls is found in many cosmetics and perfumes. Easily ④ absorbed by the silk strings of pearl necklaces, the acid eats away at pearls from the inside out. The best protective maintenance for your precious pearls is having ⑤ them cleaned and restrung regularly by a professional jeweler.

*restring: (현악기·운동 라켓의) 줄을 다시 매다[바꾸다]

[01-04] 주어진 우리말과 같은 의미가 되도록 어법상 틀린 부분을 찾아 바르게 고쳐 쓰시오. [각 5점]

01 우산이 없는 손님은 안내대에서 하나를 빌릴 수 있습니다.
Any guest who does not have an umbrella may rent it from the front desk.

→ _____

02 그는 포도를 혼자서 다 먹고 우리 중 누구에게도 그것을 주지 않았다.
He ate all the grapes himself and did not offer them to any of us. 모의응용

→ _____

03 나는 대부분의 사람들이 자신들과 같은 사람들을 고용하는 것을 좋아한다는 것을 발견했다.
I have found that most people like to hire people just like them. 모의응용

→ _____

04 하나의 구매가 또 다른 구매로 이어지는 경향은 '디드로 효과'라는 이름을 가지고 있다.
The tendency for one purchase to lead to the other one has a name: the Diderot Effect. 모의응용

→ _____

[05-07] 주어진 우리말과 같은 의미가 되도록 빈칸을 완성하시오.

[각 10점]

05 그는 정원을 두 부분으로 나눈 후에 한쪽에는 장미를, 다른 쪽에는 채소를 길렀다.

→ After he separated his garden into two parts, he grew roses on one side, and vegetables on _____ side.

06 제이크가 우리의 약속을 어겼기 때문에, 우리는 둘 다 그에게 아무것도 말하지 않았다.

→ Because Jake broke our promise, neither of us said _____ to him.

07 그 자료에 포함된 많은 오류가 작가들의 시간을 낭비하게 만든다.

→ Many a mistake contained in the material _____ writers waste their time.

08 **다음 글에서 어법상 틀린 부분을 찾아 바르게 고쳐 쓰시오. [10점]**

The company is working hard to shift it from just a game firm to a global company. So the employees are making an effort to develop a game which could be famous around the world.

→ _____

[09-10] 다음 글에서 어법상 틀린 한 단어를 찾아 바르게 고쳐 쓰고 그 이유를 서술하시오. [각 20점]

09 To be a good referee, you yourself must continue to learn and improve with every game. A great deal of time help you to become more competent and confident.

(1) 틀린 부분: _____

(2) 올바로 고친 것: _____

(3) 고친 이유 서술: _____

_____

10 Could shampoo be a thing of the past? Millions of us spend a lot of time and money on them, but is it necessary? Shampoo has few benefits because it dries our hair more.

(1) 틀린 부분: _____

(2) 올바로 고친 것: _____

(3) 고친 이유 서술: _____

_____

Chapter 11 형용사와 부사

문장에서 형용사와 부사의 역할과 그 의미에 초점을 맞춰 학습해보자.

1 형용사의 역할

명사 수식	This is a **difficult** question. I was bored, so I tried to find *something* **interesting**. ▶ 명사나 대명사를 앞·뒤에서 꾸며준다.
보어	*This ice cream* is **delicious**. 《주격》 We found *this ice cream* **delicious**. 《목적격》

대부분의 형용사는 명사 수식과 보어로 모두 쓰일 수 있다. 하지만 어느 한 가지로만 쓰이는 형용사들이 있다.
특히, 보어로만 쓰이는 형용사를 명사 수식 역할로 사용하지 않도록 주의해야 한다.

▶ 보어로만 쓰이는 형용사: afraid, alike, alive, alone, ashamed, asleep, aware, content, glad, unable 등

She was so tired that *she* fell **asleep** sitting in her chair. (○)

Look at this ~~asleep~~ *baby*. (×) (→ **sleeping**)

2 부사의 역할과 형태

동사 수식	Please *speak* **clearly and loudly**.
형용사 수식	She is a **really** *great* violinist.
부사(구) 수식	You speak English **very** *well.* The class will begin **soon** *after a short break*.
문장 전체 수식	**Fortunately,** *my grandmother is recovering well.*

대부분의 부사는 「형용사 + -ly」 형태이다.

true + -ly = truly, careful + -ly = carefully, usual + -ly = usually, angry + -ly = angrily 등

▶ 「명사 + -ly」는 형용사이다.

(friend + -ly = friendly, love + -ly = lovely, cost + -ly = costly 등)

▶ 빈도부사

'얼마나 자주' 일어나는지를 표현하는 부사이다. 보통 일반 동사의 앞이나 조동사/be동사의 뒤에 쓰이며, 문장의 앞이나 끝에 오기도 한다.

I **always** do my best to understand my daughter, but **sometimes** it's very hard to understand her. 내신

(100%)	always >	usually >	often >	sometimes >	seldom, rarely, hardly >	never	(0%)
	항상	대개	자주	때때로	좀처럼 ~ 아닌	한 번도 ~아닌	

Point 01 형용사 vs. 부사

You *should not study* English | mechanical / ✓mechanically |. 내신응용

1 형용사는 ¹_____를 수식한다. 주어나 목적어를 설명하는 보어가 되기도 한다. (→48쪽)

Bob needs to work to earn money for his **large** *family*. 《명사 수식》

The Queen of Denmark is **present** at the ceremony. 《주격보어》

Three hours will be enough for us to make *your home* **neat**. 모의응용 《목적격보어》

2 부사는 동사, 형용사, ²_____, 또는 문장 전체를 수식한다.

I *cannot explain* this matter **appropriately**.

Most farmers are **extremely** *busy* during the harvest.

A group of birds moved their wings **very** *fast* and flew away.

3 that, a lot, much 등도 ³_____로 쓰일 수 있다.

Was it really **that** *bad*? (그렇게)

I *miss* you **a lot**. (매우)

Things *haven't changed* **much**. (많이)

Point 02 의미에 주의해야 할 형용사와 부사

Do you prefer working | ✓alone / lonely | or in teams? 모의응용

1 혼동하기 쉬운 형용사와 부사

alone	형 혼자 있는 부 홀로	lonely	형 외로운, 고독한		
last	형 마지막; 지난	latest	형 최근의, 최신의		
almost	부 거의	most	대 형 대부분(의)	mostly	부 주로, 보통(= mainly, usually)

2 -ly가 붙으면 의미가 달라지는 부사

late	형 늦은	부 늦게	lately	부 최근에
high	형 높은	부 높이	highly	부 (추상적으로) 높이; 매우, 대단히
near	형 가까운	부 가까이에	nearly	부 거의(= almost)
deep	형 깊은	부 깊이	deeply	부 (대단히) 깊게; 진심으로
hard	형 단단한; 어려운	부 열심히	hardly	부 거의 ~ 아니다[없다]
short	형 짧은; 부족한	부 짧게	shortly	부 곧, 즉시

---

earn (돈을) 벌다　**ceremony** 의식, 식　**appropriately** 적절하게　**extremely** 극히; 매우　**harvest** 수확(기)　**prefer** 선호하다

[01-05] <보기>와 같이, 어법에 맞는 것을 고르고 수식받는 어구에 밑줄을 그으시오.

> <보기> Most importantly, the blog is updated regular / regularly ✓. 모의 응용

01 When I started to live alone, I had some unexpected / unexpectedly difficulties.

02 Dana was terrible / terribly upset after arguing with her friend.

03 The company made me an offer at an attractive / attractively reasonable price.

04 The fact that my film will be shown in Spain excites me a lot of / a lot.

05 Many years ago I visited the chief investment officer of a large / largely firm.

*the chief investment officer: 최고운용책임자

명사 수식 ──⟶ 형용사

동사, 형용사, 부사, 문장 전체 수식 ──⟶ 부사

[06-12] 다음 중 문맥과 어법에 맞는 것을 고르시오.

06 Hunting success is high / highly variable; a hunter who is successful one week might fail the next. 모의 응용

07 In Australia, most / almost houses have air conditioning but rarely central heating. 모의 응용

08 Early or late / lately bedtimes may be more likely to disrupt the body clock. 모의 응용

09 As kids, we worked hard / hardly at learning to ride bikes; when we fell off, we got back on again, until it became second nature to us. 모의 응용
*second nature: 제2의 천성

10 Since it was such a simple request, near / nearly all of them agreed. 모의 응용

11 According to the professor, there is one sure way for alone / lonely people to make friends. 모의 응용

12 I don't need to have the last / latest phone. Actually, I use my cell phone until the battery no longer holds a good charge. 모의 응용
*hold a charge: (배터리의) 충전이 오래가다

difficulty 어려움 argue 말다툼을 하다 offer 제의, 제안 reasonable (가격이) 적정한; 합리적인 excite 흥분시키다 firm 회사; 단단한, 굳은 variable 변동이 심한
central heating 중앙난방 disrupt 지장을 주다, 방해하다

⚑ 빈틈을 채우는 **촘촘문법**

1 부정의 의미를 가진 부사

❶ 준부정어(not과 유사한 의미의 부사)

hardly, scarcely, seldom, rarely 등은 '부정'의 의미를 담고 있으므로 다른 부정표현(no, never, without 등)과 함께 쓰지 않는다.

He <u>did not hardly look</u> like a famous psychiatrist.
　　　　↳**hardly looked**

❷ 부분 부정 vs. 완전 부정 내신

부분 부정	부정표현 + all, every, always, both, necessarily 등
완전 부정	부정어 + any, either 등 none, no one, neither, not ~ at all 등

Many people believe the best way to cut costs is to stop spending, but this is <u>always not</u> true.
　　　　　　　　　　　　　　　　　　　　　　　　　　　　　　↳**not always**

I enjoy playing chess, but | any / ✔none | of my other friends play it. 내신 응용

2 the + 형용사

❶ ~한 사람들: the rich(부자들), the poor(가난한 사람들), the beautiful(아름다운 사람들) 등
The rich are not always happy.

❷ 추상명사: the true(진실), the false(거짓), the mysterious(신비), the unknown(미지의 것) 등
You should know the difference between **the true** and **the false**.
The unknown is the most beautiful thing we can experience.

QUICK CHECK ···

01 다음 중 어법상 바르지 <u>않은</u> 것을 고르시오.

① He doesn't hardly take a nap during weekdays.

② There is scarcely a spare seat left in the restaurant.

③ Herbs are not always safe for us.

④ I did not invite all of them.

⑤ Misfortunes never come alone.

02 다음 중 우리말을 바르게 영작한 것을 고르시오.

이 블라우스 중 어떤 것도 너에게 어울리지 않는다.

① Not both of these blouses suit you.

② Either of these blouses suits you.

③ Not all of these blouses suit you.

④ Neither of these blouses doesn't suit you.

⑤ None of these blouses suit you.

실력이 쌓이는 **적용훈련**

A 다음 각 문장에서 문맥과 어법상 맞는 것을 고르시오.

01 The new chef was high / highly recommended by top food critics.

02 There are not near / nearly enough chairs compared to the number of guests.

03 Very few of us have a complete / completely photo record of our life. [모의응용]

04 Increasing / Increasingly , Korean companies are expanding into China.

05 Sophia was diving alone in about 40 feet of water when she got a terrible stomachache. She was sinking and hard / hardly able to move. [모의응용]

06 Elderly / The elderly are advised not to participate in outdoor activities in hot weather.

07 I waited until the last / latest sentence of the news story to find out who won the presidential election. [모의응용]

08 Late / Lately , there's been a strange man hanging around outside my house.

B 다음 밑줄 친 부분이 문맥과 어법상 맞으면 ○, 틀리면 바르게 고치시오.

09 Julie said she learned <u>a lot</u> from working as a nurse.

10 Problems occur when we try too hard to control or avoid <u>strong</u> negative feelings. [모의응용]

11 She informed me that a new credit card had already been sent out and would arrive <u>short</u>.

12 Who is responsible if the new product is <u>poor</u> designed?

13 I <u>have hardly had</u> any rest because of work since last week.

14 He lives <u>lonely</u> in the basement room, with only his computer and goldfish.

15 He is the world's youngest race car driver. He drives <u>incredibly</u> fast.

chef 주방장, 요리사
critic 평론가

compare 비교하다

complete 완전한; 끝내다

expand 확장되다

dive 다이빙하다
sink 가라앉다

advise 조언하다, 권고하다
participate 참가하다

presidential election
대통령 선거

hang around 서성거리
다, 배회하다

occur 일어나다, 발생하다

inform 알리다
credit card 신용 카드

responsible 책임이 있는
product 상품, 제품

basement 지하층
goldfish 금붕어

다음 글을 읽고, 문맥과 어법상 맞는 것을 고르시오.

16 A big shopping day has ⓐ recent / recently caused millions of shoppers to go to malls. The day is called Black Friday. ⓑ Most / Almost stores give up to 70 percent discounts on many things.

up to (수·정도 등)까지
discount 할인

17 The band just released their most recent album last month. The band's ⓐ last / latest album ranked 10th on the Billboard this week. The album's lead song ranked 5th on the ⓑ high / highly competitive Top 50 Chart.

release 발표하다, 발매하다
recent 최근의
rank (등급·순위를) 차지하다
competitive 경쟁을 하는

18 Flower tea is not ⓐ mere / merely eye-pleasing but also contains many health benefits. For example, cherry blossom tea has a sweet aroma and a smooth taste. ⓑ Additional / Additionally , this tea is extremely helpful in treating food poisoning.

contain ~이 들어 있다
benefit 이점, 혜택
cherry blossom 벚꽃
aroma 향기
smooth 부드러운
food poisoning 식중독

D **다음 글의 밑줄 친 부분 중 어법상 틀린 것을 모두 찾아 바르게 고치시오.**

19 ⓐ <u>Incredibly</u>, Thomas Edison held 1,093 patents for his inventions, such as the electric light bulb and the phonograph. But not all of his inventions ⓑ <u>didn't become</u> wildly famous. You have probably never heard of his electric pen or the ghost machine, which didn't become ⓒ <u>successfully</u>.

patent 특허권
invention 발명품
phonograph 축음기
wildly 몹시; 걷잡을 수 없이
probably 아마도

20 In the 19th century, wealthy New Yorkers were ⓐ <u>deep</u> impressed by European culture. So, they suggested establishing a European-style park with a ⓑ <u>deep</u> lake. More than 840 acres of rocky land, which was ⓒ <u>hardly</u> to use for housing, was purchased and made into New York Central Park.

century 세기
wealthy 부유한
impress 깊은 인상을 주다
suggest 제안하다
establish 설립하다
acre 에이커 ((약 4,050m² (평방미터)에 달하는 크기의 땅))
rocky 바위[돌]투성이의
purchase 구입하다

⊙ 실전에 통하는 **적용훈련**

01 다음 글의 밑줄 친 부분 중, 어법상 틀린 것은?

Jazz first emerged in New Orleans out of the culture of Africans who ① <u>were forced</u> to come to America and sold to farm owners as slaves. When an African died, his or her friends and relatives marched to the graveyard with the dead body. A band ② <u>often</u> accompanied them on the way, playing sad funeral music as others sang and wept. On the way home, however, the mood changed. The dead loved one was safe in the arms of God now, and the others were glad to be ③ <u>alive</u>. The mood brightened and everybody was ④ <u>high</u> energetic. Moreover, the band played up-tempo, cheerful music that made everyone ⑤ <u>want</u> to dance. This was an early form of jazz.

02 다음 글의 밑줄 친 부분 중, 어법상 틀린 것은?

If you don't take it too ① <u>serious</u>, fortune telling can be fun to try. One method you can ② <u>easily</u> do is palm reading. To do a palm reading, study four lines on your right-hand palm. The "heart line" is nearest the top of the palm. Its length and depth ③ <u>are thought to</u> show your love life and emotional character. The "head line" starts between the thumb and index finger, indicating intelligence and creativity. Below that, the "life line" curves from the right side of the palm above the thumb and ends at the wrist. Believers say this line represents health. You will live longer if your life line is long and ④ <u>deep</u>. The ⑤ <u>last</u> line, the "fate line," shows what will happen in your life. It begins at the wrist and continues toward the middle finger.

03 다음 글의 밑줄 친 부분 중, 어법상 틀린 것은?

Humans may differ from other primates, but not by very much at all. It's true that there are important differences in size, hair growth, facial features, and the ability to speak. And, of course, ① <u>most</u> humans are a lot more intelligent and can walk upright on two legs. But it is also ② <u>highly</u> true that there are incredible similarities between our nearest animal relatives and us. A chimpanzee, for instance, has the same muscles and bones, located in almost the same place in the body, and they work ③ <u>nearly</u> the same way ours do. Their internal organs bear ④ <u>strikingly</u> resemblance to ours, and so does their blood composition. Furthermore their genes are ⑤ <u>virtually</u> identical to ours.

*primate: 《동물》 침팬지 등의 영장류

01 주어진 우리말과 같은 의미가 되도록 괄호 안의 단어를 올바른 순서로 배열하시오. [5점]

> 제인은 자신의 삶을 인도의 아픈 사람들을 돕는 데 바치기를 원한다. (devote / helping / life / her / sick / the / to)

→ Jane wants to _____ _____ in India.

[02-03] 주어진 우리말과 같은 의미가 되도록 괄호 안의 말을 이용하여 문장을 완성하시오. (필요하면 단어 변형 가능) [각 5점]

02
> 선생님이 재미있는 이야기를 하자 아이들은 큰 소리로 웃었다. (laugh / loud)

→ The teacher told a funny story and the children _____.

03
> 당신의 주장을 뒷받침하기 위해 구체적인 예시를 이용하라. (specific / use / examples)

→ _____ to support your argument.

[04-06] 주어진 우리말과 같은 의미가 되도록 어법상 **틀린** 부분을 찾아 바르게 고쳐 쓰시오. [각 10점]

04
> 내가 지난번 그를 만난 건 싱가포르에 있을 때였다.
> The lastly time I met him was when I was in Singapore.

→ _____

05
> 곧 저녁을 차릴 거예요. 잠시만 기다려주시겠어요?
> I will prepare dinner short. Would you wait for a moment?

→ _____

06
> 그녀는 강한 억양을 가지고 있어서, 나는 그녀와 거의 의사소통을 할 수 없었다.
> She has a strong accent, so I could not hardly communicate with her.

→ _____

[07-08] 다음 문장에서 문맥과 어법상 **틀린** 부분을 찾아 바르게 고쳐 쓰시오. [각 10점]

07
> The birth rate is low at 1.8 children per woman, and the number of the elderly is growing rapid. 모의

→ _____

08
> Drive-through restaurants can be found easy in many countries.

→ _____

09 다음 글에서 어법상 **틀린** 부분을 찾아 바르게 고쳐 쓰시오. [15점]

> Take at least ten minutes every day to sit quietly by yourself and do nothing but think. If you're used to constant noise and activity, silence may feel uncomfortably at first. However, with practice it gets easier.

→ _____

10 다음 글에서 문맥과 어법상 **틀린** 부분을 **2개** 찾아 바르게 고쳐 쓰고 그 이유를 서술하시오. [20점]

> A few people found themselves better off, but almost people were poorer in every way. Living conditions were terrible and disease spread quickly. An outbreak of cholera in 1849 killed near 13,000 people in London. 모의 응용

(1) 틀린 부분: _____

(2) 올바로 고친 것: _____

(3) 고친 이유 서술: _____
_____

Chapter 12 비교

둘 이상의 성질, 상태 등을 비교하여 같거나 차이 남을 나타낸다.

1 비교의 기본 개념

형용사나 부사가 나타내는 성질·상태·수량·모양·시간·거리 등의 '정도'를 표현하는 것이다.

구문	개념	예문
A as 원급 as B	A와 B의 어떤 정도가 같음	This insect is **as poisonous as** a cobra. He runs **as fast as** the other players on the football field.
A not as[so] 원급 as B	A와 B의 어떤 정도가 같지 않음	I'm **not as[so] tall as** my mother is. (= My mother is taller than me.) He can't jump **as[so] high as** Jim (can). (= Jim can jump higher than him.)
A 비교급 than B	A와 B의 어떤 정도가 서로 차이 남	The previous test was **easier than** this one. I think a novel is **more interesting than** a poem. I like dogs **more than** cats. The weather cleared **more quickly than** I expected.
A 최상급 in[of/that 완료시제]	같은 집단에 속한 셋 이상의 것들 중에서 A가 가장 정도가 심함	She is **the most generous** person *in* the neighborhood. This is **the biggest** apartment *that I've ever seen* for such a low price. ▸ One of + 최상급 + 복수명사: 가장 ~인 것들 중의 하나 New York is **one of the busiest places** in the world.

▸ 최상급이 문장 안에서 부사로 사용될 때 최상급 앞에 붙는 the를 생략할 수 있다.
I get up (the) **earliest** in my family every morning.

2 비교급, 최상급의 주의할 형태

many[much] - more - most   little - less - least

good[well] - better - best   bad[ill] - worse - worst

late 《순서》 - latter - last   late 《시간》 - later - latest

far 《거리》 - farther - farthest   far 《거리, 정도》 - further - furthest

▸ most는 many/much의 최상급이고, best는 good/well의 최상급이므로 둘을 혼동하지 않도록 한다.
Jim got the ✔most / best right answers and won first place in my class.
Some experts say the most / ✔best time to learn a foreign language is when you are a child.

3 원급과 비교급을 이용한 최상급 표현

He is **the happiest** man in the world. 그는 세상에서 가장 행복한 사람이다.

비교급 + than any other ~	He is **happier than any other** man in the world. 그는 세상의 어떤 사람보다 더 행복하다.
No (other) ~ + 비교급 than	**No (other)** man in the world is **happier than** he is. 세상의 그 어떤 사람도 그보다 더 행복하지 않다.
No (other) ~ + as[so] 원급 as	**No (other)** man in the world is **as[so] happy as** he is. 세상의 그 어떤 사람도 그만큼 행복하지 않다.

Point 01 원급 vs. 비교급 vs. 최상급의 구별

I was surprised to see that he was practicing **as hard** ✓as / so the others. 내신

In many countries, soccer is much / ✓more **popular than** any other sport. 모의응용

This method appears to be the less / ✓least **painful** of all those available.

1 각 구문을 이루는 요소로 판단한다. as(~와 같은 정도로)는 ¹_____, than(~보다)은 ²_____, 셋 이상이 속한 집단, 범위를 나타내는 어구(~ 중에서)는 ³_____과 같이 사용된다.

2 than, in/of ~는 문맥상 명백할 때 생략되기도 한다. 둘 중에서 정도의 차이가 있음을 나타낼 때는 ⁴_____, 셋 이상 중에서 정도가 가장 심한 것을 나타낼 때는 ⁵_____을 사용한다.

The football match *between England and the Netherlands* was very exciting. The Netherlands scored at 10 minutes, and they were playing really well. After half time, however, England played much ✓better / best . 모의응용

(England와 the Netherlands를 비교해서 경기를 더 잘한 팀을 나타내는 것이므로 비교급을 써야 한다.)

Point 02 비교구문의 병렬구조

I like *watching* basketball **more than** to play / ✓*playing* . 내신

1 비교대상은 문법적 성격이 서로 같아야 한다. 특히, 소유대명사를 써야 하는 경우에 주의한다.

The painter became **more famous** *after his death* **than** *during his life*. (전명구와 전명구)

My house is **farther** from the school **than** *yours*. (소유대명사)
    = your house

2 앞에 나온 어구의 반복 사용을 피하기 위한 대명사, 대동사에 주의한다. (→ 50쪽, 111쪽)

대동사의 경우, 시제에도 주의한다.

In 2021, *the number* of deaths was **larger than** *that* of births for the first time. 모의응용
        = the number

The dreams of a person who has been without sight since birth can be just **as vivid and imaginative as** *those* of someone with normal vision. 모의응용
    = the dreams

The athletes were faced with *challenges* **greater than** *the ones* they had ever met before.
                = challenges

He doesn't *sing* **as well as** he *did* when he was young.
        = sang

---

method 방법 appear ~인 것 같다 available 이용 가능한 sight 시력; 보기, 봄 vivid 생생한; 선명한 imaginative 상상력이 풍부한 normal 정상의 vision 시력; 비전
athlete 선수, 육상 경기 선수 be faced with ~에 직면하다, ~을 마주하다 challenge 도전(하다)

[01-06] 다음 중 문맥과 어법에 맞는 것을 고르시오.

01 Compared with my notebook computer, yours is of | better / best | quality.

02 We don't know why this book is the | less / least | popular one of all the ones he wrote.

03 The boy's only wish is to be as healthy | as / than | his school friends.

04 The other competitors couldn't lift over 300 kg, while she lifted over 319 kg. She was the | stronger / strongest | at the competition.

05 Some foods are | better / best | than others when it comes to general health. 모의응용

06 With a population of about 10,000, Nauru is the | smaller / smallest | country in the South Pacific.

모의응용

as + 원급 + as

비교급 + than

최상급 + in/of/that 완료시제

[07-12] 밑줄 친 부분이 어법상 바르면 O, 그렇지 않으면 바르게 고쳐 쓰시오.

07 Did you know making a blog is as simple as <u>send</u> an email?

08 My child tends to be more interested in others' toys than <u>his</u>.

09 I'm sure everyone wants this touch screen laptop as badly as I <u>am</u>.

10 The difference in sales between Monday and Tuesday was less than <u>the one</u> between Saturday and Sunday. 모의응용

11 Social issues are much more important and complex today than they <u>did</u> in the past. 모의응용

12 The major oceans are all interconnected, so their geographical boundaries are less clear than <u>those</u> of the continents. 모의응용

*geographical: 지리적

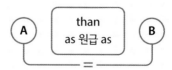

---

compare 비교하다 quality 질 competitor 경쟁자; (시합) 참가자 *cf.* competition 시합; 경쟁 lift 들다, 들어 올리다 when it comes to ~에 관한 한, ~에 대해서라면
population 인구 tend to-v v하는 경향이 있다 badly 몹시, 심하게 interconnect 서로 연결하다 boundary 경계(선) continent 대륙

문장 구조상의 판단

An online comment is not as ✓**powerful / powerfully** as a direct interpersonal exchange. 모의응용

1 문장에서 as, more를 떼고 생각해본다.

be동사 등의 보어 자리이면 ⁶_____, 동사를 수식하는 자리이면 ⁷_____이다.

My father doesn't *smoke* as **heavily** as he used to.
(← My father doesn't *smoke* **heavily**.)

I can *speak* English more **fluently** than my brother.
(← I can *speak* English **fluently**.)

2 the 비교급 ~, the 비교급 ... : ~할수록 더 …한

앞의 the 비교급과 뒤의 the 비교급의 문장구조는 서로 다를 수 있으므로 각각 따로 판단한다.

The more difficult it is, **the more** I hate it.
(← It is **difficult**. I hate it **much**.)

비교급 수식어의 수식을 받는 명사는 한 묶음으로 앞으로 보낸다.

The rougher the surface is, **the more** *friction* is produced. 모의
(← The surface is **rough**. **Much** *friction* is produced.)

비교급 뒤에 나오는 「주어 + be동사」 또는 be동사는 생략되는 경우도 있다.

The sooner you go to see a doctor, **the better** (it is).

The higher you climb, **the better** the view (is).

---

online comment 온라인 논평   interpersonal exchange 대인 간의 (의견) 교환   heavily 심하게, 아주 많이   fluently 유창하게   rough 거친; 대강의   surface 표면
friction 마찰

[13-20] 밑줄 친 부분이 어법상 바르면 ○, 그렇지 않으면 바르게 고쳐 쓰시오.

13 <u>The farther</u> out in space you go, the less gravity there is. 내신

14 We all know that Arctic sea ice is melting <u>more quickly</u> than ever.

15 It might be hard the first time, but the more you practice, the <u>more easily</u> it'll get.

16 Productivity improvements are as <u>importantly</u> to the economy as they are to individual businesses. 모의응용

17 The more people you know of different backgrounds, the more <u>colorfully</u> your life becomes. 모의응용

18 The more television we watch, the less <u>likely</u> we are to spend time with people in our social networks. 모의응용

19 <u>The higher</u> the expectations, the more difficult it is to be satisfied. 모의응용

20 They believe the earlier kids start to use computers, the more <u>familiar</u> they will have when using other digital devices. 모의응용

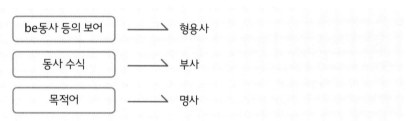

be동사 등의 보어	⟶	형용사
동사 수식	⟶	부사
목적어	⟶	명사

한눈에 쏙!

---

gravity 중력 Arctic sea 북극해 productivity 생산성 improvement 향상 economy 경제; 경기 individual 각각의, 개인의 background 배경
social network 소셜네트워크, 사회연결망[관계망] expectation 기대(치); 예상 digital device 디지털 기기

빈틈을 채우는 **촘촘문법**

1 관용표현

as + 원급 + as possible = as + 원급 + as one can	가능한 한 ~하게
비교급 and 비교급	점점 더 ~한
no more than ~ = only ~	고작, 겨우 (수량이 적다고 느낌)
no less than ~ = as many[much] as ~	~나 되는, 자그마치 (수량이 많다고 느낌)

Use recycled products **as much as possible**.
= Use recycled products **as much as you can**.
His English is getting **better and better**.
He paid **no more than** 100 dollars for a suit.
He paid **no less than** 100 dollars for a tie.

2 배수 표현을 이용한 원급·비교급 구문

배수 표현: a half(절반), one and a half times(1.5배), twice(두 배), three times(세 배) 등

✕ two times란 표현은 쓰지 않으며, twice와 half는 원급에만 쓰이고 비교급과는 같이 쓰지 않는다.

배수 + as 원급 as ~	~의 몇 배인
배수 + as many[much] + 명사 as ~	~보다 몇 배 많은 …
배수 + 비교급 + than ~	~보다 몇 배 더 …

The color black is perceived to be **twice as heavy as** white.
On that math exam, I received **twice as many points as** Jane did.
The population of the city is **three times larger than** before.

3 원급, 비교급, 최상급 수식어

원급	almost[exactly, just, nearly] as 원급 as
비교급	much, still, far, by far, even, a lot, a great deal (훨씬)
최상급	much, by far, the very, quite (단연코)

In reality, the earthquake damage was very / ✔much **greater** than anyone imagined.

✕ many는 「비교급 + 복수명사」를 수식한다.

There are **many more** reservations at the restaurant than last month.

QUICK CHECK

01 다음 괄호 안의 단어를 알맞게 배열하여 우리말에 맞게 영작하시오.

그는 나보다 3배나 많은 책을 가지고 있다.
(as / I / many / times / do / as / three / books)

→ He has _____ .

02 주어진 우리말과 같은 의미가 되도록 괄호 안의 단어를 이용하여 문장을 완성하시오. (필요하면 단어 변형 및 추가 가능)

많은 나라에서, 점점 더 많은 사람들이 도시로 이주하고 있다.
(people / more / migrate / be)

→ In many countries, _____

_____ to urban areas.

실력이 쌓이는 **적용훈련**

A 다음 각 문장에서 문맥과 어법상 맞는 것을 고르시오.

01 The lake is as clear / clearer / clearest as glass.

02 My score in English is good / better / the best than I expected.

expect 예상하다

03 In your opinion, who is the great / greater / greatest player in the history of baseball?

04 The more learned a person is, the more modest / modestly he or she should be.

05 Our companion animals aren't quite as emotionally distant / distantly / more distant as we might think.

emotionally 정서적으로, 감정적으로
distant 동떨어진; 먼

06 Visiting a farm is more educational than looks / to look / looking at a book about a farm.

educational 교육적인

07 The book which I borrowed last week was very / much more interesting than it looked at first.

08 People spend more time watching TV and using their mobile phones and computers than they are / do / did sleeping.

B 다음 밑줄 친 부분이 어법상 맞으면 ○, 틀리면 바르게 고치시오.

09 Trying to get used to foreign food seems as hard as <u>learn</u> a foreign language.

get used to ~에 익숙해지다

10 I think it would be <u>wiser</u> to spend less time outdoors than to go outside in this hot weather.

11 The more complex the mind, <u>greater</u> the need for simplicity.

complex 복잡한
simplicity 단순함

12 She didn't learn the guitar at all, but can play it as <u>better</u> as her older sister.

13 This company's product is better than <u>ours</u> in quality, but as you know, it is more expensive.

product 제품, 상품

14 My son has many strengths which make me happy, but his polite manners please me <u>most</u>.

strength 장점

15 It seemed easy at first, but it took no <u>least</u> than five days to finish the simple work.

C 다음 글을 읽고, 어법상 맞는 것을 고르시오.

16 Household items such as toothpaste and shampoo can be as ⓐ bad / badly as vehicles for pollution. Because household items have substances harmful to the environment, they cause as much pollution as cars and trucks ⓑ are / do .

17 People are deciding to retire later these days, and around 10 percent of people in their early 70s are still working. It is the ⓐ higher / highest figure since records began. The labor market has changed a lot, especially in the last decade, with ⓑ very / far more people working beyond retirement age.

18 A study says that people who go to bed late are at higher risk of an early death than people who sleep early ⓐ are / do . People who go to bed late are more likely to suffer from diabetes and breathing problems. In other words, the ⓑ later / latest people go to bed, the higher the risk of an early death.

*diabetes: 당뇨병

D 다음 글의 밑줄 친 부분 중 어법상 틀린 것을 모두 찾아 바르게 고치시오.

19 People generally think dogs are more ⓐ intelligently than cats. However, cats are as ⓑ good as dogs at responding to the gestures and emotions of humans. In addition, cats' ability to think about past events is as brilliant as ⓒ dogs.

20 When a company wants customers to share ⓐ more personal details, they say this: "The more you tell us, ⓑ the best we can serve you." But, few people will share private information unless there is trust. So, the company should develop trust with customers first. Although hard, it is the ⓒ most effective way for the company to get the information than using a simplistic approach.

01 (A), (B), (C) 각 네모 안에서 어법에 맞는 표현으로 가장 적절한 것은?

It's probable that no scientist has ever been as (A) curious / curiously as any child aged between four months and four years. Adults sometimes mistake a child's intense curiosity about everything as an inability to concentrate. The truth is (B) that / what children begin learning from the moment they are born, and by the time they start school, they have already taken in an enormous amount of information. The total amount is perhaps (C) very / much more than they will absorb over the rest of their lives. An adult can help a child gain great amounts of knowledge by praising the child's curiosity and encouraging him or her to love learning.

	(A)		(B)		(C)
①	curious	…	that	…	much
②	curiously	…	that	…	much
③	curious	…	what	…	very
④	curiously	…	what	…	much
⑤	curious	…	that	…	very

02 다음 글의 밑줄 친 부분 중, 어법상 틀린 것은?

Headphones let you ① listen to what you want without bothering others, but at what cost? Studies have shown that sound levels from devices can reach 115 decibels or more — roughly as ② loud as standing 100 feet from an airplane when it takes off. At that level, permanent hearing damage can occur after just 15 minutes. And the ③ early a child begins using headphones, the more the damage can increase. Loud noise causes hearing loss by killing hair cells in the inner ear. Normally, the process occurs ④ slowly as people age, but noise damage can speed it up. Hearing loss ⑤ caused by noise is not immediate; damage may not be apparent until later in life.

03 다음 글의 밑줄 친 부분 중, 어법상 틀린 것은?

According to recent research, our Stone-Age ancestors ate more protein and less fat than we ① do today. Their diet ② consisted of about 65 percent fruit and vegetables and 35 percent meat. But the wild animals they ate had ③ far less body fat than today's industrially farmed cows, chickens, and pigs. Furthermore, the Stone-Age diet was higher than ④ us in fiber, calcium, and vitamin C. These findings suggest that the diet of our distant ancestors could be a more effective model for protecting ourselves against the diseases of modern civilization than ⑤ that of other dietary approaches.

실력을 완성하는 **서술형 훈련**

[01-03] 주어진 우리말과 같은 의미가 되도록 괄호 안의 단어를 올바른 순서로 배열하시오. [각 5점]

01
> 새로운 기기는 기존 제품보다 수명이 두 배 넘게 길 것이다.
> (long / more / as / twice / than / the previous one / as)

→ The new device will last _____

_____ .

02
> 최근에 나온 소설이 그 시리즈에서 가장 재미있었다.
> (the / was / most / novel / the / in the series / latest / interesting)

→ _____

_____

03
> 그 회사는 신기술을 빨리 채택할수록 더 번창할 것이다.
> (the company / become / the / new technology / it / prosperous / sooner / will / more / adopts / the)

→ _____

_____

[04-06] 주어진 우리말과 같은 의미가 되도록 어법상 틀린 부분을 찾아 바르게 고쳐 쓰시오. [각 10점]

04
> 내 두 남동생 중에 준호가 민호보다 나에게 더 많이 의존한다.
> Of my two younger brothers, Junho depends on me most than Minho.

→ _____

05
> 나는 다음 달 대회를 위해 가능한 한 많이 연습할 것이다.
> I will practice as more as possible for next month's competition.

→ _____

06
> 노인들은 자신들이 실제보다 훨씬 더 신체적으로 강하다고 생각한다.
> The elderly think of themselves as being much stronger physically than they actually do.

→ _____

[07-08] 주어진 우리말과 같은 의미가 되도록 괄호 안의 말을 이용하여 문장을 완성하시오. (필요하면 단어 변형 및 추가 가능) [각 10점]

07
> 오늘날 쌀은 100년 혹은 심지어 60년 전만큼 많은 영양분을 가지고 있지 않다. (do / many nutrients / it)

→ Rice today doesn't have _____

_____ a hundred or even

sixty years ago.

08
> 한 나라를 알기 위해서, 그 나라의 문화를 경험하는 것은 그 나라의 언어를 배우는 것만큼이나 중요하다.
> (its language / important / learn)

→ In order to know a country, experiencing its

culture is _____

_____ .

09 다음 주어진 문장과 같은 의미가 되도록 <조건>에 맞게 완성하시오. [15점]

> <조건> the 비교급 ~, the 비교급 ... 구문을 사용할 것.

> Researchers found that as temperatures are higher, the students' exam scores are lower.

→ Researchers found that _____

_____

_____ .

10 다음 글에서 어법상 틀린 부분을 찾아 바르게 고쳐 쓰고 그 이유를 서술하시오. [20점]

> You can get more nutritional benefits by cooking raw ingredients. Roasting the raw foods preserves the nutrients as effective as boiling at a moderate temperature. But, the longer a food is cooked, the greater the loss of nutrients.

(1) 틀린 부분: _____

(2) 올바로 고친 것: _____

(3) 고친 이유 서술: _____

_____

01 다음 글의 밑줄 친 부분 중, 어법상 틀린 것은?

One myth tells ① how a group of gods had a meeting to decide where to hide the "truth of the universe" from people. The first god suggested putting it under the ocean, but the others shouted him down, saying that people would build an underwater boat to take ② himself there to find it. A second god suggested hiding it on a planet far from Earth, but the other gods realized that a craft might ③ be built to reach this destination as well. Finally, a third god suggested that they hang it around the neck of every ④ human being. The other gods agreed that people would never look at it for the truth. So they did ⑤ exactly as the third god had suggested.

02 다음 글의 밑줄 친 부분 중, 어법상 틀린 것은?

All good writers work hard to say what they want to say as ① clear as possible. If their message isn't clear for their reader, then they have failed, no matter how great their ideas may be or how ② impressive their creativity. They take care to choose precise words, and to arrange ③ them in uncomplicated sentences. On the other hand are the writers who are afraid of being criticized for their point of view, or who aren't too sure of ④ themselves. Their writing seems hesitant and colorless, and they tend to use words like "quite," "maybe," and "somewhat." Instead, stop ⑤ using qualifiers and start using more absolute words like "will," "always," and "certainly." This will give power to your thoughts and your writing.

*qualifier: 《문법》 수식어, 한정어

03 다음 글의 밑줄 친 부분 중, 어법상 틀린 것은?

Praise is as ① powerful for improving young children's behavior as it is for increasing their self-esteem. Preschoolers believe what their parents tell ② themselves in a very profound way. They do not yet have cognitive sophistication to reason analytically and reject false information. If a preschool boy consistently hears from his mother ③ that he is smart and a good helper, he is likely to incorporate that information into his self-image. Thinking of himself as a boy who is smart and knows how to do things ④ is likely to make him endure longer in problem-solving efforts and increase his confidence in trying new and difficult tasks. ⑤ Similarly, thinking of himself as the kind of boy who is a good helper will make him more likely to volunteer to help with tasks at home and at preschool. 모의응용

*profound: 뜻깊은 **sophistication: 정교화(함)

04 다음 글의 밑줄 친 부분 중, 어법상 틀린 것은?

Positively or negatively, our parents and families are powerful influences on us. But our friends are even ① stronger, especially when we're young. We often choose friends as a way of ② expanding our sense of identity beyond our families. As a result, the pressure to conform to the standards and expectations of friends and other social groups ③ is likely to be intense. Judith Rich Harris, who is a developmental psychologist, ④ argues that three main forces shape our development: personal temperament, our parents, and our peers. The influence of peers, she argues, is much stronger than ⑤ parents. "The world that children share with their peers," she says, "is what shapes their behavior and modifies the characteristics they were born with, and hence determines the sort of people they will be when they grow up." 모의응용

*temperament: 기질

05 다음 글의 밑줄 친 부분 중, 어법상 틀린 것은?

There are many methods for finding answers to the mysteries of the universe, and science is only one of these. However, science is unique. Instead of making guesses, scientists follow a system ① designed to prove if their ideas are true or false. They constantly reexamine and test their theories and conclusions. Old ideas are replaced when scientists find new information ② that they cannot explain. Once somebody makes a discovery, ③ others review it carefully before using the information in their own research. This way of building new knowledge on older discoveries ④ ensure that scientists correct their mistakes. Armed with scientific knowledge, people build tools and machines that transform the way we live, making our lives ⑤ much easier and better. 모의응용

06 다음 글의 밑줄 친 부분 중, 어법상 틀린 것은?

It is often difficult to persuade young students ① to read old poetry or books written long ago. But by ② reading the classics, we can see the world of the time. We can discover where we come from through the author's eyes. And there are a great number of enjoyable and entertaining stories in classic ③ literature. It can also be a fun way to learn history. Charles Dickens, for example, is one of the English language's ④ greatest novelists. He described life in nineteenth-century England ⑤ brilliant. His rich storytelling and memorable characters make history come to life for his readers.

07 다음 글의 밑줄 친 부분 중, 어법상 틀린 것은?

A British computer magazine has published a story ① claiming that our computer keyboards could be bad for our health. The magazine asked a laboratory to test bacteria levels on 30 keyboards from the magazine's London office. The results were a ② bad surprise for the magazine's employees. The lab scientists said five of the keyboards they tested put people at serious risk of illness. One keyboard's surface had 150 times ③ as much bacteria as health officials say is safe. The researchers said the keyboards could easily cause symptoms ④ similarly to food poisoning, such as painful diarrhea and vomiting. They named these illnesses "QWERTY tummy," after the first six letters on standard keyboards, and recommended you clean your keyboard ⑤ regularly to avoid getting sick.

*diarrhea: 설사

08 다음 글을 읽고, 물음에 답하시오.

You may have seen headlines in the news about some of the things machines (A) (power) _____ by artificial intelligence can do. However, if you were to consider all the tasks that AI-powered machines could actually perform, it would be quite mind-blowing! One of the key features of artificial intelligence (B) (be) _____ that it enables machines to learn new things, rather than requiring programming specific to new tasks. Therefore, the core difference between computers of the future and (C) (that) _____ of the past is that future computers will be able to learn and self-improve. In the near future, smart virtual assistants 당신의 가장 친한 친구들과 가족 구성원들이 알고 있는 것보다도 당신에 대해 더 많이 알게 될 것이다. Can you imagine how that might change our lives? These kinds of changes are exactly why it is so important to recognize the implications that new technologies will have for our world. 모의 응용

(1) (A), (B), (C) 각각에 주어진 단어를 어법에 맞게 변형하시오.

(A) _____

(B) _____

(C) _____

(2) 밑줄 친 우리말을 <보기>에 주어진 어구를 모두 이용하여 영작하시오. (단어 변형 불가)

<보기> do / know / will / family members / about you / and / your closest friends / than / more

[정답] In the near future, smart virtual assistants _____

_____

_____ .

09 다음 글을 읽고, 빈칸에 알맞은 내용이 되도록 <보기>에 주어진 어구를 모두 이용하여 영작하시오. (필요하면 단어 변형 및 중복 사용 가능)

It's long been known that children with _____ _____ than other children on IQ tests. Recently, a new study of about 3,500 seven-year-olds links size to intelligence even among kids born at normal birth weight. Columbia University and New York Academy of Medicine researchers found that for every 2.2 pounds of additional weight, boys scored 4.6 IQ points higher, and girls scored 2.8 points higher. This was true even after other factors were considered, including the mother's age, education, and economic status. In other words, there is an evident relationship between birth weight and intelligence.

<보기> tend / low / abnormal / birth weights / to score

[정답] It's long been known that children with _____

_____

_____ than other children on IQ tests.

PART

5

동사

He that can have patience
can have what he will.

- Benjamin Franklin -

Chapter 13 시제

동사의 동작이나 상태가 일어난 때를 표현하는 동사의 형태 변화를 말한다.

● 영어의 시제

시제	형태	개념 및 예문	
현재	am/is/are/ 동사원형/ 동사원형-(e)s	현재의 상태, 습관이나 반복적 행동, 일반적 사실, 진리 I **take** swimming lessons *every morning*. The Moon **revolves** around the Earth.	과거 현재 미래
과거	was/were/ 동사원형-(e)d/ 불규칙형	과거의 어느 한 특정 시점에 이미 끝나버린 일 *Last Saturday*, he **invited** Cathy to his party. He **made** a dinner reservation *a week ago*.	과거 현재 미래
미래	will + 동사원형	앞으로 일어날 일 The party **will be** at my house.	과거 현재 미래
현재진행	am/is/are + -ing	현재 진행 중이거나 최근에 일시적으로 진행 중인 일 He **is talking** to his mom on the phone.	과거 현재 미래
과거진행	was/were + -ing	과거 어느 시점에 진행 중이었던 일 My father **was preparing** dinner *when I got home*.	과거2 과거1 현재 미래
미래진행	will be + -ing	미래 어느 시점에 진행 중일 것으로 예상되는 일 I **will be watching** a movie with my friends *at noon*.	과거 현재 미래1 미래2
현재완료	have/has + p.p.	과거에 일어나서 현재 끝났거나 현재까지 영향을 미치는 일 He **has lived** here *since I was 10*. 《계속》 We **have met** two times *so far*. 《경험》 I **have** just **heard** the news of the earthquake. 《완료》 I **have lost** my wallet, so I can't buy a ticket. 《결과》	과거 현재 미래
과거완료	had + p.p.	과거 어느 때를 기준으로 그 이전부터 기준시점까지의 일 Julia **had worked** for the company for two years *when I met her.* 《계속》 I **had** never **seen** him *until then*. 《경험》 He **had finished** his homework *when I arrived*. 《완료》 Mom wore the shirt this morning that she **had bought** yesterday. 《대과거》(→144쪽)	과거2 과거1 현재 미래
미래완료	will have + p.p.	미래 어느 시점까지 동작이나 상태가 계속되거나 완료될 것으로 예상되는 일 I **will have lived** here for ten years *next year*.	과거 현재 미래1 미래2
현재완료진행	have/has been + -ing	현재[과거/미래]완료보다 동작이 계속됨을 좀 더 강조할 때 I **have been studying** hard for the exam *since seven o'clock*.	
과거완료진행	had been + -ing	We **had been looking** for a house for six months *before we finally found one*.	
미래완료진행	will have been + -ing	*This time next year* I **will have been writing** my book for five years.	

▶ 시제는 문장 내에서 시간이나 빈도를 나타내는 부사구와 연관이 있는 경우가 많다.

Point 01 과거시제 vs. 현재완료시제

In 1964, Smith ✓**published / has published** another novel, *When the Lion Feeds*. 모의

1 과거시제: ¹_____에 이미 끝나버린 일. 하나의 점 개념
자주 쓰이는 부사, 부사구[절]: yesterday, ~ ago, last ~, 「in + 과거 연도」, when ~ 등

2 현재완료시제((계속)): 과거와 ²_____를 잇는 선 개념
자주 쓰이는 부사구[절]: 「since + 특정 과거 시점(~한 이후로)」, 「for + 기간(~ 동안)」 등

Point 02 과거시제/과거완료시제(대과거) vs. 현재완료시제

It was a very touching moment for me when I saw she had the ring I **gave /** ✓**had given** her *fifty years before*. 내신 응용

1 과거의 일을 일어난 순서대로 나열할 때는 모두 ³_____시제로 표현할 수 있다.
I **gave** her a ring and she **had** it when I saw her.

2 순서대로 나열하지 않을 때는 먼저 일어난 과거의 일을 ⁴_____시제로 표현한다. ((대과거))
They **couldn't cross** the river because the flood **had swept** the bridge away.

3 과거 한 시점에 시작된 일이 현재까지 영향을 미칠 때 현재완료시제로 표현한다.
과거 한 시점(기준시점)보다 이전에 일어난 일이 과거 기준시점까지 영향을 미치면 과거완료시제로 표현한다.
When I entered the auditorium, the lecture **had** already **begun**.

Point 03 미래시제 vs. 현재시제

If the weather ✓**is / will be** good, he **will go** to an amusement park. 모의 응용

1 시간(when, after, until, till, as soon as 등)이나 조건(if, unless 등)을 나타내는 접속사가 이끄는 부사절에서는 ⁵_____시제로 미래를 나타낸다.

2 if와 when이 명사절을 이끌 때는 ⁶_____시제로 미래를 나타내므로 주의한다.

if	부사절(만약 ~한다면)	*If* we **miss** the last bus, we will have to walk home.
	명사절(~인지 아닌지)	I doubt *if* anyone **will be** interested in the program.
when	부사절(~할 때, ~하면)	He will wave *when* he **sees** me.
	명사절(언제)	I will ask him *when* he **is going to start** work.

✗ 부사절: 절이 부사 역할을 하여, 주절에 시간이나 조건 등의 정보를 더한다.
명사절: 문장 내에서 주어, 목적어, 보어 역할을 한다.

publish 출간하다, 발행하다   touching 감동적인   sweep away 휩쓸다   auditorium 강당   amusement park 놀이공원   doubt 의심하다

[01-04] <보기>와 같이, 시제 판단에 근거가 되는 부사구[절]에 밑줄을 긋고, 어법에 맞는 것을 고르시오.

> <보기> Last Sunday I ✓bought / have bought a bikini for my summer vacation.

01 Julia lived / has lived with her cousins for more than five years so far.

02 The Art Gallery of Tokyo was founded / has been founded a hundred years ago.

03 When did you fly / have you flown in an airplane for the first time?

04 There were / have been many changes around here since I was a boy.

yesterday, ~ ago, last ~, 「in + 과거 연도」, when ~ 등 + 과거시제

「since + 특정 과거 시점」, 「for + 기간」 + 현재완료시제

[05-08] 다음 중 문맥과 어법에 맞는 것을 고르시오.

05 On the road I found some money that someone lost / had lost.

06 My father came into my room and asked me what I have / had been doing since dinner time.

07 She arrived at the airport, but the plane left / had left already.

08 I turned off the light and TV and got / had got into bed.

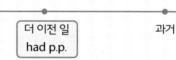

더 이전 일   과거   현재

had p.p.

[09-12] 다음 중 문맥과 어법에 맞는 것을 고르시오.

09 If we don't return / won't return the book on time, we must pay a late fee.

10 Don't worry. I'll call you when I come / will come back home.

11 I don't know when in the future I begin / will begin my working life.

12 Do you know if she takes / will take the exam this Sunday?

시간·조건 부사절 → 주어 + 동사 ~ / if[when] + 주어 + 동사의 현재형

명사절 → 주어 + 동사 / if[when] + 주어 + 동사의 미래형

목적어

---

so far 지금까지   found 설립하다   on time 제때, 제시간에   late fee 연체료

빈틈을 채우는 **촘촘문법**

1 현재시제의 다양한 의미

He **is** 17 years old. (현재 사실)
I **keep** a diary *every day*. I **write** in it before going to bed. (현재 습관)
The Earth **moves** around the Sun. (불변의 진리, 과학적 사실)
When you **find** him, please call me. (시간·조건 부사절에서 미래 의미)
This train **leaves** here *tomorrow morning*. (가까운 미래 부사구와 함께 쓰여 미래 의미)

2 미래를 나타내는 표현

❶ 「will + 동사원형」: ~할 것이다

The Asian Games **will start** on August 18.

❷ 「be going to + 동사원형」: ~일 것이다(가능성); ~할 것이다(계획, 의도)

Look at those dark clouds — it **is going to rain** any minute now.

❸ 현재진행시제: ~할 것이다(확정된 계획)

I **am meeting** some friends for dinner tonight.

❹ 현재시제: ~할 것이다

The next movie **shows** *in 10 minutes*. 《가까운 미래 부사구》

❺ 「be about to + 동사원형」: 막 ~하려 하다(= be on the point of v-ing)

The professor **is about to give** a lecture on biology.

QUICK CHECK

01 다음 중 어법상 바른 문장을 고르시오.

① I have finished my history paper three days ago.

② I will call you when I will get home from work.

③ When I got to the stadium, the game has already finished.

④ Tom had worked until next September.

⑤ Light travels 300,000 kilometers in one second.

실력이 쌓이는 **적용훈련**

A 다음 각 문장에서 문맥과 어법상 맞는 것을 고르시오.

01   When I opened the door, the cat jump / jumped / has jumped out.

02   It was / has been eight years since his death, and I still miss him.

03   I was hot because I am / have been / had been walking in the sun for a long time.

04   When I arrived at the party, they have already gone / had already gone home.

05   I don't like my major, but I can change it after I finished / finish / will finish my second year.

06   I'm not sure if we arrived / arrive / will arrive before the movie starts.

07   The Moon has / is having / will have less gravity than the Earth.

major 전공; 주요한

gravity 중력

B 다음 밑줄 친 부분이 어법상 맞으면 ○, 틀리면 바르게 고치시오.

08   I will discuss your situation with my boss when I <u>will meet</u> him tomorrow.

09   I <u>have met</u> the minister yesterday and he said he would do his best to help us.

10   For ten years, I <u>have frequently counseled</u> people who wanted better jobs.

11   By the time the firefighters arrived, the fire <u>has destroyed</u> many houses.

12   After he <u>had finished</u> the project, he went to Australia for a month.

13   I will stop by this store to look at the purses if you <u>won't mind</u>.

14   You can ask the clerk at the front desk when the new catalogs <u>will be</u> available.

15   Every Saturday night, the band <u>is giving</u> a free public performance in the park.

minister 장관

frequently 자주, 흔히
counsel 상담을 하다

firefighter 소방관
destroy 전소하다; 파괴하다

stop by ~에 잠깐 들르다

clerk 직원, 점원
front desk 안내데스크
catalog 카탈로그, 목록
available 이용 가능한

performance 공연; 실행

C 다음 글의 각 괄호 안에 주어진 단어를 시제에 맞게 고치시오.

16 Ella had to choose between living alone and sharing a house with her friend. She finally ⓐ (choose) _____ to live with her friend. Now they ⓑ (enjoy) _____ living together.

17 I ⓐ (visit) _____ so many beautiful places since I came to Hong Kong. When I ⓑ (live) _____ in my country, I hadn't heard of the popular tourist attractions in Hong Kong, such as Repulse Bay Beach or Victoria Bay.

tourist attraction 관광지

18 These days, modern science ⓐ (discover) _____ ways to slow the process of aging, and maybe even stop it completely. If the secrets of staying young ⓑ (be) _____ found, then whoever discovers them will enjoy great wealth and fame.

modern 현대의
aging 노화
completely 완전히
wealth 부(富), 부유함
fame 명성

D 다음 글의 밑줄 친 부분 중 어법상 틀린 것을 모두 찾아 바르게 고치시오.

19 Mahathir Mohamad, 92, ⓐ will become the next prime minister of Malaysia and the world's oldest elected leader next week. He ⓑ has ended the main party's six-decade rule last week. Previously, he had been prime minister from 1981 to 2003, and during that period he ⓒ has helped Malaysia become an "Asian tiger."

prime minister 총리
elect 선출하다
party 정당
decade 십 년
rule 통치; 규칙
previously 이전에
period 기간

20 Last night Bruce ⓐ has heard noises coming from the kitchen. He called the police but, by the time they arrived, the burglar ⓑ has left already. Bruce's daughter is at university and hasn't called him since last Sunday, but she probably ⓒ will visit next weekend and will be surprised at the news. Bruce is glad that his daughter ⓓ was not at home at the time of the burglary.

burglar 절도범
cf. burglary 절도
probably 아마도

01 (A), (B), (C) 각 네모 안에서 어법에 맞는 표현으로 가장 적절한 것은?

Is it okay to return or give away a present you don't like? It depends on (A) | that / what | it is, and your reasons for not wanting it. If you receive something you already have, it's fine to return it. You can take something back to the store and get something else instead if you (B) | get / will get | lots of the same kind of gift. Also, it's okay to change clothes that don't fit you for the right size. The main thing is not to offend the person who gave you a present. If one of those sweaters was handmade, do not give it away, even if you'll never wear it. The same goes for art that a person creates especially for you, or an item he or she considers very special. You'll think of the person who gave it to you when you (C) | look / will look | at it.

	(A)		(B)		(C)
①	that	…	will get	…	look
②	that	…	get	…	will look
③	what	…	get	…	look
④	what	…	get	…	will look
⑤	what	…	will get	…	look

02 다음 글의 밑줄 친 부분 중, 어법상 틀린 것은?

A Japanese earthquake researcher was analyzing hospital records when he noticed unusual increases in patients ① seeking treatment for dog bites just before earthquakes occurred. He then analyzed records from Kobe's public health centers. The centers treated people after the massive earthquake that ② has struck Kobe in 1995. He noticed that injuries caused by animal bites ③ had increased during the month prior to the earthquake. People he ④ interviewed reported other changes in animal behavior, too, including fish gathering in large groups right in the middle of rivers. One woman recalled that all of a sudden, two days before the earthquake, birds ⑤ had flown away from their nests in her garden, leaving their eggs unprotected.

03 다음 글의 밑줄 친 부분 중, 어법상 틀린 것은?

Self-storage facilities ① have become part of modern life. I see advertisements for them everywhere. In the past, these secure, climate-controlled, garage-like rooms ② are mostly rented only for a short period. Usually, the renters of a storage space were moving from one city or state to another and ③ needed to store their belongings until they found a new house. But today, it ④ is not unusual for people to rent a storage space almost permanently, and stuff it with everything from outdoor furniture to children's toys and bicycles. Things that ⑤ were once sold at yard sales, or given to charity or friends, are now left untouched for years.

[01-04] 주어진 우리말과 같은 의미가 되도록 괄호 안의 말을 이용하여 시제에 맞게 문장을 완성하시오. [각 5점]

01 그녀는 몇 년 전 백두산에 올랐다. (climb)

→ She _____ Baekdusan mountain some years ago.

02 수백 년 동안, 그 가구점은 고급 가구를 제작하는 전통을 이어오고 있다. (have)

→ For hundreds of years, the furniture store _____ a tradition of making high-quality furniture.

03 설탕이 섞일 때까지 빨대로 저어라. (mix)

→ Stir the sugar with the straw until it _____ in.

04 비가 오지 않으면 나는 친구들과 그 박물관을 방문할 거야. (rain)

→ I am going to visit the museum with my friends unless it _____.

[05-07] 주어진 우리말과 같은 의미가 되도록 어법상 **틀린** 부분을 찾아 바르게 고쳐 쓰시오. [각 10점]

05 마이크에게 마지막으로 연락받은 게 언제니?
When have you last heard from Mike?

→ _____

06 그는 2016년에 명예퇴직하였다.
He had taken voluntary retirement in 2016.

→ _____

07 더운 날씨에도 불구하고 그 골프 선수권 대회는 뉴저지에서 막 시작하려 한다.
The golf tournament is about to getting started in New Jersey in spite of hot weather.

→ _____

[08-09] 주어진 문장과 같은 의미가 되도록 빈칸을 완성하시오. [각 15점]

08 I have been sick since yesterday. I may feel better tomorrow. If so, I will call you.

→ I have been sick since yesterday. If I _____ _____ tomorrow, I _____.

09 I didn't hear about her decision yet. So I will not do anything.

→ I didn't hear about her decision yet. Until I _____, I _____ _____.

10 다음 밑줄 친 부분 중 어법상 **틀린** 것을 **2개** 찾아 기호를 쓰고 바르게 고쳐 쓰시오. [20점]

Guess who is at the controls when you ⓐ will take a flight next time. You never know, but it could be a king. Holland's King Willem-Alexander has revealed he ⓑ has been secretly flying planes for the past 21 years. The king ⓒ has got his pilot's license when he was in his twenties.

→ _____

Chapter 14 조동사

※ 조동사는 동사를 돕는 역할을 한다.

1 be, have, do 문법적 역할을 도와준다.

조동사	예문
be	In this area, some hotels **aren't offering** free breakfast. 《진행형》
	The president **is respected** by all the citizens. 《수동태》
have	I **have ordered** a few things at an Internet grocery store. 《완료형》
	Does he **help** you prepare for the presentation? 《의문문》
do	Children usually **don't like** eating vegetables. 《부정문》
	I **do remember** him. He is my sister's homeroom teacher. 《동사 강조》
	Never **did** I **feel** such a sadness. 《도치 구문》

2 조동사의 의미 동사에 각 의미를 더한다.

조동사	의미	예문
can/could	능력	My son **can sing** several English songs.
	허가	You **can borrow** my calculator if you want.
may/might	허가	**May** I **ask** you a question?
	기원	**May** you always **be** healthy and happy!
will/would	미래	Tomorrow, you **will see** the sunrise.
	의지	If you don't tell him the truth, I **will**.
	과거의 습관	I **would climb** the mountain with my family.
	부탁	**Would** you **mind** turning off the air conditioner?
shall/should[ought to]	제안/의무, 당위	You **should renew** your passport before you travel abroad.
must[have to]	의무	Cars **must not be** parked in front of the entrance.
need	필요	You **need not come** to the meeting.
had better[would rather]	경고, 조언	You **had better exercise** at least twice a week.
		You**'d better believe** what I said because it is true.

▶ need: 의문문과 부정문에서 조동사로 쓰일 수 있다. 긍정문에서는 항상 본동사로 쓰인다.
I **need** to find a new house near my school.

3 가능성·추측을 의미하는 조동사

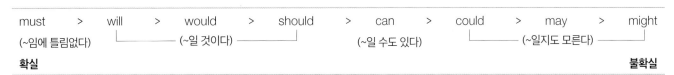

must	>	will	>	would	>	should	>	can	>	could	>	may	>	might
(~임에 틀림없다)		└─────(~일 것이다)─────┘						(~일 수도 있다)		└─────(~일지도 모른다)─────┘				

확실   불확실

She **must be** tired because she stayed up all night yesterday.

As soon as he arrives at the airport, he **should call** me.

They **can get** better grades if they study harder.

After four o'clock, Julia **might be** at home.

Point 01

조동사 + have p.p.

She should **ask / ✓have asked** me before she used my cell phone. She didn't respect my privacy.

1 아래 조동사가 have p.p.와 같이 쓰이면 [1] _____ 사실에 대한 추측·후회·유감을 나타낸다.

must have p.p.	~했음이 틀림없다 《단정적 추측》	You **must have dialed** the wrong number.
cannot have p.p.	~했을 리가 없다 《부정적 추측》	My brother **cannot have broken** the window.
may[might] have p.p.	~했을지도 모른다 《막연한 추측》	She **might have seen** the movie with him.
should have p.p.	~했어야 했는데 (하지 않았다) 《후회·유감》	I **should have gone** to bed earlier last night.
should not have p.p.	~하지 않았어야 했는데 (했다) 《후회·유감》	I **should not have eaten** that much.

2 「조동사 + have p.p.」에서 적절한 조동사를 묻는 문제는 문맥으로 판단해야 한다.

New scientific evidence shows dinosaurs **should / ✓might** have been warm-blooded animals that behaved like mammals. 모의응용

Point 02

주장, 명령, 요구, 제안에 쓰이는 should

He recommends that every student in his class **✓study / studies** regularly.

1 주장, 명령, 요구, 제안 등을 나타내는 어구 뒤의 that절이 [2] _____ '라는 당위성을 나타내면 that절의 동사는 「(should+)동사원형」이 되어야 한다.

My teacher **suggested that** I **(should) attend** an English club to practice conversational English.

He **insists that** his son **(should) wash** the dishes after every meal.

■ 주장, 명령, 요구, 제안 등을 나타내는 주요 어구

insist 주장하다	demand 요구하다	suggest 제안하다	propose 제안하다	recommend 권장하다
request 요청하다	order 명령하다	essential 필수적인	necessary 필요한	

2 that절이 '~해야 한다'라는 당위성이 아니라 '사실'을 이야기하고 있다면 가리키는 때에 맞게 적절한 시제를 쓴다.

Are you seriously **suggesting that** she **did** this on purpose? (암시하다, 시사하다)

The witness **insisted that** the fire **started** in the basement.

---

privacy 사생활, 프라이버시   dial 전화를 걸다   evidence 증거   warm-blooded 온혈의   mammal 포유동물   conversational 일상 대화에서 쓰이는   on purpose 일부러
witness 목격자   basement 지하실

[01-06] 다음 중 문맥과 어법에 맞는 것을 고르시오.

01　A: Have you seen Julia at the seminar? She didn't answer the phone.

　　B: No, but she cannot / must have forgotten the seminar because she is the main speaker.

02　You should / might have rested some more. You have a higher fever today.

03　This song is being played everywhere. You must hear / have heard it before.

04　There were a lot of people waiting at the restaurant. We should / shouldn't have made a reservation.

05　Although it was a bad accident, the passengers and drivers weren't hurt. They should / must have been wearing their seat belts. 내신응용

06　When she reached her car, it occurred to her that she might forget / have forgotten to turn off the oven. 수능응용

과거 사실에 대한 추측·후회·유감 ──→ 조동사 ＋ have p.p.

[07-12] 다음 중 문맥과 어법에 맞는 것을 고르시오.

07　The doctor has suggested that my mom consider / considers getting eye surgery.

08　He requested that they join / joined him at a specific location in three days. 모의응용

09　Studies suggest that eating blueberries enhance / enhances vision and memory.

10　It was proposed that all lectures be / were made available online.

11　He insisted that he see / saw the moment that you started fighting.

12　It is essential that the decision maker have / has full access to the information.

insist
suggest
propose
recommend 등

＋ that ＋ 주어 ＋ (should ＋) 동사원형 ~
　　　　　　　　　당위성

---

seminar 세미나[연구회]　fever 열　reservation 예약　seat belt 안전벨트　occur to ~에게 떠오르다　consider 고려하다　specific 특정한; 구체적인　location 장소; 위치　enhance 높이다, 향상시키다　vision 시력　lecture 강의　available 이용할 수 있는　decision maker 의사 결정자　access 접근(권)

 빈틈을 채우는 **촘촘문법**

◎ 조동사 관용표현

cannot help v-ing = cannot (help) but + 동사원형 = have no choice but + to부정사	~하지 않을 수 없다
cannot ~ too[enough]	아무리 ~해도 지나치지 않다
may well	1. ~할 것 같다 (= be likely + to부정사) 2. ~하는 것이 당연하다 (= have good reason + to부정사)
may[might] as well ~ (as[than] ...)	(…하기보다는) ~하는 편이 낫다

The story was so sad that I **couldn't help bursting** into tears.
The story was so sad that I **couldn't help but burst** into tears.
The story was so sad that I **had no choice but to burst** into tears.
I **cannot** emphasize **too** strongly the wisdom of planning ahead.
I **cannot** thank my employees **enough** for their hard work.
This **may well** be true, but it's not related to our topic. (= This **is likely to be** true, but ~.)
You **may well** ask that. It's a good question. (= You **have good reason to ask** that.)
The restaurant isn't far. We **may as well** go on foot.
We **might as well** buy some snacks here **as[than]** at the park. Everything is more expensive there.

QUICK CHECK

01 다음 중 문장전환이 바르지 <u>않은</u> 것을 고르시오.

① I cannot help admiring his musical talent.
= I have no choice but to admire his musical talent.

② We might as well go downtown. There's nothing interesting to see here.
= We'd better go downtown. There's nothing interesting to see here.

③ The importance of this program cannot be stressed strongly enough for your child.
= The importance of this program cannot be stressed too strongly for your child.

④ He is likely to be proud of his students because they won the prize in a competition.
= He may as well be proud of his students because they won the prize in a competition.

⑤ I cannot but laugh whenever I think of that joke.
= I cannot help laughing whenever I think of that joke.

02 다음 괄호 안의 단어를 한 번씩 이용하여 우리말과 같은 뜻이 되도록 영작하시오. (필요하면 동사 형태 변형 가능)

(1) 나는 그곳에 갈 때마다 그녀를 떠올리지 않을 수 없다.
(help / of / think / cannot / her)
→ Whenever I go there, I _____
_____.

(2) 너는 가방을 사는 편이 낫겠어. 가방이 하나 필요하잖아.
(as / might / a bag / well / you / buy)
→ _____ You need one.

실력이 쌓이는 **적용훈련**

A 다음 각 문장에서 문맥과 어법상 맞는 것을 고르시오.

01 The children must / cannot have been very hungry after swimming all day.

02 It is essential that environmental pollution is / be / will be prevented.

03 I didn't see her on the train, so I'm worried that she may miss / have missed it.

04 I recommend you go / will go to Banff in the Canadian Rocky Mountains. It is one of the most beautiful places I've ever visited.

05 People who are addicted to the Internet have problems in life if they cannot get / have gotten online regularly.

06 The mid-term test is coming up soon, but I'm not prepared yet. I must / might / should have studied more often.

07 We cannot but express / expressing / to express our sincere regret at the tragic accident.

08 Many studies suggested that severe punishment hardly prevent / prevented crime from being committed.

B 다음 밑줄 친 부분이 문맥과 어법상 맞으면 O, 틀리면 바르게 고치시오.

09 The judge ordered that he <u>answered</u> the questions honestly in court.

10 We were supposed to meet at seven o'clock. You <u>should have been</u> here an hour ago. You're always late.

11 The police officer insisted that we <u>drove</u> slowly when we go across the bridge.

12 I <u>cannot</u> praise too highly the restaurant's staff taking special care of my sister who is vegetarian.

13 He didn't win the prize after all, but it <u>must have been</u> a good experience which he will never forget.

14 My boss insisted that the information <u>was</u> kept secret until it becomes official.

15 Whoever wants to pass a driving test next month should <u>have memorized</u> every new road sign that has just been announced.

environmental 환경의
pollution 오염
prevent 막다, 예방하다

addicted to ~에 중독된
regularly 정기적으로

sincere 진심의, 진정한
regret 유감; 후회
tragic 비극적인

severe 가혹한
punishment 처벌
hardly 거의 ~아니다
crime 범죄
commit 저지르다

judge 판사
honestly 정직하게
court 법정

be supposed to-v v하
기로 되어 있다

praise 칭찬하다
vegetarian 채식주의자

official 공식적인

memorize 암기하다
road sign 도로 표지(판)
announce 발표하다;
공고하다

C

다음 글을 읽고, 어법상 맞는 것을 고르시오.

16 Thailand's government made a decision to close beaches to protect sea life. The residents said the action should ⓐ be / have been taken earlier. However, tourists demanded the government ⓑ keep / keeps the beaches open all year.

17 I first performed in front of an audience when I was 13 years old. I must truly ⓐ be / have been awful and had no idea what I was doing on the stage. I could not help ⓑ be / being nervous while acting because it was my first time on stage.

18 Environmental groups insisted that everyone ⓐ need / needs to protect the blue whales. They got people to stop catching them and start paying attention, and as a result, the number of blue whales in the ocean is the highest it has ever been. Without these efforts, the population ⓑ cannot / might have gone extinct.

*blue whale: 대왕고래

D

다음 글의 밑줄 친 부분 중 어법상 틀린 것을 모두 찾아 바르게 고치시오.

19 Some doctors recommend we ⓐ <u>do not go</u> to see a doctor at a hospital if we have a cough. We use antibiotics too often. This ⓑ <u>can</u> be bad for us. They say we should ⓒ <u>have eaten</u> honey instead. Honey can help to soothe a sore throat and make other symptoms disappear.

*antibiotic: 항생제

20 We must ⓐ <u>have ignored</u> the idea that becoming weaker is inevitable as we get older. It is necessary that the elderly ⓑ <u>will keep</u> active to maintain their strength. Intense exercise can be harmful to the elderly, so they ⓒ <u>may as well</u> exercise moderately to stay healthy.

01 (A), (B), (C) 각 네모 안에서 어법에 맞는 표현으로 가장 적절한 것은?

Human Growth Hormone (HGH) is sometimes used to (A) treat / treating children whose bodies don't produce enough of it. It was banned after it was found to have caused a rare brain disease in some children. But now, an artificial growth hormone called *Somatrem* is available and is claimed to have no dangerous side effects. The problem is that the drug could (B) be abused / have been abused by people who have no medical need for it. Some parents may try to obtain it illegally for children who are only slightly shorter than average. That's why authorities are recommending careful records (C) be kept / are kept of those who are given a prescription for the drug.

(A)		(B)		(C)
① treat	⋯	be abused	⋯	be kept
② treat	⋯	have been abused	⋯	are kept
③ treat	⋯	be abused	⋯	are kept
④ treating	⋯	have been abused	⋯	are kept
⑤ treating	⋯	be abused	⋯	be kept

02 다음 글의 밑줄 친 부분 중, 어법상 틀린 것은?

The set of golf clubs was offered at an incredibly low price. You hurried to the store, ① where a clerk told you sorry, but they were all sold out. But then he suggested that you ② purchase another, better-quality set. True, the price was much higher, but this set may well be worth the extra cash. So, you bought ③ the more expensive set. Later, you saw the set you ④ had originally wanted was still being advertised. You felt robbed, and told yourself, "I ⑤ should never buy those clubs." What the store did was an illegal trick called the "bait-and-switch." You were attracted by the cheap "bait," which was "switched" to something more expensive.

03 (A), (B), (C) 각 네모 안에서 어법에 맞는 표현으로 가장 적절한 것은?

It's hard for us to imagine today, but a study suggests that no spaces (A) separate / separated the words in early writing. Words written by early writers ran together without any break across every line on every page. The lack of word separation reflected language's origins in speech. When we talk, we don't insert pauses between each word—long stretches of syllables flow unbroken from our lips. The first writers must not (B) think / have thought to put blank spaces between words. They were simply transcribing speech, (C) writing / written what their ears told them to write. Today, when young children begin to write, they also run their words together. Like the early writers, they write what they hear.

(A)		(B)		(C)
① separate	⋯	think	⋯	writing
② separate	⋯	have thought	⋯	writing
③ separated	⋯	think	⋯	written
④ separated	⋯	have thought	⋯	writing
⑤ separated	⋯	have thought	⋯	written

[01-04] 주어진 우리말과 같은 의미가 되도록 괄호 안의 말을 이용하여 문장을 완성하시오. (필요하면 단어 변형 및 추가 가능) [각 5점]

01
> 너는 집을 나가기 전에 문을 잠갔어야 했다. (lock the door)

→ You _____
before leaving the house.

02
> 그는 휴가 중이기 때문에 그 회의에 참석했을 리가 없다.
> (attend the meeting)

→ He _____
_____ because he's on vacation.

03
> 그녀의 선생님은 그녀가 취직에 더 도움이 되는 것을 공부해야
> 한다고 권했다. (study something)

→ Her teacher recommended that she _____
_____ more helpful to get a job.

04
> 나는 그 폭발이 산불로 인해 일어났을지도 모른다고 생각한
> 다. (cause)

→ I think the explosion _____
_____ by the forest fire.

[05-07] 다음 글에서 어법상 **틀린** 부분을 찾아 바르게 고쳐 쓰시오. [각 10점]

05
> A: Do you think that reading is important?
> B: Sure. I cannot emphasize it enough for expanding your knowledge.
> A: That may well be true. My mom actually forces me to read, so I have no choice but read every day.

→ _____

06
> Scientists say house dust might make us fat. They say that people should have kept their house clean if they want to avoid putting on weight.

→ _____

07
> As the digital century is developing, learning computer programming is a factor in education we cannot ignore. Experts suggest that every student in most schools has the opportunity to learn computer programming.

→ _____

[08-09] 주어진 우리말과 같은 의미가 되도록 괄호 안의 단어를 올바른 순서로 배열하시오. (필요하면 단어 변형 및 추가 가능) [각 15점]

08
> 우리 학교에는 실내 체육관이 있어야 할 필요가 있다.
> (be / an indoor gymnasium / there)

→ It is necessary that _____
_____ in our school.

09
> 그녀는 내 이름을 잘못 불렀어. 내 이름을 누군가의 이름과
> 혼동했던 게 틀림없어. (confuse / my name)

→ She called me by the wrong name. She _____
_____ with someone
else's.

10
다음 글에서 어법상 **틀린** 부분을 찾아 바르게 고쳐 쓰고 그 이유
를 서술하시오. [20점]

> The company acknowledged their mistake. They said that they should have protected information and stopped it from being exploited. They are also looking into whether additional information might be wrongly shared in the past.

(1) 틀린 부분: _____

(2) 올바로 고친 것: _____

(3) 고친 이유 서술: _____
_____

Chapter 15 가정법

말하는 사람의 주관적인 감정(가정, 상상, 소망 등)을 동사 형태로 표현한다.

1 if 가정법

시제	개념	형태/예문
if 가정법 과거 (~하다면 …할 텐데)	현재 사실의 반대 / 현재나 미래에 불가능하다고 보는 일을 가정·상상	「If + 주어 + 동사 과거형 ~, 주어 + 조동사 과거형 + 동사원형 ~」 If his major **were** economics, they **would hire** him. = As his major is not economics, they won't hire him. ▸ be동사는 인칭·수에 상관없이 주로 were를 쓴다. If you **came** tomorrow, I **would not worry** about the meeting.
if 가정법 과거완료 (~했다면 …했을 텐데)	과거 사실을 반대로 가정·상상	「If + 주어 + had p.p. ~, 주어 + 조동사 과거형 + have p.p. ~」 If his major **had been** economics, they **would have hired** him. = As his major was not economics, they didn't hire him. If you **had not given** me the information, I **could not have finished** the report. = As you gave me the information, I could finish the report.

2 I wish + 가정법 / as if + 가정법

I wish/wished + 가정법 과거	주절의 때와 같은 때의 일	**I wish** that I **had** time to read the books I bought. ((지금) ~하면 좋을 텐데) **I wished** that I **had** time to read the books I bought. (~했다면 좋았을 텐데)
I wish/wished + 가정법 과거완료	주절의 때보다 이전의 일	**I wish** that I **had had** more time to talk with him. ((그때) ~했다면 (지금) 좋을 텐데) **I wished** that I **had had** more time to talk with him. (~했었다면 좋았을 텐데)
현재/과거시제 + as if 가정법 과거	주절의 때와 같은 때의 일	His English **sounds** perfect, **as if** he **were** from England. (마치 ~인 것처럼 …한다) His English **sounded** perfect, **as if** he **were** from England. (마치 ~였던 것처럼 …했다)
현재/과거시제 + as if 가정법 과거완료	주절의 때보다 이전의 일	Her back is badly burnt. She **looks as if** she **had lain** in the sun too long. (마치 ~였던 것처럼 …한다) Her back was badly burnt. She **looked as if** she **had lain** in the sun too long. (마치 ~였었던 것처럼 …했다)

Point 01 가정법 과거 vs. 가정법 과거완료

If he [hasn't / ✓hadn't] reacted so quickly, more people would have drowned. 모의응용

1 문맥상 '현재나 미래'에 대한 가정이면 가정법 [1]_____ 시제

「If + 주어 + 동사 과거형 ~, 주어 + 조동사 과거형 + [2]_____ ~」: ~하다면, …할 텐데

If I **had** a day off from work, I **would go** to the beach.

2 문맥상 '과거'에 대한 가정이면 가정법 [3]_____ 시제

「If + 주어 + [4]_____ ~, 주어 + 조동사 과거형 + [5]_____ ~」: ~했다면, …했을 텐데

If Jenny **had invited** me, I **would have gone** to her birthday party.

3 각각의 절이 다른 때를 나타내는 경우를 '혼합 가정법'이라고 한다. 주로 if절은 가정법 과거완료, 주절은 가정법 과거로 표현된다.

「If + 주어 + had p.p. ~, 주어 + 조동사 과거형 + 동사원형 ~」: (과거에) ~했더라면, (현재) ~할 텐데

If we **had had** rice for lunch instead of noodles, we **wouldn't be** hungry *now*.

Point 02 가정법 vs. 직설법

Curious seals may play around plastic bags and containers floating in the sea. If they [✓**get caught** / **had gotten caught**] in them, they can die. 내신응용

	가정법	직설법
개념	사실의 반대 / 불가능하거나 있을 법하지 않은 일	사실 / 상당히 있을 법한 일
전제	무더운 여름일 때	밤에 눈이 온다는 예보가 있는 겨울일 때
예문	If it **snowed** tonight, it **would be** fantastic.	If it **snows** tonight, it**'ll be** fantastic.
형태	주절에 [6]_____의 과거형이 있다.	주절에 [7]_____의 과거형이 없다.

Point 03 If가 생략된 도치구문

Should you need further assistance, please feel free to call the number below.

(= *If* **you should need** further assistance, ~.)

if절의 (조)동사가 were, should, had인 경우, if를 생략하고 「(조)동사 + 주어」로 도치시킨 형태가 자주 쓰인다.

Had she gotten proper care, she wouldn't have died.

(= *If* **she had gotten** proper care, ~.)

Were I in your position, I would quit that job and start looking for another job.

(= *If* **I were** in your position, ~.)

react 반응하다, 대응하다 drown 익사하다 instead of ~ 대신에 seal 물개 container 용기, 그릇 float 떠다니다 further 추가의 assistance 도움, 원조 proper 적절한 position 입장; 위치 quit 그만두다

[01-06] 다음 중 문맥과 어법에 맞는 것을 고르시오.

01 If you hadn't stayed up so late last night, you would not feel / have felt so sleepy now.

02 The number of tourists increased when the bridge was painted green. Perhaps it would increase / have increased even more if it had been painted pink. 내신응용

03 If I hadn't drunk so much coffee in the morning, I could sleep / have slept well now.

04 It's not your fault. I would do the same if I am / were in your shoes.

05 If I knew how to drive, I would travel / have traveled all over the country by car.

06 If he applied / had applied for admission to university, he could have passed the admissions test.

현재나 미래 일을 가정 ——————— if + 과거시제
과거 일을 가정 ——————— if + 과거완료시제

[07-08] 다음 밑줄 친 if절이 직설법인지 가정법인지 빈칸에 쓰시오.

07 I haven't been to Spain. But if I toured Spain, I could see a bullfight. _____

08 Don't worry! If you don't have a spare bed, I will sleep on the sofa. _____

[09-10] 다음 밑줄 친 부분이 어법상 바르면 ○, 그렇지 않으면 바르게 고쳐 쓰시오.

09 If the weather clears, we would go for a walk.

10 Jake went to the party and met Diane. If Jake didn't go to the party, they wouldn't have met.

[직설법] If + 주어 + is/was/had been 등 ~, 주어 + 조동사 과거형 ~

[가정법] If + 주어 + were/did/had been 등 ~, 주어 + 조동사 과거형 ~

[11-13] 다음 밑줄 친 부분이 어법상 바르면 ○, 그렇지 않으면 바르게 고쳐 쓰시오.

11 Had I known you were coming, I would have made a bigger cake.

12 Should you experience any problems in the future, please contact us at any time.

13 I were rich, I would build a new house for my family.

if 생략 → 「(조)동사 + 주어」 도치

fault 잘못 in one's shoes ~의 입장이 되어 apply for ~에 지원하다 admission 입학 bullfight 투우 spare 남는; 여분의

빈틈을 채우는 **촘촘문법**

1 if + were to[should]

일어날 가능성을 더욱 희박하게 본다는 느낌을 준다. 공손하고 완곡하게 요청이나 제안을 할 때도 쓰인다.

If I **were to** be young again, I would be a teacher. 《불가능한 일》
((불가능하겠지만) 내가 혹시라도 다시 젊어진다면, 난 선생님이 되고 싶다.)

If you **were to** move over a little, we could go through. 《공손한 요청》
(조금만 비켜주시면, 저희가 지나갈 수 있을 것 같습니다.)

were to와 달리 should는 주절에 조동사 현재형이나 명령문, 의문문이 자주 온다.

If you **should** finish today, give me a ring.
(혹시라도 오늘 끝낼 수 있다면, 제게 전화해 주세요.)

2 It is time (that) + 가정법 과거

진작 실행되었어야 할 일이 아직 시작되지 않았을 때 '이제 ~해야 할 때다'라는 뜻을 나타내는 표현이다.

It is time that you **started** looking for a job. (이제 네가 구직을 시작해야 할 때다.)
It is time that you **took** time for yourself. (이제 너 자신을 위한 시간을 가져야 할 때다.)

3 Without[But for] 가정법

without[but for] ~ + 가정법 과거 = if it were not for ~ + 가정법 과거	(지금) ~이 없다면 (…할 텐데)
without[but for] + 가정법 과거완료 = if it had not been for ~ + 가정법 과거완료	(그때) ~이 없었다면 (…했을 텐데)

Without[But for] water, no living things **could exist.**
= **If it were not for** water, ~.
(물이 없다면, 어떠한 생물체도 존재하지 못할 텐데.)

Without[But for] your help, I **couldn't have overcome** my problems.
= **If it had not been for** your help, ~.
(너의 도움이 없었다면, 내 문제를 극복하지 못했을 텐데.)

QUICK CHECK

01 다음 두 문장이 같은 의미가 되도록 빈칸에 알맞은 한 단어를 쓰시오.

(1) If it hadn't been for your advice, I don't know what I'd have done.

= _____ your advice, I don't know what I'd have done.

(2) If it were not for my father, I would leave school.

= _____ for my father, I would leave school.

실력이 쌓이는 **적용훈련**

A 다음 각 문장에서 문맥과 어법상 맞는 것을 고르시오.

01 If Amy │ were not / had not been │ hurt yesterday, she would have joined the volleyball game.

volleyball 배구

02 I don't know what to do. What would you do if you │ are / were / had been │ in this situation?

situation 상황

03 If the Korean War │ were not broken out / had not broken out │, Korea would be more advanced today.

break out 발발[발생]하다
advanced 진보한; 선진의

04 If you │ have / had │ a headache, you can take an aspirin.

05 │ I were / If were I / Were I │ in your shoes, I would accept the invitation.

accept 받아들이다

06 │ I had / If had I / Had I │ realized you were at school, we could have met for coffee.

realize 알아차리다

07 If my grandmother had been alive, she would │ be / have been │ 95 then.

alive 살아 있는

08 │ Problems should / Should problems │ arise, please call a customer service center.

arise 생기다, 발생하다
customer 고객

09 Would you consider working abroad if you │ are / were │ hired by this company?

consider 고려하다
abroad 해외로
hire (사람을) 고용하다

B 다음 각 문장의 괄호 안에 주어진 단어를 어법에 맞게 고치시오.

10 I would not be surprised if she (get) _____ married soon.

11 If I had won the race, I would (make) _____ my parents proud.

12 If I (eat) _____ breakfast, I would not be hungry now.

13 If we (not, have) _____ a map, we won't be able to get out of here.

14 If I (not, be) _____ angry, I would handle the situation differently.

handle 다루다, 처리하다

15 If you were to (move) _____ a bit, I could sit here.

C 다음 글을 읽고, 어법상 맞는 것을 고르시오.

16 If our company's interviewers have just twenty seconds, they ⓐ | will / would | know if a candidate is fit for a job. If you only ⓑ | had / have had | twenty seconds to impress an interviewer, what would you do?

interviewer 면접관
candidate 후보자, 지원자
fit 적합한
impress 인상[감명]을
주다

17 Some teachers believe that if children ⓐ | were allowed / had been allowed | to guess an answer incorrectly, they would memorize the wrong answer. For example, if they guessed that 4+4=6, they would ⓑ | recall / have recalled | 6 as the right answer, even after they were corrected.

allow 허락하다; 용납하다
incorrectly 부정확하게,
틀리게
memorize 암기하다
recall 기억해 내다, 상기
하다

18 Retiring early doesn't mean you'll stop making money. ⓐ | I had known / Had I known | it was still possible to earn money after retirement, I would have retired earlier than I did. Moreover, if I had known then what I know now, I would at least ⓑ | modify / have modified | my retirement plans.

retire 은퇴[퇴직]하다
cf. retirement 은퇴[퇴직]
earn (돈을) 벌다
at least 적어도
modify 수정[변경]하다

19 A few years ago, Mars was closer to Earth than ever before in human history, and the one-way travel time of light was just 3 minutes and 6 seconds. Thus, if you ⓐ | turned / had turned | a light toward Mars that day, it would have arrived in 186 seconds. If you ⓑ | missed / had missed | this astronomical show, you are really out of luck. 수능 응용

Mars 화성
astronomical 천문학의

D 다음 글의 밑줄 친 부분 중 어법상 틀린 것을 찾아 바르게 고치시오.

20 What would you do if you ⓐ <u>had had</u> a time machine for a day? For me, I'd go back to see my grandparents. If you could do it, would you ⓑ <u>go</u> back in time to see your loved ones? It might be sentimental to want to see your loved ones again one more time. But, it seems like a wonderful way to use the tool.

sentimental 감상적인;
감정적인
tool 도구

01 다음 글의 밑줄 친 부분 중, 어법상 틀린 것은?

Until I left home for university, I grew up on a farm and went to school in the nearest town, with a population of 3,000. I had three brothers and two sisters, and not one of us wished that we ① lived in a city. Farm life sure had its advantages. As soon as we were ② tall enough to reach a vehicle's foot pedals, we were allowed to drive. Had we grown up in a city, we never ③ could do that. The town was ④ safe, and the townsfolk were friendly. So, kids had a lot more freedom to play and explore than they would have had if they ⑤ had been anywhere else. We ran wild and our parents never worried about us one little bit.

02 다음 글의 밑줄 친 부분 중, 어법상 틀린 것은?

The ladybug is the ① charming insect we remember from our childhoods, and the insect we probably encounter most often in our gardens. If I asked you to picture one in your mind right now, you would undoubtedly ② imagine a round, red beetle with black polka dots on its back. Perhaps you've wondered ③ yourself — why are ladybugs so colorful? These bright colors and eye-catching patterns are a warning to any potential predators such as birds. It's a phenomenon called "aposematism," in which animals advertise themselves as if they ④ had tasted unpleasant. The colors are an indication of how toxic ⑤ the ladybug is. Ladybugs use their fancy, bright red wings to advertise their danger — a visual cue for "don't even think about biting me."

*aposematism: 경계색

03 다음 글의 밑줄 친 부분 중, 어법상 틀린 것은?

Have you ever lied to cover up something bad you did, only to get caught out later and ① punished? Do you think if you had told the truth about the bad thing, you would not ② have been as severely punished? ③ It is especially tempting to lie to escape trouble, but you should remember this: Your lie will probably be discovered. And this makes matters worse because it shows that you can't be trusted. If someone regularly ④ had lied to you, you would be in a constant state of confusion, never knowing what to believe. People who are truthful about their mistakes ⑤ are admired because it takes courage and great maturity to admit when you're wrong.

*catch out: (거짓말을) 알아채다

[01-03] 주어진 우리말과 같은 의미가 되도록 괄호 안의 단어를 올바른 순서로 배열하시오. [각 10점]

01
> 만약 내가 당신을 몇 년 전에 만났다면, 내 삶이 달라졌을 텐데.
> (I / you / met / had / several years)

→ _____

before, my life would have been different.

02
> 혹시라도 당신이 그 집을 팔기로 한다면, 제가 기꺼이 살게요.
> (decide / sell / to / you / should)

→ _____

the house, I will be happy to buy it from you.

03
> 헤밍웨이가 오늘날 돌아온다면, 그는 자신의 소설이 학교에서 읽힌다는 것을 알고는 놀랄 것이다.
> (if / to / today / Hemingway / return / were)

→ _____,

he would be surprised to find his novels being read in schools.

[04-05] 주어진 우리말과 같은 의미가 되도록 <조건>에 맞게 완성하시오. [각 10점]

> <조건> 가정법 과거를 사용할 것.

04
> 네가 더 일찍 잔다면, 더 일찍 일어날 텐데.
> (go to bed / get up)

→ If _____ earlier,

_____ earlier.

05
> 네가 돈을 더 모은다면, 새 컴퓨터를 하나 살 텐데.
> (save / buy)

→ If _____ more money,

_____ a new

computer.

06 주어진 우리말과 같은 의미가 되도록 <조건>에 맞게 완성하시오. [10점]

> <조건> 가정법 과거완료를 사용할 것.

> 네가 더 공손하게 요청했더라면, 그가 너를 도와주었을 텐데.
> (request / help)

→ If _____ more politely,

_____ you.

[07-10] 주어진 문장과 같은 의미가 되도록 빈칸을 완성하시오. [각 10점]

07
> Without financial aid, I could not have been able to go to college and graduate.

→ If _____

_____, I could not have been able to go to college and graduate.

08
> But for the night, we could never know the stars. *-German Proverb*

→ If _____,

we could never know the stars.

09
> As you don't ask her, she doesn't clean the carpet.

→ If _____, _____

_____.

10
> As they took him to the hospital in time, he didn't die.

→ If _____

_____ in time, _____

_____.

01 (A), (B), (C) 각 네모 안에서 어법에 맞는 표현으로 가장 적절한 것은?

Savate, also known as French boxing or French foot fighting, is a martial art and combat sport that developed from street fighting in Paris and Marseilles. The sport (A) became / has become popular in the nineteenth century, particularly among sailors and the working classes. In *savate*, fighters use their feet as well as their hands. It is compared with kickboxing, but is perhaps the only style of kickboxing (B) which / in which the fighters wear shoes. Actually, the name "savate" itself refers to an old-fashioned kind of shoe and may (C) be / have been adopted because early competitors in the sport wore these shoes when fighting.

*martial art: 무도(武道), 격투기

	(A)		(B)		(C)
①	became	…	which	…	be
②	became	…	in which	…	be
③	became	…	in which	…	have been
④	has become	…	in which	…	have been
⑤	has become	…	which	…	have been

02 다음 글의 밑줄 친 부분 중, 어법상 **틀린** 것은?

In the 1970s, fishermen ① discovered a little-known fish. They were the orange roughy, they were delicious, and they existed in huge numbers. Soon, fishing boats were bringing in forty thousand tons of roughy a year. Then marine biologists discovered something ② alarming. Roughy live to be around 150 years old; any roughy you have eaten ③ may have been born in the nineteenth century. Roughy are also slow to mature because the waters they live in have little food. In such waters, some fish give birth just once in a lifetime. Unfortunately, by the time this was realized the population ④ had been reduced already. Even with careful management it will be decades before the populations ⑤ will recover.

03 (A), (B), (C) 각 네모 안에서 어법에 맞는 표현으로 가장 적절한 것은?

Mother's Day is celebrated every year in America on the second Sunday of May. The holiday (A) originated / has originated more than a century ago, on May 10, 1908. On that day, Anna May Jarvis held a special church service to give thanks to her own mother, who (B) died / had died two years earlier. From this small event grew a nationwide movement. Anna and her supporters wrote hundreds of letters to leaders of government and business. They suggested that one day (C) be / was set aside each year for people to give thanks to their mothers. Anna's idea soon spread in popularity, and by 1909, the day was officially observed in Canada, Mexico, Puerto Rico, and Hawaii as well as in 45 states of America.

	(A)		(B)		(C)
①	originated	…	died	…	be
②	originated	…	had died	…	was
③	originated	…	had died	…	be
④	has originated	…	had died	…	be
⑤	has originated	…	died	…	was

04 다음 글의 밑줄 친 부분 중, 어법상 틀린 것은?

Scientists don't know ① <u>why</u> humans have five fingers on their hands. Would life ② <u>be</u> much better or worse if our hands had six fingers instead? If we had an extra finger, it would make some tasks easier. We could play more complex instruments, type faster, and grip objects more firmly. By far the biggest impact would be on math. Worldwide, most humans count in groups of 10. This is a "base-10" numeral system, and anthropologists believe we use ③ <u>it</u> because we have 10 fingers. If we ④ <u>had</u> six fingers on each hand, we would surely adopt a base-12 system. We would think of base-12 as the easiest and most natural system and would find base-10 as ⑤ <u>strangely</u> as base-14.

*numeral system: 진법

05 다음 글의 밑줄 친 부분 중, 어법상 틀린 것은?

Simon glanced at the clock. There ① <u>were</u> just minutes left to finish the test, but he didn't know the answers to two questions. He hated even to think how disappointed his parents would be if he didn't pass the exam. He looked sideways and saw that Emma, sitting beside him, ② <u>had finished</u> and left her paper lying on the desk, with answers clearly visible. Emma must ③ <u>have done</u> well on the test. All he had to do was copy her answers. Then he thought of his mother, and of how she would feel if she knew he had cheated. He decided ④ <u>not to disappoint</u> her. A minute later, he turned in his paper. There were two blank spaces where his answers ⑤ <u>should be completed</u>.

06 다음 글의 밑줄 친 부분 중, 어법상 틀린 것은?

The arts include music, drama, film, dance, painting, design, sculpture, crafts, and so on. Children will benefit greatly when they ① <u>have</u> many opportunities to create, play, and perform in the arts. The knowledge and skills that students gain through the arts are highly valuable. If a child acted in a school play, he ② <u>would gain</u> self-confidence and competence in public speaking. And learning to play musical instruments ③ <u>creates</u> new connections in the growing brain, which strengthens problem-solving skills. Music also helps kids ④ <u>develop</u> their fine motor skills, and increases their creativity. Unfortunately, arts subjects are too often viewed as unnecessary, and get the smallest share of school budgets. But many experts insist that the arts ⑤ <u>are</u> a well-supported part of every school's academic program.

07 다음 글의 밑줄 친 부분 중, 어법상 틀린 것은?

Soon after birth, some animals will follow and become dependent upon the first ① <u>moving</u> thing they see or hear. ② <u>While</u> the mother is typically the first, there can be instances where she isn't. When animal behaviorist Konrad Lorenz hatched baby ducks in an incubator, they followed him everywhere, as if he ③ <u>had been</u> their mother. This behavior occurs even when the "mother" is an object that offers neither food nor affection. In the laboratory, ducklings have treated rubber balls, wooden blocks, and plastic ducks as mothers. These facts suggest that the behavior ④ <u>is</u> an instinct that aids survival. That's because a duckling that stays near its mother is usually much safer than one that ⑤ <u>doesn't</u>.

*hatch: (알을) 부화시키다

08 다음 글을 읽고, 물음에 답하시오.

A number of theories ① <u>exist</u> regarding the city of Tiwanaku, high in the Andes Mountains in Bolivia. Historians know that it was ② <u>found</u> in approximately 1200 BC, and that it was the capital of a powerful state for 500 years. Several writers have claimed that, at that time, the Tiwanaku civilization's art, architecture, and agricultural techniques <u>유명한 잉카 문명의 그것들과 맞먹을 정도였을지도 모른다고</u>. Others have tried to convince us that Tiwanaku ③ <u>was built</u> by aliens from another planet 15,000 years ago. For many years, there ④ <u>has been</u> no limit to the number of strange theories about the place. It is true, however, that ⑤ <u>few</u> archaeological sites have attracted as much interest as Tiwanaku has among people who believe in aliens.

(1) 밑줄 친 ①~⑤ 중, 문맥과 어법상 틀린 것 하나를 골라 기호를 쓰고 바르게 고치시오.

기호: _____ 고친 것: _____

(2) 밑줄 친 우리말과 같은 의미가 되도록 <보기>에 주어진 어구를 모두 이용하여 영작하시오. (필요하면 단어 변형 및 추가 가능)

> <보기> may / the famed Inca civilization / of / be / that / equal to

→ _____

_____

09 다음 글을 읽고, 물음에 답하시오.

Alternate history (AH) is like science fiction, but it also contains elements of history writing. Fans of AH say it stimulates their imagination and gets them ① <u>thinking</u> about the role of chance in history. In an AH novel we find a world ② <u>whose</u> history is similar to ours up to a certain point. At that point, history changes, and the AH world follows a dramatically different path to ours. For instance, some AH novels imagine ③ <u>that</u> the world would have undergone if Japan and Germany had won the Second World War. Others might imagine a world where something significant ④ <u>had been invented</u> earlier in history than it really was. For example, what ⑤ <u>would have happened</u> if video cameras had been around when Jesus was alive?

(1) 밑줄 친 ①~⑤ 중, 어법상 틀린 것 하나를 골라 기호를 쓰고 바르게 고치시오.

기호: _____ 고친 것: _____

(2) 윗글의 요약문을 <보기>에 주어진 어구를 모두 이용하여 영작하시오. (필요하면 단어 변형 및 추가 가능)

> <보기> if / unfold / certain events / could / different / happen

[요약문] Alternate history presents various scenarios that explore what _____

_____ .

MEMO

MEMO

ⓢSENSE UP

쎈쓰업

듣기 모의고사

30회

1

최신 경향 반영 실전 대비
듣기 모의고사 30회 수록

2

STUDY DIARY
계획적인 학습 제공

3

MP3 QR CODE
PLAYER 무료 제공

4

자세한 정답·해설과
다양한 부가서비스 제공

1 구문   판매 1위 '천일문' 콘텐츠를 활용하여 정확하고 다양한 구문 학습

(끊어읽기)   (해석하기)   (문장 구조 분석)   (해설·해석 제공)   (단어 스크램블링)   (영작하기)

2 문법·서술형   쎄듀의 모든 문법 문항을 활용하여 내신까지 해결하는 정교한 문법 유형 제공

(객관식과 주관식의 결합)   (문법 포인트별 학습)   (보기를 활용한 집합 문항)   (내신대비 서술형)   (어법+서술형 문제)

3 어휘   초·중·고·공무원까지 방대한 어휘량을 제공하며 오프라인 TEST 인쇄도 가능

(영단어 카드 학습)   (단어 ↔ 뜻 유형)   (예문 활용 유형)   (단어 매칭 게임)

4 선생님 보유 문항 이용

(Online Test)   (OMR Test)

cafe.naver.com/cedulearnteacher

쎄듀런 학습 정보가 궁금하다면?

쎄듀런 Cafe

· 쎄듀런 사용법 안내 & 학습법 공유
· 공지 및 문의사항 QA
· 할인 쿠폰 증정 등 이벤트 진행

Grammar & Usage + Writing

어법끝 서술형

어법으로 서술형 영작까지 정복 !

218개 고등학교
서술형 기출 완벽 분석

1 내신 출제 포인트 · 서술형 빈출 유형 집중 학습

2 출제자 시각에서 '출제 예상 문장 골라내기' 훈련

3 현직 교사 공동 저술로 채점 · 감점 기준 수록

4 풀이 시간 배분 · 답안 작성 요령 등 실전 전략 제공

5 구조분석 · 배경 설명 · 함정 등 꼼꼼히 수록된 해설지

고등 어법에 마침표를 찍다, **어법끝 시리즈**

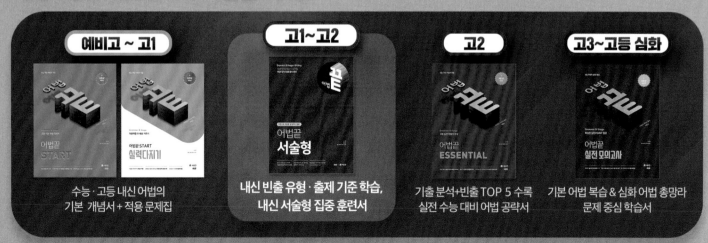

예비고 ~ 고1	고1~고2	고2	고3~고등 심화
수능 · 고등 내신 어법의 기본 개념서 + 적용 문제집	내신 빈출 유형 · 출제 기준 학습, 내신 서술형 집중 훈련서	기출 분석+빈출 TOP 5 수록 실전 수능 대비 어법 공략서	기본 어법 복습 & 심화 어법 총망라 문제 중심 학습서

쎄듀

BUTTON UP

첫단추
문법·어법편

정답 및 해설

쎄듀 | 쎄듀런

첫단추

문법·어법편

정답 및 해설

BUTTON UP

Chapter 01 | 주어-동사 수일치

p. 17

해석 **1** 그 고양이는 장난감 쥐와 놀고 있다. / 그 고양이들은 모두 나무 아래에서 자고 있다. / 그는 반에서 두 번째로 키가 큰 소년이다. / 이것들은 정말 멋진 사진들이다. / 독해에 능숙한 어떤 학생들은 높은 점수를 얻고 있다. / 학생들이 그 단어의 의미를 기억하도록 도와주는 사진을 사용하라. / 그들은 수업 시간에 내가 대답하기 어려운 질문을 제기했다. / 여기서 일어나는 것은 자연의 기적이다. / 공연 중에는 사진 촬영이 금지되어 있다. / 반려동물을 키우는 것은 아이의 정신 건강에 좋다. / 그 과학자가 발견한 것은 162광년 떨어져 있는 새로운 별이었다. / 직업이 행동에 영향을 미친다는 것은 어느 정도 사실이다. / 그것이 사실이든 아니든 아무런 차이가 없다. / 내가 그것을 그에게 어떻게 설명할지가 문제다. **2** 두 어린아이를 데리고 온 여자가 바로 내 앞에 서 있었다. / 이 프로그램에 참가하는 학생들은 음악에 흥미를 갖고 있다. / 한 무명작가가 쓴 소설들이 인기를 얻고 있다. / CD가 처음 나왔을 때, CD를 만드는 장비는 비쌌다. / 동물에 관심 있는 사람은 누구나 이 동아리에 가입하는 것이 장려된다. / 버스 정류장과 가까운 상점들은 항상 혼잡하다.

시험에 나오는 **어법 Point**

해석 **Point 01** 실제로, 가장 보수가 좋은 직업들은 주로 앉아서 하는 일의 특성상 건강을 해친다. **2** 최근에는 과학자들에 의해 목격되는 이러한 현상의 수가 증가하고 있다.
Point 02 우주에는 태양보다 훨씬 더 뜨거운 많은 별들이 있다. **2** 많은 별들은 태양보다 훨씬 더 뜨겁다. (○) / 우주는 태양보다 훨씬 더 뜨겁다. (×)
Point 03 자연재해에 대한 연구 중 일부는 조기 경보 체제를 개발하는 것을 목표로 한다. **2** 인공지능의 주요 특징 중 하나는 그것이 기계가 새로운 것들을 학습할 수 있도록 한다는 것이다.

정답 **1** 단수 **2** 복수 **3** 선행사 **4** 관계대명사 **5** 단수동사
[01~04] **01** Some people, were **02** The first step, is
03 One way, is **04** The number, was
[05~08] **05** is **06** ○ **07** is **08** are
[09~12] **09** want **10** was **11** is **12** has

[01~04] **01** 내 생일파티에 초대된 사람 몇몇은 직장 동료였다. (→ Some people에 수일치) **02** 실수를 피하는 첫 번째 단계는 당신이 실수한다는 것을 인정하는 것이다. (→ The first step에 수일치) **03** 당신의 목표를 달성하는 한 가지 방법은 만약을 위해서 플랜 B와 C를 만드는 것이다. (→ One way에 수일치) **04** 배를 이용한 방문객의 수는 2021년과 같았다. (→ The number에 수일치 cf. a number of + 복수명사 + 복수동사)
[05~08] **05** 하얀 재킷과 검은 바지를 입고 차 옆에 서 있는 저 남자가 보입니까? (→ the man이 선행사) **06** 먹다 남은 일요일 밤부터 냉장고에 있는 샌드위치를 먹는 것은 어리석다. (→ the sandwiches가 선행사) **07** 시내에 있는 사무실에는 프랑스어를 하는 직원이 세 명 있다. (→ the office가 선행사)

08 교실 뒷줄에 앉아 집중하지 않고 있는 그 학생들은 정말 말썽꾸러기들이다. (→ The students가 선행사)
[09~12] **09** 반에서 절반의 학생들이 사회봉사 활동에 자원하고 싶어 한다. (→ the students에 수일치) **10** 화재의 원인 중 하나는 끊어진 전선이었다. (→ One of + 복수명사에서 주어는 One이므로 One에 수일치) **11** 전 세계 물의 약 2.5%만 담수이다. (→ the world's water에 수일치) **12** 할인 품목에 대한 대부분의 정보는 온라인에 올라와 있다. (→ the information에 수일치)

빈틈을 채우는 **촘촘문법**

해석 **1** 너뿐만 아니라 그녀도 해외로 여행할 계획이 있다. / 아이가 아니라 부모가 게임을 하고 있었다. / 너나 Kim 둘 중 한 명이 팀장이 될 것 같다. / 엄마도 나도 그 결과에 만족하지 않는다. / 그 자격증을 따려면 필기시험과 실기시험이 모두 필수적이다. **2** 피라미드를 구성하는 돌로 된 각 블록은 2톤이 넘는 무게가 나간다. / 이 학교의 각각의 학생은 재능을 가지고 있다. / 연구에 따르면, 우리는 이틀에 한 번 운동해야 한다. / 고속도로에는 몇 마일마다 휴게소가 있다.

QUICK CHECK
정답 **01** ⑤ **02** ②

해설 **01** ① is → are ② is → are ③ guide → guides ④ are → is
02 ② Both A and B는 복수 취급하므로 복수동사 are가 적절.

어휘 written test 필기시험 practical exam 실기시험 certification 자격증 make up 구성하다; (이야기 등을) 지어내다; 화장하다 weigh 무게가 나가다 according to ~에 따르면 resting place 휴게소 freeway 고속도로 interior goods 인테리어 소품 pedestrian 보행자

실력이 쌓이는 **적용훈련**

정답 **A 01** are **02** was **03** seem **04** is **05** involves
B 06 are **07** get **08** ○ **09** has **10** ○ **11** ○ **12** ○
13 needs **14** is **15** has
C 16 ⓐ come ⓑ are **17** ⓐ is ⓑ makes
18 ⓐ increases ⓑ spreads
D 19 ⓑ → are **20** ⓐ → was, ⓒ → is

해설 **A 01** 우주의 상당히 많은 은하계는 흔히 디스크 모양처럼 생겼다. (→ A number of + 복수명사 + 복수동사) **02** 저 아름다운 꽃들을 가져온 그 소년은 매우 기뻐하며 떠났다. (→ The boy에 수일치) **03** 대다수의 사람들이 이 의견에 동의하는 것 같다. (→ people에 수일치) **04** 저희 웹사이트에서 이용 가능

한 모든 정보는 저희 책자에서도 이용 가능합니다. (→ All the information에 수일치) **05** 대부분의 제품을 만드는 것은 서로 다른 기술을 사용하는 몇몇 다른 과정을 수반한다. (→ 동명사구는 단수 취급)

B 06 해외를 여행할 때, 밀봉되지 않은 물병의 어떠한 물도 마시지 마세요. (→ 주절을 이루는 명사 중 관계대명사 자리에 대입시켜서 가장 자연스러운 것은 the water bottles이므로 the water bottles에 수일치) **07** 한 시간 넘게 줄서서 기다린 고객님들은 구입한 것에서 10% 할인을 해 드립니다. (→ Customers에 수일치) **08** 도서관에서 빌린 그 책들은 연체되어 반납해야 한다. (→ The books에 수일치) **09** 1960년 이래로, 아시아에서 온 미국 이민자들의 수는 11%에서 34%로 증가하였다. (→ The number of+복수명사+단수동사) **10** 조사에 의하면 모든 소매가의 약 3분의 1에서 3분의 2는 현재 9로 끝난다. (→ all retail prices에 수일치) **11** 필수 비타민을 섭취하는 가장 좋은 방법은 건강한 식단을 통해서이다. (→ The best way에 수일치, to부정사구는 수식어구) **12** 많은 이점 때문에, 어린이들에게 가장 추천되는 활동 중 하나는 무술이다. (→ one에 수일치) **13** 등산객들이 발견한 심하게 다친 그 개는 치료받아야 한다. (→ The severely injured dog에 수일치) **14** 수업을 위한 책뿐만 아니라 우산도 내 책가방 안에 있다. (→ B as well as A는 B에 수일치하므로 An umbrella에 수일치) **15** 모든 쇼핑몰은 반품 정책이 다르며 반품 조건 또한 품목에 따라 다르다. (→ every+단수명사+단수동사)

C 16 우리는 감정과 사고가 균형을 이룰 때 인생에서 가장 좋은 결정들을 내린다. 잠시 멈추어 당신이 화가 났을 때 어떻게 행동하는지 생각해보라. 당신이 한 몇몇 행동들은 오직 감정에 근거한 것이기 때문에 후회스럽다. (→ ⓐ Our best decisions에 수일치 ⓑ the actions에 수일치)

17 사람의 가장 매력적인 특성 중 하나는 친절하고 친근한 미소이다. 미소는 당신이 새로운 친구를 사귈 수 있도록 문을 열어 줄 수 있다. 미소를 지으며 인사하는 것은 당신에게 말을 붙이기 더 쉽게 만들고 좋은 첫인상을 준다. (→ ⓐ One에 수일치 ⓑ 동명사구 주어는 단수 취급)

18 십 대들은 휴대전화를 사용할 때 불편한 자세로 머리를 들고 있다. 이 자세는 목뼈를 상하게 할 수 있다. 고개를 앞으로 10센티미터씩 내밀 때마다 척추에 실리는 머리의 무게가 4.5킬로그램씩 증가한다. 이러한 자세는 몸까지 퍼져 내려가는 통증이 생길 가능성을 증가시킨다. (→ ⓐ each+단수명사+단수동사 ⓑ pain이 선행사이므로 단수동사)

D 19 우리 건강을 위한 대부분의 영양소는 보충제 대신 자연식품으로 섭취될 때 몸에 더 잘 흡수되고 이용된다. 보충제의 거의 대부분은 인공적이며 몸에 완전히 흡수되지 않을지도 모른다. 통제가 거의 없다면, 보충제를 복용하는 것은 불확실하고 종종 대가가 크다. (→ ⓑ supplements에 수일치)

20 코알라가 여름 더위 속에서 시원하게 지내는 많은 방법 중 하나가 밝혀졌다. 그들은 나무를 껴안는다. 태양의 강렬한 열에 지친 코알라는 나뭇가지나 나무줄기의 시원한 표면에 몸을 뻗는다. 나무 덕분에, 더운 날 코알라가 시원하게 지내기 위해 필요로 하는 막대한 양의 물이 절약될 수 있다. (→ ⓐ One에 수일치 ⓒ the huge amount of water가 선행사이므로 단수동사)

정답 01 ⑤ 02 ② 03 ①

01 ⑤

해석 수년 이내로, 눈병을 치료하는 것은 콘택트렌즈를 끼는 것만큼 간단해질 것이다. Florida 대학의 연구원들은 눈 속으로 천천히 스며드는 약을 소량 함유한 소프트렌즈를 개발하고 있다. 현재 대부분의 안약은 점적약 형태인데, 이 안약은 콧속으로 떨어져 혈액에 침투하여 몸 전체를 돌아다닐 수 있다. 약물의 약 5%만이 눈 속에 남아 있게 된다. 반면에 이 새로운 렌즈는 필요한 곳에 일정한 양으로 약을 전달해 줄 것이며, 이는 다양한 눈병을 치료하는 이상적인 방법이 될 수 있다.

해설 (A) 주어는 동명사구(treating eye diseases)이므로 단수동사 is가 적절.
(B) at이 이끄는 전명구가 앞의 명사를 수식. 주어가 복수(Researchers)이므로 복수동사 are가 적절.
(C) 「부분표현(percent)+of+명사」는 뒤에 나오는 명사에 수일치. the medication은 단수이므로 stays가 적절.
구문 (01행~03행) ~, treating eye diseases is going to be **as** *simple* **as** putting on a contact lens.
「A as 원급 as B」는 'A가 B만큼 ~하다'의 의미로 A와 B를 동등하게 비교할 때 사용한다. be동사의 보어 역할을 하므로 형용사(simple)가 쓰였다.
(11행~13행) ~, the new lenses will deliver the drug **to where** it's needed in a steady amount, **which** may be the ideal method of treating various eye diseases.
전치사 to 다음에 관계부사 where의 선행사 the place가 생략되어 있다. '~한 곳으로'라고 해석하면 된다. 관계대명사 which는 계속적 용법으로 쓰여 앞 절 전체를 받고 있다.
어휘 contain ~을 함유하다 release 방출하다 medication 약물; 투약 drops 점적약 《눈 등에 한 방울씩 넣는 물약》 drip (액체가) 똑똑 떨어지다 bloodstream 혈류 steady 일정한 ideal 이상적인 method 방법 various 다양한

02 ② (→ have)

해석 모든 관리자는 자신만의 리더십 스타일을 가지고 있다. 리더십은 자신의 힘을 다른 사람에게 행사하는 방식이다. 리더십 스타일은 세 가지 넓은 범주로 구별되어 왔다. 첫 번째는 지배주의 스타일이다. 지배자는 권력을 중앙으로 집중시킴으로써 회사의 유일한 권력자로 자리매김한다. 두 번째는 민주주의 스타일이다. 민주적인 지도자들은 권력을 분산시킨다. 이들은 다른 사람을 의사 결정 과정에 포함시키고 개방적인 태도를 장려한다. 그러나 이들은 관리자가 최종 의사 결정권자라는 것을 분명히 한다. 세 번째는 무간섭주의 스타일이다. 무간섭주의의 지도자들은 마치 상담사처럼 행동한다. 이들은 직원들이 자신을 스스로 관리하도록 장려하고, 요청을 받을 때만 조언해 준다. 이들의 목표는 직원들을 지원하는 것이지 통제하는 것이 아니다.

해설 ② of가 이끄는 전명구가 앞의 명사구를 수식. 주어 Three broad categories가 복수이므로 have가 적절.
① 주어는 Every manager로 「every+단수명사」는 단수 취급.
③ 주격 관계대명사 which의 선행사는 앞 절 전체(A ruler centralizes power). 구나 절은 단수 취급하므로 단수동사 makes는 적절.

④ 주어가 They이므로 복수동사 encourage는 적절.

⑤ 주어가 Hands-off leaders이므로 복수동사 act는 적절.

[구문] (02행~03행) Leadership is the manner **in which** they use their power over others.

the manner를 수식하는 관계대명사절이 이어지고 있다. Leadership is the manner. + (which +) they use their power over others in the manner. 관계대명사 which가 전치사 in의 목적어 역할을 한다.

[어휘] manner 방식 broad 넓은 identify 구별하다 rule 지배하다 authority 권력(자), 권위(자) democratic 민주주의의, 민주적인 encourage 장려하다 openness 개방적인 태도 consultant 상담사 support 지원[지지]하다

03 ① (→ results)

[해석] 개발도상국에서 발생하고 있는 사막화의 일부는 자연적인 기후 변화와 같은 자연적인 과정의 결과이다. 그러나 사막화 속도에 대한 인간의 영향이 크게 가속화하고 있다는 것에 일반적으로 동의한다. 증가한 인구와 지구 온난화의 결과로 사막화 속도가 급격히 증가하기 시작할지도 모르며, 그것은 이미 몇몇 아프리카 국가에서 심각한 환경 문제들을 일으키고 있다. UN을 포함한 많은 환경단체들에 의해 사막화를 중지시키고 사용 가능한 토지를 만들어 내기 위한 노력이 계속해서 이루어지고 있다. 토양을 붙잡아두려는 노력의 일환으로 강한 뿌리를 가진 식물들도 심고 있다.

[해설] ① 「부분표현(some) + of + 명사」가 주어로 쓰였을 때는 of 뒤의 명사에 수일치. the desertification은 단수이므로 단수동사 results가 적절.

② on이 이끄는 전명구가 앞의 명사를 수식. human influences가 복수이므로 복수동사 are는 적절.

③ 대명사 it이 가리키는 것은 the rate of desertification이다. it은 단수 취급하여 단수동사 causes는 적절.

④ to부정사구(to stop ~ land)의 수식을 받는 명사 Efforts에 수일치해야 하므로 복수동사 continue는 적절.

⑤ with가 이끄는 전명구가 앞의 명사 Plants를 수식하므로 복수동사 are는 적절.

[구문] (03행~05행) However, **it** is generally agreed **that** human influences on the rate of desertification are greatly accelerating.

「agree, consider, believe, know 등 + 명사절」의 경우, 「가주어 it ~ that ...」의 형태를 이용하여 수동태로 표현할 수 있다.

[어휘] occur 발생하다 developing country 개발도상국 climate 기후 generally 일반적으로 influence 영향 rate 속도 greatly 대단히

accelerate 가속화하다 population 인구 rapidly 빠르게 environmental 환경의 usable 사용 가능한

실력을 완성하는 **서술형 훈련**

[정답] 01 has 02 was 03 need 04 are 05 is
06 A number of injured people from the terrible accident are 07 Either he or his brothers are responsible
08 the rest of the students in the class were
09 require → requires, has → have
10 is → are, help → helps

[해설] 01 부분표현 + of + 명사에서 of 뒤 명사에 수일치, the milk에 수일치 02 A little box에 수일치 03 College students에 수일치 04 The character products에 수일치 05 One of + 복수명사는 One에 수일치 06 A number of + 복수명사 + 복수동사, injured people이 주어이므로 동사 are가 적절 07 Either A or B에서 B(his brothers)에 수일치하여 are가 적절 08 부분표현 + of + 명사에서 of 뒤 명사 the students에 수일치하여 were, in이 이끄는 전명구가 the students 수식 09 칼슘은 뼈와 치아가 자라는 데 중요하다. 모든 동물은 건강을 위해 칼슘이 필요하다. 칼슘 부족은 심각한 문제가 될 수 있다. 이를 막기 위해, 규칙적으로 운동하고 칼슘이 많이 함유된 음식을 먹어야 한다. (→ every + 단수명사 + 단수동사이므로 requires, foods가 선행사이므로 have) 10 범죄 현장과 증거를 분석하는 사람들을 범죄 심리 분석가라고 부른다. 그들이 분석한 자료는 경찰이 용의자의 범위를 좁히는 데 도움이 된다. 그 프로파일을 이용하여 경찰은 범인들을 쉽게 잡을 수 있다. (→ The people에 수일치하므로 are, The information에 수일치하므로 helps)

[어휘] cabinet 수납장, 캐비닛 spoil (음식이) 상하다 patterned 무늬가 있는 employment 고용; 취업 resume 이력서 cover letter 자기소개서 in advance 미리 reveal 드러내다 talented 재능 있는 steadily 꾸준하게 popularity 인기 convenient 편리한 option 선택(권) presentation 발표 evaluate 평가하다 calcium 칼슘 a lack of ~의 부족 prevent 막다, 예방하다 analyze 분석하다 crime 범죄 *cf.* criminal 범인; 범죄의 evidence 증거; 흔적 criminal profiler 범죄 심리 분석가 narrow down 좁히다 suspect 용의자

Chapter 02   태

p. 25

[해석] 1 그 심한 폭풍은 많은 집과 건물을 파괴했다. / 많은 집과 건물이 그 심한 폭풍에 의해 파괴되었다. / 내가 방에 들어서자 그녀는 내게 웃음을 지어 보였다. / 그들은 그 부상을 심각하게 생각한다. / 그 부상은 심각한 것으로 생각된다. / 그녀의 친구들은 그녀를 Carolyn 대신 Car이라 부른다. / 그녀는 친구들에 의해 Carolyn 대신 Car이라 불린다. / 우리는 그가 성공한 작가가 될 것으로 기대한다. / 그는 성공한 작가가 될 것으로 기대된다. / 나는 Ken이 공원에서 자전거 타고 있는 것을 봤다. / Ken이 공원에서 자전거를 타고 있는 광경이

내게 보였다. / 선생님은 우리가 교실을 청소하도록 했다. / 우리는 선생님에 의해 교실을 청소하게 되었다.

시험에 나오는 **어법 Point**

[해석] **Point 01** 목마를 때 물을 마시면, 물은 청량음료보다 더 빠르게 흡수된다. 2 몇몇 유명한 전문 작가들은 그들의 작품이 잘 팔릴 때 약간의 추가 보상을

받는다.

Point 02 독(있는 식물)을 먹었을 경우, 즉시 의사를 부르고 먹은 식물의 이름을 알려줄 준비를 해라. 2 심지어 참가자들 사이에서 논쟁을 일으키는 문제들도 논의되는 이유는, 그가 어려운 주제를 터놓고 정직하게 탐구하는 것을 유용하다고 여기기 때문이다. / 1946년의 명작 영화인 '멋진 인생'은 특수 효과로 만들어진 눈을 보여준다.

Point 03 뉴욕에 새로 온 사람들은 너무 많은 부유한 사람들과 너무 많은 가난한 사람들을 보고 종종 놀란다.

> **정답** 1 주어 2 선행사 3 능동태 4 수동태
> [01~04] 01 saved 02 was encouraged 03 been offered
> 04 was considered
> [05~08] 05 is designed 06 are listed 07 be fixed
> 08 were destroyed
> [09~12] 09 embarrassed 10 amazing 11 confusing
> 12 satisfying

[01~04] 01 1946년 창립 이래로 UNICEF는 많은 어린아이의 생명을 **구해 왔다**. 02 새로운 시스템과 장비에 대한 투자는 제품 가격 상승으로 인해 **촉진 되었다**. 03 치료받기를 원하는 환자들은 새로운 치료를 **받아 왔다**. 04 약간의 의견 차이에도 불구하고, 그 회담은 성공으로 **여겨졌다**.
[05~08] 05 일본 과학자들에 의해 만들어진 이 로봇은 유연한 몸을 갖도록 **제작되었다**. 06 작가들이 참고한 모든 자료의 출처는 각 장의 끝에 **열거되어 있다**. 07 그 방은 샤워기가 **수리되어야** 하는 문제가 좀 있기는 하지만 괜찮다. 08 절벽 아래에는 전쟁 중에 **파괴된** 백 년 전의 멋진 조각상들이 있었다.
[09~12] 09 우리는 저녁 식사에 늦었을 때 정말로 당황스러웠다. (→ 우리가 당황스러운 감정을 느끼는 것임) 10 그 마술사의 묘기는 종종 놀랍고 또 재미있다. (→ 마술사의 묘기가 사람들을 놀라게 하는 것임) 11 두 도로 표지판이 상당히 비슷하기 때문에 꽤 혼란스러울 수도 있다. (→ 도로 표지판들이 사람들을 혼란스럽게 하는 것임) 12 시간의 선물은 돈보다 더 만족스럽고 더 소중할 수 있다. (→ 시간의 선물이 만족스러운 감정을 일으키는 것임)

빈틈을 채우는 **촘촘문법**

해석 1 플라스틱은 옷, 자동차 부품, 그리고 많은 다른 상품을 만드는 데 이용된다. / 그는 모든 결정을 내리고 그 결정들을 바로 실행하는 데 익숙했다. / Tom은 학생이었을 때 매일 밤 적어도 6시간을 공부하곤 했다. 2 우리는 햇빛이 오후에 더 해롭다고 생각한다. / 햇빛은 오후에 더 해롭다고 생각된다. 3 악기는 장난감이 아니며 보살핌을 받아야 한다.

QUICK CHECK

> **정답** 01 (1) is expected that she will start a new business
> soon, is expected to start a new business soon
> (2) is generally believed that money is important, is
> generally believed to be important
> 02 ⑤

해설 02 ⑤ be used to-v 'v하는 데 이용되다' ① enjoying → enjoy ② wear → wearing ③ protecting → protect ④ being → be

어휘 make a decision 결정하다 carry out 실행하다 promptly 바로 at least 적어도 damaging 해로운, 손상을 주는 expect 예상하다 generally 일반적으로 garden 정원을 꾸미다; 정원 account 계정 prevent A from B A가 B하는 것을 막다 spoil (음식이) 상하다

실력이 쌓이는 **적용훈련**

> **정답** A 01 were given 02 is attacked 03 was pleased
> 04 be announced 05 remain
> B 06 (they) were caught 07 were destroyed
> 08 was used 09 seemed 10 ○ 11 showing 12 ○
> 13 ○ 14 ○ 15 was put off
> C 16 ⓐ are considered ⓑ have been found
> 17 ⓐ maintaining ⓑ lost 18 ⓐ is spent ⓑ satisfying
> D 19 ⓐ follow ⓑ bored ⓒ is understood
> 20 ⓐ was built ⓑ looking ⓒ were interested

해설 A 01 그 프로젝트가 끝난 후에, 그들은 프로젝트 매니저로부터 일주일간 휴가를 **받았다**. (→ 동사 뒤 명사를 보고 무조건 SVO문형 목적어로 간주하여 능동태를 선택하지 않도록 주의. SVOO문형의 수동태는 남은 목적어가 있음) 02 그 물고기는 **공격받을** 때마다 자기 몸을 정상 크기의 세 배로 부풀린다. (→ 주어가 대명사인 경우, 무엇을 뜻하는지 잘 살필 것. 여기서 it은 the fish) 03 경기를 위해 우리를 준비시켰던 코치는 우리가 금메달을 땄다는 것을 듣고 **기뻐했다**. (→ 코치가 기쁜 감정을 느끼는 것임) 04 지역 주민들을 위한 오래된 도서관 보수 계획은 내일 **발표될 것이다**. 05 때때로 당신의 목표는 불분명해서 실현되지 못한 채 남아 있게 된다. (→ remain은 자동사이므로 수동태 불가)

B 06 그들은 은행에서 300만 달러를 훔쳤지만, 현장에서 **체포되었다**. 07 유명한 건축가에 의해 설계된 그 건물들이 화재로 인해 **전소되었다**. 08 그 회사 고객들의 개인 정보가 그들의 허락 없이 **사용되었다**. 09 아이들은 롤러코스터를 타러 놀이공원에 갔을 때 행복해 보였다. (→ seem은 자동사이므로 수동태 불가) 10 그날 밤의 일은 오랫동안 나를 당혹스럽게 했다. (→ 일이 당혹스러운 감정을 일으키는 것임) 11 내 막내 여동생은 사람들을 처음 만났을 때 그들에게 자신의 감정을 드러내는 데 익숙하지 않다. (→ be used to v-ing 'v하는 데 익숙하다') 12 지난 핼러윈에 다양한 가정용품으로 괴물 의상을 만든 아이들은 친구들을 놀라게 했다. (→ 괴물 의상을 만든 아이들이 놀라운 감정을 일으키는 것임) 13 'so', 'because', 'therefore'와 같은 연결어들은 원인과 결과를 표현하는 데 쓰인다. (→ be used to-v 'v하는 데 이용되다') 14 유명한 영국 작가에 의해 쓰인 그 소설들은 아이들이 다른 세계를 상상하는 하나의 수단으로 **여겨진다**. 15 2주간 준비되었던 행사가 악천후 때문에 **연기되었다**.

C 16 바다에 있는 플라스틱은 전문가들에게 심각한 환경 문제로 **여겨진다**. 특히, 병과 다른 쓰레기에서 나오는 플라스틱의 작은 입자인 미세 플라스틱은 특히 해롭다고 **밝혀졌다**.
17 우리의 몸은 원래의 체중을 유지하는 데 익숙하다. 엄청난 노력으로 체중을 감량한 사람들은 이러한 특성이 그들을 다시 체중이 증가하도록 만들기 때문에 좌절할 수도 있다. (→ ⓐ 문맥상 '~하는 데 익숙하다'라는 의미이므로 be used to v-ing)
18 당신은 돈과 행복이 연관이 없다고 믿을지도 모른다. 하지만 만약 돈이 당

신이 관심이 있는 상품과 서비스에 **소비된다면** 어떨까? 예를 들어, 당신의 친한 친구들을 식사하기에 좋은 장소로 데려가는 것은 만족스러울 수 있다. (→ ⓑ 주어(taking your ~ eat)가 만족스러운 감정을 일으키는 것이므로 satisfying)

D 19 수업 시간의 지루함의 원인 중 하나는 수업 내용에 대한 이해 부족이다. 만약 한 학생이 그 수업 내용을 따라가지 못하면, **지루할** 수도 있다. 그러나 그 반대의 경우도 지루함의 원인이 될 수 있다. 너무 쉽게 **이해되는** 수업 또한 지루할 수 있다. (→ ⓑ 학생이 지루한 감정을 느끼는 것이므로 bored)

20 세계 최초의 지하철은 1863년 런던에서 **건설되었다**. 그 당시, 도시의 가난한 지역들은 돌아다니기에 너무 혼잡했다. 그래서 도시 공무원들은 교통 문제를 줄이기 위한 방법을 찾고 있었다. 또한, 그들은 근로자들이 매일 쉽게 통근할 수 있도록 하는 데 **관심이 있었다**. 최초의 지하철 시스템은 이러한 생각으로부터 탄생했다. (→ ⓒ be interested in '~에 관심이 있다')

실전에 통하는 **적용훈련**

정답 **01** ④ **02** ② **03** ④

01 ④

해석 각기 다른 대도시 지역에서 대기의 질을 측정하는 것은 다소 어려움이 있는데, 관측소가 부족하고 여러 관측소의 측정 방법이 일치하지 않을 수도 있기 때문이다. 이를테면, 대기의 질은 대개 단 한 곳의 관측소에서만 측정되며, 그 관측소의 위치가 측정치에 영향을 준다. 그 관측소에서 나온 측정치가 대기의 질이 나쁘다는 것을 나타내더라도, 그 대도시 지역의 모든 사람들이 나쁜 공기를 마시는 것인지 아니면 그 관측소 가까이에 사는 사람들만 그런 것인지를 알 수가 없다. 그것은 단 한 곳의 관측소에서 측정하는 것이 작은 도시에서는 적당해 보이지만, 더 큰 도시에서는 그렇지 않다는 것을 보여준다.

해설 (A) Air quality는 '측정되는 것'이므로 수동태 is often measured가 적절.
(B) measurements가 '나타내는 것'이므로 능동태 indicate가 적절.
(C) appear는 자동사이므로 수동태로 표현할 수 없음.
구문 (10행~12행) ~, there is no way of **telling whether** all persons in the metropolitan area breathe poor air **or** only those close to the monitoring station (*breathe poor air*).
동명사 telling이 목적어로 whether(~인지 아닌지)가 이끄는 절을 취하고 있다. whether절 내에는 두 개의 절이 or로 대등하게 연결되어 있다.
어휘 somewhat 다소, 얼마간 measure 측정하다 *cf.* measurement 측정 metropolitan 대도시의 inconsistent 일치하지 않는 adequate 적당한

02 ② (→ are decorated)

해석 Diwali는 힌두교의 빛 축제이다. 이 축제는 전 세계의 많은 지역뿐만 아니라 인도 전역과 남아시아의 다른 지역들에서 5일 동안 기념된다. 이는 일 년 중 힌두교의 가장 크고 중요한 공휴일이다. Diwali 기간 동안에는 색을 입힌 쌀, 렌즈콩과 가루로 집이 장식된다. 또한, 사람들은 특별한 잔치를 위해 모이고 불꽃놀이를 하며 다양한 선물을 받는다. 정확한 날짜는 지역의 관습에 따라 변동될 수 있지만, 축제는 보통 힌두력의 달 중 'Kartik'에 열리는데, 이는 10월이나 11월에 해당한다. 이 축제는 인도에서 가장 고대하는 축제로 여겨진다. 사람들은 축제에 참석하여 기뻐하고 축제에 대한 의식을 고취시킨다.

해설 ② homes는 '장식되는 것'이므로 수동태 are decorated가 적절.

① It이 가리키는 'Diwali'는 '기념되는 것'이므로 수동태 is celebrated는 적절.
③ SVOO문형의 수동태로 주어인 'people'이 선물을 '받는 것'이므로 수동태 are given은 적절.
④ SVOC문형의 수동태로 주어인 'The festival'이 고대하는 축제로 '여겨지는 것'이므로 수동태 is considered는 적절.
⑤ 주어인 'People'이 기쁜 감정을 느끼는 것이므로 수동태 are pleased는 적절.
구문 (02행~04행) ~ across India and other parts of southern Asia, **as well as** in many other places around the world.
상관접속사 B as well as A(A뿐만 아니라 B도)가 쓰였다.
(10행~12행) ~ the festival usually occurs in the Hindu month of *Kartik*, **which** falls in October or November.
관계대명사 which가 계속적 용법으로 쓰여 선행사 *Kartik*를 받고 있다.
어휘 southern 남쪽의 lentil 렌즈콩 feast 연회, 잔치 exact 정확한 local 지역의, 현지의 custom 관습 promote 고취하다, 촉진하다 awareness 의식, 관심

03 ④ (→ teach)

해석 대부분의 학생들은 그들이 질문하고 교사가 그것에 답변을 해주는 수업에 익숙하다. 그러나 만약 수업에서 교사가 모든 질문을 하고 당신이 그것들에 대답할 것으로 기대된다면 어떤 느낌이 들겠는가? 만일 이런 일이 수업에서 일어난다면 교사는 소크라테스식 수업 방법을 사용하고 있는 것이다. 소크라테스식 방법은 정의(正義)의 의미 같은 도덕적 개념을 가르치는 데 가장 흔히 사용된다. 소크라테스식 방법에서 교사는 학생에게 한 가지 주제에 대한 일련의 질문들에 대해 답하도록 요구한다. 그 질문들은 학생을 더 강하고 더 나은 생각으로 이끈다.

해설 ④ '가르치는 데 사용된다'란 의미이므로 teach가 적절.
① they(= students)가 '질문하는 것'을 의미하므로 능동태 ask는 적절.
② 교사가 묻고, 학생인 you가 그에 답하는 것이 '예상되는 것'이므로 수동태 were expected는 적절.
③ happen은 '일어나다'란 의미의 자동사이므로 능동태는 적절.
⑤ The questions가 학생을 '이끄는 것'이므로 능동태 lead는 적절.
구문 (02행~04행) But how **would** you **feel** // **if** (in your class) the teacher **asked** all the questions, ~
현재에 일어날 가능성이 매우 희박하거나 불가능한 일을 가정하는 가정법 과거이다.
어휘 moral 도덕적인 concept 개념 justice 정의(正義); 공정

실력을 완성하는 **서술형 훈련**

정답 **01** is called **02** consists of **03** are not[aren't] permitted **04** astonishing → astonished
05 speak → speaking **06** restored → been restored
07 offered → were offered **08** was satisfied → satisfied
09 It is thought that air pollution is one of the world's most serious dangers.
10 are paid → pay, embarrassing → embarrassed

해설 01 화성이 붉은 행성이라고 '불리는 것'이므로 수동태 02 consist of는 자동사이므로 수동태 불가 03 관객들에게 사진 촬영이 '허용되지 않는 것'이므로 수동태 부정형 04 의사들이 놀라운 감정을 느끼는 것이므로 astonished 05 'v하는 데 익숙하다'라는 의미의 be used to v-ing이므로 speaking 06 집이 '복구되어' 온 것이므로 수동태 07 내가 그 박물관을 방문했을 때, 방문객들은 가이드에게 전시에 대한 설명을 **받았다**. 그것이 너무 흥미로워 보여서 나는 그 가이드를 따라가 그 설명을 들었다. (→ 방문객들이 설명을 '받은 것'이므로 수동태) 08 비록 서로 소통하기 어려웠지만, 각각의 대표에 의해 타결된 협상은 두 국가를 만족시켰다. 나는 그 협상이 성공적으로 끝났다고 생각했다. (→ 협상이 두 국가에게 만족시키는 감정을 일으키는 것이므로 satisfied) 09 우리는 대기 오염이 세계에서 가장 심각한 위험 중 하나라고 생각한다. (→ think + 명사절인 경우 가주어 It ~ that ...의 형태를 이용하여 수동태로 표현할

수 있음. 가주어 It이 오고, think를 수동태 is thought로 쓴 후 that 이하는 그대로 쓴다.) 10 Facebook이나 Twitter와 같은 SNS(소셜 네트워크 서비스)를 이용하는 몇몇 사람들은 항상 다른 사람들이 그들에 대해 어떻게 생각하는지에 너무 많은 관심을 기울인다. 이용자들은 사진을 올리고 얼마나 많은 사람이 그 사진을 좋아하는지 지켜보고, 사람들이 사진을 좋아하지 않으면 **창피해한다**. (→ 사람들이 관심을 기울이는 것이므로 pay, 이용자들(Users)이 창피한 감정을 느끼는 것이므로 embarrassed)

어휘 Mars 화성 planet 행성 distinctive 독특한 recovery 회복 British 영국의 accent 억양 severe 극심한, 심각한 explanation 설명 exhibition 전시 negotiation 협상 representative 대표 successfully 성공적으로 pollution 오염 post (웹사이트에 정보·사진을) 올리다

Chapter 03 도치와 어순

해석 1 그는 타인으로부터 그러한 관심을 받아본 적이 없다. / 내가 이렇게 이상적인 남자를 만날 거라고는 거의 알지 못했다. / 그는 약속에 좀처럼 늦지 않는다. / 그때에서야 나는 대학원에 가기로 결심했다. / 주머니에 동전 몇 개가 있었다. / 비가 내렸다. / 좋은 일을 하는 기쁨을 아는 사람들은 행복하다. / 그 토너먼트에는 경쟁하는 24개의 팀이 있다. / 여기 버스가 와요. / 15퍼센트의 성인들만이 인플루언서들에 의해 제공되는 정보를 신뢰한다고 말한다. / 로마에서 그는 유명한 이탈리아 작곡가를 만났다. / 그는 일주일이 못 되어서 그 약속을 어겼다. / 그들이 강아지와 함께 여기로 오고 있어. 2 이 오래된 앨범을 어디에서 살 수 있는지 궁금하다. / 너는 음악이 없다면 세상이 어떨 거라고 생각하니?

시험에 나오는 **어법 Point**

해석 Point 01 사람들이 일하는 동안 최상의 아이디어를 떠올리는 경우는 거의 없다. 1 내가 그런 놀랄 만한 성공을 달성하리라고는 꿈에도 생각하지 않았다. 2 잔디에 거대한 개구리가 앉아 있었다.

Point 02 겨우 지난 몇십 년 동안에서야 비로소 지방과 관련된 건강 문제를 일으킬 만큼 식량이 매우 풍부해지고 구하기 쉬워졌다. / 내 차 옆에 있던 차의 뒷좌석에는 두 명의 귀여운 어린 남자아이들이 타고 있었다. / Jake와 감독은 골 넣기에 대해서는 좀처럼 말하지 않는다. / 아이에게 벌을 주는 가장 좋은 방법에 대해 많은 의견 차이가 있다.

Point 03 나는 그에게 왜 아무도 필기하지 않았는지 물었다. 1 나는 네가 언제 프로젝트를 끝내는지 알고 싶다. 2 누가 이 연설을 했는지 알려주시겠어요? 3 나는 우리 할머니의 연세를 모른다.

정답 1 부정어(구) 2 부사(구) 3 주어 4 동사 5 주어
[01~03] 01 was I 02 ○ 03 ○
[04~07] 04 do 05 are 06 have 07 does
[08~10] 08 where they had 09 ○
10 how much they enjoyed

[01~03] 01 컴퓨터가 재시작된 후에야 나는 모든 파일을 열 수 있었다.

(→ (준)부정어구 Only + be동사 + 주어) 02 벽난로 위에 장미꽃 무늬가 있는 골동품 꽃병이 있었다. (→ 부사구 Above the fireplace + be동사 + 주어) 03 그 건물 앞에 일렬로 나무들이 서 있다. (→ 부사구 In front of the building + be동사 + 주어)

[04~07] 04 우리는 건강을 잃고 나서야 비로소 건강의 중요성을 배운다. (→ 주어 we에 수일치) 05 그 도시의 중심가에 많은 식당과 카페가 있다. (→ 주어 plenty of restaurants and cafes에 수일치) 06 사실, 역사적으로 식량이 약간 부족한 때는 무수히 있어 왔다. (→ 주어 numerous times에 수일치) 07 요즘 우리 엄마는 보석을 거의 착용하지 않으신다. (→ 주어 my mother에 수일치)

[08~10] 08 나는 컴퓨터에 관한 책이 어디 있는지 점원에게 물어보았다. (→ 의문사 + 주어 + 동사) 09 그녀는 무슨 일이 일어났는지를 들은 뒤, 그와 함께 방으로 되돌아갔다. (→ 주어 what + 동사) 10 한 시간 동안의 힘들고 지루한 작업 후에, 모두는 오후가 얼마나 즐거웠는지를 평가했다. (→ how much + 주어 + 동사. 의문사 how는 부사나 형용사와 어울려 쓰일 수 있고, 이 경우 함께 쓰인 부사나 형용사도 의문사 how와 한 덩어리로 생각한다.)

빈틈을 채우는 **촘촘문법**

해석 1 나는 즐겁게 수업을 들었을 뿐만 아니라 그 강의에서 A도 받았다. / 모든 사람이 오자마자 회의가 시작됐다. / 그는 제2차 세계대전이 끝나고 나서야 비로소 부모님을 다시 만났다. 2 나 피곤해. 난 일찍 자고 싶고, 엄마도 그러길 원하셔. / 나는 시끄러운 레스토랑은 싫어. — 나도 그래(나도 싫어). 3 이건 너에게 정말 좋은 기회야. / 우리에게 정말 긴 여정이었어.

정답 01 (1) did you try (2) had I stopped (3) she died did he know 02 ①, ⑤

해설 02 ① a so honest girl → so honest a girl, so + 형용사 + (a/an) + 명사 ⑤ so → neither[nor], 부정문의 동의 표현 neither[nor] + 동사 + 주어

PART 1 문장구조 **7**

어휘 journey 여정 pet ~을 어루만지다[쓰다듬다] worth 가치 decide 결정하다

실력이 쌓이는 **적용훈련**

정답 A 01 did I know 02 will I 03 does Tom drink
04 the flowers are 05 were 06 is 07 I left
B 08 ◯ 09 ◯ 10 does it become 11 are 12 might it
13 ◯ 14 were 15 has
C 16 ⓐ is ⓑ is 17 ⓐ did he have ⓑ were
18 ⓐ stood dozens of bookshelves ⓑ had I
D 19 ⓑ → have most people thought, ⓒ → they grow
20 ⓐ → did I realize

해설 A 01 나는 그녀가 스스로 문제를 해결하려 노력하던 것을 거의 몰랐다. (→ 부정어 Little + 조동사 did + 주어 + 본동사) 02 그는 파티에 가지 않을 것이고, 나도 그럴 거야(가지 않을 거야). 옷을 차려입을 기분이 아니거든. (→ nor + 조동사 + 주어) 03 Tom은 커피가 수면에 영향을 주어서 밤에는 커피를 거의 마시지 않는다. (→ 부정어 Seldom + 조동사 does + 주어 + 본동사, 주어 Tom에 수일치) 04 너는 이곳 네덜란드의 꽃이 얼마나 아름다운지 상상할 수 없을 거야! (→ 의문사 + 형용사(beautiful) + 주어 + 동사) 05 숲에는 한방약을 만드는 데 쓰이는 희귀한 식물과 나무가 많이 있었다. (→ 주어 rare plants and trees에 수일치, a number of + 복수명사 + 복수동사) 06 천 일 동안 부지런하게 공부한 것보다 훌륭한 스승과 보낸 하루가 더 낫다. (→ 주어가 one day이므로 is) 07 나는 내 지갑을 어디에 뒀는지 모르겠다. (→ 의문사 + 주어 + 동사)

B 08 그 오래된 가방 안에 책 몇 권과 연필들이 있었다. (→ 부사구 Inside the old bag + be동사 + 주어) 09 누가 너에게 이 특별한 식당에 관해 이야기해 줬는지 궁금하다. (→ 주어 who + 동사) 10 한 습관에 충분히 오랫동안 노력을 들여라. 그러면 그 습관이 쉬워질 뿐만 아니라 다른 것들도 그렇게 된다(쉬워진다). (→ not only가 앞에 와서 not only + 조동사 does + 주어 + 본동사로 도치) 11 크리스마스트리 아래에 그녀의 아이들을 위한 예쁘게 포장된 많은 선물이 있다. (→ 주어 a lot of ~ gifts에 수일치) 12 나무가 가뭄을 경험하면 그 기간 동안에는 거의 자라지 못할지도 모른다. (→ 부정어 hardly + 조동사 might + 주어 + 동사) 13 그것은 쉬운 요청이었기 때문에 거의 모든 참가자가 동의했다. (→ such + (a/an) + 형용사 + 명사) 14 심한 눈보라가 불 때면, Barry는 길 잃은 여행객들을 찾기 위해 밖으로 나가곤 했다. (→ 주어가 bad storms로 복수이므로 were) 15 겨우 지난 몇십 년 동안에서야 비로소 건강한 삶이 우리에게 매우 중요해졌다. (→ 주어가 a healthy life로 단수이므로 has)

C 16 도시 거리에는 온라인 쇼핑의 큰 인기가 혼란을 초래하고 있다. 온라인 배달의 수가 늘어나면서 도로에 배달 트럭의 수도 늘어나고 있다. (→ ⓐ 주어가 the huge popularity이므로 is ⓑ the number가 주어이므로 is, the number of + 복수명사 + 단수동사) 17 그는 여행을 준비할 시간이 거의 없었다. 그가 짐을 싸기 시작했을 때는 화요일 늦은 밤이었고, 거리에는 여전히 시끄럽게 떠드는 사람이 많아서 늦었다고는 느껴지지 않았다. (→ ⓐ 부정어 Hardly + 조동사 did + 주어 + 본동사 ⓑ 주

어가 a lot of people이므로 were)
18 그 상점의 출입구는 숨겨진 문이었고, 그 문 안쪽에는 수십 개의 책장이 있었다. 나는 'Coffee & Tea'를 의미하는 C와 'Memories'를 의미하는 M과 같이 독특한 주제로 목록이 만들어진 그렇게 많은 책 시리즈를 본 적이 없었다. (→ ⓐ 부사구 inside the door + 동사 + 주어 ⓑ 부정어 Never + had + 주어 + p.p.)

D 19 믿기 힘들지만, 먹을 수 있는 껍질로 된 바나나가 있다. 대부분의 사람들은 바나나의 껍질을 먹는 생각을 해 본 적이 거의 없었다. 몇몇 바나나 농부들은 우리에게 어떻게 먹을 수 있는 껍질로 된 바나나를 재배하는지 알려줄 수 있다. (→ ⓑ 부정어 Scarcely + have + 주어 + p.p., 현재완료 시제 도치는 have + 주어 + p.p.로 표현함 ⓒ 의문사 + 주어 + 동사)
20 어느 날 장을 본 뒤, 나는 버스 정류장에 앉아 있었다. 버스가 도착하자 나는 급히 탔다. 집에 도착해서 집 열쇠를 찾으려고 손을 뻗었을 때야 비로소 내 핸드백을 버스 정류장 벤치에 놓고 왔음을 깨달았다. 나는 돈 없이 어떻게 살아나갈 수 있겠냐고 스스로에게 물었다. 나는 급히 버스 정류장으로 되돌아갔다. 버스 정류장에 도착하자마자 나는 내 핸드백을 찾기 시작했다. (→ ⓐ Not until B + 조동사 + 주어 + 본동사(A) ~: B해서야 비로소 A하다)

실전에 통하는 **적용훈련**

정답 01 ④ 02 ② 03 ③

01 ④ (→ were)

해석 아내가 쇼핑을 끝내길 기다리면서, 나는 의자에 앉아 세 살 난 딸아이가 걸려 있는 옷들 사이에서 노는 것을 지켜보았다. Daisy는 우리가 기다리는 동안 노는 방법을 찾은 것 같았고, 온갖 드레스 아래에서 딸아이의 작은 다리와 밝은 핑크빛 신발이 계속 움직여 다녔다. 약 15분 정도가 지났다. 나는 시계를 보면서 아내가 얼마나 더 걸릴지 궁금해했다. 어느 순간, 내 옆에는 Daisy가 있었다. "보세요, 아빠! 아빠한테 뭘 가져왔는지 좀 보세요!" Daisy의 가방 안에는 수십 개의 반짝이는 플라스틱 가격표가 가득했다. "Daisy! 이걸 옷에서 떼어 낸 거니?" 나는 얼른 그것들을 Daisy에게서 빼앗았지만, 그 다음에 무엇을 해야 할지 알 수가 없었다. 나는 단지 누군가가 지켜보고 있는지 주위를 살펴보았다.

해설 ④ 부사구 In her bag이 문두에 위치하면서 주어(dozens of ~ tags)와 동사가 도치된 구문. 주어는 복수명사이므로 were가 적절.
① seem은 자동사여서 수동태로 표현할 수 없으므로 seemed는 적절.
↪ Chapter 02 태
② 의문문이 문장의 일부가 되면 「의문사 + 주어 + 동사」의 어순이 되므로 my wife would be는 적절.
③ 부사구(at my side)가 강조를 위해 문두에 오면 주어(Daisy)와 동사(was)가 도치되므로 어순이 적절.
⑤ 부정어 hardly가 문두에 오면서 조동사 did + 주어 + 본동사 어순으로 도치된 did I know는 적절.
구문 (13행~14행) I just looked around **to see** if anyone was watching.
to부정사(to see)가 '~하기 위해서'란 뜻으로 쓰여 '목적'을 나타낸다. 여기서 if절은 목적어 역할을 하는 명사절로서 '~인지 아닌지'란 뜻.

어휘 **amuse oneself** 놀다, 즐기다 **beneath** ~ 아래에 **dozens of** 수십 개의 **price tag** 가격표

02 ② (→ he insisted)

해석 내게는 자신은 책을 쓸 수 없다고 우기면서 성인 시절 대부분을 보낸 친구가 있다. 그는 글솜씨가 뛰어났을 뿐만 아니라 기사나 몇 단원 정도의 글을 아주 쉽게 썼다. 나는 그가 왜 책을 쓸 수 없다고 고집하는지 의아했다. 이것은 내게 무척 당혹스러운 일이었다. 어느 날, 나는 그에게 책이란 재미있는 글이 순서대로 모인 것에 지나지 않는다는 생각을 해 보라고 했다. 내게는 이것이 명백했지만 그는 이런 식으로는 생각해 본 적이 거의 없었던 것이다. 대신 그는 책 쓰는 일이 대단히 큰일이라고 고집스럽게 믿어 왔기에 이러한 간단한 생각의 변화가 모든 것을 바꾸었다. 2년 후, 그는 자신의 첫 저서를 완성했다.

해설 ② 의문문이 문장의 일부가 되면 「의문사+주어+동사」의 어순이 되므로 did he insist는 he insisted가 되어야 한다.
① 부정어구 Not only가 문두에 왔으므로 주어와 동사가 도치된 was he의 어순은 적절.
③ 주어인 This는 '그가 책을 쓸 수 없다고 고집하는 것'이고, 이것이 당혹스러운 감정을 일으키는 것이므로 능동태 puzzling은 적절. <→ Chapter 02 태>
④ 부정어 Seldom이 문두에 왔으므로 had+주어+p.p. 어순으로 도치된 had he thought는 적절.
⑤ 「such+(a/an)+형용사+명사」의 어순이 되어야 하므로 a big project는 적절.

구문 (06행~08행) One day, I asked him *to consider* **the idea that** a book is nothing more than a series of interesting chapters (put into sequence).
to consider의 의미상 목적어는 the idea. that 이하는 the idea의 내용을 설명하는 동격절이다.

어휘 **insist** 고집하다; 주장하다 **article** (신문·잡지의) 기사 **consider** 생각하다, 여기다 **nothing more than** ~에 지나지 않다 **sequence** 순서, 차례 **term** 《복수형》 (~한) 측면; 조건 **obvious** 명백한, 분명한 **stubbornly** 완강히 **shift** 변화; 교체

03 ③ (→ are)

해석 "아니오"는 우리가 하는 말 중에서 가장 중요한 말일 수도 있지만, 이 말은 거의 확실히 가장 하기 어려운 말이기도 하다. "저는 인간관계를 망치고 싶지 않아요." "저는 그들이 앙갚음으로 제게 무엇을 할지 두려워요." "저는 죄책감이 들어요. 그들에게 상처를 주고 싶지 않아요." 이것은 내 세미나의 참가자들에게 아니오라고 말하는 것을 왜 어렵다고 생각하는지 물었을 때 듣는 가장 흔한 이유들이다. 아니오라고 말하기를 어려워하는 것의 핵심에는 권력을 행사하는 것과 인간관계에 해를 끼치지 않는 것 사이에서 발생하는 불안감이 있다. 권력을 행사하는 것은 아니오라고 말하는 행위에서 중요한데, 이는 인간관계를 망칠 가능성이 크다. 그러나 이것을 받아들이기만 한다면 당신은 진정한 삶을 살기 시작할 수 있다.

해설 ③ 부사구(At the heart of ~ no)가 강조를 위해 문두에 오면서 주어와 동사가 도치되었다. 주어가 the tensions로 복수명사이므로 are가 적절.
① 의문문이 문장의 일부가 되면 「의문사+주어+동사」의 어순이 되므로 they might do는 적절.
② 의문문이 문장의 일부가 되면 「의문사+주어+동사」의 어순이 되므로 they find는 적절.

④ 동명사구인 Exercising ~이 주어이므로 단수동사인 is는 적절.
<→ Chapter 01 주어-동사 수일치>
⑤ only 한정어구(only when you ~ fact)가 문두에 왔으므로 주어와 조동사가 도치된 can you begin은 적절.

구문 (06행~08행) These are *the most common reasons* [I hear **when** I ask the participants (in my seminars) why they find **it** so hard **to say** no].
목적격 관계대명사가 생략된 절(I hear ~ no)이 앞의 명사구를 수식하고 있다. when이 이끄는 부사절은 SVOO의 구조로 직접목적어가 의문사절이다. 의문사절 안의 it은 가목적어로, to부정사를 진목적어로 취하는 구조.
(09행~11행) ~ **between** exercising your power **and** not harming your relationship.
「between A and B (A와 B 사이의)」에서 A와 B는 동명사구로 문법적으로 성격이 대등하다.

어휘 **vocabulary** 어휘 **certainly** 확실히 **destroy** 망치다; 파괴하다 **relationship** (인간)관계 **in revenge** 앙갚음으로, 복수로 **guilty** 죄책감이 드는 **seminar** 세미나 **tension** 불안, 긴장 (상태) **exercise** (권력 등을) 행사하다

실력을 완성하는 **서술형 훈련**

정답 **01** Where do you think I was in the morning
02 have I seen such a horrible sight
03 so does the chance **04** Here are some tips
05 does my mom shop
06 why I had to give up my rights
07 how much I love collecting classic novel series
08 does the drug treat diseases
09 had she finished one project
10 ⓐ live the Korowai people ⓑ did they have ⓒ do the houses protect

해설 **01** 의문사+do you think+주어+동사 **02** 부정어 Seldom+have+주어+p.p., such+(a/an)+형용사+명사 **03** so+동사+주어 **04** Here+be동사+주어, 주어는 복수 some tips이므로 are **05** 부정어 Rarely+조동사 does+주어+본동사, 주어는 my mom이므로 does **06** 아무도 내게 말하지 않았어요. 왜 내가 권리를 포기해야 했나요? / 아무도 내게 왜 내가 권리를 포기해야 하는지 말해주지 않았다. (→ 간접의문문은 의문문의 어순인 의문사+동사+주어에서 의문사+주어+동사로 바뀌므로 Why did I have to give up → why I had to give up) **07** 너는 알고 있니? 내가 고전 소설 시리즈 모으는 것을 얼마만큼 좋아하니? / 너는 내가 고전 소설 시리즈 모으는 것을 얼마만큼 좋아하는지 알고 있니? (→ 의문문의 어순인 의문사+부사(much)+동사+주어에서 의문사+부사(much)+주어+동사로 바뀌므로 How much do I love → how much I love) **08** 그 약은 병을 치료할 뿐만 아니라 병의 진행도 억제한다. (→ Not only A but also B는 'A뿐만 아니라 B도'라는 의미로, 부정어구 Not only가 문장 앞에 와서 Not only+조동사+주어+본동사의 어순으로 도치, 주어가 the drug이므로 조동사 자리에는 does) **09** 그녀는 한 프로젝트를 끝내자마자 다음 프로젝트를 시작했다. (→ No sooner ~ than …은 '~하자마자 …하다'라는 의미로, 부정어구 No sooner가 문장 앞에 와서 No sooner+had+주어+p.p.로 도치. 과거완료 시제 도치는 had+주어+p.p.로 표현함) **10** 인도네시아 동남부의 깊숙한 정글에는 코로와이족이 살고 있다. 1974년 한 네덜란드인에 의해 발견될 때까지 그들은 바깥세상과 거의 어떠한 접촉도 하지 않았다. 그들은 나무 높이 있는 집에 산다. 그 집들은 아래의 많은 모기들에게서 가족을 보호할 뿐만 아니라, 짜증나게 하는 이웃들과 악령으로부터 그들을 보호해주기도 한다. (→ ⓐ 장소를 나타내는 부사구가 문장 앞으로 왔

으므로 동사+주어 어순으로 도치. ⓑ 부정어 hardly가 문장 앞으로 왔으므로 조동사 did+주어+본동사 어순으로 도치. ⓒ Not only+조동사 do+주어+본동사 어순.)

어휘 horrible 무시무시한 exhaustion 탈진, 기진맥진 anger 화, 분노 right 권리 growth 성장 have contact with ~와 접촉하다 a mass of (양이) 많은 safeguard 보호하다 annoying 짜증나게 하는 evil spirit 악령

내신·학평 대비 미니 모의고사 1

p. 41

정답 01 ③ **02** ④ **03** ② **04** ② **05** ③ **06** ③ **07** ③ **08** (1) ③, is (2) do their parents spend with them
09 (1) (A) is (B) are believed (C) was African art (2) The majority of those sculptures are made from wood but also other materials are used

---

01 ③ (→ is considered)

해석 바닷물고기를 가정의 수조에서 기르는 데는 타당한 이유가 많이 있다. 바닷물고기는 종류가 매우 다양하고, 아름다운 색깔을 띠는 경우가 많으며, 생태와 행동이 매우 매혹적이다. 그러나 숙련된 민물 어류 관리사에게도 수족관에서 해수의 질과 온도를 안정적으로 유지하는 것은 어렵다고 여겨진다. 민물고기와 달리, 많은 바닷물고기 종은 수질과 수온의 변화에 내성이 거의 없다. 그러므로 바닷물고기를 가정의 수조에서 기르는 것은 다른 물고기보다 훨씬 더 많은 관찰과 세심한 주의가 필요하다.

해설 ③「consider+명사절」을 가주어 it과 to부정사를 이용하여 수동태로 표현할 수 있다. it(= to keep ~ aquarium)이 어렵다고 '여겨지는 것'이므로 수동태 is considered가 적절. ↪ Chapter 02 태

① 주어가 plenty of good reasons로 복수이므로 복수동사 are는 적절. ↪ Chapter 03 도치와 어순

② 그들의 생태와 행동이 '매혹시키는 것'이므로 fascinating은 적절. ↪ Chapter 02 태

④ 부정어구(little tolerance)가 문두에 위치하여 주어와 동사가 도치된 구조.「조동사(do)+주어+본동사」의 어순은 적절. ↪ Chapter 03 도치와 어순

⑤ 주어는 하나의 동명사구(keeping them ~ aquariums)이므로 단수동사 demands는 적절. ↪ Chapter 01 주어-동사 수일치

어휘 plenty of 많은 marine 바다의, 해양의 aquarium 수조; 수족관 endless 무한한 cf. endlessly 무한히, 끝없이 variety 다양성; 여러 가지 biology 생태, 생명 활동 behavior 행동 fascinating 매혹적인 experienced 숙련된, 경험이 있는 freshwater 민물의 aquarist 어류 관리사 quality 질(質) stable 안정된 demand 필요로 하다 significantly 상당히 monitoring 관찰

---

02 ④ (→ are)

해석 일부 전문가들은 장난감의 교육적 측면이 과대평가되어왔다고 생각한다. 물론, 여러 종류의 장난감은 없는 것보다는 있는 게 아이들이 어떤 기술을 더 일찍 배우는 것을 도울 수 있다. 그러나 그렇게 일찍 기술을 습득하는 것이 아이를 더 총명하게 만들어 준다거나 장난감을 가지고 있지 않은 아이들이 (장난감을 가진 아이들을) 빨리 따라잡지 못하게 된다는 증거는 없다. 두뇌 발달을 돕는 데 있어 장난감보다 훨씬 더 중요한 것은 아이가 받는 다양한 종류의 자극이다. 그중에서도 중요한 것은 아이가 다른 사람들과 상호작용하는 것이다. 이

러한 상호작용이 아이가 가질 수 있는 가장 복잡하고, 흥미로우며, 교육적인 '장난감'이다.

해설 ④ 보어(Far more ~ brain development)가 문두에 위치하면서 주어와 동사가 도치된 구조. 목적격 관계대명사절 a baby receives는 the various kinds of stimulation을 수식한다. the various kinds에 수일치하므로 is → are. ↪ Chapter 03 도치와 어순

① that절의 주어는 the educational aspect of toys. the educational aspect에 동사의 수를 일치해야 하므로 단수동사 has는 적절. ↪ Chapter 01 주어-동사 수일치

② a variety of는 '다양한'의 뜻으로 뒤에 오는 복수 toys에 수일치한 are는 적절. ↪ Chapter 01 주어-동사 수일치

③ 주어가 no evidence로 단수이므로 단수동사 is는 적절. ↪ Chapter 03 도치와 어순

⑤ 보어(Chief among these)가 문두에 위치하면서 주어와 동사가 도치된 구조. the baby's interactions에 수일치하므로 are는 적절. ↪ Chapter 03 도치와 어순

구문 (04행~07행) ~ there is no **evidence that** such early acquisition of skills ~ intelligent or **that** babies ~ quickly.
evidence와 각각의 that절은 서로 동격관계이다.

어휘 expert 전문가 educational 교육의, 교육적인 aspect 측면, 양상 overestimate 과대평가하다 certain 어떤, 무슨; 확실한 evidence 증거 acquisition 습득, 획득 intelligent 총명한, 지적인 catch up 따라잡다, 만회하다 development 발달 various 다양한 stimulation 자극 chief 중요한 interaction 상호작용 complex 복잡한

---

03 ②

해석 덥고 건조한 여름날, 운이 좋으면 dust devil(회오리바람)을 볼 수도 있다. dust devil은 실제로 악마가 아니라 바람의 회전체이다. 회오리바람은 매우 건조하고 뜨거운 날씨, 강한 햇빛과 약한 바람이 있어야 한다. 이러한 날씨 조건 속에서, 건조한 먼지와 고운 모래는 회전하는 공기에 휘말려 들어가고, 뜨거운 지표면은 공기를 반복해서 회전시킨다. 이러한 공기의 회전체 중 일부는 수직으로 일어서기 시작하고, 이러한 방식으로 회오리바람이 되는 것이다. 일부 매우 강력한 회오리바람은 차를 움직이거나 나무를 공중으로 날려버린다고 알려져 있지만, 대부분의 회오리바람은 전혀 피해를 주지 않는다.

해설 (A) of가 이끄는 전명구가 앞의 명사구를 수식. 주어 the hot surfaces가 복수이므로 make가 적절. ↩ <Chapter 01 주어-동사 수일치>

(B) 「부분표현(some)+of+명사」는 뒤의 명사에 수일치. of가 이끄는 전명구의 수식을 받는 명사 these rolling bodies는 복수이므로 start가 적절.
↩ <Chapter 01 주어-동사 수일치>

(C) Some very powerful devils가 '알려진 것'이므로 수동태 have been known이 적절. ↩ <Chapter 02 태>

어휘 dust devil (열대 사막의) 회오리바람 devil 악마 spinning 급회전의 condition 날씨 (조건); 상태 fine 고운, 미세한 get caught up in ~에 휘말려 들어가다 over and over 반복해서 harm 해를 끼치다, 손상시키다

04 ② (→ are)

해석 상자해파리는 사실 해파리가 아니다. 진짜 해파리와 달리, 상자해파리는 24개의 눈이 달린 활성 시각 체계를 가지고 있다. 이것들은 6개씩의 덩어리로 나뉘어 배열되어 있다. 16개의 눈은 단지 빛만 감지하는데, 각 덩어리 속의 두 개의 눈은 더 정교하다. 그러나 그것들은 명확한 상을 만들어 내지는 않는데, 상자해파리의 눈은 초점을 위해 만들어져 있지 않기 때문이다. 상이 흐리다. 이것이 상자해파리에 관한 유일한 특이 사항은 아니다. 그것은 뇌가 없고, 감각 정보를 처리할 수 있는 것처럼 보이는 그 어떤 것도 가지고 있지 않다. 사실 현시점에 우리는 아직도 상자해파리가 복수의 눈에서 들어오는 시각 정보를 어떻게 처리하는지에 대한 수수께끼를 푸는 중이다.

해설 ② in이 이끄는 전명구가 앞의 명사구를 수식하는 구조로, 주어 two eyes가 복수이므로 is → are. ↩ <Chapter 01 주어-동사 수일치>

① These(= twenty-four eyes)가 '배열되어 있는 것'이므로 수동형 are arranged는 적절. ↩ <Chapter 02 태>

③ 절의 주어 the box jelly's eyes가 초점을 위해 '만들어져 있지 않은 것'이므로 수동형 are not made가 적절. ↩ <Chapter 02 태>

④ 부정어구(No brain)가 문두에 와서 주어와 (조)동사가 도치된 구조. 일반동사인 경우 「조동사 do/does+주어+본동사」의 어순을 따르고 주어는 복수 취급하는 대명사 they이다. 따라서 do는 적절. ↩ <Chapter 03 도치와 어순>

⑤ how가 이끄는 절이 전치사 of의 목적어 역할을 하는 간접의문문. 간접의문문의 어순은 「의문사+주어+동사」이므로 the box jellyfish handle은 적절.
↩ <Chapter 03 도치와 어순>

어휘 unlike ~와 달리 visual 시각의 arrange 배열하다, 정리하다 separate 분리된; 각각의 cluster 덩어리; 무리 merely 단지 light-sensitive 빛을 감지하는 delicate 정교한 curious 특이한; 궁금한 sensory 감각의 current 현재의 uncover (비밀 등을) 알아내다 handle 다루다, 처리하다 multiple 다수의, 복수의

05 ③ (→ is)

해석 세계에서 가장 유명한 축제 중 하나는 프랑스어로 '참회의 화요일'을 의미하는 Mardi Gras 축제이다. 이 축제는 18세기에 뉴올리언스의 초기 프랑스 정착민들에 의해 미국에 소개되었고, 현재 미국 남부의 몇몇 주(州)에서는 법정 공휴일이다. 축제 행사는 뉴올리언스에서 Mardi Gras가 시작되기 일주일 전에 시작되는데, 그날은 기독교 달력으로 재의 수요일 바로 전날이다. 가장행렬, 거리 파티, 가면무도회와 다른 다양한 오락 행사가 일주일 내내 열린다. 전 세계에서 온 관광객들은 축하 행사를 위해 뉴올리언스에 모여, 밤늦도록 확실히 재미를 만끽한다.

해설 ③ the day가 선행사이므로 단수동사 is가 적절. ↩ <Chapter 01 주어-동

사 수일치>

① 「one of+복수명사」에서 주어는 one이므로 단수동사인 is는 적절.
↩ <Chapter 01 주어-동사 수일치>

② 문맥상 과거시제이고 It(= Mardi Gras)이 미국에 '소개된 것'이므로 수동태 was introduced는 적절. ↩ <Chapter 02 태>

④ take place는 '(어떤 일이) 발생하다, 일어나다'란 뜻의 자동사로 수동태 불가. take place는 적절. ↩ <Chapter 02 태>

⑤ 전명구 from all over the world가 수식하는 복수 Tourists가 주어이므로 gather는 적절. ↩ <Chapter 01 주어-동사 수일치>

어휘 original 최초의, 원시의 resident 거주자 festivity 《복수형》 축제 행사 prior to ~에 앞서, ~보다 먼저 costume (무대나 가장무도회에서 입는) 시대 의상; 복장 masked ball 가면무도회 entertainment 오락 행사; 즐거움 throughout ~ 내내, ~ 동안 celebration 축하 (행사)

06 ③ (→ they will)

해석 혈액형에 관한 지식은 실제로 아주 새로운 것이다. 1900년에야 비로소 ABO 혈액형 분류법이 발견되었고, 네 번째 혈액형인 AB형은 2년 후에 발견되었다. 곧 많은 문화권에서 사람들이 혈액형에 따라 사람의 성격을 분류하려고 노력했다. 성격을 분류하는 데 혈액형을 이용한다는 생각은 매우 간단한 것 같아서 상당히 매력적이다. 어떤 사람은 혈액형이 배우자를 찾는 데 특히 유용하다고 생각한다. 이들은 혈액형에 기초하여 이상적인 애인을 찾을 수 있다고 믿는다. 혈액형 분류법은 어려운 인간관계에 대처하는 데 도움을 준다고 여겨지기도 한다. 그러나 세계 과학자들 대부분은 혈액형 분류법에 대한 믿음이 단지 미신일 뿐이라고 생각한다.

해설 ③ on the basis of blood type이 장소, 방향의 부사구가 아니고, SVO문형 앞에 왔으므로 주어와 동사의 도치는 일어나지 않는다. they will이 적절. ↩ <Chapter 03 도치와 어순>

① Only가 이끄는 부사구(Only in 1900)가 문두에 위치하여 주어와 동사가 도치됨. 주어인 the ABO groupings에 수일치해야 하므로 were는 적절.
↩ <Chapter 03 도치와 어순>

② of가 이끄는 전명구가 앞의 명사구를 수식. 주어 The idea가 단수이므로 is는 적절. ↩ <Chapter 01 주어-동사 수일치>

④ that절이 목적어일 때, that절의 주어를 문장의 주어로 하고 to부정사를 이용하여 수동태로 전환할 수 있다.

⑤ 「부분표현(most)+of+명사」의 구조로 of 뒤 명사에 동사의 수를 일치시킨다. the world's scientists는 복수이므로 think는 적절.
↩ <Chapter 01 주어-동사 수일치>

구문 (11행~12행) ~ **help** us (to) deal with difficult relationships.
help는 목적격보어로 원형부정사와 to부정사 모두를 취할 수 있다.

어휘 knowledge 지식 blood type 혈액형 cf. blood typing 혈액형 분류법 grouping 분류, 그룹으로 나누기 classify 분류하다 character 성격 according to ~에 따라 personality 성격 attractive 매력적인 especially 특히 matchmaking 결혼 중매 on the basis of ~에 기초하여 ideal 이상적인 deal with ~에 대처하다; ~을 다루다 relationship 관계 belief 믿음 nothing but 단지 ~일 뿐 (= only) superstition 미신

07 ③ (→ decorate)

해석 너무 많은 가정에서 손님용으로 남아 있는 방은 여행 가방, 오래된 장난감, 겨울 의류, 그 밖에 집 안의 다른 곳에는 어울리지 않는 물건들을 위한 은신

처가 된다. 당신은 손님이 "이런, 나를 창고에 재우려는군."이라고 생각하길 원하진 않을 것이다. 손님용 방은 5성급 호텔 방처럼 다뤄져야 한다. 손님이 즐길 수 있게, 오래된 책과 잡지는 정리되어 선반에 놓여야 한다. 더욱이, 집 안의 다른 곳을 장식하는 가족사진과 미술품이 손님방이라고 제외되어서는 안 된다. 누구도 텅 빈 벽을 쳐다보길 바라지는 않는다. 꽃병에 담긴 싱싱한 꽃은 사랑스러운 장식이며 달콤한 향이 나는 비누뿐 아니라 작은 샴푸와 로션 병들도 좋다. 마지막으로 5성급 호텔이라면 손님을 위해 반드시 슬리퍼와 깨끗한 목욕 가운을 준비할 것이다.

해설 ③ 가족사진과 미술품이 집 안의 다른 곳을 '장식하는 것'이므로 능동형 decorate가 적절. ↩ Chapter 02 태>

① 수식어구 for guests 앞의 주어 the spare room에 수일치하므로 단수동사 is는 적절. ↩ Chapter 01 주어-동사 수일치>

② 손님용 방은 5성급 호텔 방처럼 '다뤄져야 하는 것'이므로 수동형 be treated는 적절. ↩ Chapter 02 태>

④ 「B as well as A」의 구문에서는 강조하는 B에 동사의 수를 일치시킨다. B는 복수(little bottles)이므로 work는 적절. ↩ Chapter 01 주어-동사 수일치>

⑤ 부정어(hardly)가 문두에 와서 주어와 (조)동사가 도치되므로 would a five-star hotel leave는 적절. ↩ Chapter 03 도치와 어순>

어휘 spare 남는, 여분의 hiding place 은신처, 숨겨진 곳 luggage 여행 가방 fit into ~에 어울리다[맞다] storage room 창고 what's more 더욱이, 게다가 artwork 미술품 decorate 장식하다, 꾸미다 cf. decoration 장식 exclude 제외하다, 배제하다 bare 텅 빈; 벌거벗은

08 (1) ③, is (2) do their parents spend with them

해석 대부분의 아이들이 자라면서 문제가 생긴다는 것은 의심할 여지가 없다. 하지만 많은 아이들이 자신의 문제에 관해 부모와 이야기하기를 어려워한다는 것을 알면 아마 놀랄 것이다. 더구나 아이에게 문제가 생겼을 때, 부모는 대개 단순히 아이를 벌한다. 부모와 아이 사이에 의사소통을 더 잘하는 것이 중요하다. 부모가 자신들과 보내는 시간이 거의 없다는 것을 많은 아이들은 불평한다. 아이들은 부모로부터 침묵과 벌이 아니라 지지와 사랑을 필요로 한다. 결국, 문제가 있는 아이들은 단지 같이 있어 줄 사람과 자신이 괜찮다는 안도감을 원하는 것이다.

해설 (1) ③ 주어는 Better communication이므로 단수동사 is가 적절.
↩ Chapter 01 주어-동사 수일치>

① 「There + 동사 + 주어」의 어순으로 주어는 no doubt이므로 단수동사 is는 적절. ↩ Chapter 03 도치와 어순>

② 주어(you)가 감정을 느끼는 것이므로 수동형 surprised는 적절.
↩ Chapter 02 태>

④ 주어는 children in trouble이므로 children에 동사의 수를 일치한다. 따라서 want는 적절. ↩ Chapter 01 주어-동사 수일치>

(2) 부정어구(Little time)가 문두에 위치하고 동사가 일반동사 spend이므로 「조동사 do/does + 주어 + spend」의 어순을 따르고 주어는 복수 their parents이다. 따라서 do their parents spend가 적절. ↩ Chapter 03 도치와 어순>

어휘 doubt 의심 get into trouble 문제가 생기다, 곤란한 상황에 처하다 cf. in trouble 문제가 생긴, 곤란에 처한 punish 처벌하다 cf. punishment 벌 complain 불평하다 support 지지, 성원 silence 침묵 company 동반자, 친구

09 (1) (A) is (B) are believed (C) was African art
(2) The majority of those sculptures are made from wood but also other materials are used

해석 아프리카의 가장 훌륭한 작품 중 일부는 조각 형태로 되어 있다. 그 조각들의 대부분은 나무로 만들어져 있지만, 금속, 돌, 진흙, 동물의 가죽을 포함하여 다른 재료도 사용된다. 또 다른 주목할 만한 아프리카 예술로는 대륙 전역에 걸쳐 수백만 곳에 존재하는 고대 석화(石畫)가 있다. 이러한 석화들 중 많은 것이 약 2만 년 전에 만들어졌다고 여겨진다. 전통적으로 아프리카 예술은 아름다움을 즐기려고 만들어진 것이 아니라 악령이나 마녀로부터 보호하거나, 비가 내리거나 임신과 같이 소망하던 일이 일어나게 하려고 만들어졌다.

해설 (1) (A) 「부분표현(some) + of + 명사」는 뒤에 오는 명사에 수일치. Africa's finest art는 단수이므로 is가 적절. ↩ Chapter 01 주어-동사 수일치>

(B) 2만 년 전에 만들어진 것으로 '여겨진다'란 뜻이므로 수동태 are believed가 적절. ↩ Chapter 02 태>

(C) 부정어(never)가 문두에 와서 주어와 (조)동사가 도치되므로 was African art가 적절. ↩ Chapter 03 도치와 어순>

(2) 주어인 The majority가 '만들어지는 것'이므로 수동태로 표현하고, The majority of 뒤에 이어지는 those sculptures가 복수이므로 are made가 적절. other materials는 '사용되는 것'이므로 수동태로 표현. ↩ Chapter 01 주어-동사 수일치> ↩ Chapter 02 태>

구문 (10행~12행) ~, but (African art was created) **to protect** against evil spirits or witches, **or (to) bring** about a desired event, such as rainfall or a pregnancy.
but이 이끄는 절에서 '목적'을 나타내는 두 개의 to부정사구가 or로 대등하게 연결되어 있다.

어휘 sculpture 조각 material 재료 metal 금속 clay 진흙 notable 주목할 만한, 뛰어난 ancient 고대의 site 장소 continent 대륙 traditionally 전통적으로 witch 마녀 bring about ~을 가져오다[불러오다] desired 소망하는, 바라는 rainfall 비, 강우 pregnancy 임신

PART 2 준동사

Chapter 04　동사와 준동사

해석 **1** 그는 내게 도시를 구경시켜 주고 그의 집에 초대했다. / 나는 연휴를 조부모님과 함께 보내기로 했다. / 나는 여동생을 데리러 공항에 가야 한다. / 나는 공항에 가서 여동생을 데려와야 한다. / 나는 고작 수 마일 떨어진 공항에 가서 여동생을 데려와야 한다. **2** 해가 벌써 떴다. / 그는 변호사가 되었다. / 이 코트는 좋아 보인다. / 그는 벌써 사과를 다 먹었다. / 그녀는 나에게 이 가방을 주었다. / 내 선물은 그녀를 행복하게 했다. / 그는 나를 친절한 사람이라고 생각한다. / 나는 그녀가 운동장에서 노는 것을 허락했다.

시험에 나오는 **어법 Point**

해석 **Point 01** 그가 잠에서 깨어 보니 집 전체가 불타고 있었다. / 대신, 당신의 모든 일을 한자리에 정리하라. / 병아리콩은 사방팔방으로 가지를 뻗으며 키가 8인치에서 40인치까지 자란다.

Point 02 나는 형들이나 누나들보다 덜 적극적이다. / 그들은 손님들이 꼭 자신의 집에서 그러는 것처럼 느긋이 쉬고 편안함을 느끼기를 원한다.

Point 03 게다가, 경제적, 사회적 변화는 여성들이 노동 시장에 진입하는 것을 허용하였다. / 이 음료는 그들의 통증과 열을 사라지게 했다. **2** 나는 아파트 지붕에서 연기가 나는 것을 보았다. / 당신은 일이 잘못될 경우를 대비해 누락된 파일을 복구시켜야 합니다. / 그녀가 집에 왔을 때, 여동생이 침실에서 울고 있는 것을 발견했다.

Point 04 어떤 사람들은 성공보다는 실패로부터 더 많은 것을 배운다. / 우리의 시각은 몸의 다른 감각보다 더 섬세하게 발달되어 있다. / 동물들은 인간과 똑같이 보호받을 권리를 가져야 한다.

정답 **1** 접속사　**2** 준동사　**3** 부사
[01~05] **01** sharing　**02** hope　**03** to lower　**04** cut　**05** occur
[06~10] **06** silent　**07** happily　**08** heavy　**09** easy　**10** dependent
[11~23] **11** dyed　**12** to take　**13** do　**14** prepare, to prepare　**15** awarded　**16** to protect　**17** spend　**18** surrounded　**19** fastened　**20** to know　**21** apologize　**22** disappear, disappearing　**23** try, trying
[24~26] **24** was　**25** did　**26** does

[01~05] **01** 그는 컴퓨터 지식을 공유하려고 동아리에 가입했다. (→ 전치사 for의 목적어 자리) **02** 이번 조사는 도시에 사는 몇몇 노인들이 시골에 살기를 바라는 것을 보여준다. (→ shows는 문장의 동사, that이 이끄는 목적어절의 동사 자리이므로 hope) **03** 혈압을 낮추기 위해서는 규칙적인 운동과 건강에 좋은 음식을 먹는 것이 중요하다. (→ 동사는 is, 목적을 나타내는 부사적 용법의 to부정사가 적절) **04** 신문 만화란을 읽을 때, 여러분을 웃게 하는 만화를 잘라

내라. (→ 주어가 생략된 명령문이므로 동사 cut) **05** 흙 속의 더 낮은 마그네슘 농도는 산성을 띠는 토양에서 발생하며, 지구상의 농경지의 약 70%는 이제 산성이다. (→ 두 개의 절이 and로 연결된 것이므로 동사인 occur)

[06~10] **06** 방 안의 모든 사람은 조용히 있었다. (→ remain + 형용사 보어 '(여전히) ~한 채로 있다') **07** 그녀는 딸의 사진을 보며 행복하게 웃고 있다. (→ smile은 목적어나 보어 없이 문장의 뜻을 완전하게 하는 동사. '행복하게 웃다'란 의미로 동사 수식 부사가 적절) **08** 어젯밤에 늦게까지 깨어 있었더니 잠이 부족해서 눈이 무거운 느낌이 들어. (→ feel + 형용사 보어 '~한 느낌이 들다') **09** 새 직장에서의 첫날은 어땠니? 일은 쉬웠니? (→ find는 목적격보어로 형용사를 취하는 동사. feel + 목적어 + 형용사 목적격보어 '~이 …함을 발견하다, 알다') **10** 기술 발전은 더 많은 물질의 이용을 가져왔으며, 우리가 천연자원에 더 의존하게 했다. (→ 이때의 make는 목적격보어를 취하는 동사. make + 목적어 + 형용사 목적격보어 '~이 …하게 하다[만들다]')

[11~23] **11** 내가 머리를 초록색으로 염색했을 때, 부모님은 내게 매우 화가 나셨다. (→ my hair가 '염색되는 것'이므로 수동) **12** 그 코치는 선수들에게 다음 경기를 위해 쉬라고 충고했다. (→ advise A to부정사 'A가 ~하도록 충고하다') **13** 어떤 사람들은 아이가 하고 싶은 대로 하도록 내버려 두는 것처럼 보인다. (→ 아이가 원하는 대로 '하는 것'이므로 능동, 사역동사 let + 목적어 + 원형부정사) **14** 나는 엄마와 함께 살 때 저녁 준비를 도와드리곤 했다. (→ 내가 '도와주는 것'이므로 능동, help + 목적어 + 원형부정사/to부정사) **15** 그의 부모님은 경기장에서 그가 대통령에게 우승 메달을 받는 것을 보았다. (→ 그에게 메달이 '수여되는 것'이므로 수동) **16** 과학자들은 해양 생물에 대한 다큐멘터리를 제작함으로써 더 많은 사람들이 바다에 사는 종들을 보호하도록 장려할 수 있기를 희망한다. (→ encourage A to부정사 'A가 ~하도록 장려하다') **17** 오토바이 사고로 그는 남은 인생을 휠체어에서 보내야 했다. (→ 그가 남은 인생을 '보내는 것'이므로 능동, 사역동사 make + 목적어 + 원형부정사) **18** 시뮬레이션 놀이기구의 좌석에 앉으면, 자신이 커다란 스크린에 둘러싸여 있다는 것을 알게 된다. (→ yourself가 스크린에 '둘러싸이는 것'이므로 수동) **19** 비행기가 완전히 멈출 때까지 좌석 벨트를 매고 있어라. (→ your seat belt가 '매이는 것'이므로 수동) **20** 그녀는 아버지가 자신에게 얼마나 중요한지 알아주시길 원했다. (→ want A to부정사 'A가 ~하기를 원하다') **21** 선생님은 내가 반 친구에게 한 말에 대해 사과하도록 했다. (→ 내가 '사과하는 것'이므로 능동, 사역동사 have + 목적어 + 원형부정사) **22** 그들은 그 버스가 저 멀리 사라지는 것을 알아차렸다. (→ the bus가 '사라지는 것'이므로 능동, 지각동사 notice + 목적어 + 원형부정사/-ing) **23** 나는 파리의 지하철에서 한 남자가 붐비는 열차에서 내리려고 애쓰는 것을 보았다. (→ a man이 '내리려고 한 것'이므로 능동, 지각동사 watch + 목적어 + 원형부정사/-ing. 목적어와 목적격보어 사이에 부사구 on the subway in Paris가 온 형태이다.)

[24~26] **24** 그는 1년 전보다 아이들에게 더 관대해진 것 같다. (→ 앞에 나온 동사구 is generous to his children을 대신하면서 과거 사실을 나타내므로 was가 적절) **25** 내가 어린 시절을 보냈던 동네는 옛날과 똑같아 보인다. (→ 앞에 나온 동사 looks를 대신하면서 과거 사실을 나타내는 did가 적절)

26 그 세탁기는 옷을 빠르게 세탁할 뿐만 아니라 손으로 빨 때 쓰이는 물보다 훨씬 적은 양의 물을 사용한다. (→ 앞에 나온 동사구 uses water를 대신하므로 does가 적절)

빈틈을 채우는 **촘촘문법**

해석 **1** 그러고 나서 그녀는 내게 자신의 갑작스러운 여행의 이유와 거기서 경험했던 흥미진진한 모험에 대해 설명했다. **2** 우울증이 있는 사람들은 큰 이미지나 장면을 해석하기는 쉽지만, 차이점을 자세히 발견하기는 힘들다. / 그녀는 학생들이 기말고사 준비에 집중하는 것을 가능하게 해주었다.

QUICK CHECK
정답 **01** ② **02** ③

해설 **01** ② discuss는 타동사이므로 전치사 없이 목적어(this problem)를 바로 취할 수 있다. ① explained me → explained to me ③ introduced me → introduced to me ④ entered into → entered ⑤ suggested them → suggested to them **02** ③ refund → to refund, 동사 make가 가목적어 it을 취하여 뒤에 원래 목적어인 to부정사구가 이어진다.

어휘 complain 불평하다 object to ~에 반대하다 depression 우울증 interpret (의미를) 해석하다 struggle 힘겹게 하다 in detail 자세히, 상세히 concentrate 집중하다 preparation 준비 mild 온화한, 포근한 defective 결함이 있는 diligent 근면한, 성실한

실력이 쌓이는 **적용훈련**

정답 **A 01** to help **02** drive **03** does **04** enter
05 found **06** surprised **07** to communicate **08** active
09 cleaned **10** make
B 11 did **12** ○ **13** high **14** be known
15 cough[coughing] **16** ○ **17** to review
C 18 ⓐ glow ⓑ came ⓒ to replace
19 ⓐ clean ⓑ object to ⓒ to strengthen
20 ⓐ have ⓑ having ⓒ checking
D 21 ⓐ yawn[yawning] ⓑ do ⓒ yawn
22 ⓐ creates ⓑ stimulated ⓒ do

해설 **A 01** 그녀는 우리가 도와주기를 기대했고 해야 할 것에 대한 계획을 우리에게 알려주었다. (→ expect A to부정사 'A가 ~하기를 기대하다') **02** 아버지는 출장 가서 집에 안 계실 때, 내가 아버지 차를 몰도록 허락해주신다. (→ 내가 '운전을 하는 것'이므로 능동, 사역동사 let+목적어+원형부정사) **03** 그는 적어도 책을 읽는 시간만큼 인터넷 검색을 하는 데 시간을 보낸다. (→ 앞에 나온 동사구 spends time을 대신하므로 does) **04** 오직 그 소녀만이 어젯밤 어떤 사람이 그 집에 들어가는 걸 알아챘다고 주장했다. (→ someone이 '들어가는 것'이므로 능동, 지각동사 notice+목적어+원형부정사/-ing) **05** 그는 Columbus가 발견한 대륙이 아시아의 일부가 아니라는 것을 깨달았다. (→ realized는 문장의 동사, that이 이끄는 목적어절의 동사는 was이므로

the continent를 수식하는 과거분사가 적절) **06** 나는 내가 취직했다는 소식에 친구들이 놀라는 것을 보았다. (→ my friends가 '놀라움을 느끼는 것'이므로 수동, 지각동사 see+목적어+p.p.) **07** 어떤 회사들은 직원들에게 영어로만 의사소통하도록 요청했다. (→ ask A to부정사 'A에게 ~해달라고 부탁하다, 요청하다') **08** 우리의 몸과 마음은 신체 활동에 참여함으로써 활동적으로 유지할 수 있다. (→ remain+형용사 보어 '(여전히) ~한 채로 있다') **09** 그 관광객들은 식당에서 점심을 먹는 동안 그 방이 청소되도록 했다. (→ the room이 '청소되는 것'이므로 수동, 사역동사 have+목적어+p.p.) **10** 공항 보안 직원들은 승객들의 수하물을 확인하고 위험한 것이 없도록 한다. (→ 등위접속사 and로 동사 check와 병렬연결된 동사 make가 적절)

B 11 작년에 전 세계의 유가는 상승했고, 택시 요금 또한 그에 반응하여 올랐다. (→ 앞에 나온 동사 increased를 대신하므로 did) **12** 그 망원경을 처음 만든 과학자는 그 장치가 군대와 선원들을 도울 수 있다는 것을 깨달았다. (→ who first made the telescope는 주어 The scientist를 수식하고, 생략된 that이 이끄는 목적어절이 이어지므로 동사 realized가 적절) **13** 건강에 좋은 음식을 먹고 휴식을 취하는 것은 당신의 에너지를 높게 유지시킬 수 있다. (→ keep+목적어+형용사 목적격보어 '~을 …한 상태로 두다') **14** 그 관리자는 그 문제들이 해결될 수 있도록 그것들을 알려야 한다. (→ the problems가 '알려지는 것'이므로 수동, 사역동사 let+목적어+be+p.p.) **15** 한밤중에 엄마가 심하게 기침하시는 걸 듣고 나는 잠에서 깼다. (→ my mom이 '기침을 하는 것'이므로 능동, 지각동사 hear+목적어+원형부정사/-ing) **16** 나는 대화할 때 다른 사람들과 눈을 맞추는 것이 예의라고 생각한다. (→ 동사 think+가목적어(it)+목적격보어+진목적어(to부정사구)) **17** 온라인으로 신발 가격을 비교 검토해 보시기를 권해 드립니다. (→ encourage A to부정사 'A가 ~하도록 권하다')

C 18 과학자들은 식물들이 어둠 속에서 몇 시간 동안 빛나게 했다. 그 빛나는 식물에 대한 발상은 스스로 빛나는 반딧불이의 물질에서 왔다. 그들은 그 식물의 빛이 플러그를 꽂아야 하는 전등을 대체하길 기대한다. (→ ⓐ plants가 '빛나는 것'이므로 능동, 사역동사 make+목적어+원형부정사 ⓑ 주어는 The idea for the lighting plants, 문장에 동사가 없으므로 동사 came이 적절 ⓒ expect A to부정사 'A가 ~하기를 기대하다')
19 대부분의 부모들은 아이들의 방을 깨끗하게 유지하는 것이 그들의 건강을 위해 필수적이라 믿는다. 그러나 의사들은 부모의 믿음에 반대하면서 먼지는 아이들을 강하게 만들 수 있다고 말한다. 사실 먼지는 그들의 면역체계를 강화시키는 것을 가능하게 한다. (→ ⓐ keep+목적어+형용사 목적격보어, '~을 …한 상태로 두다' ⓑ 자동사+전치사, object to ⓒ enable A to부정사 'A가 ~할 수 있게 하다')
20 연구는 일하는 사람들은 두 개의 캘린더, 즉 업무용 하나와 개인 생활용 하나를 가지고 있음을 보여준다. 그것은 합리적으로 보일지도 모르지만, 일과 개인 생활을 위한 별개의 두 캘린더를 가지고 있는 것은 주의를 산만하게 할 수 있다. 무언가 빠져 있는지를 확인하려고 해야 할 일의 목록을 여러 번 확인하고 있는 자신을 발견하게 될 것이다. (→ ⓐ that절의 동사 자리이므로 have. who work는 that절의 주어인 people을 수식 ⓑ 동사 can lead의 주어 역할을 하는 동명사 자리 ⓒ will find의 목적격보어 자리. 목적어와 능동 관계이므로 checking이 적절)

D 21 하품은 전염성이 있고 강력하며 막을 수 없다. 당신은 다른 사람이 하품하는 것을 볼 때 자동적으로 하품한다. 게다가, 하품을 멈추려고 하면, 다른 사

람들이 평상시에 하는 것보다 훨씬 더 많이 하품한다. 더욱 놀라운 것은, 하품에 대해 읽는 것이 당신을 하품하게 만들 수도 있다는 것이다. (→ ⓐ other people이 '하품하는 것'이므로 능동, 지각동사 see + 목적어 + 원형부정사/-ing ⓑ 앞에 나온 동사 yawn을 대신하므로 do ⓒ you가 '하품하는 것'이므로 능동, make + 목적어 + 원형부정사)

22 수업 시간의 신체 활동은 움직임이 두뇌에 미치는 영향으로 인해 더 나은 학생들을 만든다. 움직임은 뇌의 신경 세포가 자극되어 활성화되도록 한다. 최근 한 연구에서 수업 시간에 신체 활동에 참여하는 학생들이 그렇지 않은 학생들보다 독해와 수학을 더 잘한다는 것을 발견했다. (→ ⓐ 주어는 Physical activity, 동사는 creates ⓑ the nerve cells가 '자극되는 것'이므로 수동, 사역동사 make + 목적어 + p.p. ⓒ 앞에 나온 동사구 participate in physical activity in class를 대신하므로 do)

실전에 통하는 **적용훈련**

정답 01 ④ 02 ③ 03 ①

01 ④

해석 나는 어릴 적 거북이 한 마리를 발견했던 일을 기억한다. 나는 거북이를 갖고 놀려고 했는데, 거북이의 머리와 다리가 사라졌다. 그래서 나는 막대기를 이용해 등딱지를 열려고 했다. 엄마는 내가 등딱지 속으로 쿡쿡 찌르는 것을 보고는 소리치셨다. "그만해! 거북이 죽이겠다! 막대기로는 거북이를 움직이게 하지 못해." 그런 다음, 엄마는 거북이를 안으로 데리고 들어가 미지근한 물이 담긴 욕조에 거북이를 넣었다. 거북이는 곧 머리와 다리를 쭉 내밀고 기어 다니기 시작했다. "거북이는 이런 동물이란다." 엄마가 말씀하셨다. "그리고 사람도 똑같아. 사람에게 완력을 행사할 순 없어. 하지만 네가 친절한 태도로 사람의 마음을 녹이면 그들은 아마 네가 원하는 대로 할 거야."

해설 (A) '내가 등딱지 속으로 찌르는 것'이므로 목적어와 목적격보어는 능동 관계. 「지각동사 see + 목적어 + 원형부정사/-ing」

(B) get이 '~이 …하게 하다'란 의미로 SVOC 구조. '거북이가 움직이는 것'이므로 목적어와 목적격보어는 능동 관계. 따라서 to move가 적절.

(C) 「want A to부정사」 'A가 ~하길 원하다'

구문 (01행) I **remember finding** a turtle when I was little.

「remember + v-ing」 구문은 '(과거에) v한 것을 기억하다'의 뜻.

cf. 「remember + to-v」 '(미래에) v할 것을 기억하다'

어휘 shell 껍데기 dig ~을 찌르다; ~을 파다 yell 소리치다 bathtub 욕조 stretch out ~을 쭉 내밀다, ~을 펴다 crawl 기어다니다 force 힘 probably 아마

02 ③ (→ to say 혹은 saying)

해석 '부디'와 '감사합니다'는 종종 '마법의 말'이라고 불리는데, 그것들은 모든 상호 작용을 순조롭게 만들기 때문이다. 모든 사람은 다른 사람들에게 무언가를 해달라고 부탁해야만 하는데, '부디'라고 말하는 것은 우리가 부탁하는 사람에 대한 존중과 배려를 보여준다. 사람들은 언제나 그들을 친절함과 배려를 가지고 대하는 사람들을 더 기꺼이 도와준다. 비슷하게, 만약 누군가가 당신을 위해 무언가를 해준다면, 당신의 감사를 보여주기 위해 '감사합니다'라고 말하는 것이 예의 바르다. 진심 어린 감사를 받은 사람은 다시 도와줄 가능성이 훨씬 더 크다. 예의 바른 태도는 분명히 우리가 일을 끝내는 것을 도와주고 '마법의 말'

은 세상을 모두에게 더 사려 깊게 만든다.

해설 ③ 문장의 동사는 shows, 문장의 주어 자리이므로 to부정사 to say 혹은 동명사 saying이 적절.

① "Please" and "thank you"가 '불리는 것'이므로 수동태 are often called는 적절. ↔ Chapter 02 태

② make가 '~을 …하게 만들다'란 의미로 쓰여 SVOC 구조를 이룬다. 보어 자리에는 형용사인 smooth는 적절.

④ 주어 Someone에 대한 동사의 자리이므로 is는 적절. who is thanked는 Someone을 선행사로 하는 관계대명사절.

⑤ help의 목적어와 목적격보어의 관계가 능동이면 목적격보어 자리에 원형부정사 또는 to부정사가 온다. 따라서 get은 적절.

구문 (08행~09행) ~ it is polite **to say** "thank you" **to show** your appreciation.

it은 가주어이고 to say ~가 진주어이다. to show는 부사적 용법으로 '~하기 위해서'의 의미.

어휘 interaction 상호 작용 smooth 순조로운; 매끄러운 respect 존중, 존경 consideration 배려 be willing to-v 기꺼이 v하다 appreciation 감사 thoughtful 사려 깊은

03 ① (→ to increase)

해석 기술은 생산성을 증가시킬 잠재력을 가지고 있지만, 또한 생산성에 부정적인 영향을 미칠 수 있다. 예를 들어, 많은 사무 환경에서 근로자들은 컴퓨터가 있는 책상에 앉아 인터넷에 접속할 수 있다. 그들은 원하는 때에는 언제든지 사적인 이메일을 확인할 수 있고 소셜 미디어를 사용할 수 있다. 이는 그들이 일하는 것을 중단시킬 수 있고 그들을 덜 생산적이게 만들 수 있다. 신기술을 도입하는 것 역시, 생산 과정에 변화를 야기하거나 근로자들에게 새로운 시스템을 익힐 것을 요구하면 생산에 부정적인 영향을 미칠 수 있다. 신기술을 사용하는 것을 익히는 것은 근로자들에게 시간 소모가 크고 스트레스를 줄 수 있으며 이는 생산성 저하를 일으킬 수 있다.

해설 ① 사역동사 have는 SVOC 구조에서 원형부정사를 목적격보어로 취하지만, 본문의 has는 '가지고 있다'의 의미로 SVO 구조를 이룬다. 목적어 the potential을 설명하는 to부정사인 to increase가 적절.

② 주어 workers의 동사인 sit은 적절.

③ make의 목적격보어 자리이므로 형용사 productive는 적절.

④ require는 목적격보어로 to부정사를 취하므로 적절.

⑤ can be의 주어가 되는 동명사 Learning은 적절.

어휘 technology 기술 potential 잠재력; 잠재적인 productivity 생산성 have an impact on ~에 영향을 미치다 negative 부정적인 have access to ~에 접근[접속]할 수 있다 personal 사적인, 개인의 introduce 도입하다; 소개하다 cause 일으키다, 야기하다 time consuming 시간 소모가 큰 decline 하락(하다), 감소(하다)

실력을 완성하는 **서술형 훈련**

정답 01 persuade you to buy 02 (was) pronounced wrong 03 helped me (to) move 04 similarly → similar 05 does → is 06 to play → play[playing] 07 enter to → enter 08 reducing → to reduce 09 easily → easy 10 (1) to reflect (2) reflects (3) 문장 안에 동사가 없으므로 준동사인 to reflect를 (동명사구 주어(Spending~)에 적합한 3인칭 단수동사인) reflects로 고치는 것이 적절하다.

해설 01 persuade A to부정사 'A가 ~하도록 설득하다' 02 the participant's name이 틀리게 '발음된 것'이므로 수동, 지각동사 「notice＋목적어＋p.p.」 구문. 또는 noticed 뒤에 that이 생략된 절이라 생각하면 수동태 was pronounced wrong으로 답할 수도 있다. 03 내가 '이사하는 것'이므로 능동, help＋목적어＋to부정사/원형부정사 04 sound＋형용사 보어 '~하게 들리다' 05 앞에 나온 동사구 is true를 대신하므로 is 06 그들이 '축구를 하는 것'이므로 능동, 지각동사 watch＋목적어＋원형부정사/-ing 07 당신의 학생들이 교실에 처음 들어올 때, 그들의 첫 행동은 선생님을 찾는 것이다. (→ 타동사 enter) 08 그의 두통이 심해져서 그의 주치의는 그에게 일하는 시간을 줄이라고 조언했다. 의사는 그에게 2주 동안 쉬라고도 말했다. (→ advise A to부정사 'A가 ~하도록 충고하다') 09 수천 개의 웹사이트, 텔레비전 채널, 그리고 문자메시지로, 미디어의 홍수에 잠기게 되는 것은 쉬운 것 같다. (→ seem＋형용사 보어 '~인 것 같다') 10 우리가 누구인지 표현하는 것을 가능하게 해주는 상품에 돈을 쓰는 것은 우리의 독특한 성격이 눈에 보이는 것을 통해 보여질 수 있다는 생각을 반영한다.

어휘 pronounce 발음하다 conference 회의 accent 억양, 말투 obvious 분명한, 명백한 suppose 추정하다, 가정하다 initial 처음의 look for ~을 찾다 headache 두통 drown 잠기게 하다; 익사시키다 reflect 반영하다, 나타내다 visible 눈에 보이는

Chapter 05　to부정사와 동명사

p. 57

해석 1 그 문제의 원인을 찾는 것은 어렵다. / 연주자의 기본적 과업은 음악의 의미를 이해하려고 노력하는 것이다. / 네 목표는 다른 이들과 경쟁하지 않는 것이다. 자기 발전에 집중하라. / 나는 그녀와 좋은 친구가 되기를 바란다. / 나는 내 가족과 보낼 시간이 많지 않다. / 그는 자신의 동료들과 잘 지내는 것처럼 보인다. / 우리는 빵을 만들기 위해서 밀가루와 우유를 사야 한다. / 그녀는 아들이 일등을 했다는 소식을 들어서 행복했다. / 그런 이상한 소문을 믿다니 그는 어리석은 것이 틀림없다. / 그녀는 자라서 매우 똑똑한 사람이 되었다. 2 반려동물을 키우는 것은 불편함보다는 좋은 점이 더 많다. / 여기서 가장 중요한 것은 성급히 결론 내리지 않는 것이다. / 어떤 사람들은 일찍 일어나는 것을 좋아하지 않는다. / 오늘 와 주신 모든 분께 감사드리고 싶습니다.

시험에 나오는 **어법 Point**

해석 Point 01 여러분은 과거를 잊고 손에서 놓을 것을 결심해야 한다.
Point 02 누군가 가스레인지를 잠그는 것을 잊어버렸기 때문에 불이 났다.
1 비가 온종일 계속 쏟아졌다. 2 내 남동생에게 줄 생일 카드를 사는 것을 잊어버렸다. / 내 남동생에게 줄 생일 카드를 샀던 것을 잊어버렸다.

정답 1 미래 2 과거
[01~06] 01 wrapping 02 to join 03 making
04 to follow 05 doing 06 moving
[07~12] 07 playing 08 to call 09 ○ 10 growing
11 ○ 12 ○

[01~06] 01 이 선물들 포장을 모두 언제쯤 끝낼 수 있겠어? (→ finish v-ing)
02 어떤 사람들은 좋지 않은 건강 때문에 입대를 거부한다. (→ refuse to-v)
03 그는 내년 업무 일정을 일부 수정하자고 제안했다. (→ suggest v-ing)
04 그의 충고를 따르기로 한 다음, 내 모든 스트레스가 사라졌다. (→ decide to-v) 05 나는 다시는 숙제하는 것을 미루지 않기로 약속했다. (→ put off v-ing) 06 사람들은 자주 스트레스를 받는다. 몇몇 사람은 시험을 치르고 있고, 몇몇 사람은 다른 직업으로 이직하는 것을 고려 중이고, 다른 사람들은 마감 때문에 걱정한다. (→ consider v-ing)
[07~12] 07 나는 어렸을 때 Tony의 집에서 축구를 했던 것을 기억한다. (→ 과거에 했던 일, remember v-ing) 08 내일 퇴근 후에 Smith 씨에게 전화하는 것을 잊지 마라. (→ 미래에 할 일, forget to-v) 09 너를 도와줄 수 없다는 말을 하게 돼서 유감이야. 나는 지금 떠나야 해. (→ regret to-v 'v하게 되어 유감이다') 10 발은 스무 살이 되면 길이가 자라는 것을 멈추지만, 대부분의 발은 나이 들면서 서서히 넓어진다. (→ stop v-ing 'v하는 것을 멈추다') 11 우리는 최대한 빨리 그 문제를 해결하려고 열심히 노력하고 있다. (→ try to-v 'v하려고 노력하다') 12 저 표지판은 그곳에 차를 주차할 수는 없지만, 승객을 태우기 위해 정차할 수는 있다는 의미이다. (→ stop to-v 'v하기 위해 멈추다')

빈틈을 채우는 **촘촘문법**

QUICK CHECK
정답 01 ⑤ 02 ③

해설 01 look forward to v-ing 'v하기를 기대하다', prevent A (from) v-ing 'A가 v하지 못하게 하다' 02 ③ To tell the truth '사실대로 말하자면', be worth v-ing 'v할 가치가 있다' ① to laugh → laughing, keep from v-ing ② starting → start, be about to-v ④ travel → traveling, spend＋시간＋v-ing ⑤ getting → to get, make sure to-v

어휘 further 추가의, 더 이상의 injury 부상 sample 표본

실력이 쌓이는 **적용훈련**

정답 A 01 to provide   02 spending   03 to inform
04 to plant   05 telling   06 promising   07 going
08 using
B 09 eating   10 to have   11 to depart   12 telling
13 to own   14 growing   15 making
C 16 ⓐ to leave ⓑ to check   17 ⓐ to reserve ⓑ making
ⓒ to pay   18 ⓐ to climb ⓑ climbing ⓒ going
D 19 ⓐ → closing, ⓒ → doing
20 ⓐ → to inform, ⓑ → to work

해설 A 01 나는 개인 병원에 도움을 요청했지만 그들은 어머니에 대한 치료를 제공하는 것을 거절했다. (→ refuse to-v) 02 우리는 작년 여름에 해변에서 정말 즐겁게 지냈어. (→ enjoy v-ing) 03 항공편이 취소되었다는 사실을 알리게 되어 유감입니다. (→ regret to-v 'v하게 되어 유감이다') 04 그 시장은 도심 지역에 풀과 나무를 심을 계획이다. (→ plan to-v) 05 아주 어렸을 때, 나는 공룡과 용을 구별하는 데 어려움을 겪었다. (→ have (a) difficulty (in) v-ing 'v하는 데 어려움을 겪다') 06 너는 어제 오지 않았어. 그녀의 병문안을 오겠다고 약속했던 것을 잊었니? (→ 과거에 했던 일, forget v-ing) 07 나는 엄마가 일주일 전에 사고를 당하셔서 해외로 가는 것을 미뤘어. (→ put off v-ing) 08 아버지는 젓가락을 사용하는 것에 익숙하지 않아서 음식을 먹는 데 오랜 시간이 걸렸다. (→ be accustomed to v-ing 'v하는 데 익숙하다')

B 09 무엇이든 한 시간 넘게 밖에 있었던 음식을 먹는 것을 피해라. (→ avoid v-ing) 10 춘천으로 가는 길에, 우리는 점심을 먹으려고 휴게소에 잠시 멈췄다. (→ 멈춘 '목적'을 의미하므로 to-v) 11 버스는 특정 시간에 출발하기로 되어 있지만 종종 늦는다. (→ be supposed to-v 'v하기로 되어 있다') 12 그는 시험 점수를 숨기려고 부모님께 거짓말했던 것을 깊이 후회한다. (→ regret v-ing 'v한 것을 후회하다') 13 최근 보고에 의하면, 이 도시의 대략 70퍼센트의 가정은 집을 소유할 형편이 되지 않는다. (→ afford to-v) 14 그 농부들은 그 작물을 기르지 않을 수 없는데, 그것들이 그들에게는 겨우 몇 개밖에 안 되는 소득원 중 하나이기 때문이다. (→ cannot help v-ing 'v하지 않을 수 없다') 15 대학은 그에게 장학금을 제의한 것을 부인했다. (→ deny v-ing)

C 16 당신이 호텔 객실을 떠날 때, 반드시 어떤 것도 두고 가지 않도록 하라. 당신은 침대 아래에서 잃어버린 양말 한 짝과 콘센트에서 휴대전화 충전기를 확인할 필요가 있을지도 모른다. (→ ⓐ make sure to-v '반드시 v하다' ⓑ need to-v) 17 결혼식 장소 예약에 동의하신다면, 가장 좋은 날짜와 시간을 선택하기 위해 적어도 2주 전에 예약해 주시길 제안해 드립니다. 그리고 예약하실 때 보증금 100달러를 내셔야 하는 것을 기억해 주세요. (→ ⓐ agree to-v ⓑ suggest v-ing ⓒ 미래에 할 일, remember to-v) 18 어느 날 한 모험가가 123층 건물을 등반하기로 결심했다. 그는 그 건물의 소유주나 관계자들에게 어떤 허가도 받지 않고 그의 여정을 시작했다. 건물의 직원들이 그가 등반하는 것을 멈추게 하려고 애썼으나 그는 그들을 무시했다. 그는 계속해서 올라가 73층에 도달했는데, 거기서 마침내 굴복하고 여정을 끝냈다. (→ ⓐ decide to-v ⓑ stop v-ing 'v하는 것을 멈추다' ⓒ keep v-ing '계속해서 v하다', keep (A) from v-ing는 '(A)가 v하는 것을 억제하다'라는 의

미임)

D 19 그 슈퍼마켓은 일요일에 영업하지 않는 것을 고려하고 있다. 직원들은 그들의 가족들과 시간을 보내는 것과 같은 그들이 하고 싶은 일을 할 시간을 원한다. 또한, 그들이 휴식을 취하고 상쾌하게 돌아오는 것은 중요하다. 일요일을 근무일로 하는 것은 직원들이 그들의 목표를 이루기 위해 최선을 다하는 것을 막을 것이다. (→ ⓐ consider v-ing ⓒ prevent A (from) v-ing 'A가 v하지 못하게 하다')

20 이번 지원에서 불합격하였음을 통보하게 되어 유감입니다. 저희는 두 명의 영업사원만 필요하지만 백 명이 넘는 분들이 저희와 함께 일하길 원하십니다. 다른 회사의 일자리를 찾는 데 성공하시는 것을 보게 되기를 희망합니다. 저희 회사에 관심을 가져주셔서 감사합니다. (→ ⓐ regret to-v 'v하게 되어 유감이다' ⓑ want to-v)

실전에 통하는 **적용훈련**

정답 01 ④   02 ③   03 ①

01   ④

해석 인류는 놀라운 용서의 능력을 갖고 있다. 나는 몇 년 전에 잉글랜드의 코번트리 시를 방문했던 일을 기억한다. 나는 2차 세계대전 시 나치에 의해 공격을 당한 어느 성당의 뼈대 안에 서 있었다. 나는 가이드가 그 폐허 옆에 서 있는 새 성당의 이야기를 들려주는 것을 들었다. 전쟁이 끝나고 몇 년 후에, 한 무리의 독일인들이 와서 그들 조상들이 초래한 피해에 대한 사과의 행동으로서 성당 짓는 일을 도왔었다. 그 폐허가 새 성당의 그림자로 있게 두자는 데 모두 동의했었다. 두 건물은 상징적이었는데, 하나는 인간에 대한 인간의 잔인함이며, 또 다른 하나는 용서와 화해의 힘이었다.

해설 (A) '몇 년 전에(a few years ago)' 방문했던 것을 기억한다는 내용이므로 visiting이 적절.
(B) '나치에 의해 공격받은 것'이므로 수동형인 been attacked가 적절.
↪ Chapter 02 태>
(C) agree는 to부정사를 목적어로 취하는 동사이므로 to allow가 적절.

구문 (06행~07행) I listened **as** the guide told the story of *the new cathedral* [**that** rose beside the ruins].
동시 상황을 나타내는 접속사 as가 쓰였다. 주격 관계대명사 that의 선행사는 the new cathedral.
(13행~15행) Both structures were symbolic: the one of man's cruelty to man, the other of the power of forgiveness and reconciliation.
두 건물이 상징하는 바를 설명하는 데 있어 '하나'는 one으로, '다른 하나'는 the other로 나타낸다.

어휘 forgiveness 용서   shell 뼈대, 골조; 껍데기   cathedral 대성당   attack 공격하다   ruins 《복수》 폐허, 잔해   apology 사과   damage 피해   ancestor 조상, 선조   shadow 그림자   structure 건물, 구조물   symbolic 상징적인   cruelty 잔인함

02   ③ (→ playing)

해석 한 남자가 지하철역에서 바이올린을 꺼내 연주하기 시작했다. 몇몇 사람들은 지나가면서 그 남자의 모자 안에 돈을 던져 넣었다. 그는 45분 동안 계속

연주했고, 몇 달러를 모았다. 그가 연주를 마쳤을 때도, 아무도 주목하거나 신경 쓰지 않았다. 그 남자는 세계 최고의 바이올린 연주자 중 한 명인 Joshua Bell 이었다. 그 주에 그는 표가 매진된 연주회에서 연주하고 있었는데, 표 한 장의 가격은 100달러였다. Bell은 사회적인 실험의 한 부분으로 길거리 연주를 했다. 그 실험의 의도는 사람들이 예상 밖의 장소나 예상 밖의 순간에 아름다운 것을 접했을 때, 아름다움에 어떻게 반응하는지 알아보려는 것이었다. 사람들은 그것을 아름답다고 여길까? 사람들은 멈춰 서서 그것을 감상하고 즐길까? 만약 우리에게 위대한 음악가가 무료로 연주하는 것을 멈춰서 들을 1초의 여유도 없다면, 우리는 얼마나 많은 다른 것들을 놓치고 있는 것일까?

해설 ③ finish는 동명사를 목적어로 취하는 동사이므로 playing이 적절.
① start는 to부정사와 동명사 모두를 목적어로 취할 수 있으므로 to play는 적절.
② keep은 동명사를 목적어로 취해 '계속 ~하다'의 의미를 나타내므로 playing은 적절.
④ expect는 to부정사를 목적어로 취하는 동사이므로 to learn은 적절.
⑤ 문맥상 '연주하는 것을 감상하기 위해 멈추다'란 의미이므로 to admire는 적절.

구문 (13행~14행) If we do not have even *a second* [to stop and **listen to** a great musician **playing** for free], ~?
to 이하(to stop ~ free)가 a second를 수식하며 to부정사구에는 「listen to + 목적어 + -ing(~가 …하는 것을 듣다)」의 구조가 쓰였다.

어휘 notice 주목하다 violinist 바이올린 연주자 sold-out 매진된 social 사회적인 experiment 실험 admire 감상하다, 감탄하며 바라보다; 존경하다

03 ① (→ working)

해석 우리의 눈, 신장, 폐, 간, 심장 또는 다른 장기가 사고로 활동을 멈추거나 손상을 입으면 어떤 것이 대체될 수 있을까? 정답은 뇌를 제외한 모든 것이다. 이론적으로는, 인공 장기와 인간이 기증한 장기가 이제 우리의 장기 중 한 부분만을 제외하고 모든 것을 대체할 수 있다. 만약 피부에 화상을 입으면 당신의 신체 중 손상되지 않은 부분에서 피부를 떼어내어 화상을 입은 부분에 이식함으로써, 당신은 당신 자신에게 기증자가 될 수도 있다. 장기 기증자로 등록하는 것은 다른 사람의 삶을 살릴 기회임이 분명하다. 장기 기증은 고결한 일이며 피해야 할 일이 절대 아니다. 당신은 장기 기증자로 등록되어 있는가? 그렇지 않다면, 등록할 것을 고려해 봐라. 하지만 반드시 가족과 먼저 상의해야 한다.

해설 ① 문맥상 '활동하기를 멈추다'란 의미이므로 to work → working.
② 피부가 '화상을 입는 것'이므로 수동형 is burned 적절. ↪ Chapter 02 태>
③ 동사는 is로, 동명사(registering)가 주어로 알맞게 쓰였다. ↪ Chapter 04 동사와 준동사>
④ 주격 관계대명사 that의 선행사 something이 '피해지는 것'이므로 수동형 be avoided는 적절. ↪ Chapter 02 태>
⑤ consider는 동명사를 목적어로 취하는 동사이므로 doing은 적절.

구문 (07행~09행) ~, **by having** skin **removed** from an undamaged
                 V′   O′   C′₁
part of your body *and* **transplanted** onto the burned area.
                  C′₂
「by -ing」는 '~함으로써'란 뜻. 사역동사로 쓰인 have는 목적어와 목적격보어를 갖는 SVOC 구조를 이룬다. 두 개의 목적격보어(removed ~ and transplanted ~)가 병렬구조를 이루고 있다. 목적어(skin)가 '제거되고 이식되는 것'이므로 목적격보어로 과거분사형이 쓰였다.

어휘 lung 폐 liver 간 organ 장기 theoretically 이론적으로 artificial 인공의, 인조의 donor 기증자 transplant (장기를) 이식하다 register ~에 등록하다 noble 고결한 definitely 절대로; 확실히

실력을 완성하는 **서술형 훈련**

정답 01 allowing, to use 02 Making[To make], doing
03 buying, working 04 prioritizing, to care
05 to live, eating 06 forget meeting her family
07 suggested leaving your companion animals
08 the other continued running[to run] 09 (1) offering
(2) to offer (3) manage는 to부정사만을 목적어로 취하는 동사이므로 to offer가 적절하다. 10 (1) changing (2) to change
(3) '(미래에) ~할 것을 기억하다'라는 의미로 쓰였으므로 remember to-v의 형태가 적절하다.

해설 01 object to v-ing, allow A to부정사 02 주어 자리에 동명사나 to부정사 사용, try v-ing '시험 삼아 v해보다' 03 regret v-ing 'v한 것을 후회하다', stop v-ing 'v하는 것을 멈추다' 04 consider v-ing, agree to-v 05 try to-v 'v하려고 애쓰다[노력하다]', when it comes to v-ing 'v하는 것에 관한 한' 06 과거에 했던 일, forget v-ing 07 suggest v-ing 08 continue v-ing[to-v] 09 그 위원회는 만장일치로 그 계약을 연장하기로 결정했는데, 계약자가 경쟁력 있는 가격을 제의했기 때문이었다. 10 정수기 속의 필터를 정기적으로 교체할 것을 기억해야 한다. 이것은 해로운 박테리아가 자라나는 것을 막아주어 깨끗한 식수를 보장한다.

어휘 comfort zone 안락한 곳 compact 소형의 microwave 전자레인지 prioritize 우선시하다 well-being (건강과) 행복 long-term 장기적인 as long as ~하는 한 organizer 주최자; 창시자 criminal 범인; 범죄의 chase 추격 committee 위원회 extend 연장하다 contract 계약[약정] *cf.* contractor 계약자 competitive 경쟁력 있는 regularly 정기적으로 ensure 보장하다

해석 1 넘어진 나무[무너진 다리], 은퇴한 교사, 썩은 달걀 2 다음 예들은 이 기계의 다양한 기능을 보여준다. / 먼지가 쌓인 낡은 가구들이 많이 있었다. / 그녀는 박물관에서 그림을 보며 서 있었다. / 그 보물은 그 나무 아래에 묻혀 있었다. / 나는 새로운 것을 시도하는 데 관심이 있다. / 난 엄마가 전화 통화하시는 것을 들을 수 있었다. / 이 선물 포장 좀 해주시겠어요? 3 음악을 들으면서 그녀는 잡지를 읽었다. / 난 배가 고파서 냉장고를 열어봤다.

시험에 나오는 **어법 Point**

해석 **Point 01** 비닐봉지 사용을 제한하는 정부의 정책이 점차 효과를 보고 있다. / 그는 구입한 물건들이 완전한 상태인지를 확실히 하기 위해 그것들을 검품했다. 1 밤에 일하는 사람은 낮에 일하는 사람보다 피곤함을 더 많이 느낀다. 2 Jane은 보관을 위해 보석을 자물쇠로 잠긴 상자에 넣었다.

Point 02 우리는 환경이 얼마나 중요한지를 깨닫고 있기 때문에, 재활용을 하는 것에 대해 진지해지고 있다. 1 그녀는 해외에서 공부하면서 가족이 많이 그리웠다. / 멀리서 보면, 그 인형은 정말 살아있는 것 같다. 2 모든 사람이 다 함께 탁자에 둘러앉은 채 회의가 시작되었다. / 그녀는 다리를 꼰 채 가만히 앉아 있었다.

Point 03 나는 사람 만나는 것을 좋아하기 때문에, 이런 경우는 나에게 종종 즐거운 경험이 된다. 1 나는 세계사와 문화에 대한 흥미진진한 소설을 읽고 있다. / 하룻밤 푹 자는 것은 지친 눈이 다시 제대로 작동하는 데 도움이 될 것이다. 2 이 책은 예측할 수 없는 줄거리 때문에 놀랍다. / 그녀가 마침내 지난주에 여기 도착했다는 소식은 우리를 깜짝 놀라게 했다.

정답 1 능동 2 수동
[01~04] 01 connecting 02 connected 03 standing
04 developed
[05~09] 05 Arriving 06 (Being) Written 07 ○
08 Wanting 09 ○
[10~13] 10 boring, disappointed 11 depressed
12 excited 13 confusing

[01~04] 01 이 두 도시를 **연결하는** 고속도로는 2027년에 완공될 것이다. 02 그 형사는 서로 **연관된** 두 사건을 조사했다. 03 저기에 **서 있는** 여성분이 그 가게의 주인이다. 04 상어는 대단히 **발달된** 후각을 갖고 있다.
[05~09] 05 가게에 **도착하고** 나서, 나는 가게가 닫혀 있다는 것을 알게 됐다. 06 쉽게 이해할 수 있는 정보와 쉬운 영어로 **쓰여 있어서**, 이 책은 초보자에게 적합하다. 07 한 여성이 꽃으로 **가득 찬** 큰 바구니를 가지고 교실에 들어왔다. 08 좋은 첫인상을 주고 **싶어서**, 그는 좋은 예절을 연습했다. 09 연구자들은 몇몇 참가자들이 혼자서 또는 두 명의 또래들이 **지켜보는** 상태에서 놀도록 했다.
[10~13] 10 그 영화는 **지루했어**. 난 그것에 **실망했지**. (→ 영화가 사람들에게 지루한 감정을 유발, 나는 그 영화에 실망감을 느낀 대상) 11 사흘 동안 계속 비가 내리고 있어. 난 장마철에는 기분이 **우울해**. (→ 나는 비 때문에 우울해지는 대상) 12 **신이 난** 관객들은 기뻐서 경기장으로 뛰어나갔다. (→ 관객들은 경기 때문에 신이 난 대상) 13 이 도시의 교통 법규는 방문자들에게 **혼란스러울** 수 있다. (→ 교통 법규가 방문자들에게 혼란스러운 감정을 유발)

빈틈을 채우는 **촘촘문법**

해석 1 시간이 허락한다면, 우리는 해변을 산책할 것이다. / 반대가 없었기 때문에, 위원회는 제안된 프로젝트를 승인했다. 2 현재 이곳에 살고 있지만, 나는 도서관이 어디에 있는지 모른다. / 의사결정을 할 때는 모든 가능성을 다 고려해야 한다. 3 그 소년은 이제 열 살이 되었는데 마치 노인처럼 행동한다.

QUICK CHECK
정답 01 ①, ②, ③, ⑤ 02 ③

해설 01 ④ walked → walking, 주절의 주어인 we가 걷는 주체이므로 현재분사가 적절, 접속사가 생략되지 않은 분사구문. 02 ③ Being → There being, 주절의 주어와 분사구문의 주어가 다른 독립분사구문.

어휘 permit 허락하다 objection 반대 committee 위원회 approve 승인하다 propose 제안하다 make a decision 결정을 내리다 possibility 가능성 prisoner 포로; 죄수 seashell 조개껍데기 knit 뜨개질하다

실력이 쌓이는 **적용훈련**

정답 A 01 worried 02 covered 03 disappointing
04 folded 05 barking 06 Knowing 07 destroyed
08 It being
B 09 broken 10 annoyed 11 floating 12 ○ 13 living
14 ○ 15 inspiring
C 16 ⓐ interesting ⓑ creating
17 ⓐ Growing ⓑ Gathering
18 ⓐ (Being) Flooded ⓑ making
D 19 ⓐ → crossing, ⓑ → pleased 20 ⓓ pleasing

해설 A 01 그녀는 어머니의 병에 대해 매우 **걱정했다**. (→ 그녀는 어머니의 병 때문에 걱정하는 대상) 02 나무와 꽃으로 **뒤덮인** 공원을 보세요. 03 그 호텔 서비스는 너무 **실망스러웠다**. (→ 호텔 서비스가 (나를) 실망시키는 주체) 04 그는 팔짱을 낀 채 저기에 **서 있다**. 05 친구 집에 도착했을 때 나는 **짖는** 개와 마주쳤다. 06 우리는 호주의 기후를 잘 **알고 있었기** 때문에 예측할 수 없는 날씨에 놀라지 않았다. 07 그 교회는 1963년 지진 때 완전히 **파괴되었지만**, 다시 복원되었다. 08 날이 너무 더워서, 나는 계속 텐트에 있었다. (→ 분사구문의 주어(It)와 주절의 주어(I)가 다르므로 분사구문의 주어를 표시하는 독립분사구문)

B 09 모든 **깨진** 유리는 가능한 한 빨리 치워져야 한다. 10 그녀는 자신의 지정 주차 구역에 모르는 차가 있는 것을 보고 **화가 났다**. (→ 그녀는 그 차 때문에 화가 난 대상) 11 우주 밖에는 **떠돌아다니는** 쓰레기가 많다. 12 길을 따라 **걷다가**, 그는 오래된 사과나무 한 그루와 아름다운 꽃들을 발견했다. 13 비록 부모님과 함께 **살고 있지만**, 나는 부모님과 저녁을 자주 먹지 않는다. 14 인류는 토지를 너무 형편없이 사용하여 지구의 생태계를 **위협하고 있다**. 15 그는 글로 쓸 **영감을 주는** 이야기를 찾는 데 온종일을 보낸다. (→ 이야기가 그에게 영

감을 주는 주체)

C 16 흥미로운 호텔이 최근 문을 열었다. 여행 중에 게임을 하고 싶은 사람들은 그곳에 갈 수 있다. 모든 방에는 두 대의 컴퓨터와 게임용 의자, 그리고 완벽한 분위기를 **만드는** 조명이 갖추어져 있다. (→ ⓐ 호텔은 (사람들을) 흥미롭게 하는 주체)

17 'hairy panic'이라고 불리는 잡초는 어느 곳에서나 **자라서** 마을의 큰 문제이다. 그 잡초는 저절로 큰 다발로 **모여** 지붕만큼 높게 쌓인다. 이는 공포 영화의 한 장면 같다. (→ ⓐ, ⓑ 주절의 주어인 a weed, the weed는 자라고 모이는 주체)

18 물에 잠긴 아테네의 마을은 황폐해졌다. 부서진 물건의 파편들이 거리를 채워, 도로를 사용할 수 없게 **만들었다**. 게다가, 내 친한 친구를 포함한 20명의 사람들이 홍수가 시작된 후로 실종되었다. (→ ⓑ 주절의 주어인 Pieces of broken things와 make는 능동 관계)

D 19 무거운 소금 짐을 지고 강을 **건너던** 당나귀가 물에 빠졌다. 무거운 소금 짐은 금방 녹았고, 짐이 훨씬 가벼워졌다는 것을 알게 되자 당나귀는 **기뻤다**. 그래서 그다음 등에 짐을 싣고 강에 왔을 때, 다시 짐을 가볍게 할 수 있다고 **생각하면서** 일부러 물에 빠졌다. 하지만 이번에 당나귀는 스펀지를 짊어지고 있었고, 스펀지가 너무 많은 물을 흡수해 다시 일어설 수 없어 익사하고 말았다. (→ ⓑ 당나귀는 짐이 가벼워진 것을 알게 되어 기쁨을 느낀 대상)

20 우리가 어떤 계획을 세울 때는 그것에 매우 **신이 나** 있다. 우리는 성공했다고 느끼면서 그 산 정상에서(= 계획을 이루어서) 행복하게 **춤추는** 우리 자신을 상상하기도 한다. 그러나 목표를 달성하기 위해 그 계획을 실행에 옮기기 시작하면 그 행복, 흥분, 그리고 에너지는 갑자기 사라진다. 이는 목표로 가는 길, 계획을 행하는 것이 보통은 그리 **즐겁지** 않기 때문이다. (→ ⓓ 계획을 행하는 것이 (사람들에게) 즐거움을 주는 주체)

실전에 통하는 **적용훈련**

정답 **01** ④ **02** ③ **03** ④

01 ④ (→ impressed)

해석 옛날에 중병을 진단받은 한 그리스 남자가 있었다. 그 남자는 곧 죽을 것을 알고서 그리스가 전쟁에 참가하자 서둘러 군에 입대했다. 전투에서 죽기를 희망하면서 그는 두려움 없이 자신을 위험에 드러내며 최전선에서 용감히 싸웠다. 결국, 그리스는 전투에서 승리했고 그 군인도 살아남았다. 감동받은 군의 장군은 그에게 가장 영예로운 메달을 수여했지만, 그 군인은 메달을 받자마자 울고 말았다. 장군은 그 이유를 물어 그 군인의 병에 대해 알게 되었고, 그리스 최고의 의사에게 치료받게 하였다. 그 이후, 용감한 군인은 항상 용감하고 두려움 없이 살아가기 위해 노력했다.

해설 ④ 수식받는 명사인 army general이 감동을 '받은 것'이므로 과거분사 impressed가 적절.

① a Greek man이 진단을 '받은 것'이므로 과거분사 diagnosed는 적절.

② 의미상 주어는 the man이며 그가 '아는 것'이므로 현재분사 Knowing은 적절.

③ 의미상 주어는 he이며 그가 자기 자신을 '드러내는 것'이므로 현재분사 exposing은 적절.

⑤ 사역동사 had가 쓰여 '~가 …하게 하다'의 의미. 목적어인 the soldier와 목

적격보어의 관계가 수동이므로 cured는 적절. ↔ Chapter 04 동사와 준동사

구문 (12행~13행) ~ the courageous soldier **would** always try hard ~ 과거의 습관(~하곤 했다)을 나타내는 조동사 would.

어휘 diagnose 진단하다 illness 병, 질환 army 군대 bravely 용감하게 *cf.* brave 용감한 expose 드러내다, 노출시키다 fear 두려움 general 장군, 대장 honor 영예, 명예 cure 치료하다 courageous 용감한

02 ③ (→ earning)

해석 Isadora Duncan은 20세기 초 세계에서 가장 유명한 인사 중 하나였고 오늘날 '현대 무용의 어머니'라고 알려져 있다. 1877년 캘리포니아에서 태어난 Isadora는 무용으로 돈을 벌려고 고등학교를 일찍 중퇴했고, 스무 살에는 아이들을 위한 무용 학교를 설립했다. 그녀는 1899년 유럽으로 건너가 남은 평생을 그곳에서 살면서, 환상적이고 새로운 스타일의 무용으로 엄청난 명성을 얻었다. 그녀는 전통적인 발레를 거부하고 고대 그리스 예술과 문화에서 영감을 얻어, 헐렁한 의상을 입고 맨발로 춤을 추었다. 그녀는 또한 자연에서 영감을 받아 떠다니는 구름이나 내리는 비와 같은 것들을 반영하는 무용 동작을 개발했다.

해설 ③ 부대상황(연속동작)을 이끄는 분사구문이다. 의미상 주어 She가 '명성을 얻은 것'(~, and she earned huge fame)이므로 현재분사가 적절. earned → earning.

① Isadora가 '알려진 것'이므로 수동형 is known 적절. ↔ Chapter 02 태

② 의미상 주어는 주절의 주어 Isadora이다. 「be born」이 '태어나다'라는 의미이므로 (Being) Born은 적절. Being은 생략이 가능하다.

④ 의미상 주어 she가 '영감을 받은 것'(~ she was inspired by ~)이므로 과거분사 inspired는 적절.

⑤ 구름이 '떠다니는 것'이므로 현재분사 floating은 적절.

어휘 celebrity 유명인사; 연예인 drop out of (학교를) 중퇴하다 earn (돈을) 벌다 fame 명성 reject 거부하다 inspiration 영감 barefoot 맨발로 loose 헐렁한 costume 의상

03 ④ (→ described)

해석 다음번에 당신이 맑고 어두운 하늘 아래의 야외에 있다면 하늘을 보고 별을 관찰하기에 놀랄 만한 장소를 골라라. 당신은 수천 개의 보석처럼 빛나는 별이 가득한 하늘을 보게 될 것이다. 그러나 이러한 별이 보이는 광경은 또한 혼란스러울 수 있다. 누군가에게 별 한 개를 가리키려고 해보아라. 그 사람은 당신이 바라보고 있는 별이 정확히 어떤 것인지를 아는 데 어려움을 겪을 가능성이 크다. 묘사된 별의 패턴들이 있다면 더 쉬울 수도 있다. "저기 밝은 별들의 커다란 삼각형이 보이나요?" 또는 "대문자 W처럼 보이는 저기 다섯 개의 별이 보이나요?"

해설 ④ star patterns가 '(사람에 의해) 묘사된 것'이므로 과거분사가 적절. describing → described.

① spot이 '(사람들에게) 놀라움을 주는 것'이므로 현재분사 amazing은 적절.

② 수식받는 명사 stars가 '빛나는 것'이므로 현재분사 shining은 적절.

③ 이러한 광경이 '(사람들에게) 혼란을 주는 것'이므로 현재분사 confusing은 적절.

⑤ those five stars가 '보이는 것'이므로 현재분사 looking은 적절.

구문 (06행~07행) **It is likely (that)** that person will have a hard time knowing exactly which star you're looking at.

It is likely (that): ~할 가능성이 크다, ~할 법하다

아휘 the next time 《접속사》 다음번에 spot 장소 stargaze 별을 관찰하다
point out 가리키다 describe 묘사하다, 설명하다

실력을 완성하는 **서술형 훈련**

정답 **01** can be a frustrating task
02 all the gas produced and used in Korea
03 I was really amazed   **04** with her daughter drawing
the flowers in front of them   **05** Thinking that everything
was safe   **06** (Being) Served with milk and sugar
07 Talking with her brother   **08** (Being) Uprooted by the
storm   **09** Not knowing what to say at the interview
10 The concert (having been) canceled

해설 **01** 일이 '(사람들에게) 좌절감을 느끼게 하는 것'이므로 현재분사 **02** 가스가 '생산되고 이용되는 것'이므로 둘 다 과거분사 **03** 나는 취직되어 놀라움을 느끼게 된 대상이므로 과거분사 **04** 그녀의 아이가 '자고 있는' 주체이므로

현재분사 **05** 그 노인이 안전하다고 '생각하는 것'이므로 현재분사 Thinking이 적절. **06** 오트밀이 우유, 설탕과 함께 '제공되는 것'이므로 과거분사 (Being) Served, Being은 생략 가능) **07** 그녀는 자신의 남동생과 대화를 나누면서 그를 자세히 보았다. (→ 부사절과 주절의 주어(she)가 같으므로 생략, 그녀가 '대화를 나누는 것'이므로 현재분사 Talking이 적절) **08** 그 나무는 폭풍으로 뿌리째 뽑혀 지붕 위로 쓰러졌다. (→ 부사절과 주절의 주어(the tree)가 같으므로 생략, 그 나무가 '뿌리째 뽑힌 것'이므로 과거분사 (Being) Uprooted가 적절, Being은 생략 가능) **09** 면접에서 무슨 말을 해야 할지 몰라서, 그는 아무 말도 하지 않았다. (→ 부사절과 주절의 주어(he)가 같으므로 생략, 그가 무슨 말을 해야 할지 '모르는 것'이므로 현재분사 Not knowing이 적절) **10** 콘서트가 취소되었기 때문에, 관객들은 표가 환불되어야 한다고 요구하고 있다. (→ 부사절의 주어(the concert)와 주절의 주어(the audience)가 다르므로 분사구문의 주어를 그대로 둔다. 콘서트가 '취소된 것'이므로 과거분사 (having been) canceled가 적절. having been은 생략 가능)

아휘 natural 천연의 expect 기대하다 offer 제의[제안]하다 beside ~ 옆에 attempt 시도하다 serve 제공하다 closely 자세히 uproot (나무 등을) 뿌리째 뽑다 storm 폭풍 demand 요구하다 refund 환불하다

Chapter 07   준동사 심화

p. 73

해석 **1** 그는 연설해 달라는 요청을 받았다. / 학생들은 곧 피로를 느끼기 시작했다. / 넌 일찍 일어나는 걸 싫어하니? / 나는 그가 빨리 회복하길 기도하고 있다. / 그는 친절하게도 내가 가장 필요로 했을 때 도움을 주었다. / 나는 그가 이렇게 자주 직장에 지각하는 것을 용서할 수가 없다. / 서점이 문을 닫아서 나는 교과서를 살 수 없었다. / 나는 어제 숙제를 다 하지 않은 것을 후회한다. / 그는 젊었을 때 게으렀던 것에 대해 부끄럽게 생각한다. / 오랫동안 영어를 공부했기 때문에 그는 영어를 잘한다. / 그는 그 팀에 선발되어서 매우 기뻤다. / 나는 아버지한테 야단맞는 것이 두려웠다. / 쉬운 영어로 쓰여 있어서, 그 책은 어려움 없이 읽을 수 있을 거야. **2** 나는 지금 너무 바빠서 빨래를 할 수 없다. / 그 새는 심지어 뱀을 잡아서 먹을 만큼 빠르다. / 많은 사람들은 운동은 고통스러워야 한다는 데 동의하는 것 같다. / 때로, 새로운 장소에 익숙해지고 친구를 사귀는 데는 시간이 걸린다.

시험에 나오는 **어법 Point**

해석 Point 01 특수한 배로 편지를 운송하는 시스템이 17세기에 발달했다. **1** 당신의 물건을 손상시킬 가능성도 있다. **2** 쉼표로 주소를 구분하면 여러 이메일을 함께 보낼 수 있다.
Point 02 아마추어 사진작가가 저렴한 카메라로 멋진 사진을 찍는 것은 충분히 가능하다. **1** 그를 믿다니 내가 어리석었다. **2** 열정적으로 바이올린을 연주하는 젊은 남자가 있었다. / 그 소년은 팔로 친구의 앞을 막더니, 내게 먼저 가라는 동작을 했다. **3** 그 부모는 그가 딸의 공부를 도와주는 것에 대해 정말로 기뻐했다.
Point 03 당신이 새로운 단어를 배울 때, 그 단어가 숙달되기 위해서는 다양한 간격으로 여러 번 반복하는 것이 필요하다. **1** 그는 그 파티에 가지 못해서

실망했다. / 어제 너한테 무례했던 것을 사과할게. / 기다리게 해서 미안해. **2** 지하철역과 연결되어 있기 때문에 그 빌딩은 찾기 쉽다. / 그 신문 기사는 그들이 뇌물을 제공받았던 사실을 부인했다고 보도한다.

정답 **1** 목적어   **2** of
[01~04] **01** recording   **02** developing   **03** analysis
04 achieving
[05~06] **05** for   **06** of
[07~08] **07** she   **08** the wind
[09~14] **09** be kept   **10** take   **11** being involved
12 having been   **13** having been appointed
14 Having finished

[01~04] **01** 그는 그들의 대화를 녹음함으로써 증거를 수집했다. (→ their conversations를 목적어로 취하므로 동명사가 적절) **02** 디자인 개발에서는 많은 요소를 고려해야 한다. (→ a design을 목적어로 취하므로 동명사가 적절) **03** 과학적 발견들은 실험 분석으로 입증되어야 한다. (→ 전치사 of가 이어지므로 명사가 적절) **04** 그는 토마토 재배에서 성공을 거둘 수 있는 몇 가지 방법을 내게 보여줬다. (→ success를 목적어로 취하므로 동명사가 적절)
[05~06] **05** 휠체어를 탄 고객들은 그 백화점을 이용하기가 어렵다. (→ difficult는 '사람의 성질이나 감정'을 나타내는 형용사가 아니므로 의미상 주어는 for + 목적격) **06** 우리에게 일정 변경을 알려주시다니 정말 사려 깊으시네요. (→ considerate는 '사람의 성격'을 나타내는 형용사이므로 의미상 주어는 of + 목적격)
[07~08] **07** 그녀는 프랑스어를 알지 못해서 의사소통하기 어려웠다. (→ 분사

구문(Not ~ French)에서 주어가 없는 것으로 보아 주절의 주어 'she'가 의미상 주어) **08** 파도는 바다 위를 부는 바람에 의해 일어난다. (→ 'the wind'가 '부는 것'으로 의미상 주어는 the wind)

[09~14] 09 쌀이나 밀가루 같은 건조식품은 냉장고에 **보관될** 필요가 없다. **10** 택시 운전사가 승차를 거부하는 것은 불법이다. (→ taxi drivers가 손님을 '태우는 것'을 거부하는 것이므로 능동) **11** 우린 네가 우리 동아리에 들어오는 것을 생각해 봤으면 해. (→ consider v-ing, 동아리에 '포함되는 것'이므로 수동) **12** 그는 3년 전에 축구 국가대표팀의 코치였다는 사실을 자랑스러워한다. (→ 술어동사 is보다 코치였던 것은 '더 이전 일'이므로 완료형 동명사가 적절) **13** 그는 지난주에 새 마케팅 팀장으로 **임명되어** 기쁘다. (→ '임명되는 것'이므로 수동이고, 술어동사 is pleased보다 임명된 것이 '더 이전 일'이므로 완료 수동형 동명사가 적절) **14** 나는 숙제를 끝내고 나서 친구들을 만나러 나갔다. (→ 술어 동사 went out보다 숙제를 끝낸 것이 '더 이전 일'이므로 완료형 분사구문이 적절)

빈틈을 채우는 **촘촘문법**

해석 그 아기는 시리얼을 먹기 시작하기에 충분한 나이다. / 소방관들이 너무 늦게 도착해서 그 건물을 구할 수 없었다. / 파티에 뭘 입고 갈지 결정했어? / 그녀는 무언가 걱정거리가 있는 것 같다. / 그녀는 무언가 걱정거리가 있었던 것 같다. / 그들은 우리를 도와줄 것 같다.

QUICK CHECK
정답 01 ⑤ **02** ①, ⑤

해설 01 ⑤ 두 번째 문장의 not to read에서 not을 삭제. too+형용사/부사에 이미 부정의 의미가 포함됨. **02** ① to announce → to be announced, 우승자가 다른 누군가에 의해 '발표되는 것'이므로 수동형이 적절. ⑤ enough rich → rich enough, 형용사/부사+enough+to부정사

어휘 firefighter 소방관 overnight 하룻밤 동안 announce 발표하다

실력이 쌓이는 **적용훈련**

정답 A 01 of, to treat **02** having taken **03** increasing
04 for, be recognized **05** observing **06** bright enough
07 Having graduated
B 08 maintaining **09** improving **10** have been invented
11 be exposed **12** having used **13** to be offered
14 having raised **15** recognizing
C 16 ⓐ exposure ⓑ long enough **17** ⓐ have been made
ⓑ for **18** ⓐ developing ⓑ having wasted
D 19 ⓒ → to have made **20** ⓒ → to be met

해설 A 01 저희에게 점심을 대접해 주셔서 고마웠습니다. (→ kind는 '사람의 성질'을 나타내는 형용사이므로 of+목적격, It is[was] kind of+목적격+to부정사) **02** 지난 회의에서 당신의 귀중한 시간을 너무 많이 뺏어 죄송합니다. (→ 술어동사는 현재시제(are)이지만, 시간을 뺏은 것은 '지난 회의'이므로 완료

형 동명사가 적절) **03** 그 광고는 판매량과 수익을 올릴 기회가 될 수 있다. (→ 판매량과 수익을 '올릴' 기회이므로 능동) **04** 아마추어 예술가가 세계적으로 인정받기는 어렵다. (→ hard는 '사람의 성질이나 감정'을 나타내는 형용사가 아니므로 의미상 주어는 for+목적격, 예술가가 '인정받는 것'이므로 to부정사의 수동형) **05** 우리는 자연 서식지에 있는 동물들을 관찰하면서 많은 것을 배웠다. (→ animals를 목적어로 취하므로 동명사가 적절) **06** 내가 화장실에서 열쇠를 찾으려고 했을 때, 그 전등은 선명하게 볼 수 있을 만큼 밝지 않았다. (→ 형용사/부사+enough+to부정사) **07** 그녀는 몇 달 전에 서울에서 대학을 졸업했기 때문에 그 지역을 잘 알고 있다. (→ 술어동사는 현재시제(is)이지만, 대학을 졸업한 것은 몇 달 전으로 '더 이전 일'이므로 완료형 분사구문이 적절)

B 08 우리는 다른 나라들과 좋은 관계를 유지함으로써 세계를 평화롭게 만들 수 있다. (→ good relationships를 목적어로 취하므로 동명사가 적절) **09** 그는 생산율을 증가시키기 위한 계획을 제의하였다. (→ the rate of production을 목적어로 취하므로 동명사가 적절) **10** 카드 게임은 10세기에 중국인들에 의해 **발명됐다고** 여겨진다. (→ '발명된 것'이므로 수동, 술어동사 are believed보다 발명된 것이 '더 이전 일'이므로 완료 수동형이 적절) **11** 비흡연자들은 간접흡연에 **노출되는** 것을 좋아하지 않는다. **12** 어제 허락 없이 당신 노트북을 써서 죄송합니다. (→ 술어동사는 현재시제(am)이지만, 노트북을 쓴 것은 '어제'이므로 완료형 동명사가 적절) **13** 그녀는 지금 실직 상태이지만 곧 일자리를 **제의받길** 희망한다. **14** 그 소년은 작은 씨앗에서 완전히 성장한 사과나무 두 그루를 길러낸 것에 대해 매우 자랑스러워했다. (→ 술어동사(was)보다 나무를 기른 것이 '더 이전 일'이므로 완료형 동명사가 적절) **15** 그 로봇은 발생 가능한 위험을 인식하는 데 능숙하여 일어날 수 있는 충돌을 피한다. (→ possible dangers를 목적어로 취하므로 동명사가 적절)

C 16 비타민 D는 감기, 독감, 그리고 많은 질병으로부터 보호하는 데 도움이 된다. 비타민 D는 주로 햇빛에의 노출로 생산된다. 의사들은 일주일에 3번 30분 동안 햇볕을 쬐는 것을 권장하는데, 이것은 비타민 D를 생산하기에 충분히 길다. (→ ⓐ 전치사 to가 이어지므로 명사가 적절 ⓑ 형용사/부사+enough+to부정사)

17 한 역사학과 대학원생이 Leonardo da Vinci에 의해 그려진 것으로 보이는 500년 된 그림을 발견했다. 이 새로운 발견은 그가 역사학자로 일할 수 있는 좋은 기회이다. (→ ⓐ '그려진 것'이므로 수동, 술어동사 found보다 그 그림이 그려진 것이 '더 이전 일'이므로 완료 수동형이 적절 ⓑ to부정사의 의미상 주어 for+목적격)

18 한 회사가 제초제를 사용하는 농부를 도울 수 있는 AI(인공지능) 로봇 개발에 참여하고 있다. 이 로봇은 잡초를 없애는 데 필요한 정확한 양의 화학 물질을 사용한다. 이미 제초제를 낭비해 왔던 농부들은 그것의 사용을 줄이고 시간과 비용을 절약할 수 있다. (→ ⓐ an AI robot을 목적어로 취하므로 동명사가 적절 ⓑ 술어동사 can reduce보다 제초제를 낭비한 것이 '더 이전 일'이므로 완료형 분사구문이 적절)

D 19 아이들은 부모와 감정적으로 친밀해야 하고 사랑받을 필요가 있다. 하지만 이는 일부 아이들이 부모에게서 떨어지기가 쉽지 않다는 것을 의미한다. 한 번은 내가 일을 마치고 집에 돌아왔을 때, 내 딸아이가 계속 울고 있었다. 나는 딸을 기다리게 하고 울게 해서 마음이 정말 아팠다. (→ ⓒ 술어동사 felt보다 그녀를 기다리게 한 것이 '더 이전 일'이므로 완료형 to부정사가 적절)

20 역설적으로, 조금 이기적인 것이 당신의 건강을 향상시킨다. 당신이 먼저 자기 자신을 돌볼 때, 삶에서 건강하고 안정된 사람이 될 것이다. 직장에서 당신의

모든 시간을 보내는 대신에, 당신은 운동하고 잘 먹는 시간을 가져야 한다. 이는 당신의 신체적 욕구가 충족되는 것을 가능하게 하고 또한 강한 정신력으로도 이어진다. (→ ⓒ요구가 '충족되는 것'이므로 to부정사의 수동형)

실전에 통하는 **적용훈련**

정답 01 ⑤ 02 ⑤ 03 ①

01 ⑤

해석 여러 가지 이유로, 우리 중 일부는 다른 사람에게 애정 표현을 하거나 칭찬을 하거나 존경을 표현하는 것이 어렵다고 생각한다. 한 가지 이유는 우리 스스로 칭찬이나 온정 또는 긍정적인 피드백을 거의 받지 못했기 때문일지도 모른다. 받지 못했기 때문에, 주는 방법, 또는 줘야 하는지조차 모르는 것이다. 다른 사람을 칭찬하지 않는 또 다른 이유는 오만이나 이기주의이다. 오만하고 이기적인 사람들은 다른 사람을 비판하는 것을 좋아하는데, 왜냐하면 이들은 그렇게 하는 것이 자신을 똑똑하고 재미있고 더 강해 보이게 한다고 생각하기 때문이다. 마지막 이유는 두려움이다. 온정과 애정을 보여주는 것은 다른 사람에게 마음을 터놓는 방식이고, 거절당할 수도 있기 때문에 마음을 터놓기 위해서는 용감해야만 한다. 두려움을 느끼는 많은 사람들은 시도하지 않는 것이 더 안전하다고 생각한다.

해설 (A) 받지 못했기 때문에 '어떻게' 주어야 할지를 모른다는 문맥이 되어야 하므로 how to가 적절.

(B) others를 목적어로 바로 취하면서 전치사(for)의 목적어가 될 수 있는 것은 동명사 complimenting이다.

(C) 술어동사는 is. warmth and affection을 목적어로 취하면서 주어 역할을 할 수 있는 것은 동명사 Showing. <→ Chapter 04 동사와 준동사>

구문 (08행~10행) Arrogant, egotistical people like *to criticize others*, because they think (that) *it* **makes** themselves seem clever, ~.
　　　　　　　　　　　　　　　　　　　　　　　　O′　　　C′

think의 목적어절을 이끄는 that이 생략되어 있다. that절의 주어 it은 앞 절의 to criticize others를 가리키며 make가 '~가 …하게 하다'의 의미로 쓰여 SVOC 구조를 이루고 있다.

어휘 affection 애정 compliment 칭찬; 칭찬하다 admiration 존경; 감탄 praise 칭찬 warmth 온정 positive 긍정적인 ought to ~해야 한다 arrogance 오만, 자만 *cf.* arrogant 오만한, 자만한 criticize 비판하다, 비난하다 fear 두려움 *cf.* fearful 두려운 reject 거절하다

02 ⑤ (→ of)

해석 기차의 창문을 통해, 나는 농장에서 소 떼에게 먹이를 주고, 농작물이 들판에서 익어가고, 나무들이 빨갛고 노랗게 물드는 것을 볼 수 있었다. 이 여행이 일주일 더 일찍 있었더라면, 이 모든 풍경이 내 눈을 즐겁게 했을 텐데. 그러나 그때 나는 지나가는 바깥 풍경을 즐길 수가 없었다. 내 머릿속에 떠오르는 너무나도 많은 생각이 나를 후회하게 했다. 20년간 나를 키워주신 Joe 아저씨께 나는 무엇을 해드렸던가? 지난 5년 동안 아저씨를 찾아뵙지 않은 것이 부끄러웠다. 나는 아버지처럼 나를 사랑해주신 아저씨를 실망시켰다. 아저씨의 60세 생신에 아저씨를 찾아뵙지 않고 혼자 생신을 보내시게 한 것은 배려 없는 행동이었다.

해설 ⑤ not to visit의 의미상 주어 자리인데 '사람의 성질'을 나타내는 형용

사 thoughtful이 쓰였으므로 of가 적절.

① 동사 could see의 목적격보어 자리이며, cattle에게 '먹이가 주어지는 것'이므로 수동형 being fed는 적절. <→ Chapter 04 동사와 준동사>

② enjoy의 목적어로 동명사 watching은 적절. <→ Chapter 05 to부정사와 동명사>

③ 의미상 주어인 Too many thoughts가 머릿속에 '떠오르는 것'이므로 running은 적절. <→ Chapter 06 분사>

④ 아저씨를 찾아뵙지 않은 것은 술어동사(felt)보다 이전 시점의 일이므로 완료형 동명사인 having visited는 적절.

구문 (03행~05행) If this journey **had been** a week earlier, all this **would have pleased** my eyes.

과거 사실을 반대로 가정하는 가정법 과거완료 구문이 쓰였다.

어휘 cattle 소 (떼) ripen (과일 등이) 익다 thought 생각 run through A's head A의 머릿속에 떠오르다, 생각이 나다 regretful 후회하는 ashamed 부끄러운, 창피한 disappoint 실망시키다 thoughtful 배려심 있는

03 ① (→ to have been)

해석 '장티푸스 메리'라고도 하는 Mary Mallon은 미국에서 1900년에서 1915년 사이에 장티푸스 보균자였다고 여겨지는 요리사였다. Mary는 자신이 수백 명의 사람들에게 장티푸스를 전염시킨 책임이 있다는 것을 알지 못했는데, 그녀 자신은 장티푸스에 걸리지 않았기 때문이었다. 많은 사람이 그녀를 의심했지만, 그녀는 검사받기를 거부하다가 결국에는 체포되어 3년간 병원에 감금되었다. 그녀는 풀려나자 가명을 사용하여 요리사로서 계속 일했다. 그러나 1915년 그녀가 근무했던 병원에서 25명이 장티푸스에 걸렸고 한 명이 죽었다. 이번에는 Mary가 체포되어 죽을 때까지 병원에 수용되었다.

해설 ① who가 이끄는 관계사절의 시제는 현재(is believed)이지만 to부정사가 의미하는 때는 그 이전 시점인 과거(between 1900 and 1915)이므로 완료형 부정사가 알맞다. to be → to have been

② 동명사는 전치사(for)의 목적어 역할을 하면서 동시에 스스로 목적어(hundreds of people)를 취할 수 있으므로 동명사 infecting은 적절.

③ refuse의 목적어로 to부정사가 알맞게 쓰였으며, 주어인 she가 '검사를 받는 것'이므로 수동형(to be tested)은 적절.

④ 의미상 주어 she가 '풀려난 것'이므로 수동형 released는 적절. 분사구문의 뜻을 명확히 하기 위해 분사 앞에 접속사를 남겨둔 형태. <→ Chapter 06 분사>

⑤ 그녀가 '고용이 된 것'이므로 수동형은 적절. <→ Chapter 02 태>

어휘 carrier 보균자 be responsible for ~에 책임이 있다 infect A with B A에게 B를 전염시키다, 감염시키다 fever 열 affect 병이 나게 하다 suspect 의심하다 arrest 체포하다 confine 감금하다, 가두다 release 풀어주다, 석방하다 false 가짜의

실력을 완성하는 **서술형 훈련**

정답 **01** large enough to accommodate ten people **02** to be infected **03** my experience of having been homesick **04** is important for children to express **05** promotion → promoting[promotion of] **06** for → of **07** be → have been **08** The tablet computer is so large that it[the tablet computer] can't[cannot] fit inside this pouch. **09** She is so young that she can't[cannot] handle the problem by herself. **10** (1) closing (2) closed (3) 도로가 '폐쇄된 것'이므로 수동형 closed가 적절하다.

해설 **01** '~할 만큼 충분히 …하다'라는 의미의 형용사/부사+enough+to부정사 **02** 손이 세균에 '감염되는 것'이므로 수동형 부정사가 적절 **03** 술어동사 want보다 향수병을 앓은 것이 '더 이전 일'이므로 완료형 동명사가 적절 **04** important는 '사람의 성질이나 감정'을 나타내는 형용사가 아니므로 의미상 주어는 for+목적격. It is important for+목적격+to부정사 **05** the new product를 목적어로 취하므로 동명사가 적절. 또는 전치사 of를 추가하여 명사+전치사+명사 형태도 가능. **06** foolish는 '사람의 성질'을 나타내는 형용사이므로 의미상 주어는 of+목적격 **07** that절의 동사 seems보다 교통사고가 있었던 것은 '더 이전 일'이므로 완료형이 적절 **08** 그 태블릿 컴퓨터는 너무 커서 이 파우치 안에 들어갈 수 없다. (→ too+형용사/부사+to부정사= so+형용사/부사+that 주어+cannot+동사원형~이므로 too large to fit ~ = so large that it[the tablet computer] can't[cannot] fit ~.) **09** 그녀는 너무 어려서 그 문제를 스스로 처리할 수 없다. (→ too+형용사/부사+to부정사 = so+형용사/부사+that 주어+cannot+동사원형 ~이므로 too young to handle ~ = so young that she can't[cannot] handle ~.) **10** Julia와 그녀의 남편은 하와이의 화산에서 10킬로미터 떨어진 그들이 머무는 호텔에서 도망쳤다. 그들은 폭발로 인해 땅이 흔들리는 것을 느꼈고 폐쇄된 도로로 겁을 먹은 사람들을 보았다. 그녀는 "신혼여행 중에 이런 재난을 경험하는 것은 끔찍해요."라고 말했다.

어휘 accommodate (~을 위한) 충분한 공간을 제공하다, 수용하다 germ 세균 at least 적어도 be homesick 향수병을 앓다 concentrate on ~에 집중하다 afford ~을 할 여유[형편]가 되다 handle 처리하다 flee 《fled-fled》 도망가다, 달아나다 volcano 화산 eruption 폭발 frightened 겁먹은 disaster 재난; 재앙 honeymoon 신혼여행

내신·학평 대비 미니 모의고사 2

p. 81

정답 **01** ③ **02** ② **03** ③ **04** ① **05** ① **06** ⑤ **07** ④ **08** (1) the children become so conscious of their parents' disapproval that they cannot[can't] express their feelings naturally (2) Forbidden to express these "strong" emotions **09** a long time for the area to be given national park status

01 ③ (→ arriving)

해석 우주 폐기물은 낡은 인공위성, 우주 정거장, 우주 왕복선의 부서진 조각들이다. 그 폐기물은 시간당 36,000km의 속력으로 지구 주위를 돌고 있다. 아주 작은 물체라도 이런 속력으로 움직이면 엄청난 파괴력을 지닐 수 있다. 예를 들어, 종이 한 장보다 가벼운 마른 페인트의 매우 작은 파편이 우주 왕복선의 창문을 강타했을 때, 2cm 깊이의 구멍을 냈다. 테니스공만 한 크기의 금속물이 무슨 일을 할 수 있을지를 상상해 봐라! 매달 새로운 위성이 우주에 도달하는 상황에서 지구 위의 대기는 점점 더 위험해지고 있다. 사람들은 이 문제가 악화되는 것을 막을 방법을 찾고 있다. 하나는 수명이 다하면 다시 지구로 안전하게 내려오는 위성을 만드는 것이다. 불행히도, 우주 폐기물에 대한 국제법이 아직 없어서 우주 비행사들이나 위성 관제관들은 계속해서 매우 조심스럽게 운행해야만 할 것이다.

해설 ③「With+(대)명사+분사」구문. '새로운 위성이 우주에 도달하는 것'이므로 명사와 분사는 능동 관계이다. 따라서 현재분사 arriving이 적절.

↪Chapter 06 분사>

① 명사 pieces를 수식하는 분사 자리. '부서진 조각들'이란 뜻이 자연스러우므로 과거분사 broken은 알맞게 쓰였다. ↪Chapter 06 분사>

② 주어는 a tiny piece ~ paper이며 문장 전체의 동사 자리이고 과거의 일을 말하고 있으므로 과거형 hit은 적절. hit-hit-hit ↪Chapter 04 동사와 준동사>

④ ways를 수식하는 to부정사의 형용사적 용법으로 to stop은 알맞다.

↪Chapter 05 to부정사와 동명사>

⑤「keep+v-ing」는 '계속해서 v하다'라는 뜻. 문맥상 '계속 운행하다'라는 의미가 자연스러우므로 driving은 적절. ↪Chapter 05 to부정사와 동명사>

구문 (12행~14행) One is **building satellites** [**that** safely fall back to Earth after their useful life].

동명사구가 be동사의 보어 역할을 하고 있다. 관계대명사 that이 이끄는 절이 앞의 satellites를 수식하는 구조.

어휘 junk 폐기물, 고물 satellite 인공위성 space shuttle 우주 왕복선 object 물체 destruction 파괴 metal 금속 international 국제의 law 법 astronaut 우주 비행사 controller (항공) 관제관; 관리인

02 ② (→ do)

해석 우리는 보통 우리 생각에 우리와 비슷한 사람들과 가장 잘 지낸다. 사실, 우리는 그들을 찾아낸다. 그것이 작은 이탈리아, 차이나타운, 코리아타운이 존재하는 이유이다. 그러나 나는 인종, 피부색, 또는 종교를 말하고 있는 것만은 아니다. 나는 우리와 가치관을 공유하고 우리가 하는 것과 똑같은 방식으로 세계를 바라보는 사람들을 말하고 있는 것이다. 속담에도 있듯이, 날개가 같은 새들이 함께 모이는 것이다. 이것은 우리 종이 발달한 방식에 깊이 뿌리박힌 매우 공통적인 인간의 성향이다. 숲속을 걷고 있다고 상상해 보라. 당신은 낯선 것을 피하도록 길들여져 있을 것인데, 왜냐하면 그것은 당신을 죽이는 데 관심이 있을 가능성이 높기 때문이다. 유사성은 우리가 타인과 더 잘 관련되도록 하는데, 우리는 그들이 다른 사람들보다 우리를 더 깊이 이해할 것이라 생각하기 때문이다.

해설 ② look at the world the same way를 대신하는 것이므로 do가

24 첫단추 문법·어법편

적절. ↪Chapter 04 동사와 준동사>

① why가 이끄는 절의 동사 자리로, 주어가 복수명사 places이므로 exist는 적절. ↪Chapter 04 동사와 준동사>

③ human tendency가 깊이 '뿌리박힌 것'이므로 rooted는 적절.
↪Chapter 06 분사>

④ it은 앞의 something unfamiliar를 대신하며 그것이 흥미를 느끼는 것이므로 interested는 적절. ↪Chapter 06 분사>

⑤ 사역동사 make는 목적격보어로 원형부정사를 취하므로 relate는 적절.
↪Chapter 04 동사와 준동사>

구문 (01행~02행) We usually get along best with people [who (**we think**) are like us].
주격관계대명사 who와 동사 are 사이에, we think란 절이 삽입된 것이다. 괄호로 묶으면 문장 구조가 더 잘 보인다.

어휘 get along with ~와 잘 지내다 seek out ~을 찾아내다 exist 존재하다, 있다 race 인종; 경주 religion 종교 share 공유하다 values 《복수형》 가치관 as the saying goes 속담에서 말하듯이 flock 무리, 떼 tendency 성향, 경향 root in ~에 기초를 두다, 뿌리박다 condition 길들이다, 훈련시키다 avoid 피하다 likelihood 가능성 similarity 유사성 relate 관련시키다

03 ③

해석 우리가 선택하는 단어는 우리가 상황을 경험하는 방식에 큰 영향을 미칠 수 있다. 예를 들어, 배우와 가수 대부분은 무대에 오르기 직전에 몸에서 긴장감을 느낀다. 호흡이 바뀌고, 맥박이 더 빨리 뛰고, 땀이 나기 시작하며, 속이 울렁거린다. 가수 Carly Simon은 이것을 가리켜 무대 공포증이라고 불렀고 이 때문에 수년간 라이브 공연을 못했다고 말했다. 반면, Bruce Springsteen은 이와 똑같은 감정을 전율이라고 부른다. 그는 신이 나서 무대에 빨리 오르길 바란다. Bruce Springsteen에게는 공연 전 긴장감이 친구이지만, Carly Simon에게는 적이었다. 당신의 긴장감을 무엇으로 묘사하겠는가. 무대 공포증인가 아니면 전율인가?

해설 (A) 주어는 Most actors and musicians이며 부사절(right before they go onstage)이 삽입된 구조. 문장 전체의 동사 자리이므로 get이 적절.
↪Chapter 04 동사와 준동사>

(B) 문맥상 '라이브 공연을 하지 못했다'란 뜻이 자연스러우므로 「keep A from v-ing」 'A가 v하지 못하게 하다'가 적절. cf. 「keep A v-ing」는 'A가 계속 v하게 하다'란 뜻. ↪Chapter 05 to부정사와 동명사>

(C) 분사구문의 의미상 주어인 he가 '흥분을 느끼는 것'이므로 과거분사 Excited가 적절. ↪Chapter 06 분사>

어휘 have an impact on ~에 영향을 미치다 onstage 무대에; 무대 위의 tension 긴장 breathing 호흡 pulse 맥박 fright 공포 enemy 적

04 ① (→ explaining)

해석 7이라는 숫자에 대한 체로키족의 전통적인 믿음은 세상이 7일 밤에 걸쳐 창조되었다고 설명하는 창조설과 매우 밀접한 관련이 있다. 부엉이와 퓨마만이 7일 밤 동안 잠을 자지 않고 깨어 있을 수 있었기 때문에 체로키족은 이들을 모든 동물 중 가장 신성하다고 여긴다. 또한, 7이라는 숫자는 체로키족의 7개 부족 집단을 상징하기 때문에 신성하다고 여겨졌다. 그뿐 아니라 체로키족은 '요정'이라는 존재를 믿었다. 숲속에 사는 이 생명체들은 매우 작고 대개 눈에 잘 보이지 않는데, 보통의 체로키인과 비슷했다. 요정을 한 명이라도 보게 되면, 그 목격자는 불행을 피하고자 7년간 이 사실을 비밀에 부쳐야 했다.

해설 ① 문맥상 '~이라고 설명하는 체로키족의 창조설'이란 뜻이 자연스럽다. 따라서 뒤에 오는 that절을 목적어로 취하면서 앞의 명사구 a Creation story를 수식할 수 있는 능동의 현재분사 explaining이 적절. ↪Chapter 06 분사>

② remain이 '~인 채로 있다'란 의미로 SVC 구조를 이룬다. 보어 자리에 형용사 awake는 적절. ↪Chapter 04 동사와 동사>

③ 7이라는 숫자가 신성하게 '여겨졌다'란 뜻이므로 수동형 was believed는 적절. ↪Chapter 02 태>

④ 분사구문의 의미상 주어 These woodland creatures가 '작고 눈에 잘 보이지 않는 것'이므로 현재분사 being은 적절. 분사구문은 중간(주어와 동사 사이)에 위치하여 주어를 부연 설명할 수 있다. ↪Chapter 06 분사>

⑤ 주절의 술어동사는 had to keep, '~하기 위해서'라는 목적을 나타내는 부사적 용법으로 쓰인 to avoid는 적절. ↪Chapter 04 동사와 준동사>

어휘 belief 믿음 closely 밀접하게; 친밀하게 be connected to ~와 관련이 있다 creation 창조 cf. creature 생명체 mountain lion 《동물》 퓨마 sacred 신성한, 성스러운 represent ~을 대표하다 woodland 삼림 지대 invisible 모습을 나타내지 않는; 눈에 보이지 않는 ordinary 평범한 witness 목격자

05 ① (→ using)

해석 1930년대, 영국인 교수 C.K. Ogden은 1,000단어만 이용하여 영어로 필요한 모든 것을 표현하는 방법을 개발했다. 그는 수천 개의 어려운 동사를 'get'과 'put'을 포함한 18개의 단순한 동사로 대체하면, 영어로 의사소통하는 게 누구에게나 훨씬 쉬울 것이라고 말했다. 예를 들어, 'put together'는 'assemble,' 'build,' 'unite'와 다른 몇몇 동사를 대체할 수 있다. Ogden은 다양한 분야의 전문가들과 상의하는 데 많은 시간을 보냈다. 그는 자신이 고안해 낸 Basic English라는 언어의 850단어를 사용하여 General Basic English Dictionary에 20,000개 이상의 단어를 정의했다. Ogden은 Basic English를 국제 보조 언어로서 널리 알리며 이를 영어를 가르치는 이상적인 방법으로 확립하려고 애썼다.

해설 ① 전치사(of)의 목적어 역할을 하면서 just 1,000 words를 목적어로 취할 수 있는 것은 동명사. use → using. ↪Chapter 07 준동사 심화>

② 주어 역할을 하는 동명사 communicating은 적절. ↪Chapter 05 to부정사와 동명사>

③ 「spend+시간[돈]+v-ing」의 구조로 'v하는 데 시간[돈]을 쓰다'란 뜻.
↪Chapter 05 to부정사와 동명사>

④ 문맥상 그가 고안해 낸 Basic English라는 언어의 850단어를 '사용하여' 20,000개 이상의 단어를 정의한 것이므로 현재분사 using은 적절.
↪Chapter 06 분사>

⑤ try가 to부정사를 목적어로 취하면 '~하려고 애쓰다'란 뜻. 문맥상 '확립하려고 애쓰다'란 뜻이 자연스러우므로 to establish는 적절. cf. 「try+v-ing」 '시험 삼아 v해보다' ↪Chapter 05 to부정사와 동명사>

어휘 replace A with B A를 B로 바꾸다, 대체하다 verb 《문법》 동사 including ~을 포함하여 assemble 조립하다; 모으다 unite 결합하다 several 몇몇의 expert 전문가 a variety of 다양한 field 분야, 영역 define 정의하다 promote 홍보하다; 촉진하다 establish 확립하다; 설립하다 ideal 이상적인

06 ⑤ (→ wrapped)

해석 20세기 초까지 약 천 년 동안 어린 여자아이의 발을 동여매는 것(전족)이 중국의 관습이었다. 이 관습은 여자아이의 발이 4인치(10cm) 넘게 자라지 못하게 했다. 그들의 작은 발은 아름다운 것으로 여겨졌다. 끊임없는 고통, 감염, 골절, 악취, 꾸준히 걸을 수 없다는 점이 (발을) 동여맨 결과 얻어진 것이었다. 중국 시인들은 비단 신 속에 감싸진 작고 꽁꽁 묶인 발의 관능적인 매력에 대한 시를 지어 이 관습을 더욱 바람직한 것으로 만들었다. 아주 어릴 때부터 여자아이들은 만약 그들이 발을 가능한 한 꽉 동여매고 이 때문에 발생하는 모든 고통을 참아내지 않는다면, 행복한 삶을 살 수도, 남편을 얻을 수도 없다는 것을 너무도 잘 알고 있었다.

해설 ⑤ tiny bound feet을 수식하는 분사 자리. feet은 비단 신에 '감싸진 것'이므로 과거분사가 적절. wrapping → wrapped. <→ Chapter 06 분사>

① it은 가주어이고 to부정사구가 진주어이다. <→ Chapter 05 to부정사와 동명사>

②「prevent A (from) v-ing」 구문은 'A가 v하지 못하게 하다'라는 뜻이다. <→ Chapter 05 to부정사와 동명사>

③ '~을 …라고 여기다'란 의미로 SVOC 구조를 취하는 consider가 수동태로 쓰여 「S+be considered+C」 구문이 된 것이다. 목적격보어 자리에 형용사가 쓰일 수 있으므로 beautiful은 적절. <→ Chapter 04 동사와 준동사>

④ 주어는 '끊임없는 고통, 감염, 골절, 악취, 꾸준히 걸을 수 없다는 점'을 모두 가리켜 복수이므로 복수동사 were는 적절. <→ Chapter 01 주어-동사 수일치>

어휘 custom 관습, 풍습 bind 《bound-bound》 묶다, 동여매다 cf. binding 묶기, 결박 continuous 끊임없는 infection (병균) 감염 inability ~을 할 수 없는 것; 무능력 steadily 꾸준히, 지속적으로 desirable 바람직한; 매력적인 sensual 관능적인 appeal 매력 wrap 싸다; 포장하다 endure 견디다

07 ④ (→ typed)

해석 구골은 거대한 수를 말하는 수학 용어이다. 이것은 거대한 검색 엔진의 이름인 '구글'의 철자를 잘못 말한 것이 아니며, 사실은 그 반대이다. 우주의 원자 수보다 많은 양을 나타내는 구골은 1940년에 미국의 한 수학자가 이름 지었고, 오늘날에도 여전히 수학자들에게 쓰이고 있다. 구글의 두 창립자 Larry Page와 Sergey Brin은 수학에 매력을 느끼며 자랐으며 그들의 회사 이름을 그 숫자(= 구골)를 따서 짓기로 결심했다. 초기의 구글 팀이 사용 가능한 도메인 이름을 검색할 때, 컴퓨터에 앉아 있던 사람이 우연히 구골을 '구글'로 입력하였고 그렇게 이름이 지어졌다. 그 회사는 '구골'과 같은 수학적 원칙을 기반으로 하며, 심지어는 (캘리포니아주) 마운틴뷰에 있는 본사 건물의 이름도 회사의 이름과 '복소수(complex)'의 결합인 '구글플렉스'로 짓기로 했다.

해설 ④ 주어는 전명구 at the computer의 수식을 받는 the person. 문장 전체의 동사 자리이며 과거 시점의 일이므로 동사 typed가 적절. <→ Chapter 04 동사와 준동사>

① 문맥상 '~을 말하는 수학 용어'란 뜻이 자연스럽다. 앞의 명사구 a mathematical term을 수식하는 능동의 현재분사 describing은 적절. <→ Chapter 06 분사>

② a quantity ~ universe는 삽입구로, 주어가 Googol이므로 단수동사 is는 적절. <→ Chapter 01 주어-동사 수일치>

③ Larry Page와 Sergey Brin이 '수학에 매력을 느낀 것'이므로 수동형인 fascinated는 적절. <→ Chapter 06 분사>

⑤ 분사구문의 의미상 주어인 The company가 '본사 건물의 이름을 짓기로 한 것'이므로 현재분사 choosing은 적절. <→ Chapter 06 분사>

어휘 mathematical 수학의 cf. mathematician 수학자 term 용어, 말; 이름 짓다, 명명하다 describe 말하다; 묘사하다 huge 거대한 quantity 양, 수량 search engine 검색 엔진 opposite 반대의 atom 원자 universe 우주 founder 창립자, 설립자 fascinate 마음을 사로잡다 available 이용할 수 있는 accidentally 우연히 principle 원칙, 원리 headquarters 본사, 본부 combination 결합, 조합

08 (1) the children become so conscious of their parents' disapproval that they cannot[can't] express their feelings naturally (2) Forbidden to express these "strong" emotions

해석 부모가 아이들을 무서움으로 다스리고 순종을 요구할 때, 아이들은 매우 어린 나이에 자신의 진짜 감정을 표현하지 않는 것을 배우게 된다. 분노, 두려움, 슬픔과 같은 강한 감정을 자연스럽게 표현하지 못하게 되는데, 왜냐하면 이 부모들은 자신의 아이가 조용하고 순종적이기를 바라기 때문이다. 결국, 아이들은 부모의 반대를 지나치게 의식하여 어떤 감정도 자연스럽게 표현하지 못하게 된다. 아이들은 이 감정이 괜찮은 것인지 확인하기 위해서 부모에게 먼저 '점검'을 받아야 한다. 이러한 '강한' 감정을 표현하는 것이 금지되었기 때문에 아이들은 분노, 두려움, 슬픔, 고통 속에 갇히게 된다. 때때로 아이들은 자신이 화가 나 있거나 상처받았다는 것을 인정하기조차 거부하며 이러한 감정으로 인해 생기는 에너지를 없앨 줄도 모른다. 그 에너지는 마치 보일러 속 증기압처럼 마음속에 쌓여간다.

해설 (1) too+형용사/부사+to부정사 (너무 ~해서 …할 수 없다) = so+형용사/부사+that 주어+cannot+동사원형 ~ <→ Chapter 07 준동사 심화>

(2) 의미상 주어인 kids가 감정을 표현하는 것이 '금지된 것'이고, 6단어로 써야 하므로 Being을 생략하고 과거분사 Forbidden이 이끄는 분사구문으로 고친다. <→ Chapter 06 분사>

구문 (02행~03행) ~, kids are taught at a very young age not to express their true feelings.

부사구 at a very young age가 동사 are taught와 to부정사 사이에 위치한 것이다. 능동태 문장은 ~, parents teach kids not to express their true feelings at a very young age.이다. 영어에서 중요한 정보나 복잡한 것을 문장 뒤에 두는 원칙이 있다. 그러므로 상대적으로 덜 중요하고 덜 복잡한 부사구가 동사 바로 뒤에 온 것이다.

어휘 rule 다스리다 demand 요구하다 obedience 순종 cf. obedient 순종하는 express 표현하다 cf. expression 표현 natural 자연스러운 cf. naturally 자연스럽게 discourage ~을 못하게 하다; ~을 낙담시키다 eventually 결국 conscious 의식하고 있는, 자각하고 있는 disapproval 반대 forbid 《forbad(e)-forbidden》 금하다, 못하게 하다 get stuck in ~에 갇혀 꼼짝 못하다 acknowledge 인정하다 get rid of ~을 없애다, ~을 제거하다 steam 증기, 스팀 pressure 압력

09 a long time for the area to be given national park status

해석 애리조나주의 그랜드 캐니언은 세계에서 가장 경이로운 자연경관 중 하나이다. 이것은 그랜드 캐니언 국립공원에 자리 잡고 있는데, 이 국립공원은 미국에서 가장 오래된 국립공원 중 하나이지만, 이 지역이 국립공원의 지위를 얻기까지는 오랜 시간이 걸렸다. Benjamin Harrison 상원의원이 1882년 그랜드 캐니언 국립공원 설립을 위한 법안을 처음으로 제출했지만, 받아들여지지

않았다. 그 이후, Roosevelt 대통령이 1901년에서 1909년 사이에 다섯 개의 새로운 국립공원을 설립했지만, 그랜드 캐니언은 이에 속하지 않았다. 그랜드 캐니언 국립공원에 관한 더 많은 상원 법안들이 1910년에 제출되기도 했지만, 1919년이 되어서야 비로소 그랜드 캐니언 국립공원 결의서가 법으로 승인되었다.

해설 빈칸 뒤의 내용은 그랜드 캐니언 지역이 국립공원의 지위를 얻기까지 수십 년이 걸린 것을 구체적으로 나열하고 있다. 이같은 내용과 주어진 어구로 보아, 「it takes[took]+시간+for A+to부정사」의 구조로 영작해야 함을 알 수 있다. '(의미상 주어) A가 ~하는 데 (얼마의) 시간이 걸리다[걸렸다]'란 뜻. 또한, 국립공원 지위를 의미상 주어인 the area가 '부여받은 것'이므로 to부정사는 to be given이 되어야 한다.

구문 (12행~14행) ~, **it wasn't until** 1919 **that** the Grand Canyon National Park Act was signed into law.

「it is[was] not until ~ that ....」의 구조로 '~가 되어서야 비로소 …하다[했다]'로 해석하는 것이 자연스럽다.

어휘 **wonder** 경이로운 것 **be located in** ~에 있다, ~에 위치하다 **status** 지위, 신분 **senator** (미국의) 상원 의원 *cf.* **senate** (의회의) 상원 **introduce** (법안 등을) 제출하다; 소개하다 **bill** 법안 **reject** 거부하다, 거절하다 **act** 법령, 조례 **sign** ~을 서명하여 승인하다

Chapter 08 | 접속사·병렬구조

p. 87

해석 1 1900년대 그 나라에는 평화와 경제 성장이 있었다. / 우리는 영화를 보고 싶었지만, 그녀는 보고 싶어 하지 않았다. / 추가 질문은 이메일이나 팩스로 보내주세요. **2** 내 사촌과 오빠는 모두 같은 고등학교에 다닌다. / 문제는 우리가 어떤 종류의 음식을 먹느냐가 아니라 얼마나 많은 음식을 먹느냐이다. / 나뿐만 아니라 내 여동생도 여행을 좋아한다. / 그것은 인터넷 또는 매장에서 살 수 있습니다. / 그는 방을 치우지도 않았고 숙제도 하지 않았다. **3** 뉴스에서 허리케인이 오지 않을 것이라고 했다. / 나는 네가 이번 주말에 바쁜지 안 바쁜지 궁금해. 영화표가 두 장 있거든. / 누가 그것을 했는지는 중요하지 않다. / 그가 백만장자라는 소문이 있다. / 극장에 늦게 도착하면 휴식 시간까지는 자리에 앉을 수 없을 것이다. / 교통이 정체되었음에도 우리는 가까스로 제시간에 도착했다. / 모두가 뉴스를 들을 수 있게 소리를 높여주세요. / 내 남동생은 너무 키가 커서 부엌에 있는 선반 꼭대기에 손이 닿을 수 있다.

시험에 나오는 어법 Point

해석 Point 01 사람들은 더 오래 일하거나 밤에 회의를 하고, 책을 읽거나 늦게까지 밖에 나가 있다. **1** 그의 어머니는 그가 학교를 그만두고 농장을 관리하는 것을 돕기를 바랐다. / 전구는 단순하지만 매우 훌륭한 발명품이다. **2** 그는 다른 사람들을 돕는 것뿐만 아니라 다른 사람들의 말을 주의 깊게 듣는 것도 좋아한다. / Lucy는 오늘 결석했는데, 나는 그녀가 아프거나 바쁘다고 생각한다.

Point 02 일기 예보관의 빠른 대응으로 지난밤 엄청난 폭풍우에 아무도 다치지 않았다. **1** 그녀는 실망했음에도 불구하고 나에게 다정한 미소를 지어 보였다. / 뚱뚱해지는 것이 생명을 위협한다는 사실에도 불구하고, 어떤 사람들은 과식을 멈출 수 없다. / 밤새 내린 눈 때문에 도로가 폐쇄되었다. **2** 비록 그는 현재 은퇴한 교수이지만, 예술 창작에서는 결코 은퇴하지 않을 것이다.

정답 1 명사(구) **2** 절
[01~07] **01** (to) get **02** saw **03** O **04** lived **05** O
06 O **07** O
[08~12] **08** because of **09** while **10** due to
11 in spite of **12** Despite

[01~07] **01** 그의 목표는 배우가 되어서 주연을 맡는 것이다. (→ 보어 역할을 하는 to부정사(to become)와 연결되는 병렬구조) **02** 다리가 아프기 시작해서, 나는 달리기를 멈추고 병원으로 갔다. (→ stopped와 병렬구조) **03** 역사적으로 볼 때 장갑은 보호하기 위해서 뿐만 아니라 장식을 위해서도 착용되어 왔다. (→ for protection과 병렬구조) **04** 그녀는 결코 비행기 조종을 다시 시작하지 않았지만 그럼에도 불구하고 길고 흥미로운 인생을 살았다. (→ went back과 병렬구조) **05** 그는 그녀를 알아보지도 그녀의 이름을 기억하지도 못했기 때문에 미안했다. (→ recognized와 병렬구조) **06** 미세 플라스틱은 다양한 동물들이 먹어서 먹이 사슬에 들어가는 것으로 알려져 있다. (→ to be

eaten과 병렬구조인데 의미상 주어인 Microplastics와 get into는 능동관계이므로 (to) get이 어법상 적절) **07** 우리가 아마도 주의를 기울이거나 관계를 발전시킬 수 있는 사람들의 수에는 한계가 있다. (→ pay와 병렬구조)
[08~12] **08** 우리가 철학을 공부하는 이유는 철학이 정신적 능력을 기르는 데 도움을 주기 때문이다. (→ 뒤에 명사구가 이어짐. the mental skills를 관계대명사절이 수식, 목적격 관계대명사가 생략된 형태) **09** 네가 전화 통화를 하는 동안 나는 이미 숙제를 다 끝냈다. (→ 뒤에 절이 이어짐) **10** 최근에 그는 학교에서 스트레스를 받는 상황이라 식욕이 없다. (→ 뒤에 명사구가 이어짐) **11** Robert는 폭우에도 불구하고 계속 가기로 했다. (→ 뒤에 명사구가 이어짐) **12** 그가 경험이 많지 않다는 사실에도 불구하고, 그는 매우 잘 해내고 있다. (→ 뒤에 명사구가 이어짐. the fact 뒤에 동격절이 이어짐)

빈틈을 채우는 촘촘문법

해석 1 나는 방을 청소하는 동안, 주로 음악을 듣는다. / 한국 배는 신선하게 먹으면 열을 내린다. / 내가 난처한 상황에 있긴 하지만, 결심을 바꾸지는 않을 것이다. **2** 여름방학 동안 뭐 했니? / 나는 그를 3년 동안 보지 못했다. / 내일까지 보고서를 끝낼 수 있겠어? / 그 제안은 6월 15일까지 (계속) 유효합니다. / 여기 제 옆에 앉으시면 됩니다. / 나 외에 다른 방문객들이 있다. **3** 햄스터는 언제 그만 먹어야 할지 모른다는 점에서 금붕어와 비슷하다. / 나는 미안하다는 말 이외에는 다른 말을 할 수 없었다. / 그들은 '무가당'이라고 라벨이 붙은 음식이 정말 그 안에 설탕이 전혀 없는지 아닌지에 대해 논쟁했다. **4** 문 앞에 저 소년은 누구니? / 난 어젯밤에 콘서트를 보러 갔어. 그건 정말 멋진 공연이었어. / 그렇게 빨리 걷지 마.

QUICK CHECK
정답 01 ① **02** ④

해설 01 ① 문맥상 '~외에'라는 의미의 besides가 적절. **02** (1) 그녀가 독서에 충분한 시간을 쓰지 못했다는 점을 **제외하고**, except that (2) 낭비하는 습관은 고치기 어렵**다는 점에서**, in that (3) **만약** 매일 복용하면, If

어휘 valid 유효한 goldfish 금붕어 argue 논쟁하다 label ~에 라벨을 붙이다 desert 사막 rat 쥐 complete 완료하다 registration 등록 wasteful 낭비하는 medication 약[약물] (치료) effective 효과적인

실력이 쌓이는 **적용훈련**

정답 **A 01** summarize **02** that **03** that **04** be **05** do
06 to get **07** During **08** beside **09** practicing
10 collect
B 11 Due to **12** until **13** Despite **14** while **15** because
C 16 ⓐ that ⓑ because **17** ⓐ depression ⓑ feeling
18 ⓐ while ⓑ until
D 19 ⓐ → because of[due to], ⓑ → that **20** ⓑ → leave

해설 A 01 그 선생님은 학생들이 그 책을 읽고 요약하도록 했다. (→ read와 병렬구조) **02** 폭풍 때문에 공항이 폐쇄됐다는 소식 들었어? (→ 뒤에 완전한 절이 나오며, the news와 동격을 이루는 절을 이끌고 있으므로 동격절의 접속사 that이 적절) **03** 그녀는 그가 젊고 잘생겼다는 점을 제외하고는 그에 대해 아는 것이 없다. (→ except that '~을 제외하고') **04** 그들이 출판을 위해 선택하는 자료는 상업적 가치가 있어야 할 뿐만 아니라 완벽하게 쓰이고 오류가 없어야 한다. (→ have와 병렬구조, 상관접속사 not only A but (also) B) **05** 나는 그저 소설을 읽거나 산책을 하거나, 새로운 것을 하고 싶었다. (→ to read, (to) take와 병렬구조) **06** 기술을 사용하는 것은 기업들이 더 많은 상품을 생산하고 생산의 다른 요인들로부터 더 많은 것을 얻는 것을 가능하게 한다. (→ to produce와 병렬구조) **07** 역사 시간에 발표를 하는 동안, 나는 무엇을 말해야 하는지 잊어버렸다. (→ during+특정한 때, the history presentation은 특정한 때, for+기간) **08** 내가 캐나다에서 살 때 우리 집 옆에는 자그마한 호수가 있었다. **09** 동물들에게 있어서 놀이란 미래 생존에 필수적인 기술과 행동을 학습하고 연마하는 방법으로 오랫동안 여겨져 왔다. (→ learning과 병렬구조로 skills and behaviors를 목적어로 하는 동명사) **10** 기업 컨설턴트는 회사에 있는 현재의 문제를 기록하고 분석되어야 할 관련 자료를 수집한다. (→ document와 병렬구조)

B 11 그는 긴 다리 때문에 좋은 농구 선수이다. (→ 뒤에 명사구가 이어짐) **12** 지금까지, 나는 내가 Jessica를 사랑했다는 것을 깨닫지 못했다. **13** 그의 인기에도 불구하고 그는 훌륭한 화가라고 불릴 수 없다. (→ 뒤에 명사구가 이어짐) **14** 그들이 TV를 보는 동안 그녀는 그 기사를 읽었다. (→ 뒤에 절이 이어짐) **15** 내가 그녀에 대해 말하지 않는다면, 그것은 내가 그녀와 아무 관계가 없기 때문이다. (→ 뒤에 절이 이어짐)

C 16 과학자들은 당신이 더 빠르게 잠들 수 있는 아이디어를 가지고 있다. 그들은 해야 할 일의 목록을 작성하는 것이 당신이 해야 할 일에 대해 덜 걱정하게 만들기 때문에 더 일찍 잠들 수 있도록 돕는다는 것을 발견했다. (→ ⓐ 뒤에 완전한 절이 나오며, the idea와 동격을 이루는 절을 이끌고 있으므로 접속사 that이 적절 ⓑ 뒤에 절이 이어짐) **17** 합창은 불안감과 우울증을 줄일 수 있다. 연구원들은 합창이 사람들이 자신감과 행복감을 증가시키는 데 도움이 된다는 것을 발견했다. (→ ⓐ anxiety와 병렬구조 ⓑ confidence와 병렬구조) **18** 한 남자가 강을 헤엄쳐 건너려다 익사했다. 경찰은 6시까지 (계속) 강을 수색했다. 6시 이후에는 급류로 인해 수색이 중단되었다. (→ ⓐ 뒤에 절이 이어짐)

D 19 이탈리아 법정에 의하면, 만약 누군가가 굶주림 때문에 음식을 훔친다면, 그것은 불법이 아니다. 많은 사람들의 기대는 이 판결을 통해 노숙자에 대한 관심을 끌어내는 것이다. 사람들은 누구도 가난과 배고픔으로 죽어서는 안 된다

고 믿는다. (→ ⓐ 뒤에 명사 hunger가 이어지므로 전치사 because of 또는 due to가 적절 ⓑ be동사의 보어절을 이끌며, 뒤에 완전한 형태의 절이 이어지므로 명사절을 이끄는 접속사 that이 적절)

20 인내는 항상 필수적이라는 것을 기억하라. 사과가 받아들여지지 않는다면, 그 사람이 당신 말을 경청한 것에 대해 감사하고 그들이 화해를 바랄 경우에 대비해서 문을 열어두어라. 당신의 사과를 받는 것이 반드시 그들이 완전히 당신을 용서했다는 것을 나타내지는 않는다는 것을 알고 있으라. (→ ⓑ thank와 병렬구조)

실전에 통하는 **적용훈련**

정답 **01** ⑤ **02** ② **03** ②

01 ⑤ (→ keeps)

해석 물은 비타민, 단백질, 또는 에너지를 제공하는 물질을 함유하고 있지 않다. 그러나 비록 물에 영양적 가치가 거의 없더라도, 그것은 인간의 생존에 필수적이며 우리는 기후나 개인의 활동량에 따라 매일 2리터에서 7리터의 물을 마셔야 한다. 우리가 그렇게 많은 물이 필요한 한 가지 중요한 이유는 물이 우리 몸의 구석구석까지 영양분을 운반해주기 때문이다. 물은 또한 노폐물과 독성 물질을 제거한다. 게다가, 물은 우리가 음식을 소화하도록 도와주고 우리 몸의 온도를 일정하게 유지해준다. 더욱이, 물은 심장, 폐, 간, 다른 장기들을 보호하고, 관절을 촉촉하게 유지해서 관절이 자유롭게 움직일 수 있도록 해준다. 인간은 음식 없이도 몇 주 동안 살 수 있지만, 물 없이는 사흘밖에 살지 못한다.

해설 ⑤ 문장 전체의 동사 protects와 등위접속사 and로 대등하게 연결된 병렬구조이므로 keeps가 적절.
① 뒤에 주어(it)와 동사(has)가 있는 절이 이어지므로 접속사 although는 적절.
② need는 to부정사를 목적어로 취하는 동사이므로 to consume은 적절.
↔Chapter 05 to부정사와 동명사>
③ be동사의 보어절을 이끌며, 뒤에 완전한 형태의 절이 이어지므로 명사절을 이끄는 접속사 that은 적절.
④ keep이 '~을 …한 상태로 유지하다'라는 의미로 SVOC구조를 취한다. 목적격보어 자리에 형용사 steady는 적절. ↔Chapter 04 동사와 준동사>

구문 (12행~13행) ~, **so that** they can move freely.
이 문장에서 so that은 '그 결과, 그 때문에'란 뜻.
cf. so that 앞에 콤마 없이 쓰이는 경우는 '~하기 위하여'란 뜻으로 '목적'을 나타낸다.
He covered his test sheet with his hand **so that** no one would see it. (그는 아무도 보지 못하게 하려고 손으로 시험지를 가렸다.)
어휘 protein 단백질 substance 물질 nutritional 영양상의 *cf.* nutrient 영양분 survive 살아남다; 생존하다 consume 마시다; 소모하다 major 주요한 transport 운반하다, 이동시키다 toxic 독성의 digest 소화하다 lung 폐 liver 간 organ 장기 several 몇몇의

02 ② (→ what)

해석 우리가 최초의 언어들에 대해 그다지 많이 알지 못하는 이유는 그것들이 기록된 적이 전혀 없기 때문이다. 일단 사람들이 말을 갖게 되자, 그들은 서로에게 자신들이 무엇을 생각하는지를 말할 수 있었다. 그러나 누군가 어떤 말을 하

면, 말의 내용을 다른 사람들이 기억할 수 있는 경우를 제외하면 그 즉시 그 사람의 생각은 사라져 버렸을 것이다. 그러다가 약 5,000년 전에, 사람들은 기록을 창안해 냈다. 이것은 그 사람이 거기에 없을 때조차도 다른 사람들이 보고 기억하도록 그 사람의 생각이 기록될 수 있다는 것을 의미했다. 그러나 첫 번째 기록 시스템으로 알려져 있는 것을 보면, 단순한 그림이 하나의 단어를 나타내는 데 쓰였다. 오늘날처럼 개개의 소리를 나타내는 데 기호가 사용되지는 않았다.

해설 ② were thinking의 목적어 역할을 하면서 의미상 '무엇'을 뜻하는 의문대명사 what의 자리이다.

① 주어가 단수명사인 The reason이므로 is는 적절. ↪ Chapter 01 주어-동사 수일치〉

③ 지시형용사로 쓰인 that이므로 콤마 바로 뒤에 쓸 수 있다.

④ meant의 목적어인 명사절을 이끄는 접속사 that은 적절.

⑤ 앞 절의 were used to ~ sounds를 받아 '지금도 그러하다'는 의미이므로 are는 적절. ↪ Chapter 04 동사와 준동사〉

어휘 put down ~을 기록하다; ~을 내려놓다 represent 나타내다; 대표하다

03 ② (→ (to) decide)

해석 아이들이 자신의 선택에 따른 결과를 탐구하도록 돕는 것은 그들에게 결과를 강요하는 것과 많이 다르다. 탐구는 아이들의 참여를 유도하여, 그들이 스스로 생각하여 무엇이 중요하고 그들이 무엇을 원하는지를 결정하게 해준다. 최종 결과는 반항과 방어적 사고로 향하는 것이 아니라 문제의 해결책에 집중하는 것이다. 아이들이 탐구하도록 돕는 것의 핵심은 어른들이 질문하기 시작하는 것이다. 너무나 자주 어른들은 무슨 일이 있었는지, 그것에 대해 무엇이 행해져야 하는지에 대한 그들의 생각을 강조한다. 아이에게 문제에 대한 그들의 이해와 가능한 해결책에 관해 물어보는 것이 훨씬 더 아이들을 존중하고, 용기를 주며 그들의 능력 발달에 도움을 준다. 이것이 진정한 의미의 교육이다.

해설 ② '그들이 스스로 생각하고 결정하게 해준다'란 문맥으로, allowing 이하의 분사구문은 「allow+목적어(them)+목적격보어(to부정사)」의 구조이다. to think와 and로 연결되는 병렬구조이므로 deciding → (to) decide.

① 주어는 동명사구(Helping children ~ choices)이다. 동명사구 주어는 단수 취급하므로 is는 적절. ↪ Chapter 01 주어-동사 수일치〉

③ 상관접속사 「not A but B」의 구조로, resulting과 but으로 연결되는 병렬구조이므로 focusing은 적절.

④ 동사 is의 보어절을 이끌며 '~이라는 것'을 뜻하는 접속사 that은 적절.

⑤ 앞 절의 동사 is와 등위접속사 and로 대등하게 연결된 병렬구조.

어휘 explore 탐구하다, 조사하다 consequence 결과 force 강요하다 participation 참여, 참가 defensive 방어적인 solution 해결(책) emphasize 강조하다 version 생각, 견해 respectful 존중하는; 공손한 encouraging 격려하는, 장려하는 development 발달 education 교육

실력을 완성하는 **서술형 훈련**

정답 01 that → what   02 to help → helps   03 stirring → stir   04 what → that   05 as to whether the illness is dangerous   06 or putting something into action   07 nor denies the presence of spies   08 evaluate the quality of writing   09 (1) what (2) that (3) the idea와 동격을 이루는 절을 이끌고 있으므로 접속사 that이 적절하다.
10 (1) realized (2) (to) realize (3) (allow+목적어+목적격보어에서) to have와 등위접속사 and로 연결되므로 (to) realize가 적절하다.

해설 01 wonder의 목적어 역할을 하는 명사절을 이끄는 what, 뒤에 불완전한 절이 이어짐 02 helps와 병렬구조, 상관접속사 not only A but also B 03 Add와 병렬구조이므로 stir 04 be동사의 보어절을 이끌며, 뒤에 완전한 절이 이어지므로 명사절을 이끄는 접속사 that이 적절 05 그 병이 위험한지 아닌지에 대해서 약간의 의문이 있다. (→ 전치사+whether '~인지 아닌지') 06 speaking과 병렬구조이므로 put → putting 07 confirms와 병렬구조이므로 deny → denies, 상관접속사 neither A nor B 08 analyze와 병렬구조이므로 evaluate 09 나는 네가 스스로를 돌보지 않아도 정신력이 형성될 수 있다는 생각을 믿지 않아. 10 생각을 일깨워주는 단순한 메모는 Greg이 다른 관점을 갖게 하고 자신이 모든 것에 대해서 완벽할 필요가 없다는 사실을 깨닫게 해주었다.

어휘 wonder 궁금하다 avoid 방지하다; 피하다 injury 부상 recover 회복하다 stir 휘젓다 foamy 거품이 생기는 doubt 의문, 의심, 의혹 illness 병; 아픔 put something into action (무언가를) 실행에 옮기다 confirm 인정하다; 확인해주다 deny 부인하다 presence 존재(함) evaluate 평가하다 quality 질 mental strength 정신력 take care of ~를 돌보다 reminder 생각나게 하는 것 point of view 관점, 견해

Chapter 09 ┆ 관계사

p. 95

해석 **1** 나는 우리 이웃에 사는 한 남자를 만났다. / 그가 이 집을 산 사람이다. / 그는 내가 전에 만났던 사람이다. / 그는 내가 함께 여행했던 사람이다. / 나는 친구가 많은데, 그중 한 명이 프랑스어를 할 수 있다. / 그가 바로 차를 도둑맞은 사람이다. / 나는 세계에서 가장 높은 빌딩에 가보고 싶다. / 수영은 모든 사람이 배울 수 있는 기술이다. / 나는 많은 질문을 받았는데, 그중 대부분은 매우 간단했다. / 머리카락이 금발인 저 소년을 보아라. / 선반 위에서 떨어진 촛불로 불이 났다. / 우리가 이야기를 나눴던 호텔 매니저는 매우 친절했다. / 나는 우리가 파티에서 만났던 남자를 좋아하지 않는다. / 이것은 우리 집을 보여주는 사진이다. / 작년에 나는 에펠탑을 방문했는데, 그것은 높이가 324미터이다. / 역사가로

서의 직업은 흔치 않은 직업이어서, 그것이 아마도 네가 한 명도 만나보지 못한 이유일 것이다. / 네가 말하는 것이 항상 진실은 아니다. / 그녀는 나에게 자신이 산 것을 보여주었다. / 이 변화는 내가 항상 바라왔던 것이다. **2** 그리스 음식을 먹을 수 있는 레스토랑이 하나 있다. / 봄은 꽃들이 피어나기 시작하는 아름다운 시기이다. / 이곳은 내가 운동을 하던 체육관이다. / 내가 여기 있는 이유는 내 계획에 대해 말하기 위해서이다. / 기술은 사람들이 상호 교류하는 방식을 바꾸고 있다. / Andy는 새로운 집으로 이사했고, 그곳에서 혼자 살기 시작했다. / 고양이는 이른 아침과 저녁에 가장 활동적인데, 그때 대부분의 사냥을 한다. **3** 네가 만난 여성분이 우리 음악 선생님이다. / 너는 네가 관심이 있는 전공을 고

를 수 있다. / 나는 그 축구 경기가 취소된 이유를 모른다. / 나는 그녀가 내게 말하는 방식을 좋아하지 않는다. / 이곳은 내가 태어난 곳이다.

시험에 나오는 **어법 Point**

해석 **Point 01** 나는 더 잘 어울리는 또 다른 직업을 구할 수 있을 것이다. **1** 내가 듣고 싶은 것은 너의 솔직한 의견이다. / 제가 요청했던 당신의 솔직한 의견에 감사드립니다. **2** 한 연구자는 어떤 단순한 계산을 제시했는데, 그것은 흡혈귀가 존재할 수 없다는 것을 증명한다. **3** Desktop Notepad는 데스크톱 컴퓨터에 직접 글을 쓸 수 있게 해주는 프로그램이다. / 아이들은 자신이 하는 일에 책임을 져야 한다는 것을 배울 필요가 있다.

Point 02 산이 많은 대부분의 나라에서 사람들은 스키의 독특한 매력을 즐긴다. **1** 그들은 자신들이 여행에서 하고 싶은 경험을 기꺼이 말한다. **2** 크리스마스는 서양 사람들에게는 일반적으로 가족과 함께 보내는 때이다. / 돈은 대부분의 사람들이 계속 회사에 다니게 하는 이유이다. **3** 나는 많은 도움을 받은 친구들에게 감사하고 싶다.

> **정답** **1** 전치사 **2** 관계부사 **3** 관계대명사
> [01~05] **01** what **02** which **03** which **04** what **05** which
> [06~12] **06** when **07** where **08** that **09** by which **10** whom **11** that **12** which

[01~05] **01** 사람을 겉모습에 따라 판단해서는 안 된다. (→ 주어가 없는 불완전한 절이고, 선행사 없음) **02** 광고는 사람들이 사길 바라는 최고의 상품을 찾는 것을 돕는다. (→ to buy의 목적어가 없는 불완전한 절이고, the best products가 선행사) **03** 우리는 주간 신문 칼럼을 읽는데, 그 칼럼은 상당히 유익하다. (→ 주어가 없는 불완전한 절이고 계속적 용법, a weekly newspaper column이 선행사) **04** 만약 이곳이 당신이 찾고 있는 것이 아니라면, 우리 웹사이트에서 다른 아파트를 찾아볼 수 있습니다. (→ 동사 are looking for의 목적어가 없는 불완전한 절이고, 선행사 없음) **05** 이 듣기 평가는 문제들의 기반이 되는 짧고 쉬운 대화들이 포함되어 있다. (→ 전치사+관계대명사 어순이며, 관계대명사 that은 전치사 바로 뒤에 쓰일 수 없음)

[06~12] **06** 나는 처음 강아지를 샀던 그날을 기억한다. (→ 뒤에 I first bought a dog의 완전한 구조가 나옴) **07** 그가 일하는 사무실은 매우 호화롭다. (→ 뒤에 he works의 완전한 구조가 나옴) **08** 그건 내가 절대 잊지 못할 내 여자 친구와의 첫 번째 데이트였다. (→ would never forget의 목적어 역할) **09** 언어는 다른 문화 집단들이 구별되게 하는 보편적인 요소이다. (→ 뒤에 나오는 different cultural groups are identified는 완전한 구조임) **10** 나는 20대에 그 밑에서 일했던 가장 똑똑한 중역 중 한 사람을 절대 잊을 수 없을 것이다. (→ 전치사+관계대명사 어순인 경우 관계대명사 who는 전치사 뒤에 쓰일 수 없음) **11** 여전히 당신의 도움이 필요한 여러 가지 일 중 하나에 자원하세요. (→ need의 주어 역할) **12** 우리는 이번 여름에 할아버지께서 가고 싶어 하시는 그 도시에 갈 계획이다. (→ to visit의 목적어 역할)

빈틈을 채우는 **촘촘문법**

해석 **1** 네 부상이 심하지 않다고 들었어. / 그녀가 그 범죄를 저질렀다는 것은 사실이었다. / 그녀가 너무 조용히 말해서 나는 그녀의 말을 거의 들을 수가 없

었다. / 그녀는 아빠가 잡은 물고기를 요리했다. / 나는 노인에게 자리를 양보한 그 소녀를 알고 있다. **2** 이 규칙을 깨는 사람은 누구든 벌을 받을 것이다. / 누가 나에게 전화하든, 그냥 외출 중이라고 말해주세요. / 나는 어려움에 처하면 언제든지 그에게 상담한다.

QUICK CHECK

> **정답** **01** ④ **02** ③

해설 **01** ④ hope의 목적어절을 이끄는 접속사 that으로 뒤에 완전한 절이 이어짐. 나머지는 관계대명사 **02** ③ 문맥상 '어디에 ~하더라도'라는 의미의 부사절을 이끄는 복합관계부사 wherever. 나머지는 명사절을 이끄는 복합관계대명사

어휘 injury 부상 commit a crime 범죄를 저지르다 punish 처벌하다 be in trouble 어려움에 처하다 consult 상담하다 recover 회복하다 reserve 예매하다 disagree 반대하다 crowd 사람들, 군중 prefer 선호하다

실력이 쌓이는 **적용훈련**

> **정답** **A 01** what **02** which **03** whom **04** where **05** what **06** that **07** however **08** that
> **B 09** what **10** ○ **11** which[that] **12** ○ **13** which[that] **14** ○ **15** which
> **C 16** ⓐ what ⓑ which **17** ⓐ in which ⓑ which **18** ⓐ which ⓑ why
> **D 19** ⓑ → which[that] **20** ⓑ → which[that]

해설 **A 01** 그것이 그녀가 가지고 싶어 하는 것이 아니라는 것을 어떻게 아니? (→ to have의 목적어가 없는 불완전한 절이고, 선행사 없음) **02** Emma는 일주일 동안 기대했던 딸의 생일을 축하했다. (→ had expected의 목적어가 없는 불완전한 절이고, 선행사는 her daughter's birthday) **03** 그는 네가 전에 들어 본 적이 있을지도 모르는 작가와 결혼했다. (→ 전치사 뒤에 목적어로 관계대명사 that과 who를 쓸 수 없음) **04** 나의 남동생이 가르치고 있는 그 학교는 이 섬의 유일한 학교이다. (→ teach는 여기서 '학생들을 가르치다'란 의미의 자동사로 쓰인 것이므로 my brother teaches는 완전한 구조) **05** 주저하지 말고 사람들에게 천천히 말해 달라거나 말했던 것을 다시 말해 달라고 요청해라. (→ has been said의 주어가 없는 불완전한 절이고, 선행사 없음) **06** 이삼 일 동안 비가 와서 뒷마당의 잔디가 너무 자라나서 나는 그것을 베어야 했다. (→ 완전한 절이므로 접속사 자리인데, 앞의 so와 호응하는 부사절 접속사 that이 적절) **07** 내가 회의에서 그를 만났을 때, 아무리 애를 써도 그의 이름이 생각나지 않았다. (→ 문맥상 '아무리 ~하더라도'의 의미를 갖는 복합관계부사 however가 적절) **08** 누군가에게 당신의 문제를 알리는 것은 그것을 해결하는 것을 도울 수 있는 간단한 행동이 될 수 있다. (→ a simple act가 선행사이므로 that이 적절)

B 09 나는 이 책이 당신이 인생에서 하고 싶은 것을 발견하는 데 도움을 줄 것이라고 믿는다. (→ to do의 목적어가 없는 불완전한 절이고, 선행사 없음) **10** 학생 중 한 명이 계속 웃었고, 그것이 선생님을 화나게 했다. (→ 계속적 용법, One of the students kept laughing이 선행사) **11** 그녀는 선생님께서

편지에 써 주신 그 이유를 이해하지 못했다. (→ wrote의 목적어가 없는 불완전한 절이므로 이 역할을 할 관계대명사 which/that이 적절) **12** 빈곤층은 다양한 질병으로 인한 위험에 처해 있고, 그 병에 대한 적절한 치료를 받지 못하고 있다. (→ 전치사 for의 목적어 역할을 하며 a range of diseases를 선행사로 하는 which는 적절) **13** 우리는 부모로부터 학습된 편견을 가지기 매우 쉽다. (→ have learned의 목적어가 없는 불완전한 절이고 prejudices가 선행사이므로 which/that이 적절) **14** 슬픈 영화를 보는 것은 의사가 고통을 잊기 위한 수단으로 조언한 것이다. (→ advised의 목적어가 없는 불완전한 절이고 선행사 없음) **15** 여기서 당신의 연구 프로젝트를 위한 최고의 자료들을 선택할 수 있는 리스트를 얻을 수 있다. (→ 전치사 from의 목적어 역할을 하며 a list를 선행사로 하는 which가 적절)

C 16 한 연구 업체가 500명이 넘는 사람들에게 그들이 무서워하는 것을 물었다. 많은 사람은 고소 공포증이 있다고 대답했다. 그들은 떨어질 것 같은 느낌을 받을 만큼 높은 곳에 도달하면 극심한 공포를 경험한다. (→ ⓐ 선행사 없음 ⓑ is의 주어 역할)

17 우리 어머니는 주방을 좋아하시는데, 모두가 함께 모이고 음식이 준비되는 장소이기 때문이다. 우리 가족은 항상 식탁에 모여 웃고 얘기하는데, 그 식탁은 우리가 모두 앉기에 충분하다. (→ ⓐ 뒤에 everyone gathers and food is prepared의 완전한 구조가 나옴 ⓑ 계속적 용법, the kitchen table이 선행사)

18 한 과학자는 우리를 로맨틱하게 만드는 뇌 속 화학 물질이 1년 안에 사라진다는 점을 발견했다. 이는 왜 관계가 시작될 때의 행복한 감정이 영원히 지속되지 않는지를 설명해 준다. (→ ⓐ makes의 주어 역할 ⓑ 뒤에 the happy feelings ~ forever의 완전한 구조가 나옴)

D 19 젊은 사람들은 그들의 조부모님들이 누릴 수 없었던 혜택을 받아왔다. 우리가 겪고 있는 경제 위기조차도 조부모님들이 겪은 힘든 시기와는 비교할 수가 없다. 조부모님들이 어려운 시기를 겪어 내 것처럼 우리도 이 힘든 시기를 극복할 수 있는 방법을 찾을 것이다. (→ ⓑ are experiencing의 목적어 역할)

20 사람들이 사실상 말하지 않은 것을 말하는 것처럼 보여주는 재미있는 비디오가 있다. 새로운 기술은 거의 진짜처럼 보이는 이 가짜 비디오를 만들기 위해 인공 지능을 사용한다. 우리는 보고 듣는 것을 믿기 어려운 세상으로 진입하고 있다. (→ ⓑ this false video가 선행사, looks의 주어 역할)

실전에 통하는 **적용훈련**

정답 01 ④ **02** ⑤ **03** ④

01 ④ (→ which[that])
해석 낮을 때 사라! 높을 때 팔아라! 불안한 헤지 펀드는 피하고 우량주 뮤추얼 펀드에 더 많은 돈을 넣어라! 뭐라고? 주식 시장에서 쓰는 말은 마치 외국어 같다. 주식 시장의 언어를 이해하기 위해서는 공부하고 연습해야 한다. 그러나 시간과 노력을 들임으로써, 당신은 전문가처럼 생각하고 말하는 법을 알 수 있다. 주식 시장은 아마 세계에서 가장 큰 베팅 게임장일 것이다. 주식을 사는 것은 회사의 일부분을 사는 것과 같다. 만약 당신이 주식을 산 회사가 잘된다면, 당신은 돈을 번다. 만약 회사가 잘못되면, 당신은 곤경에 처하게 된다. 그러나 중요한 것은 아무도 주식 시장에서 무슨 일이 일어날지 모른다는 것이다. 심지어 가장 현명한 투자자들조차 때로는 돈을 잃고 만다.

해설 ④ 선행사가 the company이고 뒤에 전치사 in의 목적어가 없는 불완전한 절이 이어지므로 목적격 관계대명사 which 또는 that이 적절.
① of가 이끄는 전명구가 앞의 명사를 수식함. 주어가 단수(The language)이므로 단수동사 is는 적절. <→ Chapter 01 주어-동사 수일치>
② 문맥상 '방법'을 나타내며, 뒤에 완전한 절이 이어지므로 관계부사 how는 적절.
③ 주어가 동명사구(Buying stocks)이므로 단수동사 is는 적절. <→ Chapter 01 주어-동사 수일치>
⑤ 문맥상 '무엇~'으로 해석되며 동사 knows의 목적어 역할을 하는 명사절을 이끄는 의문사 what은 적절. <→ Chapter 08 접속사·병렬구조>
어휘 hedge fund 헤지 펀드 《투자 위험 대비 높은 수익을 추구하는 적극적 투자 자본》 blue chip 우량의 mutual fund 뮤추얼 펀드 《여러 명으로부터 적은 돈을 모아 기금을 마련해서 주식 투자를 하는 회사》 stock 주식 pro 전문가 《professional의 줄임말》 betting 내기, 도박

02 ⑤ (→ from which)
해석 토마토는 과일일까 아니면 채소일까? 그 대답은 누가 그 질문에 답하는지에 따라 다를 것이다. 특히 그 사람이 과일과 채소를 파는 채소 장수인지 아니면 과학자인지에 따라. 채소 장수를 포함한 대부분의 사람들이 갖는 일반적인 인식은 과일은 일반적으로 달고 채소는 그렇지 않다는 것이다. 그 결과, 토마토와 오이는 그들의 관점에서는 자주 채소로 분류된다. 그러나 과일은 속에 씨앗이 있고 이것이 과학자가 토마토와 오이는 채소라고 말하는 것을 듣지 못할 이유이다. 그러나 채소는 먹을 수 있는 식물의 모든 부분이다. 채소는 완두콩처럼 식물의 씨가 될 수도 있고, 당근처럼 뿌리가 될 수도 있으며, 시금치처럼 잎이, 브로콜리처럼 꽃이, 혹은 아스파라거스처럼 줄기가 될 수도 있다. 결론적으로, 과일은 새로운 식물로 자랄 수 있는 씨를 포함하지만, 채소는 음식으로 쓰이는 식물의 모든 부분이다.

해설 ⑤ 선행사가 seeds이고 뒤에 완전한 절이 이어지므로 「전치사+관계대명사」의 형태인 from which가 적절.
① a greengrocer를 선행사로 하는 주격 관계대명사 자리로 that은 적절.
② is 뒤에 보어 역할을 하는 완전한 절을 이끄는 접속사 that은 적절.
<→ Chapter 08 접속사·병렬구조>
③ 문맥상 '이유'를 나타내며, 뒤에 완전한 절이 이어지므로 관계부사 why가 적절.
④ a plant를 선행사로 하는 목적격 관계대명사 자리로 that은 적절.
구문 (10행~11행) ~ you won't **hear** a scientist say that tomatoes and cucumbers are vegetables.
hear는 '~이 …하는 것을 듣다'란 의미로 SVOC구조를 이루고 있다.
어휘 depending on ~에 따라서 greengrocer 채소 장수 perception 인식, 지각 cucumber 오이 classify 분류하다 perspective 관점, 시각 pea 완두콩 root 뿌리 spinach 시금치 broccoli 브로콜리 stem 줄기 asparagus 아스파라거스 include 포함하다

03 ④ (→ what)
해석 정보는 또 다른 뇌로 전달될 때까지는 한 뇌에 그대로 있으며, 대화에서 변하지 않는다고 말할 수 있다. 이것은 전화번호나 열쇠를 놓아둔 장소와 같은 '사실' 정보에 적용된다. 그러나 지식에는 적용되지 않는다. 지식은 판단에 의존하는데, 그것은 다른 사람들 또는 자신과의 대화에서 발견되고 다듬어진다. 그러므로 그것을 상세하게 말하거나 써서 그 결과를 비판적으로 돌아봐야 비로

소 당신 생각의 상세한 내용을 알게 된다. '내가 방금 말한 것이 바보 같은 건가 아니면 진실인가?' 말하거나 쓸 때, 당신을 유명하게 만들어줄 수 있는 훌륭한 아이디어뿐만 아니라 형편없는 아이디어도 발견할 수 있다. 사고는 그것을 표현하는 것이 요구된다.

해설 ④ said의 목적어가 없고 앞에 선행사도 없으므로 관계대명사 what이 적절.
① say의 목적어 역할인 완전한 절을 이끄는 접속사 that은 적절. <→ Chapter 08 접속사·병렬구조>
② 완전한 절을 이끌면서 선행사 the place를 제한하는 관계부사 where는 적절.
③ discover and polish의 목적어가 없는 불완전한 절을 이끌면서 judgements를 선행사로 하는 관계대명사 which는 적절.
⑤ can bring의 주어이면서 the good ideas를 선행사로 하는 관계대명사 that은 적절.

어휘 sit 그대로 있다 factual 사실의 rely on ~에 의존하다 polish 다듬다; (윤이 나도록) 닦다 in detail 상세하게 look back 되돌아보다 critically 비판적으로 A as well as B B뿐만 아니라 A도 fame 명성 expression 표현; 표정

실력을 완성하는 **서술형 훈련**

정답 01 No matter which they choose
02 when → which[that]   03 where → which[that]
04 what → which[that]   05 what → which
06 how → which[that]   07 They found the village from which they could get some food.
08 The building at which he stared with wide eyes is the tallest in the world.   09 (1) that (2) which (3) 관계대명사 that은 전치사 바로 뒤에 쓰일 수 없으므로 which가 적절하다.
10 (1) what (2) how[the way] (3) 뒤의 문장구조가 완전하고, 의미상 '~하는 방법'을 나타내야 하므로 관계부사 how 또는 the way가 적절하다.

해설 01 No matter which는 부사절을 이끄는 복합관계대명사 whichever와 같은 의미로 '어느 쪽을 ~하더라도'의 의미 02 선행사는 the day, frees의 주어 역할을 하는 주격 관계대명사 which[that]가 적절 03 선행사는 many parts of the world, can easily reach의 목적어 역할을 하는 목적격 관계대명사 which[that]가 적절 04 the secret이 선행사, told의 직접목적어 역할을 하는 목적격 관계대명사 which[that]가 적절 05 아이들은 이전보다 더 어린 나이부터 컴퓨터와 스마트폰을 포함한 전자기기들을 사용하고 있다. 아이들이 (전자기기 사용을) 시작하는 평균 연령은 8세에서 6세로 낮아졌다. (→ The average age를 선행사로 하며 at의 목적어 역할을 할 수 있는 which가 적절) 06 과식을 멈추기 위해 쉽게 따라 할 수 있는 간단한 방법이 있다. 더 작은 접시, 칼, 포크와 유리잔을 사용하는 것이 우리가 먹는 식사량을 줄일 수 있다. (→ can easily follow의 목적어 역할을 하는 목적격 관계대명사 which[that]가 적절) 07 그들은 마을을 발견했다. 그들은 그 마을에서 약간의 음식을 얻을 수 있었다. (→ 앞 문장에 '장소'를 나타내는 선행사(the village)가 있고 다음 문장이 선행사를 수식하는 역할을 하므로 전치사+관계대명사인 from which가 들어가야 적절) 08 그 건물은 세계에서 가장 높다. 그는 눈을 크게 뜨고 그 건물을 응시했다. (→ 앞 문장에 '장소'를 나타내는 선행사(The building)가 있고 다음 문장이 선행사를 수식하는 역할을 하므로 전치사+관계대명사인 at which가 들어가야 적절) 09 '기능'이라는 단어는 사물이 존재하거나 사용되는 특별한 목적이나 활동을 의미한다. 10 정부 공무원들은 아이들에게 부정적 영향일 수 있는 광고를 규제할 수 있는 방법을 고려하고 있다.

어휘 decision 결정 fossil 화석 respect 존중; 존경 electronic device 전자기기 decrease 줄다 overeating 과식 amount 양 stare at ~을 응시하다 with wide eyes (놀라서) 큰 눈으로 purpose 목적 exist 존재하다 official 공무원 restrict 제한하다 influence 영향; 영향을 주다

정답 01 ③ 02 ③ 03 ① 04 ② 05 ⑤ 06 ④ 07 ② 08 not a passive skill but an active process that requires attention
09 to lie less when communicating online, because of

01 ③ (→ where)

해석 손으로 눈을 꽉 쥐어 본 적이 있는가? 눈은 꽉 뭉쳐진 채로 있게 되는데, 손의 압력이 눈 입자들을 얼음 결정체로 변화하게 하기 때문이다. 이와 똑같은 일은 엄청난 양의 눈이 먼저 내린 눈 위에 쌓여서, 밑의 층을 누르게 될 때도 생긴다. 이것은 산맥의 어두운 계곡에서 일어날 수 있는데, 그곳에서는 눈이 한 해를 지나 다음 해까지 녹지 않는다. 움푹 들어간 곳에서 응축된 눈은 얼음덩어리를 형성하고, 이 얼음덩어리는 계곡의 더 낮은 경사면을 향해 천천히 아래로 내려간다. 이것이 빙하라고 알려진 것이다. 어떤 빙하들은 축구장만큼 작은 반면, 어떤 것들은 수십, 심지어는 수백 킬로미터의 길이까지 커진다.

해설 ③ 앞의 명사구 the dark valleys of mountain ranges를 부연 설명하는 계속적 용법의 관계사 자리이며 뒤에 SV 구조의 완전한 절이 이어지므로 관계부사인 where가 적절. <→ Chapter 09 관계사>
① 뒤에 주어(the pressure ~ hands), 동사(turns)를 포함하는 절이 나왔으므로 접속사 because는 적절. <→ Chapter 08 접속사·병렬구조>
② compressing의 의미상 주어는 when이 이끄는 절의 주어 great masses of snow. 문맥상 '눈이 밑의 층을 누르다'란 의미이므로 현재분사 형태는 적절. <→ Chapter 06 분사>
④ 문장 전체의 주어는 Snow, 동사는 forms. a mass of ice를 부연 설명하

는 계속적 용법의 관계사 자리이며, 뒤에 주어가 없는 불완전한 절이 왔으므로 관계대명사 which는 적절. ↪ Chapter 09 관계사

⑤ 문맥상 주절과 종속절의 내용이 상반되므로 '역접'의 뜻이 있는 접속사 while은 적절. ↪ Chapter 08 접속사·병렬구조

구문 (02행~03행) It **stays** packed together / because the pressure [of your hands] turns the snow particles into ice crystals.

주절의 동사 stay는 '(어떤 상태에) 머무르다'란 뜻일 때는 보어를 취할 수 있다. because가 이끄는 종속절은 SVO 구조. turn A into B: A를 B로 변화시키다

어휘 squeeze 꽉 쥐다; 짜내다　packed 꽉 찬　pressure 압력　particle 입자, 아주 작은 조각　crystal 《화학》 결정(체)　mass 양, 크기; 큰 덩어리　build up 축적되다, 늘다　snowfall 강설(량)　compress 누르다, 압축하다　layer 층(層)　beneath 밑에　mountain range 산맥　downhill 내리막길로　slope 경사, 비탈　glacier 빙하　football field 축구장　dozen 십여 개; 12개

02 ③ (→ what)

해석 세계의 많은 부분이 여전히 미개척지였던 1700년대 초, 러시아는 시베리아가 북아메리카와 연결되어 있는지를 알아보기로 했다. 덴마크의 탐험가인 Vitus Bering은 러시아 해군에서 복무하고 있었고, 그래서 1725년 출발하는 탐험대를 이끌도록 선발되었다. 3년 후, 그는 이후 베링 해협으로 불리게 된 곳을 향해하며 아시아와 북미가 별개의 두 대륙인 것을 증명했다. 그 탐험대는 1730년에 러시아로 돌아왔지만, Bering은 북시베리아 해안의 지도를 만들겠다는 목표로 1733년에 다시 길을 떠났다. 1741년. 그의 배는 한 무인도 해변에서 난파되었다. Bering과 28명의 선원은 그 섬에서 사망했으며, 그 섬은 후에 그의 이름을 따서 이름 지어졌다.

해설 ③ 전치사 through의 목적어 역할을 하는 명사절을 이끌 수 있는 것은 선행사를 포함한 관계대명사 what이 적절. 선행사가 없으므로 which는 부적절. ↪ Chapter 09 관계사

① to find out의 목적어인 명사절을 이끄는 접속사여야 하고, 문맥상 '~인지 아닌지'란 뜻이므로 if는 적절. ↪ Chapter 08 접속사·병렬구조

② an expedition을 선행사로 하는 주격 관계대명사 that은 적절. ↪ Chapter 09 관계사

④ 부대상황을 뜻하는 분사구문으로, 주절의 주어인 Bering과 능동관계이므로 현재분사 aiming은 적절. ↪ Chapter 06 분사

⑤ 계속적 용법으로 쓰일 수 있는 것은 which. ↪ Chapter 09 관계사

구문 (06행~08행) ~, he sailed through what was later named the Bering Strait, **proving** that Asia and North America are two separate continents.

proving 이하는 부대상황을 나타내는 분사구문. and (he) proved ~로 고쳐 쓸 수 있다.

어휘 unexplored 미개척의, 탐험되지 않은　Danish 덴마크(사람)의　explorer 탐험가　serve (군에) 복무하다　navy 해군　expedition 탐험(대)　set out (길을) 떠나다, 출발하다　prove 증명하다　separate 별개의; 분리된　continent 대륙, 육지　map ~의 지도를 만들다　wreck (배를) 난파시키다　shore 해변　deserted 인적이 끊긴, 사람이 살지 않는　crew (배·비행기·열차 등의) 승무원

03 ①

해석 심장마비의 주요 원인인 심혈관 질환(CVD)은 여전히 심각한 의학적 숙제로 남아 있다. 높은 콜레스테롤, 흡연, 과체중과 같은 위험 요소에 대한 광범

위한 대중 인식에도 불구하고, 심혈관 질환은 계속 퍼져 나가고 있다. 미국의 주요한 사망 원인인 이 질환은 하루에 2,600명이 넘는 이들을 사망에 이르게 하고, 다음 순위의 사망 원인 6개를 다 합한 것보다 더 높은 연간 사망률을 가지고 있다. 이 병이 경제에 미치는 총비용은 치료 비용과 생산성 손실로 한 해에 거의 3,000억 달러인 것으로 추산된다. 개인과 가족에게 가해지는 고통과 피해에 대한 총비용은 상상을 초월한다.

해설 (A) 뒤에 명사구(widespread public awareness of risk factors)가 이어지므로 전치사인 Despite가 적절. cf. Although(접속사)+주어+동사 ↪ Chapter 08 접속사·병렬구조

(B) kills와 and로 연결된 병렬구조이므로 has가 적절. ↪ Chapter 08 접속사·병렬구조

(C) 전명구(in pain and ~ families)가 주어 The total cost를 수식한다. 주어 The total cost가 단수이므로 단수동사 is가 적절. ↪ Chapter 01 주어-동사 수일치

어휘 primary 주요한; 1순위의　heart attack 심장마비　widespread 광범위한, 일반적인　awareness 인식, 자각　factor 요소, 요인　overweight 과체중의, 비만인　leading 주요한, 주된　annual 연간의; 해마다의　mortality rate 사망률　combined 결합된; 연합의　estimate 추산[추정]하다　expense 돈, 비용　productivity 생산성　individual 개인

04 ② (→ where)

해석 도시 계획이나 도시 설계에서, 두 가지 주요 시스템이 공간을 구성하는 데 사용된다. 하나는 '방사형 별' 시스템인데, 이 시스템에서는 도로들이 중심점에서 여러 직선으로 퍼져 나간다. 다른 하나는 '격자형'이라고 불리는 시스템이다. 격자형 시스템에서는 도로가 직각으로 교차한다. 첫 번째 시스템의 좋은 사례는 프랑스 파리에서 찾아볼 수 있다. 나폴레옹 보나파르트에 의해 세워진 기념비인 개선문(Arc de Triomphe)에는 그 기념비로부터 태양 광선처럼 사방으로 뻗어 나가는 넓은 도로가 있다. 비슷하게, (뉴욕 시의) 맨해튼 섬은 격자형 설계의 유명한 사례이다. 16개의 도로가 좁은 섬의 세로 방향을 따라 남북으로 놓여 있고, 각각의 도로는 동서로 뻗은 규칙적인 간격의 155개 도로와 교차한다.

해설 ② the "radiating star"를 받는 계속적 용법의 관계사 자리이며 뒤에 SV 구조의 완전한 절이 이어지므로 관계부사 where가 적절. 관계부사 where는 상황, 사례 등 추상적 개념의 장소도 선행사로 둘 수 있다. ↪ Chapter 09 관계사

① 문맥상 '공간을 구성하는 데 사용된다'는 의미이므로 「be used to+동사원형(~하는 데 사용되다)」 구문이 쓰인 것은 적절. cf. 「be used to+-ing」'~하는 데 익숙하다' ↪ Chapter 02 태

③ 전명구(in a grid system)가 주어 Streets를 수식하고 있다. 복수 Streets에 수일치시켜야 하므로 복수동사 intersect는 적절. ↪ Chapter 01 주어-동사 수일치

④ a monument가 선행사인 주격 관계대명사 자리이므로 that은 적절. ↪ Chapter 09 관계사

⑤ 전치사 of의 목적어로 Sixteen avenues를 선행사로 하는 관계대명사 which는 적절. Sixteen avenues lie ~ the narrow island.+Each of them is intersected by 155 ~. ↪ Chapter 09 관계사

어휘 planning (경제적·사회적) 계획　urban 도시의　major 주요한　organize 구성하다, 조직하다　spread out 퍼져 나가다, 퍼지다　intersect 교차하다　monument 기념비, 기념물　avenue 길, 대로　ray 광선　regularly 규칙적으로　spaced 특정 간격이나 거리를 둔

05 ⑤ (→ can you)

해석 당신은 이미 사업체를 가지고 있고 당신의 제품을 팔 수 있도록 블로그를 막 시작할 참이다. 유감스럽게도 여기서는 '사업가 정신'이 부적절할 수 있다. 대부분의 사람들은 제품을 홍보하는 성공적 기업 블로그를 가지기 위해 '그 주제(= 판매하려는 제품)'에 엄격하게 머물러야 한다고 생각한다. 만약 당신이 하고 있는 전부가 당신의 제품을 뻔뻔하게 홍보하는 것이라면, 당신이 쓰고 있는 가장 최신의 (블로그) 글을 누가 읽고 싶어 하겠는가? 대신에, 사람들이 계속해서 (블로그를) 다시 방문할 이유를 가지도록 유용하거나 재미난 정보를 무료로 줄 필요가 있다. 이렇게 해야만 당신이 다음에 판매할 수 있게 될, 관심 있는 독자를 만들어 낼 수 있다.

해설 ⑤ 준부정어 only가 문장 맨 앞에 왔으므로 주어와 동사가 도치된 can you가 적절. ↪ Chapter 03 도치와 어순

① 뒤에 완전한 절이 있고, '~할 수 있도록'이란 의미가 자연스러우므로 '목적'을 의미하는 so that은 적절. ↪ Chapter 08 접속사·병렬구조

② believe의 목적어가 되는 명사절을 이끄는 that은 적절. 명사절은 they have to stay strictly "on topic"이고, to have ~ a product는 부사구이다. ↪ Chapter 08 접속사·병렬구조

③ 의문문을 이끄는 who는 적절.

④ information이 사람들에게 '재미를 주는 것'이므로 entertaining은 적절. ↪ Chapter 06 분사

어휘 be about to-v 막 v하려는 참이다 launch 시작하다, 착수하다 unfortunately 유감스럽게도; 불행히도 promote 홍보하다 strictly 엄격하게 shamelessly 뻔뻔스럽게 the latest (thing) 최신의 것 entertaining 재미있는, 즐거움을 주는 for free 무료로, 공짜로

06 ④ (→ motivated)

해석 성공적이며 영감을 주는 사람들은 어디에서든 발견될 수 있다. 일부 사람들은 그들의 사진을 벽에 걸어놓거나, 그들이 말한 유명한 인용문을 외우거나, 그들의 스타일과 행동을 흉내 낸다. 그러나 문제는, 많은 사람이 최고의 스타와 명석한 천재들과 자신을 비교한다는 것이다. 우리의 능력과 성과가 그들의 것만큼 좋아 보이지 않을 때, 우리는 동기 부여를 받는 느낌 대신 화가 나는 것을 느낀다. 직장 동료나 가족, 또는 고향 사람 같은 우리와 더 가까이 있는 누군가를 역할 모델로 선택하는 것이 훨씬 더 좋다. 그들은 비범한 일을 하지 않았을지도 모르지만, 그들의 삶은 우리 삶과 공통점이 더 많으며, 우리는 그들을 더 잘 이해할 수 있다.

해설 ④ 우리가 동기 부여를 받는 것이므로 motivated가 적절. ↪ Chapter 06 분사

① 주어와 동사 find가 수동 관계이므로 be found는 적절. ↪ Chapter 02 태

② 세 개의 동사가 콤마와 or로 연결된 병렬구조. ↪ Chapter 08 접속사·병렬구조

③ the problem을 보충 설명하는 보어절을 이끄는 접속사 that은 적절. ↪ Chapter 08 접속사·병렬구조

⑤ someone을 선행사로 하는 주격 관계대명사 who는 적절. ↪ Chapter 09 관계사

어휘 inspiring 영감을 주는 memorize 암기하다 imitate 흉내 내다, 모방하다 compare A to B A를 B와 비교하다 achievement 성과, 성취 motivate 동기를 부여하다 co-worker 직장 동료 extraordinary 비범한, 뛰어난 have in common 공통적으로 지니다 relate to ~을 이해하다; ~에 공감하다

07 ② (→ that)

해석 우리는 최근 면접에서 더 많은 독창성을 보고 있다. 예를 들어, J.C. Penney는 유력한 후보들을 데리고 아침 식사를 하는 것으로 유명했다. 만약 면접 대상자가 음식을 맛보기 전에 소금과 후추를 넣는다면, 그 면접은 종료되었다. Penney 씨는 이러한 행동은 그 사람이 모든 증거를 갖기 전에 결정을 해 버리는 사람이라는 것을 드러낸다고 믿었다. 유사하게, August Technology의 Jeff O'Dell은 가끔 지원자들에게 점심을 함께하자고 요청하고, 운전할 것을 제안한다. O'Dell은 최고의 입사 지원자는 깔끔한 차를 가지고 있을 뿐만 아니라 식당에서 일상적인 대화도 잘할 것이라고 믿는다. 그는 이것이 인간적인 측면을 알 수 있는 방법이라고 생각하는데, 이런 측면은 전통적인 면접에서 드러나지 않는다. 비슷하게, 인사담당자인 Dave Hall은 회사의 이름은 언급하지만 전화번호는 알려 주지 않는 구인 광고를 내는 것을 좋아하는데, 이는 그가 회사의 전화번호를 찾아볼 지원자를 원하기 때문이다.

해설 ② 뒤에 완전한 절이 이어지므로 접속사 that이 적절. 여기서는 접속사 that이 suggests의 목적어절을 이끌며 '~이라는 것'을 뜻함. ↪ Chapter 08 접속사·병렬구조

① 뒤에 완전한 절이 이어지므로 접속사 that은 적절. ↪ Chapter 08 접속사·병렬구조

③ 상관접속사 not only A but also B에 의해 (will) have와 대등하게 연결된 병렬구조이므로 do는 적절. ↪ Chapter 08 접속사·병렬구조

④ 앞에 나온 명사구(the personal side)를 대신하는 계속적 용법으로 관계대명사 which는 적절. ↪ Chapter 09 관계사

⑤ 선행사가 job ads인 주격 관계대명사 자리이므로 that은 적절. ↪ Chapter 09 관계사

어휘 creativity 독창성, 창조성 potential 가능성이 있는 candidate 후보자 interviewee 면접 대상자 reveal 드러내다 make a decision 결정하다 evidence 증거 similarly 유사하게 suggest 제안하다 casual 평상시의 conversation 대화 personal 인간적인; 개인적인 recruiter 인사담당자 job ad 구인 광고 look up 찾아보다

08 not a passive skill but an active process that requires attention

해석 얼굴을 마주 보고 대화하거나 전화로 대화할 때, 우리는 다른 사람에게 적극적으로 귀 기울일 필요가 있고, 이것은 설명, 질문, 의견에 주의를 기울이는 것을 포함한다. 심지어 일방적으로 듣고 있을 때에도, 예를 들면 강의를 듣고 영화와 뮤지컬을 보는 동안에도 우리는 적극적이 된다. 예를 들어, 당신이 TV 시사 해설을 하는 사람에게 얼마나 많이 동의하고, TV 토론회를 보며 얼마나 소리를 질렀는지 생각해 보라. 적극적인 듣기는 심지어 우리 자신이 말할 때도 일어나는데, 이는 우리가 자신의 생각과 의견에 집중하기 때문이다.

해설 청취에 적극적인 참여가 필요하다는 것을 여러 사례를 나열하며 설명하고 있다. 이 글의 요지를 한 문장으로 표현하면 '청취는 수동적 기술이 아니라 다양한 대화 상황에서 주의를 요구하는 능동적 과정이다.'가 적절. not A but B 구문에서 A와 B를 바꿔 쓰지 않도록 해야 하고, 관계대명사 that의 선행사는 단수 an active process이므로 requires로 수일치시켜야 한다.

어휘 participate in ~에 참여하다 face-to-face 얼굴을 마주 보는 pay attention to ~에 주의를 기울이다 explanation 설명; 이유 one-way 일방적인, 한 방향의 lecture 강의, 강연

09 to lie less when communicating online, because of

해석 놀라운 새 연구에 따르면 우리가 얼굴을 직접 대하고 이야기할 때보다 온라인상에서 채팅할 때 거짓말을 덜 한다고 한다. 이는 사이버 공간을 아무도 믿을 수 없는 암흑지대, 즉 누구든 자신의 진짜 신분을 감출 수 있기 때문에 사람들이 더 부정직해지기 쉬운 곳이라고 생각하는 일반적인 인식을 직접적으로 반박한다. 하지만 이는 그렇지 않은 것 같다. 그렇다면, 우리가 거짓말을 덜 하게 하는 온라인상의 생활은 어떤 것인가? 음, 당신이 누군가에게 직접 만나서 거짓말을 하면 나중에 그런 말을 한 적 없다고 주장할 수 있다. 반면 당신이 인터넷상에서 얘기하는 것은 무엇이든 되돌아와 당신을 괴롭힐 수 있다. 우리는 우리가 한 말이 사이버 공간에 영원히 남게 된다는 것을 안다. 컴퓨터는 잊어버리지 않기 때문이다.

해설 연구 결과와 그 이유로 제시된 것을 요약하면, 사람들은 인터넷상에 모든 기록이 장기적으로 남기 때문에 대면하여 의사소통하는 것에 비해 온라인으로 소통할 때 거짓말을 덜 하는 경향이 있다는 것이다. 이를 요약문으로 바꿀 때, '이유'가 명사구인 the long-term record로 표현되었으므로 because를 because of로 변형해야 한다. 또한, when이 이끄는 부사절의 주어가 주절의 주어와 일치할 때 주어+be동사를 생략할 수 있으므로 when communicating이 되어야 한다.

어휘 in person 직접, 대면하여 contradict ~을 반박하다; ~에 모순되다 perception 인식, 이해; 지각(력) cyberspace 사이버 공간, 가상현실 conceal 숨기다, 감추다 identity 신원, 신분; 동일함 haunt ~에게 끊임없이 붙어 다니다; ~을 괴롭히다 tend to-v v하는 경향이 있다

해석 **2** 이것은 내 책이다. 이 사람들은 그녀의 학생들이다. / 개의 수명은 인간의 수명보다 짧다. / 시험을 볼 수 없는 사람들은 낙제할 것이다. / 저는 이 파란 셔츠가 마음에 들지 않아요. 하얀 셔츠를 보여주실 수 있나요? / 사과가 싸서 몇 개 샀다. / 나는 표를 구하려고 했지만, 남은 것이 하나도 없었다. / 도움이 필요하면, 그냥 나에게 말해. / 원하는 디자인을 아무거나 골라보세요. 가격은 모두 똑같습니다. **3** 그는 수학을 제외한 다른 과목에는 흥미가 거의 없었던 것 같다. / 많은 학생이 자원봉사 활동을 한다.

시험에 나오는 **어법 Point**

해석 **Point 01** 안타깝게도, 인간은 의도적으로 잠을 자제하려고 할 유일한 종이다. **1** 그는 깨어나서 자신이 침대에 누워있는 것을 발견했다. **2** 너는 그 영화를 좋아했을지 몰라도 나 자신은 그것이 좀 따분했다.
Point 02 이 서인도 섬에서는 두 가지 영어를 사용한다. 하나는 '표준' 영어이고, 다른 하나는 '크리올' 영어이다.

정답 **1** 주어 **2** 단수 **3** 복수
[01~07] 01 themselves **02** ○ **03** ○ **04** myself
05 ○ **06** ○ **07** him
[08~10] 08 the other **09** others **10** another

[01~07] 01 어떤 동물들은 자신을 보호하는 데 도움이 되는 날카로운 이빨이 있다. (→ 주어 Some animals와 동일하므로 protect의 목적어 자리에는 재귀대명사 themselves) **02** 너는 어린아이가 아니기 때문에 네가 원하는 것을 **혼자 힘으로** 하는 것이 중요해. (→ for oneself '혼자 힘으로') **03** 그녀 자신은 어떤 일이 일어나고 있는지 전혀 알지 못했다. (→ 주어 강조, 생략해도 문장 성립) **04** 나는 이렇게 외딴집에 **홀로** 남겨지기 싫어. (→ by oneself (= alone) '홀로') **05** 융통성 있는 학습자들은 서로 다른 전략들을 가지고 있고 그것들을 언제 사용해야 할지를 알고 있다. (→ them은 strategies를 의미하므로 적절) **06** 어느 누구도 네 강점과 재능을 너보다 더 잘 알고 있지 않으므로 너 자신에게 동기를 주는 격려의 말을 해주어라. (→ 명령문의 생략된 주어인 you와 목적어가 동일하므로 yourself는 적절) **07** 그는 자신의 글쓰기 능력에 자신이 거의 없어서, 누구도 자신을 비웃지 않도록 자신이 쓴 글을 몰래 편집자에게 메일로 보냈다. (→ so that절의 주어인 nobody와 동일한 대상이 아니므로 목적어 자리에는 him)
[08~10] 08 (두) 손을 가슴 위로 올려, 한 손을 다른 손 앞에 올려놓으세요. (→ 두 개의 손 중 남은 하나이므로 the other) **09** 어떤 사람들은 충분히 먹을 음식이 없는 반면, 어떤 사람들은 음식을 낭비한다는 것은 불공평한 일이다. (→ 몇몇 사람들(some people) — 또 다른 몇몇 사람들(others)) **10** 당신의 고장 난 컴퓨터를 다른 컴퓨터로 교환하고 싶으신가요? 여기 많이 있습니다. (→ 여기 있는 여러 컴퓨터 중 어떤 하나이므로 another)

빈틈을 채우는 **촘촘문법**

해석 **1** 나는 휴대전화를 잃어버렸다. 휴대전화를 사야 한다. / 나는 휴대전화를 잃어버렸다. 나는 그것을 찾아야 한다. **2** 나는 어머니 생신 선물을 찾고 있었는데 적당한 것을 찾지 못했다. / 우리 중 누구도 유럽에 가 본 적이 없다.

QUICK CHECK
정답 **01 (1)** one **(2)** it   **02** ④

해설 **01 (1)** 불특정한 더 나은 TV 한 대를 가리킴. **(2)** 앞에 나온 a new computer를 가리킴. **02** ④ no → any, 앞에 부정어 not이 있으므로 부정어 no가 중복될 수 없음. not ~ any = no

어휘 suitable 적당한, 적절한 appreciate 고마워하다, 감사하다 feedback 피드백, 조언 depress 우울하게 하다

실력이 쌓이는 **적용훈련**

정답 **A 01** is **02** those **03** it, one **04** herself
05 a lot of, a great amount of **06** others **07** ourselves
08 another
B 09 was **10** their **11** the other **12** ○ **13** ○
14 herself **15** the others
C 16 ⓐ others ⓑ themselves **17** ⓐ number ⓑ it
18 ⓐ themselves ⓑ it
D 19 ⓐ → the other **20** ⓑ → them, ⓒ → little

해설 **A 01** 중국어 공부에 대한 많은 정보를 이 사이트에서 이용할 수 있다. (→ 셀 수 없는 명사 information이 주어이므로 단수동사 is가 적절) **02** 한국어에서 관계를 설명하는 용어들은 영어의 그것들보다 더 복잡하다. (→ The terms describing relationships = those) **03** 내 차의 타이어 중 하나가 너무 낡아서 바람이 빠졌다. 지금 당장 새것이 필요하다. (→ 앞에 나온 One of my car's tires를 가리키므로 it, 불특정한 새 타이어를 가리키므로 one) **04** 너희 할머니께서는 **혼자 힘으로** 자녀 4명을 키우신 거야? (→ by oneself (= without help from anyone else) '혼자 힘으로') **05** 대학 시절 그는 명확한 공부 계획이 없었고 아무것도 하지 않은 채 많은 시간을 허비했다. (→ 셀 수 없는 명사로 쓰인 time 수식) **06** 성인 학생 중 일부는 학위를 따려고 수업에 참여하지만, 다른 학생들은 지식과 기술을 습득하려고 수업을 받는다. (→ some-others, 몇몇-또 다른 몇몇) **07** 유감스럽게도 우리는 스스로를 지킬 무기가 없다. (→ 목적어가 주어 we와 동일하므로 재귀대명사 ourselves) **08** 이 계획이 성공하지 못할 경우를 대비하여 당신은 또 다른 계획을 생각해 두는 게 좋겠어요. (→ '또 다른 하나의'를 의미하므로 another + 단수명사)

B 09 많은 군인이 전쟁에서 중상을 입었다. (→ many+a+단수명사+단수동사) **10** 그녀는 폭력적인 영화와 그것이 십 대에게 미치는 영향을 연구해 왔다. (→ violent movies' effect = their effect, 소유격+명사) **11** 한 손에는 라켓을 쥐고, **다른 한 손에는** 공을 쥐어라. (→ 두 손 중 나머지 다른 한 손이므로 the other) **12** 감기에 걸렸을 때 할아버지께서 직접 차 한 잔을 끓여주시곤 했는데, 그것은 내가 늘 간직할 소중한 기억이다. (→ 주어 강조, 생략해도 문장 성립) **13** 내가 다음 주에 이사 갈 아파트에는 많은 가구가 갖추어져 있어서, 어느 것도 살 필요가 없다. (→ 셀 수 없는 명사 furniture 수식) **14** 내 여동생은 그의 강연에 참석했는데, 자신을 믿고 절대 포기하지 않는 법을 배웠다. (→ 목적어가 주어 My sister와 동일하므로 재귀대명사 herself) **15** 당신은 오늘 세 권 중 한 권만 반납했습니다. 내일까지 나머지 다른 책을 모두 반납하지 않으면 연체료를 내야 합니다. (→ 세 권 중 반납한 한 권을 제외한 나머지 전체이므로 the others)

C 16 새의 알은 온갖 종류의 모양과 크기로 나온다. 몇몇 알들은 둥근 모양이고 또 다른 알들은 긴 타원형 모양이다. 수천 년 전에, 납작한 달걀은 그 안에 암컷 병아리가 들어 있고, 둥근 알은 수컷 병아리가 들어 있다고 여겨졌다. (→ ⓐ some-others, 몇몇-또 다른 몇몇 ⓑ flat eggs = themselves) **17** 인간의 활동이 많은 나무를 사라지게 했다. 유럽은 하나의 거대한 숲이었지만, 지금은 유럽 대부분이 농지, 들판, 도시와 마을이다. (→ ⓐ 셀 수 있는 명사 trees를 수식하므로 a great number of. a great amount of는 셀 수 없는 명사 수식 ⓑ Europe = it) **18** 과학자들은 우리가 바느질할 필요가 없는 새로운 물질을 발명했다. 면, 리넨, 양모로 만든 옷은 그 물질의 도움으로 스스로를 수선할 수 있다. 옷이 찢어졌을 때, 그 물질에 담그면 찢어진 부분을 빠르게 수선할 수 있다. (→ ⓐ 목적어가 주어 Clothes와 동일하므로 재귀대명사 themselves ⓑ the tear = it)

D 19 돈을 버는 두 가지 방법이 있다. 하나는 자신의 사업을 경영하는 것이고, 다른 하나는 고용되는 것이다. 이 둘의 차이점은 당신의 성격에 달려 있다. 자신의 스타일을 찾기 위해서는 당신이 왜 일을 하는지 알아야 한다. 자신을 위해서 인가? 아니면 단지 의무일 뿐인가? (→ ⓐ 둘 중 하나 one, 남은 하나 the other) **20** 해변에는 많은 플라스틱 쓰레기가 있고 바닷새들은 그 쓰레기를 많이 먹는다. 그들 속에서 발견되는 플라스틱은 병뚜껑과 비닐봉지를 포함한다. 어떤 바닷새는 너무 많은 플라스틱을 먹어서 위에 공간이 거의 없다. (→ ⓑ seabirds = them ⓒ 셀 수 없는 명사인 의미(공간)로 쓰인 room을 수식하므로 little)

실전에 통하는 **적용훈련**

정답 01 ⑤ 02 ⑤ 03 ③

01 ⑤ (→ little)
해석 옛날 그리스에 소크라테스라고 하는 현자(賢者)가 살았다. 전국 각지의 젊은이들이 그에게서 지혜를 배우러 찾아갔다. 그러면 그는 매우 유쾌하게 여러 재밌는 이야기를 해주어서 아무도 그의 이야기를 듣는 걸 지루해하지 않았다. 어느 여름날 그는 직접 집을 지었는데, 그 집이 너무 작아서 이웃들은 그가 그 집에 어떻게 만족할 수 있는지 궁금해했다. "당신같이 훌륭한 분이 이렇게 작은 상자 같은 집을 짓는 이유가 무엇입니까?"라고 그들이 물었다. "사실, 별다른 이유는 없을지도 모릅니다." 그가 말했다. "하지만 집이 아무리 작아도, 이곳을

진정한 친구들로 채울 수 있다면 저는 스스로 행복하다고 여길 것입니다."
해설 ⑤ 명사 reason이 단수형이고 앞에 관사나 소유격 등의 한정사가 보이지 않으므로 셀 수 없는 명사로 쓰였음을 알 수 있다. few → little.
① wisdom은 추상명사로 셀 수 없으므로 부정관사(a/an)를 붙이거나 복수형으로 쓰지 않는다.
② many의 수식을 받으므로 셀 수 있는 명사의 복수형 things는 적절.
③ 주어와 같은 대상인 목적어이므로 himself는 적절. himself는 간접목적어, a house는 직접목적어.
④ 「so+형용사+(a/an+)명사」 구문이므로 so great a man은 적절. cf. such가 사용되면 「such+(a/an+)형용사+명사」 ← Chapter 03 도치와 어순>
구문 (01행~02행) In Greece, **there** once *lived a wise man* [**named** Socrates].
유도부사 there가 문두에 위치하면서 주어와 동사가 도치된 구조. 주어는 a wise man, 동사는 lived. named Socrates는 주어를 수식하는 과거분사구이다.
(03행~05행) ~; and he said **so** many pleasant things in such a delightful way **that** no one got tired of listening to him.
「so+형용사/부사+that절」 구문으로 '매우 ~해서 …하다'란 뜻. such가 다른 형용사와 함께 쓰여서 명사를 수식할 때는 「such+(a/an+)형용사+명사」의 어순이다. cf. so가 사용되면 「so+형용사+(a/an+)명사」의 어순을 따른다.
어휘 pleasant 즐거운 delightful 유쾌한 be content with ~에 만족하다 indeed 사실[실은]; 정말 fill A with B A를 B로 채우다

02 ⑤ (→ themselves)
해석 태어날 때부터 아기들은 즉각 얼굴에 끌린다. 과학자들은 아기들이 두 개의 단순한 이미지를 보게 함으로써 이를 보여줄 수 있었는데, 하나는 다른 것에 비해 더 얼굴처럼 보이는 것이었다. 아기들이 어디를 보는지를 측정하여, 과학자들은 아기들이 얼굴 이미지가 아닌 것을 보는 것보다 얼굴 같은 이미지를 더 많이 본다는 것을 알아냈다. 시력이 좋지 않은데도 아기들은 얼굴을 보는 것을 더 좋아한다. 하지만 이유는 무엇인가? 아기들이 얼굴을 좋아할지도 모르는 한 가지 이유는 진화라고 불리는 것 때문이다. 진화는 많은 세대에 걸쳐 일어나는 (뇌와 같은) 유기체 조직의 변화를 포함한다. 이런 변화는 유기체가 생존하는 것을 도와주고, 적들에게 방심하지 않도록 해준다. 멀리서 또는 어둠 속에서 얼굴을 인식할 수 있음으로써, 인간은 어떤 사람이 온다는 것을 알 수 있었고 있을 법한 위험으로부터 자신들을 보호할 수 있었다.
해설 ⑤ 주어 humans와 protect의 목적어가 동일하므로 themselves가 되어야 한다.
① 두 개의 이미지 중 남은 하나를 의미하므로 the other는 적절.
② 동명사 measuring의 목적어가 되는 명사절을 이끄는 의문사 where는 적절. ← Chapter 08 접속사·병렬구조>
③ called는 something을 뒤에서 수식하는 과거분사이므로 명사구를 이끄는 because of는 적절. ← Chapter 08 접속사·병렬구조>
④ 관계대명사 that절이 수식하는 선행사는 changes로 복수이므로 복수동사 occur는 적절. ← Chapter 01 주어-동사 수일치>
구문 (13행~14행) These changes help the organisms to survive, **making** *them* alert to enemies.
making ~는 부대상황을 나타내는 분사구문. them은 the organisms를 가리킨다.
어휘 attract 마음을 끌다; 끌어당기다 measure 측정하다 face-like 얼굴

같은 non-face 얼굴이 아닌 eyesight 시력 evolution 진화 involve 포함하다 structure 구조 organism 유기체 generation 세대 alert to ~에 방심하지 않는 recognize 인식하다 afar 멀리서

03 ③ (→ Another)

해석 진주가 빛을 잃고 갈라지게 될 수 있는 방식 중 하나는 약산(弱酸)과의 잦은 접촉을 통해서이다. 진주는 이러한 산(酸)과 쉽게 접촉할 수 있는데, 산(酸)은 사람의 땀에도 들어 있으며, 진주의 구성 성분인 유기 광물을 용해한다. 또한, 보관을 위해 진주를 싸는 식물 중 많은 것들이 산으로 처리된다. 진주를 못 쓰게 만드는 또 다른 산은 많은 화장품과 향수에서 발견된다. 산은 진주 목걸이의 실크 줄에 쉽게 흡수되어, 진주를 안에서부터 밖으로 조금씩 부식시킨다. 당신의 소중한 진주를 위한 최상의 보호 유지법은 진주를 정기적으로 전문 보석 세공업자에게 맡겨 세척하고 목걸이 줄을 새로 교환하는 것이다.

해설 '사람의 땀에 들어 있는 산(酸), 보관을 위해 진주를 싸는 식물에 처리되는 산(酸)'에 이어서 진주에 해로운 '또 다른 산(酸)'에 대해 설명하고 있으므로 문맥상 Another가 적절.

① 주어가 One이므로 단수동사 is는 적절. ← Chapter 01 주어-동사 수일치

② 명사 cloth는 셀 수 있는 명사와 셀 수 없는 명사로 모두 쓰일 수 있는데, cloth가 단수 형태이므로 셀 수 없는 명사로 쓰였음을 알 수 있다. 따라서 much는 적절.

④ 의미상 주어인 the acid와 수동관계이므로 absorbed는 적절.

⑤ 주어가 The best protective maintenance인 문장에서 목적어가 your precious pearls를 지칭하므로 대명사 them은 적절.

구문 (11행~14행) The best protective maintenance [for your precious pearls] is **having** them(= your precious pearls) *cleaned* and *restrung* regularly by a professional jeweler.

「have+O+p.p.」는 'O가 ~되게 하다'란 뜻. 목적어와 목적격보어의 관계가 수동이므로 목적격보어 자리에 과거분사(p.p.) 형태가 왔다.

어휘 pearl 진주 cracked 갈라진, 금이 간 regular 잦은; 주기적인 acid 《화학》 산(酸); 산성의 dissolve 용해하다, 녹이다 organic mineral 《지질학》 유기 광물 consist of ~로 이루어져 있다 storage 보관, 저장 cosmetic 《주로 복수형》 화장품 perfume 향수 absorb 흡수하다 string 줄; ~을 실에 꿰다 eat away at ~을 조금씩 부식시키다, 갉아먹다 protective 보호하는 maintenance 유지, 지속 precious 소중한, 귀한 jeweler 보석 세공업자; 보석 상인

실력을 완성하는 **서술형 훈련**

정답 **01** it → one **02** himself → by himself[alone]
03 them → themselves **04** the other → another
05 the other **06** anything **07** makes **08** it → itself
09 (1) help (2) helps (3) time이 a great deal of의 수식을 받는 셀 수 없는 명사로 쓰였으므로 단수동사 helps가 적절하다.
10 (1) them (2) it (3) shampoo는 셀 수 없는 명사이므로 이를 대신하는 대명사로는 it이 적절하다.

해설 **01** 불특정한 우산 하나를 가리키므로 one **02** by oneself[alone] '혼자서, 홀로' **03** that절의 주어와 전치사 like의 목적어가 같으므로 themselves **04** '또 다른' 불특정한 구매를 의미하므로 another **05** 둘 중 하나 one, 남은 하나 the other **06** neither에는 이미 부정의 의미가 포함되어 있으므로, 또 다른 부정어(nothing)와 함께 쓰이지 않. 부정대명사 anything '아무것' **07** many + a + 단수명사 + 단수동사 **08** 그 회사는 그냥 게임 회사에서 세계적인 회사로 바뀌기 위해 열심히 일하고 있다. 그래서 직원들은 전 세계적으로 유명해질 수 있는 게임을 개발하기 위해 노력하고 있다. (→ to shift의 목적어가 주어 The company와 동일하므로 재귀대명사 itself) **09** 좋은 심판이 되기 위해서는, 너 자신이 직접 모든 경기를 통해 배움과 발전을 이어 나가야 한다. 많은 시간은 네가 더 유능해지고 자신감을 갖도록 도와준다. **10** 샴푸는 과거의 물건이 될 수 있을까? 수백만 명의 사람들이 샴푸에 많은 시간과 돈을 쓰지만, 이것이 꼭 필요할까? 샴푸는 우리의 머리카락을 더 건조하게 하므로 이점이 거의 없다.

어휘 front desk 안내대 tendency 경향; 추세 purchase 구매(하다) separate 나누다, 분리하다 material 자료 shift 바꾸다 make an effort 노력하다 referee 심판 competent 유능한 confident 자신감 있는 benefit 이점, 혜택

Chapter 11 | 형용사와 부사

p. 119

해석 **1** 이것은 어려운 질문이다. / 나는 지루해서 흥미로운 것을 찾으려 노력했다. / 이 아이스크림은 맛있다. / 우리는 이 아이스크림이 맛있다는 것을 알게 되었다. / 그녀는 너무 피곤해서 의자에 앉은 채로 잠이 들었다. / 이 자고 있는 아기 좀 봐. **2** 분명하고 크게 말해주세요. / 그녀는 정말 훌륭한 바이올린 연주가이다. / 너는 영어를 정말 잘한다. / 그 수업은 짧은 휴식 후 곧 시작할 것이다. / 다행스럽게도, 할머니께서 잘 회복하고 계신다. / 나는 내 딸을 이해하기 위해 항상 최선을 다하지만, 가끔은 이해하기가 정말 힘들다.

시험에 나오는 **어법 Point**

해설 **Point 01** 영어를 기계적으로 공부해선 안 된다. **1** Bob은 그의 대가족을 부양하기 위한 돈을 벌기 위해 일해야 한다. / 덴마크 여왕이 그 의식에 참석해 있다. / 우리가 당신의 집을 깨끗이 청소하는 데 3시간이면 충분할 것입니다. **2** 나는 이 문제를 적절히 설명할 수 없다. / 대부분의 농부는 수확기 동안 매우 바쁘다. / 한 무리의 새들이 날개를 매우 빠르게 움직이며 날아갔다. **3** 정말 그렇게 형편없었어? / 네가 매우 그리워. / 상황이 많이 변하지 않았다.

Point 02 당신은 혼자 일하는 것을 선호하나요, 팀으로 일하는 것을 선호하나요?

정답 1 명사 2 부사 3 부사
[01~05] 01 unexpected, <u>difficulties</u> 02 terribly, <u>upset</u>
03 attractively, <u>reasonable</u> 04 excites, <u>a lot</u>
05 large, <u>firm</u>
[06~12] 06 highly 07 most 08 late 09 hard 10 nearly
11 lonely 12 latest

[01~05] <보기> 가장 중요한 것은 블로그가 정기적으로 업데이트된다는 것이다. (→ 동사 수식) 01 혼자 살기 시작했을 때, 나는 몇 가지 예상치 못한 어려움을 겪었다. (→ 명사 수식) 02 Dana는 친구와 말다툼을 하고 나서 몹시 화가 났다. (→ 형용사 수식) 03 그 회사는 나에게 매우 적정한 가격을 제시했다. (→ 형용사 수식) 04 내 영화가 스페인에서 개봉될 거란 사실이 나를 매우 흥분시킨다. (→ 동사 수식) 05 오래전에 나는 큰 회사의 최고운용책임자를 방문했다. (→ 명사 수식)

[06~12] 06 사냥 성공은 **매우** 변동이 심해서 한 주에 성공한 사냥꾼이 다음 주에는 실패할지도 모른다. 07 호주에서는 **대부분의** 집들이 냉방시설을 갖추고 있지만 중앙난방은 드물다. 08 이르거나 **늦은** 취침 시간은 생체 시계에 지장을 줄 가능성이 더 클지도 모른다. 09 어렸을 때, 우리는 자전거 타기를 배우려고 **열심히** 노력했다. 그것이 우리에게 제2의 천성이 될 때까지 넘어지면 다시 올라탔다. 10 그것이 매우 간단한 요청이었기 때문에 그들 중 **거의** 모두가 동의했다. 11 그 교수에 따르면, **외로운** 사람들이 친구를 사귈 한 가지 확실한 방법이 있다. 12 나는 **최신** 핸드폰을 가질 필요가 없다. 사실, 나는 배터리가 더 이상 오래 가지 않을 때까지 내 핸드폰을 사용한다.

빈틈을 채우는 **촘촘문법**

해석 1 그는 전혀 유명한 정신과 의사처럼 보이지 않았다. / 많은 사람들은 비용을 절감하는 가장 좋은 방법을 지출하지 않는 것으로 생각하지만, 이것이 항상 사실인 것은 아니다. / 나는 체스 두는 것을 좋아하지만, 내 친구들은 아무도 체스를 두지 않는다. 2 부자들이라고 해서 항상 행복하지는 않다. / 너는 진실과 거짓의 차이를 알아야 한다. / 미지의 것은 우리가 경험할 수 있는 가장 아름다운 것이다.

QUICK CHECK
정답 01 ① 02 ⑤

해설 01 ① doesn't hardly take → hardly takes, 준부정어인 hardly는 부정어(not)와 함께 쓸 수 없음 02 ①, ③은 부분 부정 ④ neither는 부정어와 함께 쓸 수 없음

어휘 psychiatrist 정신과 의사 difference 차이 take a nap 낮잠을 자다 weekday 평일 spare 남는, 여분의 misfortune 불운, 불행 suit ~에게 어울리다; ~에게 잘 맞다

실력이 쌓이는 **적용훈련**

정답 A 01 highly 02 nearly 03 complete
04 Increasingly 05 hardly 06 The elderly
07 last 08 Lately
B 09 ○ 10 ○ 11 shortly 12 poorly 13 ○
14 alone 15 ○
C 16 ⓐ recently ⓑ Most 17 ⓐ latest ⓑ highly
18 ⓐ merely ⓑ Additionally
D 19 ⓑ → became, ⓒ → successful
20 ⓐ → deeply, ⓒ → hard

해설 A 01 그 새로운 주방장은 최고의 음식 평론가들에게 **극찬**을 받았다. (→ 추상적으로 '높이'란 의미) 02 객수 수에 비하면 의자는 **거의** 충분하지 않다[턱없이 모자라다]. 03 우리 중에 우리 인생에 대한 **완전한** 사진 기록을 가지고 있는 사람은 거의 없다. (→ 명사 수식) 04 **점차** 한국 기업들이 중국으로 확장되고 있다. (→ 문장 전체 수식) 05 Sophia는 혼자 약 40피트 깊이의 물에 다이빙하고 있었는데 심한 복통이 일어났다. 그녀는 가라앉고 있었고 **거의** 움직일 수 **없었다**. 06 **노인** 분들은 더운 날씨에는 야외 활동을 하지 않는 것을 권고합니다. (→ the+형용사 '~한 사람들', elderly는 '연세가 드신'의 의미를 지닌 형용사) 07 나는 누가 대통령 선거에 이겼는지를 알아내기 위해 그 뉴스의 **마지막** 문장까지 기다렸다. 08 **최근에** 우리 집 밖에서 서성거리는 수상한 남자가 있다.

B 09 Julie는 간호사로 일하면서 **많이** 배웠다고 말했다. (→ 동사 수식) 10 **강한** 부정적 감정을 통제하거나 피하기 위해 너무 열심히 애쓰면 문제가 일어난다. (→ 명사 수식) 11 새 신용 카드가 이미 발송되었고 **곧** 도착할 것이라고 그녀가 내게 알려주었다. (→ 동사 수식, '곧'의 의미이므로 shortly가 적절) 12 신제품이 **잘못** 설계되어 있다면 누구의 책임인가? (→ 동사 수식) 13 나는 지난주부터 일 때문에 **거의** 쉬지 **못했다**. (→ 준부정어 hardly는 부정어(not)와 함께 쓰이지 않음) 14 그는 컴퓨터와 금붕어만 있는 지하 방에서 **홀로** 살고 있다. (→ 동사 수식. lonely는 형용사이므로 동사를 수식하지 못한다.) 15 그는 세계 최연소 카레이서이다. 그는 **믿을 수 없을 정도로** 빠르게 운전한다. (→ 부사 수식)

C 16 큰 쇼핑 날은 최근 수백만 명의 쇼핑객들이 쇼핑몰에 가도록 했다. 그날은 Black Friday로 불린다. 대부분의 상점에서 많은 상품을 70%까지 할인해준다. (→ ⓐ 동사 has caused 수식 ⓑ 명사 stores 수식하므로 most, almost는 '거의'라는 의미를 지닌 부사)
17 그 밴드는 가장 최근의 앨범을 지난달에 막 발표했다. 그 밴드의 최신 앨범은 이번 주 빌보드에서 10위를 차지했다. 그 앨범의 타이틀곡은 매우 경쟁이 치열한 탑 50 차트에서 5위를 차지했다. (→ ⓐ 문맥상 '최신의'가 적절하므로 latest ⓑ 추상적 의미 '매우')
18 꽃차는 단지 눈을 행복하게 할 뿐만 아니라 건강에 좋은 것들도 많이 들어 있다. 예를 들어, 벚꽃 차는 달콤한 향이 나고 부드러운 맛이 난다. 게다가, 이 차는 식중독 치료에도 매우 도움이 된다. (→ ⓐ 형용사 eye-pleasing 수식 ⓑ 문장 전체 수식)

D 19 놀랍게도, Thomas Edison은 전구와 축음기 같은 자신의 발명품들에 대한 특허 1,093개를 가지고 있었다. 그러나 그의 발명품들이 모두 크게 유명

해진 것은 아니다. 그의 전기 펜이나 유령 기계에 대해서는 아마도 들어본 적이 없을 텐데, 그것들은 성공을 거두지 못한 것들이었다. (→ ⓑ 부분 부정표현 (not+all ~)이 이미 '부정'의 의미를 담고 있기 때문에 다른 부정표현과 함께 쓰지 않음 ⓒ 선행사(his electric pen ~ machine)를 보충 설명하는 보어 자리이므로 형용사 successful이 적절)

20 19세기에, 부유한 뉴욕 시민들은 유럽의 문화에 깊이 감명받았다. 그래서 그들은 깊은 호수가 있는 유럽 스타일의 공원을 만들자고 제안했다. 바위가 많아 주택용으로 사용하기 어려운 840에이커가 넘는 땅을 사들여 뉴욕 센트럴 파크로 조성했다. (→ ⓐ 추상적 의미 '(매우) 깊게', 동사 were impressed 수식 ⓒ 주격보어 자리이고 문맥상 '어려운'이 적절하므로 hard)

실전에 통하는 **적용훈련**

정답 01 ④ 02 ① 03 ④

01 ④ (→ highly)

해석 재즈는 미국에 강제로 끌려와 농장주들에게 노예로 팔린 아프리카인들의 문화에서 시작되어 뉴올리언스에서 처음 나타났다. 한 아프리카인이 죽으면 그 친구들과 친척들은 고인(故人)과 함께 (공동)묘지까지 행진했다. 가는 길에는 종종 밴드가 함께하며 다른 사람들이 노래하고 슬피 우는 동안 애처로운 장례 음악을 연주했다. 그러나 집에 오는 길에 분위기는 바뀌었다. 사랑하는 고인은 이제 신의 품에서 안전해졌고, 나머지 사람들은 살아 있다는 것을 기뻐했다. 분위기가 밝아지고, 모든 이가 매우 활기 넘쳤다. 게다가 밴드는 모두를 춤추고 싶게 만드는 빠른 박자의 쾌활한 음악을 연주했다. 이것이 재즈의 초기 형태였다.

해설 ④ 문맥상 '매우 활기찬'이란 의미로 부사 highly가 적절. 형용사 energetic을 수식하는 자리.
① 문맥상 Africans가 '미국에 억지로 끌려온 것'이므로 수동태여야 하고 선행사(Africans)가 복수이므로 동사도 복수형이어야 한다. 따라서 were forced는 적절. ↪Chapter 01 주어-동사 수일치>, ↪Chapter 02 태>
② 동사 accompanied를 수식하는 빈도부사 often은 적절.
③ the others를 서술하는 alive는 적절.
⑤ make가 '~가 …하도록 하다'의 의미로 SVOC 구조를 이루고 있다. '모든 사람이 춤추길 원하는 것'으로 목적어와 목적격보어의 관계가 능동이므로 목적격보어에 동사원형은 적절. ↪Chapter 04 동사와 준동사>

어휘 emerge 나타나다   slave 노예   relative 친척   march 행진하다   graveyard (공동)묘지   accompany ~와 함께하다, ~을 동반하다   weep 《(wept-wept)》 (슬피) 울다   brighten 밝아지다   energetic 활기찬, 활동적인   up-tempo 빠른 박자의   cheerful 쾌활한   form 형태; 종류

02 ① (→ seriously)

해석 당신이 너무 심각하게 받아들이지만 않는다면, 점을 보는 것은 한번 해보기에 재미있을 수 있다. 쉽게 해볼 수 있는 한 가지 방법은 손금 보기이다. 손금을 보려면, 오른손 손바닥에 있는 4가지 선을 살펴보라. '감정선'은 손바닥의 위쪽에 가장 가까이 있다. 감정선의 길이와 깊이는 당신의 애정 생활과 감정적 성격을 보여주는 것으로 여겨진다. '두뇌선'은 엄지손가락과 집게손가락 사이에서 시작되며 지능과 창의력을 나타낸다. 두뇌선 아래에 있는 '생명선'은 엄지손가락 위쪽의 손바닥 오른쪽에서부터 곡선을 그리며 손목에서 끝이 난다. (손금

을) 믿는 사람들은 이 선이 건강을 나타낸다고 말한다. 생명선이 길고 깊으면 당신은 더 오래 살 것이다. 마지막 선인 '운명선'은 당신의 삶에 무슨 일이 일어날지를 보여준다. 이것은 손목에서 시작해서 가운뎃손가락 쪽으로 이어진다.

해설 ① 동사 take를 수식하는 부사 자리이므로 seriously가 적절.
② 동사 do를 수식하는 부사 자리이므로 easily는 적절.
③ 주어인 Its length and depth가 '여겨지는 것'이므로 수동형이 알맞음. ↪Chapter 02 태>
④ if절의 주어인 your life line을 보충 설명하는 주격보어의 자리이므로 형용사 deep은 적절.
⑤ 문맥상 '(손바닥에 있는 4개의 손금 중) 마지막의'라는 의미이므로 last는 적절.

구문 (13행~14행) The last line, the "fate line," shows <u>what will happen in your life.</u>
what이 이끄는 명사절(what ~ life)은 동사 shows의 목적어로 쓰였다. 명사절의 주어는 의문사 what.

어휘 seriously 심각하게   fortune telling 점, 운세 판단   method 방법   length 길이   depth 깊이   emotional 감정적인   thumb 엄지손가락   index finger 집게손가락   indicate 나타내다   intelligence 지능   creativity 창의력, 창의성   curve 곡선을 그리다   wrist 손목   represent 나타내다   continue 계속되다; 이어지다

03 ④ (→ striking)

해석 인간은 다른 영장류와 다른 면도 있겠지만, 그렇게 많이 다르지는 않다. 체격, 발모 현상, 얼굴 생김새, 그리고 말하는 능력에서 중대한 차이점이 있다는 것은 사실이다. 그리고 물론, 대부분의 인간은 훨씬 더 지적이며 두 다리로 직립보행을 할 수 있다. 그러나 우리와 가장 가까운 친척 관계의 동물과 우리 사이에 믿기 어려울 정도의 유사성이 있는 것도 매우 사실이다. 예를 들어, 침팬지는 (우리와) 같은 근육과 뼈를 가지고 있는데, 그것들은 신체의 거의 같은 곳에 위치해 있으며 우리의 근육과 뼈가 작동하는 방식과 거의 같은 방식으로 작동한다. 이들의 내부 장기는 우리의 내부 장기와 놀라운 유사성이 있으며, 혈액 구성도 마찬가지다. 더구나 이들의 유전자는 사실상 우리의 것과 같다.

해설 ④ 명사 resemblance를 수식하는 형용사 striking이 적절.
① 명사 humans를 수식하고 있으므로 형용사 most는 적절.
② 문맥상 '매우'란 뜻이 자연스러우므로 부사 highly는 적절.
③ 문맥상 '거의 같은 방식'이란 뜻이 자연스러우므로 부사 nearly는 적절.
⑤ 형용사 identical을 수식하는 부사 자리이므로 virtually는 적절.

구문 (11행~13행) Their internal organs bear striking resemblance to ours, and **so does their blood composition**.
긍정문의 동의 표현인 「so+동사+주어」는 'S도 역시 그러하다'란 뜻.

어휘 differ 다르다   intelligent 지적인, 똑똑한   upright 직립으로   incredible 믿기 힘든; 놀라운   similarity 유사성   internal organ 내장 기관   bear 가지고 있다   striking 놀라운   resemblance 유사함   composition 구성   furthermore 더욱이   gene 유전자   virtually 사실상, 거의   identical 동일한, 똑같은

정답 01 devote her life to helping the sick
02 laughed loudly   03 Use specific examples
04 lastly → last   05 short → shortly   06 could not → could
07 rapid → rapidly   08 easy → easily   09 uncomfortably
→ uncomfortable   10 (1) almost, near (2) most, nearly
(3) 문맥상 '대부분의'라는 의미의 형용사 most와 '거의'라는 의미의
부사 nearly가 적절하다.

해설 01 the+형용사는 '~하는 사람들'이라는 의미이므로 the sick은 '아픈
사람들', devote A to v-ing 'A를 v하는 데 바치다' 02 동사 laughed를 수식
하는 부사 loudly가 적절. 03 '구체적인 예시'이므로 명사 examples를 수식
하는 형용사 specific이 적절. 04 문맥상 '지난'의 의미이고, 명사 time을 수식
하는 형용사 last가 적절. 05 동사 will prepare를 수식하고, 문맥상 '곧'이라
는 의미이므로 부사 shortly가 적절. 06 준부정어 hardly는 다른 부정어와 함

께 쓰이지 않으므로 not을 삭제. 07 출생률은 여성 1인당 1.8명으로 낮고 노
인의 수는 급속히 증가하고 있다. (→ 동사 is growing을 수식하므로 부사
rapidly가 적절) 08 드라이브 스루(자동차를 타고 들어갈 수 있는) 음식점은
많은 나라에서 쉽게 찾아볼 수 있다. (→ 문맥상 주어(Drive-through
restaurants)를 보충 설명하는 보어로 해석하면 매우 어색하므로 동사 can
be found를 수식하는 부사 easily가 오는 것이 적절) 09 매일 적어도 10분
은 혼자 조용히 앉아서 아무것도 하지 않고 생각만 하는 시간을 가져라. 끊임없
는 소음과 활동에 익숙하다면 처음에는 침묵이 불편할 수도 있다. 하지만 연습
하면 더 쉬워질 것이다. (→ 주어(silence)에 대한 보충 설명을 하는 주격보어 자
리이므로 형용사 uncomfortable이 적절, 감각동사 feel+형용사 보어) 10
소수의 사람들은 부유해졌지만, 대부분의 사람들은 모든 면에 있어서 더 가난
해졌다. 생활 조건은 끔찍했고 질병이 빨리 퍼져나갔다. 1849년 발병한 콜레
라가 런던에서 거의 13,000명의 목숨을 앗아갔다.

어휘 specific 구체적인 argument 주장, 논쟁 accent 억양, 말씨[악센트]
birth rate 출생률 at least 적어도 quietly 조용히 constant 끊임없는; 거듭
되는 silence 침묵; 고요, 적막 better off (형편이) 더 나은 condition 조건
outbreak (전쟁·유행병 등의) 발생[발발] cholera 《질병》 콜레라

Chapter 12 | 비교 p. 127

해석 1 이 곤충은 코브라만큼 독성이 있다. / 그는 축구 경기장에서 다른 선수
들만큼 빠르게 뛴다. / 나는 어머니만큼 키가 크지 않다. / 그는 Jim만큼 높이 뛸
수 없다. / 지난번 시험이 이번 것보다 더 쉬웠다. / 나는 소설이 시보다 더 재미
있는 것 같다. / 나는 고양이보다 개를 더 좋아한다. / 내가 예상했던 것보다 날
씨가 더 빨리 갰다. / 그녀는 이웃 중에서 가장 너그러운 사람이다. / 이 아파트
는 그렇게 낮은 가격으로는 내가 본 것 중 가장 큰 것이다. / 뉴욕은 세계에서 가
장 분주한 장소 중 하나이다. / 나는 매일 아침 우리 가족 중에서 가장 일찍 일어
난다. 2 Jim이 가장 많은 답을 맞혀서 우리 반에서 1등을 했다. / 몇몇 전문가
들은 외국어를 배우기에 가장 좋은 시기는 어릴 때라고 한다.

시험에 나오는 **어법 Point**

해석 Point 01 나는 그가 다른 사람들만큼 열심히 연습하고 있는 것을 보고
놀랐다. / 많은 나라에서 축구는 다른 어떤 스포츠보다 더 인기 있다. / 사용할
수 있는 모든 방법들 중에서 이 방법이 가장 고통이 적은 것 같다. 2 영국과 네
덜란드의 축구 경기는 매우 흥미진진했다. 네덜란드는 경기 10분 만에 골을 넣
었고 경기를 정말 잘하고 있었다. 그러나 후반전에서는 영국이 훨씬 더 잘했다.
Point 02 나는 농구를 하는 것보다 보는 것을 더 좋아한다. 1 그 화가는 살아
있을 때보다 죽고 나서 더욱 유명해졌다. / 내 집은 너의 집보다 학교에서 더 멀
다. 2 2021년에 사망자 수가 처음으로 출생자 수보다 더 많았다. / 태어날 때
부터 시력이 없었던 사람의 꿈은 정상 시력을 가진 사람의 꿈만큼 생생하고 상
상력이 풍부할 수 있다. / 그 선수들은 이전에 그들이 맞닥뜨렸던 도전보다 더
큰 도전에 직면했다. / 그는 어렸을 때 노래했던 만큼 노래를 잘하지 못한다.
Point 03 온라인 논평은 직접적인 대인 간의 (의견) 교환만큼 강력하지 않다.
1 아버지는 예전만큼 담배를 많이 피우지 않으신다. / 나는 남동생보다 영어를
더 유창하게 말할 수 있다. 2 그것이 더 어려울수록 나는 그것을 더 싫어한다. /

표면이 더 거칠수록 마찰이 더 많이 생겨난다. / 의사의 진찰을 더 빨리 받을수
록 더 좋다. / 더 높이 등반할수록 경치는 더 좋다.

정답 1 원급 2 비교급 3 최상급 4 비교급 5 최상급 6 형용사
7 부사
[01~06] 01 better 02 least 03 as 04 strongest
05 better 06 smallest
[07~12] 07 sending 08 ○ 09 do 10 ○ 11 were 12 ○
[13~20] 13 ○ 14 ○ 15 easier 16 important
17 colorful 18 ○ 19 ○ 20 familiarity

[01~06] 01 내 노트북 컴퓨터와 비교해서 네 것이 사양이 더 좋다. (→ 두 개
의 노트북을 비교한 것이므로 비교급 표현이 적절. 문장 맨 뒤에는 than mine
이 생략됨) 02 우리는 왜 이 책이 그가 쓴 모든 책 중에서 가장 인기가 없는 건
지 모르겠다. (→ 그가 쓴 모든 책 중에서 가장 인기가 없는 것이므로 최상급)
03 그 소년의 유일한 소망은 학교 친구들만큼 건강해지는 것이다. (→ as 원급
as) 04 다른 참가자들은 300kg 이상 들지 못했지만, 그녀는 319kg 이상을
들었다. 그녀는 그 시합에서 가장 강했다. (→ 참가자들 중에서 가장 강한 것이
므로 최상급) 05 어떤 음식은 전반적인 건강에 대해서라면 다른 것들보다 더
좋다. (→ 비교급 than) 06 약 1만 명의 인구가 있는 나우루는 남태평양에서 가
장 작은 국가이다. (→ 남태평양 국가들 중에서 가장 작은 것이므로 최상급)
[07~12] 07 블로그를 만드는 게 이메일 보내는 것만큼 쉽다는 걸 알고 있니?
(→ making a blog와 병렬구조) 08 우리 아이는 자기 장난감보다 다른 사람
들의 장난감에 더 많은 관심을 보이는 경향이 있다. (→ others' toys와 병렬구
조이므로 소유대명사 his 사용) 09 나는 모든 사람이 내가 갖고 싶어 하는 만
큼 이 터치스크린 노트북을 몹시 갖고 싶어 한다고 확신해. (→ everyone

wants ~ laptop과 병렬구조. I want 이하의 반복어구를 대동사 do로 표현할 수 있다.) **10** 월요일과 화요일 사이의 매출의 차이는 토요일과 일요일 사이의 그것보다 더 적었다. (→ The difference in sales를 대신하여 불특정한 것을 의미. that으로 써도 어법상 바른 표현이다.) **11** 사회 문제는 과거에 그랬던 것보다 오늘날 훨씬 더 중요하고 복잡하다. (→ are와 병렬구조인데 과거의 때이므로 대동사 were로 표현) **12** 주요 대양들은 모두 서로 연결되어 있어서, 그것들의 지리적 경계는 대륙의 경계보다 덜 분명하다. (→ geographical boundaries를 대신하므로 those는 적절하다. the ones로 써도 어법상 바른 표현이다.)

[13~20] **13** 우주공간으로 더 멀리 갈수록 중력이 덜 작용한다. (→ '~할수록 더 …한' the 비교급 ~, the 비교급 …) **14** 우리는 모두 북극해 빙하가 그 어느 때보다 더 빨리 녹고 있다는 것을 알고 있다. (→ Arctic sea ice is melting quickly. 동사 is melting을 수식하는 부사의 비교급 more quickly는 적절) **15** 처음에는 힘들 수도 있지만, 연습할수록 그것은 더 쉬워질 것이다. (→ It'll get easy. will get의 보어 자리이므로 형용사의 비교급이 적절) **16** 생산성 향상은 개별 기업에 중요한 만큼 경제에도 중요하다. (→ Productivity improvements are important. be동사의 보어이므로 형용사가 적절) **17** 다른 배경을 가진 더 많은 사람들을 알수록 인생은 더 다채로워진다. (→ becomes의 보어이므로 형용사 자리) **18** 우리가 텔레비전을 더 많이 볼수록 사회연결망 속의 사람들과 시간을 덜 보내게 될 것이다. (→ be likely to-v) **19** 기대치가 높을수록 만족하기가 더 어렵다. (→ be동사가 생략된 것으로, 보어이므로 형용사 자리) **20** 그들은 아이들이 더 일찍 컴퓨터를 사용하기 시작할수록 다른 디지털 기기를 사용할 때 더 익숙함을 가지게 될 것이라고 생각한다. (→ will have의 목적어인 명사 자리)

빈틈을 채우는 **촘촘문법**

해석 **1** 재활용된 제품을 가능한 한 많이 사용해라. / 그의 영어 실력이 점점 더 좋아지고 있다. / 그는 양복 한 벌을 사는 데 고작 100달러를 지불했다. / 그는 넥타이를 사는 데 100달러나 지불했다. **2** 검은색은 흰색보다 두 배 더 무겁게 느껴진다. / 그 수학 시험에서 나는 Jane이 받은 점수보다 두 배 많은 점수를 받았다. / 그 도시의 인구는 이전보다 세 배 더 많다. **3** 실제로, 지진 피해는 상상했던 것보다 훨씬 컸다. / 그 식당은 지난달보다 예약이 더 많다.

QUICK CHECK
정답 **01** three times as many books as I do
02 more and more people are migrating

해설 **01** 배수사+as many[much]+명사 as **02** 비교급 and 비교급 '점점 더 ~한'

어휘 in reality 실제로 earthquake 지진 damage 피해; 손상 reservation 예약 migrate 이주하다 urban 도시의 area 지역

정답 **A 01** clear **02** better **03** greatest **04** modest
05 distant **06** looking **07** much **08** do
B 09 learning **10** ○ **11** the greater **12** well **13** ○
14 ○ **15** less
C 16 ⓐ bad ⓑ do **17** ⓐ highest ⓑ far **18** ⓐ are ⓑ later
D 19 ⓐ → intelligent, ⓒ → dogs' (ability)
20 ⓑ → the better, ⓒ → more effective

해설 **A 01** 그 호수는 유리만큼 맑다. (→ as 원급 as) **02** 내 영어 점수가 예상했던 것보다 더 좋다. (→ 뒤에 than이 있고 '내가 예상했던 점수'와 '(실제로 받은) 영어 점수'를 비교하고 있으므로 비교급 better) **03** 당신 생각에는 야구의 역사에서 가장 훌륭한 선수가 누구인가요? (→ 뒤에 in the history of baseball이 오고 '가장 훌륭한'의 의미이므로 최상급 greatest가 적절) **04** 사람은 많이 배울수록 더 겸손해져야 한다. (→ He or she should be modest. should be의 보어 자리) **05** 우리의 반려동물들은 우리가 생각하는 것만큼 정서적으로 동떨어져 있지 않다. (→ Our companion animals aren't quite emotionally distant. be동사 보어 자리) **06** 농장을 방문하는 것이 농장에 대한 책을 보는 것보다 더 교육적이다. (→ Visiting a farm과 병렬구조) **07** 지난주에 내가 빌린 그 책은 처음에 (재미있어) 보인 것보다 훨씬 더 재미있었다. (→ 비교급 수식어 much) **08** 사람들은 잠자는 데 쓰는 시간보다 TV를 보고 핸드폰과 컴퓨터를 사용하는 데 쓰는 시간이 더 많다. (→ spend time과 병렬구조, spend 동사의 중복을 피해 대동사 do로 표현)

B 09 외국 음식에 익숙해지려고 노력하는 것은 외국어를 배우는 것만큼 어려워 보인다. (→ Trying to ~ food와 병렬구조) **10** 나는 이렇게 더운 날씨에 밖에 나가는 것보다 야외에서 더 적은 시간을 보내는 것이 더 현명할 것이라고 생각한다. (→ 뒤에 than이 있고 '야외에서 더 적은 시간을 보내는 것'과 '밖에 나가는 것'을 비교하고 있으므로 비교급 wiser는 적절) **11** 마음이 복잡할수록 더 단순해질 필요가 있다. (→ '~할수록 더 …한' the 비교급 ~, the 비교급 …) **12** 그녀는 기타를 전혀 배우지 않았지만, 그녀의 언니만큼 기타를 잘 칠 수 있다. (→ She can play it well. 동사 can play 수식) **13** 이 회사의 제품은 품질 면에서 우리 회사의 제품보다 더 좋지만, 알다시피 가격이 더 비싸다. (→ This company's product와 병렬구조를 이룸. ours = our company's product) **14** 내 아들은 나를 행복하게 하는 많은 장점을 가지고 있는데, 그의 공손한 태도가 나를 가장 기쁘게 한다. (→ 최상급이 문장에서 부사로 쓰일 때 the를 생략할 수 있음) **15** 그것은 처음에 쉬워 보였지만, 그 간단한 일을 끝내는 데 5일이나 걸렸다. (→ '~나 되는' no less than ~(= as many[much] as))

C 16 치약이나 샴푸와 같은 가정용품들은 오염에 있어서 차량만큼이나 해로울 수 있다. 가정용품은 환경에 해로운 물질을 함유하고 있기 때문에 자동차와 트럭만큼 많은 오염을 유발한다. (→ ⓐ Household items ~ can be bad. be동사의 보어 자리 ⓑ cause pollution과 병렬구조, 동사 cause의 중복을 피해 대동사 do로 표현)

17 사람들은 요즘 더 늦게 은퇴하기로 결정하고, 70대 초반의 약 10%에 이르는 사람들이 아직도 일하고 있다. 이것은 기록이 시작된 이래로 최고치이다. 특히 지난 10년 동안, 은퇴 연령을 넘어서 일하는 사람들이 훨씬 더 많아지면서 노동 시장에도 많은 변화가 있었다. (→ ⓐ 기록이 시작된 이래로 '최고치'라는

의미이므로 최상급 highest ⓑ far는 비교급 수식어)

18 연구에 따르면 늦게 자는 사람들은 일찍 자는 사람들보다 일찍 사망할 위험이 더 높다고 한다. 늦게 자는 사람들은 당뇨병과 호흡기 질환을 겪을 가능성이 더 높다. 즉, 늦게 잘수록 일찍 사망할 위험이 더 높아진다. (→ ⓐ are at higher risk of an early death와 병렬구조이므로 대동사 are ⓑ '~할수록 더 …한' the+비교급 ~, the 비교급 …)

D 19 사람들은 일반적으로 개가 고양이보다 더 똑똑하다고 생각한다. 하지만 고양이는 사람의 몸짓과 감정에 반응하는 것을 개만큼 잘한다. 게다가, 과거의 일들에 대해 생각하는 고양이의 능력은 개만큼 뛰어나다. (→ ⓐ dogs are intelligent. be동사의 보어 자리 ⓒ cats' ability와 병렬구조를 이루므로 dogs' 또는 dogs' ability)

20 기업은 고객들이 더 많은 개인 정보를 공유하기를 바랄 때, "저희에게 더 많이 이야기해 주실수록 더 좋은 서비스를 제공해 드릴 수 있습니다."라고 말한다. 그러나 믿음이 없다면 개인 정보를 공유하는 사람은 거의 없을 것이다. 따라서 기업은 먼저 고객들과 신뢰를 쌓아야 한다. 그것이 어렵기는 하지만, 기업이 정보를 얻는 데 단순한 접근법을 쓰는 것보다 더 효과적인 방법이다. (→ ⓑ '~할수록 더 …한' the+비교급 ~, the+비교급 … ⓒ 비교급 than)

실전에 통하는 **적용훈련**

정답 01 ① 02 ③ 03 ④

01 ①

해석 어떤 과학자도 생후 4개월에서 4세 사이의 아이만큼 호기심이 많지는 않을 것이다. 어른들은 때때로 모든 것에 대한 아이의 강렬한 호기심을 집중력이 없는 것으로 오해한다. 사실 아이는 태어날 때부터 배우기 시작하고, 학교에 갈 무렵에는 이미 엄청나게 많은 양의 정보를 습득하게 된다. 그 전체 양은 아마도 남은 생을 살면서 흡수할 양보다 훨씬 더 많을 것이다. 어른은 아이의 호기심을 칭찬해주고 배우는 것을 좋아하도록 격려해 줌으로써 아이가 많은 양의 지식을 얻도록 도와줄 수 있다.

해설 (A) be동사의 보어 역할을 하는 자리이므로 형용사 curious가 적절.
(B) be동사의 보어절을 이끌어 뒤에 완전한 절이 나오므로 접속사 that이 적절.
<↪ Chapter 08 접속사·병렬구조>
(C) 비교급 more를 수식할 수 있는 부사는 much. very는 원급 수식.

구문 (01행~03행) It's probable that **no scientist** has ever been **as** curious **as any** child aged between four months and four years.
「It is probable that ~」은 '~일 것이다'라는 추측을 나타내는 구문. that절 내에는 「no (other)+as ~ as+any …」의 구조로 '…만큼 ~한 것은 없다' 즉, '…가 가장 ~하다'라는 최상급의 의미를 나타내는 원급 구문이 쓰였다.

어휘 probable 있을[사실일] 것 같은 intense 강렬한 curiosity 호기심 inability 무능력, ~할 수 없음 concentrate 집중하다 enormous 엄청난, 방대한 amount 양 absorb 흡수하다 encourage 격려하다

02 ③ (→ earlier)

해석 헤드폰은 당신이 다른 사람들을 괴롭히지 않고 당신이 원하는 것을 듣게 해주지만, 그 대가는 어떨까? 연구들은 그 장치의 소리 수준은 115데시벨 이상까지 도달할 수 있다는 것을 보여줘 왔는데, 이는 대략 이륙하는 비행기에서 100피트(약 30.5미터) 떨어진 곳에 서 있을 때만큼 큰 소리이다. 그 정도 수준에서는 불과 15분 후에 영구적인 청력 손상이 발생할 수 있다. 그리고 아이가 헤드폰을 더 일찍 사용하기 시작할수록 손상이 더 커질 수 있다. 커다란 소음은 내이(內耳) 속에 있는 유모(有毛) 세포들을 죽임으로써 청력 손실을 유발한다. 보통은 그 과정이 사람들이 나이가 들어감에 따라 천천히 발생하지만, 소음 피해가 그것을 가속화할 수 있다. 소음에 의해 유발되는 청력 손실은 즉각적이지 않아서, 손상이 더 나이가 들 때까지 뚜렷하지 않을 수도 있다.

해설 ③ '~할수록 더 …한' 「the 비교급 ~, the 비교급 …」 구문이 사용되어야 하므로 early → earlier.
① let이 '~가 …하게 하다'란 의미의 사역동사로 쓰여 「사역동사 let+목적어+원형부정사」의 SVOC 구조를 이룬다. 따라서 listen to는 적절.
<↪ Chapter 04 동사와 준동사>
② roughly 앞에는 「관계대명사+be동사」인 which are가 생략되어 있으며 which의 선행사는 115 decibels or more이다. be동사의 보어 자리이므로 형용사인 loud는 적절.
④ 동사 occurs를 수식하는 자리이므로 부사 slowly는 적절. <↪ Chapter 11 형용사와 부사>
⑤ Hearing loss를 수식하는 분사 자리이다. 청력 손실이 '유발되는 것'이므로 과거분사 caused는 적절. <↪ Chapter 06 분사>

어휘 bother 괴롭히다; 신경 쓰이게 하다 device 기기, 장치 decibel 데시벨 《음의 세기를 나타내는 단위》 roughly 대략 permanent 영구적인 hearing loss 청력 손실 hair cell 유모(有毛) 세포 inner 내부의, 안쪽의 normally 보통(은) immediate 즉각적인 apparent 뚜렷한, 분명한

03 ④ (→ ours)

해석 최근 연구에 따르면, 우리의 석기 시대 조상은 우리가 오늘날 섭취하는 양보다 더 많은 단백질을 섭취하고, 지방은 더 적게 섭취했다. 이들의 식사는 약 65%의 과일과 채소, 35%의 육류로 구성되었다. 그러나 그들이 먹었던 야생 동물은 오늘날 상업용으로 사육되는 소, 닭, 돼지보다 체내 지방이 훨씬 적었다. 게다가, 석기 시대의 식사에는 우리의 식사보다 섬유소, 칼슘, 비타민 C가 더 풍부했다. 이러한 연구 결과는 우리의 먼 조상의 식생활이 현대문명이 가져온 질병으로부터 우리 자신을 보호하는 데 있어서 다른 식이요법들보다 더 효과적인 모델이 될 수 있음을 시사한다.

해설 ④ 비교대상은 the Stone-Age diet와 our diet이므로 소유대명사 ours가 적절.
① 앞의 동사 ate와 호응한다. '오늘날(today) 우리가 먹는 것'을 의미하므로 현재형 동사 eat을 대신하는 do는 적절.
② consist of는 '~으로 구성되다'란 의미이지만 자동사이므로 수동태로 쓰지 않는다. <↪ Chapter 02 태>
③ 비교급 less를 수식하는 부사 far는 적절.
⑤ the diet를 반복해서 쓰는 대신 대명사 that 사용.

어휘 ancestor 조상 protein 단백질 diet 식사, 식단; 식습관 cf. dietary 식사의 consist of ~으로 구성되다 industrially 산업상 fiber 섬유소, 섬유질 suggest 시사하다; 제안하다 modern 현대의 civilization 문명 approach 접근법

실력을 완성하는 **서술형 훈련**

정답 01 more than twice as long as the previous one
02 The latest novel was the most interesting in the series. 03 The sooner the company adopts new technology, the more prosperous it will become.
04 most → more   05 more → much   06 do → are
07 as[so] many nutrients as it did   08 as important as learning its language   09 the higher temperatures are, the lower the students' exam scores are
10 (1) effective (2) effectively (3) 동사(preserves)를 수식하는 자리이므로 부사 effectively가 적절하다.

해설 01 배수사+as 원급 as '~의 몇 배인' 02 the+최상급 in ~ 표현으로 the most interesting in the series. 03 '~할수록 더 ···한' the 비교급 ~, the 비교급 ... 구문이므로 The sooner ~, the more prosperous ... 04 뒤에 '~

보다'의 than이 있으므로 비교급 more   05 as+원급+as possible (= as+원급+as one can) 구문으로 비교급 more가 아닌 원급 much 06 they actually are strong physically에서 앞부분과의 반복을 피하기 위해 동사 are만 남은 형태 07 not as[so] 원급 as, 앞의 have nutrients와 병렬구조이고, 과거 시점(a hundred or even sixty years ago)이므로 과거형 대동사 did 08 experiencing its culture is important로 be동사의 보어 자리, as 원급 as 구문으로 experiencing its culture와 병렬구조이므로 learning. 09 연구원들은 온도가 높아질수록 학생들의 시험 점수가 낮아진다는 것을 발견했다. (→ '~할수록 더 ···한' 의 비교급 ~, the 비교급 ... 구문이므로 the higher ~, the lower ~) 10 날것인 음식 재료를 요리함으로써 더 많은 영양상의 이점을 얻을 수 있다. 날음식을 굽는 것은 적당한 온도에서 삶는 것만큼 영양분을 효과적으로 보존한다. 하지만 음식이 더 오래 요리될수록 영양분의 손실은 더 커진다.

어휘 adopt 채택하다   prosperous 번창하는   physically 신체적으로 nutrient 영양소, 영양분   in order to-v v하기 위해서   nutritional 영양상의 benefit 이점, 이득   raw 날것의, 익히지 않은   roast 굽다   moderate 보통의, 중간의; 적당한

내신·학평 대비 미니 모의고사 4

p. 137

정답 01 ②   02 ①   03 ②   04 ⑤   05 ④   06 ⑤   07 ④   08 (1) (A) powered (B) is (C) those (2) will know more about you than your closest friends and family members do   09 abnormally low birth weights tend to score lower

01 ② (→ themselves)

해석 한 신화에서는 한 무리의 신들이 사람들로부터 '우주의 진리'를 어디에 감출 것인가를 결정하고자 가졌던 모임이 어땠는지 전하고 있다. 첫 번째 신이 진리를 바다 밑에 두고 제안했지만, 나머지 신들은 사람들이 그것을 찾으러 타고 갈 잠수함을 만들 것이라고 윽박질러 그를 입 다물게 했다. 두 번째 신이 지구에서 멀리 떨어진 행성에 진리를 숨기자고 제안했지만, 나머지 신들은 마찬가지로 사람들이 이 목적지에 가려고 우주선을 만들 수도 있다는 것을 깨달았다. 마지막으로, 세 번째 신이 모든 인간의 목에 진리를 걸어두자고 제안했다. 다른 신들은 사람들이 진리를 찾으려고 목을 쳐다보는 일은 결코 없을 것이라는 데 동의했다. 그래서 그들은 정확하게 세 번째 신이 제안한 대로 했다.

해설 ② that절의 주어인 people이 자신들을 태우고 갈 잠수함을 만들 것이란 뜻이므로 재귀대명사 themselves가 적절. ↪ Chapter 10 명사와 대명사
① 동사 tells의 목적어절을 이끌며 문맥상 '모임이 어땠는지'란 의미가 자연스러우므로 의문사 how는 적절. ↪ Chapter 08 접속사·병렬구조
③ 「might + 동사원형」은 '어쩌면 ~일지도 모른다'란 뜻이며 우주선은 '만들어지는 것'이므로 수동태인 might be built는 적절. ↪ Chapter 02 태
④ every가 수식하는 명사는 단수이므로 human being은 적절. ↪ Chapter 01 주어-동사 수일치
⑤ 문맥상 뒤에 오는 부사절을 수식해 '~한 대로 정확하게'라는 뜻이 되어야 자연스러우므로 부사 exactly가 적절. ↪ Chapter 11 형용사와 부사

어휘 myth 신화   truth 진리; 진실   shout A down 소리 질러 A를 침묵시키다 underwater 수면 아래의, 수중의   planet 행성   realize 깨닫다   craft 우주선; 비행기; 선박   destination 목적지, 행선지   as well 마찬가지로; 게다가   human being 사람, 인간

02 ① (→ clearly)

해석 모든 훌륭한 작가는 그들이 말하고 싶은 것을 가능한 한 명료하게 말하려고 열심히 작업한다. 그들의 메시지가 독자들에게 명료하지 않다면, 그들의 생각이 아무리 훌륭하고 그들의 창의력이 아무리 인상적이라 하더라도 그들은 실패한 것이다. 그들은 정확한 단어를 선택하고, 그것들을 복잡하지 않은 문장으로 배열하는 데 신경을 쓴다. 반면에, 자신의 관점에 대해 비판받는 것을 두려워하거나 자신에 대해 전적으로 확신하지 못하는 작가들도 있다. 그들의 글은 머뭇거리고 개성이 없는 듯 보이며, 그들은 '꽤', '아마', '다소'와 같은 단어들을 쓰는 경향이 있다. 그러는 대신에 수식어를 쓰는 것을 중단하고, '~할 것이다', '항상', '분명히'와 같은 확실한 단어를 사용하기 시작하라. 이렇게 하는 것이 당신의 생각과 글에 힘을 실어줄 것이다.

해설 ① 「as 원급 as possible」구문이며 동사 say를 수식하는 자리이므로 부사 clearly가 적절. ↪ Chapter 12 비교
② 앞의 no matter에 접속사 or로 연결되어 no matter how의 의미를 나타낸다. their creativity is impressive의 의미이므로 형용사 impressive는 적절. ↪ Chapter 11 형용사와 부사
③ 앞의 precise words를 가리키므로 복수 대명사 them은 적절. ↪ Chapter 10 명사와 대명사
④ 주어(who(= the writers))와 같은 대상인 목적어는 재귀대명사로 표현하므로 themselves는 적절. ↪ Chapter 10 명사와 대명사
⑤ 「stop + -ing」는 '~하는 것을 멈추다'란 뜻이며, 「stop + to부정사」는 '~하기 위해 멈추다'란 뜻. 문맥상 '수식어를 쓰는 것을 중단하다'란 의미가 자연스러우므로 using은 적절. ↪ Chapter 05 to부정사와 동명사

구문 (07행~09행) On the other hand **are** *the writers* [who are afraid of being criticized for their point of view], or [who aren't too

PART 4 품사·비교   45

sure of themselves].

부사구를 문두에 놓고 수식어구 때문에 길어진 주어와 동사를 도치시킨 구조. who가 이끄는 주격 관계대명사절 2개는 모두 the writers를 수식한다.

어휘 reader 독자 impressive 인상적인 creativity 창의력 precise 정확한; 정밀한 arrange 배열하다 uncomplicated 복잡하지 않은, 단순한 criticize 비판하다, 비난하다 point of view 관점 hesitant 머뭇거리는, 망설이는 colorless 재미없는; 무색의 tend to-v v하는 경향이 있다 somewhat 다소 absolute 확실한 certainly 분명히

03 ② (→ them)

해석 칭찬은 자존감을 증가시키는 것만큼이나 어린아이들의 행동을 개선하는 데 강력하다. 미취학 아동들은 부모가 자신들에게 말하는 것을 매우 뜻깊게 생각한다. 그들은 분석적으로 판단하고 잘못된 정보를 거부하는 인지적 정교함이 아직 없다. 만약 미취학 소년이 어머니로부터 자신이 똑똑하고 훌륭한 조력자라는 것을 계속해서 듣는다면, 그 아이는 자신의 자아상에 그 정보를 포함시킬 것이다. 자신을 똑똑하고 일하는 법을 아는 소년으로 생각하는 것은 그가 문제 해결 노력을 더 오래 견디도록 하고, 새롭고 어려운 일을 시도하는 데 있어서 자신감을 증가시킬 가능성이 크다. 마찬가지로, 자신을 훌륭한 조력자인 그런 부류의 소년으로 생각하는 것은 그가 집과 유치원에서 일을 자진해서 돕게 할 가능성이 더 크게 해줄 것이다.

해설 ② what이 이끄는 절의 주어인 their parents가 preschoolers에게 말하는 것이므로 주어와 목적어가 동일한 대상이 아니다. them이 적절.
↪ Chapter 10 명사와 대명사

① is의 보어 자리이므로 형용사 powerful 적절. ↪ Chapter 11 형용사와 부사
③ hears의 목적어 역할을 하는 명사절을 이끄는 that은 적절. ↪ Chapter 08 접속사·병렬구조
④ 동명사구인 Thinking ~을 주어로 하므로 단수동사 is는 적절. ↪ Chapter 01 주어-동사 수일치
⑤ 문장 전체를 수식하는 부사 Similarly는 적절. ↪ Chapter 11 형용사와 부사

구문 (06행~08행) If a preschool boy consistently hears
　　　　　　　　　　　　　　　　S′　　　　　　　V′
(from his mother) that he is smart ~ helper, he is likely ~.
　부사구　　　　　　　O′

hears의 목적어절이 길므로 문장 이해가 더 쉽도록 부사구인 from his mother 뒤에 위치시킨 것이다.

어휘 praise 칭찬 self-esteem 자존감 preschooler 미취학 아동 *cf.* preschool 유치원 cognitive 인식의, 인지의 reason 판단하다; 이유 analytically 분석적으로 consistently 계속, 끊임없이 incorporate 포함하다 endure 견디다, 참다 confidence 자신감 similarly 마찬가지로, 유사하게 volunteer 자진해서 하다, 자원하다

04 ⑤ (→ that of parents)

해석 긍정적으로나 부정적으로, 부모와 가족은 우리에게 강한 영향을 미친다. 그러나 특히 어릴 때는 친구들이 훨씬 더 강한 영향을 미친다. 우리는 가족을 넘어서, 우리의 정체성을 확장하는 하나의 방법으로 친구들을 선택한다. 그 결과, 친구들과 그 밖의 다른 사회적 집단의 기준과 기대에 따라야 한다는 압박감이 강해질 가능성이 크다. 발달 심리학자인 Judith Rich Harris는 개인적 기질, 부모, 또래들이라는 세 가지 주된 힘이 우리의 발달을 형성한다고 주장한다. 그녀는 또래들의 영향이 부모의 영향보다 훨씬 더 강하다고 주장한다. "어린이들이 또래들과 공유하는 세계는 그들의 행동을 형성하는 것이고 그들이 가지고

태어난 특징들을 수정하는 것이며, 따라서 그들이 자라서 어떤 부류의 사람이 될지를 결정하는 것이다."라고 그녀는 말한다.

해설 ⑤ The influence of peers와 the influence of parents를 비교하는 것이므로 that of parents로 고쳐야 한다. ↪ Chapter 12 비교
① are의 보어인 strong의 비교급으로 적절. ↪ Chapter 12 비교
② 전치사의 목적어 자리이므로 동명사인 expanding은 적절. ↪ Chapter 05 to부정사와 동명사
③ 주어가 the pressure이므로 단수동사 is는 적절. ↪ Chapter 01 주어-동사 수일치
④ 주어 Judith Rich Harris의 동사 자리이므로 argues는 적절. ↪ Chapter 04 동사와 준동사

어휘 influence 영향; 영향을 주다 expand 확장하다 identity 정체성 pressure 압박(감) conform to ~에 따르다, ~에 순응하다 intense 강한, 강렬한 shape 형성하다, 만들다 peer 또래 modify 수정하다 characteristic 특징, 특질 hence 그러므로, 따라서

05 ④ (→ ensures)

해석 우주의 불가사의한 것들에 대한 답을 알아내는 많은 방법들이 있는데, 과학은 이러한 것들 중 하나일 뿐이다. 그러나 과학은 독특하다. 과학자들은 추측하는 대신에 자신들의 생각이 사실인지 거짓인지를 증명하도록 고안된 하나의 시스템을 따른다. 그들은 자신들의 이론과 결론을 계속해서 재검토하고 실험한다. 예전의 생각들은 과학자들이 설명할 수 없는 새 정보를 알게 되면 대체된다. 누군가 발견을 하면, 다른 과학자들은 자신들의 연구에서 그 정보를 사용하기 전에 주의 깊게 그것을 검토한다. 더 오래된 발견들에 새로운 지식을 쌓는 이런 방식은 과학자들이 자신들의 실수를 바로잡는 것을 보장해준다. 사람들은 과학 지식으로 무장하여 우리가 살아가는 방식을 변화시키는 도구와 기계를 만들고, 우리의 삶이 훨씬 더 쉬워지고 나아지게 한다.

해설 ④ 주어가 단수인 This way이므로 단수동사 ensures가 되어야 한다.
↪ Chapter 01 주어-동사 수일치
① 시스템이 '고안된 것'이므로 designed는 적절. ↪ Chapter 06 분사
② cannot explain의 목적어 역할을 하면서 선행사인 new information을 수식하는 절을 이끄는 관계대명사 that은 적절. ↪ Chapter 09 관계사
③ 나머지 과학자들 중 몇몇을 가리키는 것이므로 others는 적절. ↪ Chapter 10 명사와 대명사
⑤ 비교급을 수식하는 much는 적절. ↪ Chapter 12 비교

구문 (13행~14행) Armed with scientific knowledge, people build ~.

be armed with는 '~으로 무장하다'의 의미로 쓰이므로 수동형 Armed ~로 표현되었다.

어휘 make a guess 추측하다 design 고안하다 reexamine 재검토하다 theory 이론 conclusion 결론 replace 대체하다 ensure 보장하다 transform 변형시키다

06 ⑤ (→ brilliantly)

해석 어린 학생들에게 오래전에 쓰인 고전 시나 책을 읽으라고 설득하는 것은 대개 어렵다. 그러나 고전문학을 읽음으로써 우리는 그 당시의 사회를 볼 수 있다. 우리는 작가의 눈을 통해 우리가 어디에서 왔는지를 발견할 수 있다. 또한, 고전문학에는 재미있고 흥미로운 이야기가 많이 있다. 이는 또한 역사를 배우는 재미있는 방법이 될 수도 있다. 예를 들어, Charles Dickens는 영어권에서

가장 위대한 소설가들 중 한 사람이다. 그는 19세기 영국의 삶을 뛰어나게 묘사했다. 그의 풍부한 이야기와 잊히지 않는 등장인물들은 독자에게 역사를 생생히 전해준다.

해설 ⑤ 문맥상 동사 described를 수식하고 있으므로 부사 brilliantly가 적절. ↔ Chapter 11 형용사와 부사

① persuade는 '~이 …하도록 설득하다'란 의미로 to부정사를 목적격보어로 취하므로 to read는 적절. ↔ Chapter 04 동사와 준동사

② 전치사(by)의 목적어 역할을 하면서 목적어(the classics)를 취하므로 동명사 reading은 적절. ↔ Chapter 07 준동사 심화

③ literature는 셀 수 없는 명사로 부정관사(a/an)를 취할 수 없고 복수형도 불가능하므로 literature는 적절. ↔ Chapter 10 명사와 대명사

④ 같은 집단 중 정도가 가장 심한 하나를 가리킬 때 쓰는 「One of+최상급+복수명사」 구문으로 최상급 greatest는 적절. ↔ Chapter 12 비교

어휘 poetry 시, 운문 classic 고전; 고전의 discover 발견하다 author 작가, 저자 enjoyable 즐거운 entertaining 유쾌한, 재미있는 literature 문학 novelist 소설가 describe 묘사하다 storytelling 이야기하기, 스토리텔링 memorable 기억할 만한; 인상적인 character 등장인물, 캐릭터 come to life 활기를 띠다, 소생하다

07 ④ (→ similar)

해석 영국의 한 컴퓨터 잡지는 컴퓨터 키보드가 우리의 건강에 해로울 수 있다고 주장하는 기사를 실었다. 그 잡지사는 자신들의 런던 사무실에 있는 30개의 키보드에 대해 박테리아 수치를 검사해 줄 것을 한 연구실에 요청했다. 그 결과는 잡지사 직원들을 경악시켰다. 연구소 과학자들은 그들이 검사한 키보드 중 5개는 사람들을 심각한 질병의 위험에 빠뜨린다고 말했다. 한 키보드의 표면에는 보건당국 관계자들이 안전하다고 말하는 수치보다 무려 150배 많은 박테리아가 있었다. 연구원들은 키보드가 고통스러운 설사나 구토와 같이 식중독과 유사한 증상을 쉽게 일으킬 수 있다고 했다. 그들은 이 질병을 표준 키보드 위의 첫 여섯 글자를 따 'QWERTY 복통'이라고 이름 붙이고, 아프지 않으려면 키보드를 주기적으로 청소할 것을 권했다.

해설 ④ 문맥상 식중독과 '유사한' 증상이란 뜻으로 앞의 symptoms를 수식하므로 형용사 similar가 적절. *cf.* similar to ~와 비슷한 ↔ Chapter 11 형용사와 부사

① 앞의 명사 a story를 수식하는 분사 자리. '주장하는 기사'로 a story와 claim은 능동관계이므로 현재분사 claiming은 적절. ↔ Chapter 06 분사

② 명사 surprise를 수식하므로 형용사 bad는 적절. ↔ Chapter 11 형용사와 부사

③ 「배수사+as many[much]+명사 as ~」 어순으로 '~보다 몇 배 많은 …'이라는 뜻의 원급 관용표현. ↔ Chapter 12 비교

⑤ 동사 clean을 수식하는 부사 regularly 적절. ↔ Chapter 11 형용사와 부사

어휘 publish 게재하다; 출판하다 claim that ~라고 주장하다 laboratory 연구실, 실험실 result 결과 employee 직원 illness 질병 surface 표면 researcher 연구원, 조사원 symptom 증상 food poisoning 식중독 painful 고통스러운 vomit 토하다 standard 표준 규격의, 일반적인; 기준 recommend 권하다, 장려하다 regularly 주기적으로

08 (1) (A) powered (B) is (C) those (2) will know more about you than your closest friends and family members do

해석 당신은 인공 지능으로 구동되는 기계가 할 수 있는 몇 가지 일들에 관한 헤드라인 뉴스를 뉴스에서 보았을지도 모른다. 하지만 AI로 구동되는 기계가 실제로 수행할 수 있는 모든 일들을 고려한다면, 그것은 상당히 놀라울 것이다! 인공 지능의 주요 특징들 중 하나는 그것이 새로운 작업에 특화된 프로그래밍을 필요로 하기보다는 기계들이 새로운 것을 학습할 수 있게 한다는 것이다. 그러므로 미래의 컴퓨터들과 과거의 컴퓨터들 사이의 핵심적인 차이점은 미래의 컴퓨터들은 학습하고 스스로 개선할 수 있을 것이라는 점이다. 가까운 미래에, 스마트 가상 조수는 당신의 가장 친한 친구들과 가족 구성원들이 알고 있는 것보다도 당신에 대해 더 많이 알게 될 것이다. 그것이 우리의 삶을 어떻게 변화시킬지 상상할 수 있는가? 이러한 종류의 변화들은 바로 새로운 기술들이 우리 세계에 미칠 영향을 인식하는 것이 아주 중요한 이유이다.

해설 (1) (A) 인공 지능에 의해 '작동되는 것'이므로 과거분사 powered가 적절. ↔ Chapter 06 분사

(B) 「one of+복수명사」가 주어일 경우, 단수동사로 받으므로 is가 적절. ↔ Chapter 01 주어-동사 수일치

(C) computers of the past를 의미하므로 복수형 those가 적절. ↔ Chapter 10 명사와 대명사

(2) your closest friends and family members know about you이므로 대동사로 표현하면 do를 써야 한다.

어휘 headline (뉴스 방송 서두에 요약해서 말하는) 주요 뉴스 artificial intelligence (= AI) 인공 지능 mind-blowing 너무나 놀라운 feature 특징 specific 특정한; 구체적인 core 핵심의 virtual 가상의 assistant 조수 implication 영향, 결과; 암시

09 abnormally low birth weights tend to score lower

해석 비정상적으로 낮은 체중으로 태어난 아이들은 IQ 검사에서 다른 아이들보다 더 낮은 점수를 받는 경향이 있다고 오래전부터 알려져 왔다. 최근에, 약 3,500명의 7세 아동들을 대상으로 한 새로운 연구에 따르면 정상 체중으로 태어난 아이들 사이에서도 체격과 지능이 관계가 있다고 한다. 콜롬비아 대학과 뉴욕 의학아카데미의 연구원들은 몸무게가 2.2파운드 더 나갈 때마다 남자아이는 4.6점, 여자아이는 2.8점 더 높은 IQ 점수를 받는다는 것을 밝혀냈다. 이것은 엄마의 나이, 교육, 경제적인 지위와 같은 다른 요인들이 고려된 후에도 사실이었다. 다시 말해서, 출생 시 체중과 지능 사이에는 명백한 관련이 있다.

해설 형용사(low)를 수식하므로 부사 abnormally가 적절하다. 빈칸 뒤에 than이 쓰였으므로 low를 중복 사용하되 비교급 lower로 변형한다.

구문 (01행~02행) It's long been known that children with abnormally low birth weights ~.

that 이하를 진주어로 하는 「It ~ that …」 가주어-진주어 구문. '~이 오래전부터 알려져 왔다'는 뜻.

(07행~08행) ~ found that for **every 2.2 pounds** of additional weight, ~.

every가 수식하는 명사는 원칙적으로 단수. 하지만 '매 ~, ~마다'라는 의미로 사용되면 뒤에 복수명사가 올 수 있다. 예를 들어 '4분마다'란 표현은 every four minutes(= every fourth minute)로 나타낸다.

어휘 abnormally 비정상적으로 birth weight (유아의) 출생 시 체중 link A to B A와 B를 관련짓다 normal 정상적인 additional 추가의, 부가적인 factor 요인, 원인 status 지위, 사정 evident 명백한, 분명한 relationship 관계

Chapter 13　시제
p. 143

해석 나는 매일 아침 수영 강습을 받는다. / 달은 지구 주위를 회전한다. / 지난 토요일에 그는 Cathy를 파티에 초대했다. / 그는 일주일 전에 저녁 식사를 예약했다. / 그 파티는 우리 집에서 열릴 것이다. / 그는 전화로 엄마와 이야기 중이다. / 내가 집에 도착했을 때, 아빠는 저녁을 준비하고 계셨다. / 나는 정오에 친구들과 영화를 보고 있을 것이다. / 그는 내가 10살 때부터 여기서 살았다. / 우리는 지금까지 두 번 만났다. / 나는 그 지진에 관한 뉴스를 방금 들었다. / 나는 지갑을 잃어버려서 표를 살 수 없다. / 내가 Julia를 만났을 때, 그녀는 그 회사에서 2년간 근무했었다. / 나는 그때까지 그를 한 번도 본 적이 없었다. / 내가 도착했을 때, 그는 숙제를 다 해놓았다. / 엄마는 어제 산 셔츠를 오늘 아침에 입으셨다. / 내년이면 내가 여기에 산 지 10년이 된다. / 나는 7시부터 시험공부를 열심히 하고 있다. / 우리는 6개월간 집을 구하고 있었는데, 마침내 한 곳을 찾았다. / 내년 이맘때면 나는 5년간 책을 쓰고 있는 것이다.

시험에 나오는 어법 Point

해석 **Point 01** 1964년에, Smith는 또 다른 장편소설인 <When the Lion Feeds>를 출간했다.

Point 02 내가 50년 전에 주었던 반지를 그녀가 끼고 있는 모습을 본 것은 내겐 정말 감동적인 순간이었다. **1** 나는 그녀에게 반지를 주었고, 내가 그녀를 보았을 때, 그녀는 반지를 가지고 있었다. **2** 홍수가 다리를 휩쓸어가서 그들은 그 강을 건널 수 없었다. **3** 내가 강당에 들어갔을 때, 강의는 이미 시작되어 있었다.

Point 03 만약 날씨가 좋다면, 그는 놀이공원에 갈 것이다. **2** 막차를 놓치면, 우리는 집까지 걸어가야 할 것이다. / 나는 사람들이 그 프로그램에 관심을 가질지 의심스럽다. / 그가 나를 보면 손을 흔들 것이다. / 나는 그에게 언제 일을 시작하는지 물어볼 것이다.

> **정답** **1** 과거 **2** 현재 **3** 과거 **4** 과거완료 **5** 현재 **6** 미래
> [01~04] **01** has lived, for more than five years so far
> **02** was founded, a hundred years ago
> **03** When, did you fly **04** have been, since I was a boy
> [05~08] **05** had lost **06** had **07** had left **08** got
> [09~12] **09** don't return **10** come **11** will begin
> **12** will take

[01~04] <보기> 나는 지난 일요일에 여름휴가 때 입을 비키니를 샀다. **01** Julia는 사촌들과 지금까지 5년 넘게 같이 살고 있다. (→ '지금까지 5년 넘게'+현재완료시제) **02** 도쿄 미술관은 100년 전에 설립되었다. (→ 과거 특정 시점(a hundred years ago)+과거시제) **03** 넌 언제 처음으로 비행기를 탔니? (→ 과거 특정 시점을 묻는 when은 완료시제와 쓰일 수 없음) **04** 내가 어렸을 때부터 이 주변에는 많은 변화가 있어 왔다. (→ '내가 어렸을 때부터 지금까지'+현재완료시제)

[05~08] **05** 길에서 나는 누군가 잃어버린 돈을 발견했다. (→ 내가 돈을 발견한 것보다 누군가 돈을 잃어버린 것이 먼저 일어난 일이므로 과거완료 had lost가 적절) **06** 아버지는 내 방에 들어오셔서 저녁 시간 이후에 무엇을 하고 있었는지 물어보셨다. (→ 아버지가 물어본 것보다 저녁 시간 이후에 한 것이 먼저 일어난 일이므로 과거완료진행 had been doing이 적절) **07** 그녀는 공항에 도착했지만, 비행기는 이미 떠나고 없었다. (→ 그녀가 공항에 도착한 시점보다 비행기가 떠난 것이 더 이전의 일이므로 과거완료 had left가 적절) **08** 나는 전등과 TV를 끄고 자러 갔다. (→ 과거에 일어난 두 가지의 일을 순서대로 나열하므로 got이 적절)

[09~12] **09** 우리가 책을 제때 반납하지 않으면 연체료를 내야 한다. (→ 조건 부사절) **10** 걱정하지 마. 집에 도착하면 전화할게. (→ 시간 부사절) **11** 나는 미래의 언제쯤 직장 생활을 시작할지 모르겠어. (→ 명사절) **12** 그녀가 이번 주 일요일에 시험을 보는지 알고 있니? (→ 명사절)

빈틈을 채우는 촘촘문법

해석 **1** 그는 열일곱 살이다. / 나는 매일 일기를 쓰는데, 잠자리에 들기 전에 쓴다. / 지구는 태양 주위를 회전한다. / 그를 찾으면 나한테 전화해 줘. / 이 열차는 내일 아침에 여기를 떠날 것이다. **2** 아시안 게임은 8월 18일에 시작할 것이다. / 저 먹구름을 봐. 지금 당장이라도 비가 올 것 같다. / 나는 오늘 밤에 친구 몇 명을 만나 저녁을 먹을 것이다. / 다음 영화는 10분 후에 상영될 것이다. / 그 교수는 생물학 강의를 막 시작하려고 한다.

QUICK CHECK

> **정답** **01** ⑤

해설 **01** ⑤ 과학적 사실을 나타내므로 현재시제 적절. ① have finished → finished ② will get → get ③ has → had ④ had worked → will work[will be working]

어휘 keep a diary 일기를 쓰다　professor 교수　lecture 강의　biology 생물학　travel 이동하다; 여행하다

정답 A 01 jumped 02 has been 03 had been 04 had already gone 05 finish 06 will arrive 07 has
B 08 meet 09 met 10 ○ 11 had destroyed 12 ○ 13 don't mind 14 ○ 15 gives
C 16 ⓐ chose ⓑ enjoy[are enjoying] 17 ⓐ have visited ⓑ lived 18 ⓐ discovers[is discovering] ⓑ are
D 19 ⓑ → ended, ⓒ → helped[had helped] 20 ⓐ → heard, ⓑ → had left

해설 A 01 내가 문을 열었을 때, 그 고양이가 뛰어나왔다. (→ 과거 특정 시점(When I opened the door)+과거시제) 02 그가 죽은 지 8년이 되었지만 나는 아직도 그가 그립다. (→ '그의 죽음 이후로 지금까지'+현재완료시제) 03 나는 오랫동안 햇볕 아래서 걷고 있었기 때문에 더웠다. (→ 내가 더웠던 과거 시점보다 햇볕 아래서 걸은 것이 그 이전부터 시작되어 진행된 일이므로 과거완료진행시제) 04 내가 그 파티에 도착했을 때, 그들은 이미 집에 가버리고 없었다. (→ 내가 도착한 과거 시점보다 그들이 집에 간 것이 더 이전에 일어난 일이므로 과거완료시제) 05 나는 전공이 마음에 들지 않지만, 2학년을 끝마쳐야 바꿀 수 있다. (→ 시간 부사절) 06 나는 우리가 영화가 시작하기 전에 도착할 수 있을지 모르겠다. (→ 명사절) 07 달은 지구보다 더 작은 중력을 가진다. (→ 불변의 진리, 과학적 사실을 나타내므로 현재시제)

B 08 제가 내일 상사와 만나면, 당신의 상황에 대해 의논하겠습니다. (→ 시간 부사절) 09 나는 어제 그 장관을 만났고 그는 우리를 돕기 위해 최선을 다할 것이라고 말했다. (→ 과거 특정 시점(yesterday)+과거시제) 10 10년 동안, 나는 더 좋은 직장을 원하는 사람들과 자주 상담해 왔다. (→ '10년 동안'+현재완료시제) 11 소방관들이 도착했을 때는 불이 많은 집을 전소해버렸다. (→ 소방관이 도착한 과거 시점보다 불이 많은 집을 전소한 것이 더 이전에 일어난 일이므로 과거완료시제) 12 그는 그 프로젝트를 끝낸 후에 한 달 동안 호주에 갔다. (→ 호주에 간 시점보다 프로젝트를 끝낸 것이 이전에 일어난 일이므로 과거완료시제) 13 너만 괜찮다면, 잠깐 이 가게에 들러서 지갑 좀 보게. (→ 조건 부사절) 14 안내데스크에 있는 직원에게 언제 새로운 카탈로그를 이용할 수 있는지 물어보시면 됩니다. (→ 명사절) 15 매주 토요일 밤에 그 밴드는 공원에서 무료 공연을 한다. (→ 매주 토요일 밤마다(Every Saturday night) 무료 공연이 있는 것은 정기적으로 일어나는 일이므로 현재시제)

C 16 Ella는 혼자 살지, 아니면 친구와 함께 살지 선택해야 했다. 결국 그녀는 친구와 사는 것을 선택했다. 지금 그들은 함께 잘 지내고 있다. (→ ⓐ 과거에 있었던 일에 관한 내용이므로 과거시제 적절 ⓑ 지금(Now)에 관한 내용이므로 현재시제[현재진행시제] 적절) 17 내가 홍콩에 온 이후로 지금까지 아름다운 곳을 많이 가봤다. 고국에 살았을 때는, Repulse Bay Beach나 Victoria Bay와 같은 홍콩의 인기 있는 관광지에 대해 들어본 적이 없었다. (→ ⓐ '홍콩에 온 이후로 지금까지'+현재완료시제 ⓑ 홍콩에 오기 전 고국에 살았던 것은 과거의 내용이므로 과거시제 적절) 18 오늘날 현대 과학은 노화 과정을 늦추기 위한 방법, 그리고 심지어 노화를 완전히 멈추게 할 수도 있는 방법들을 발견하고 있다. 만약 젊음을 유지하는 비밀이 밝혀진다면, 누구든 그것을 발견하는 사람은 엄청난 부와 명성을 누리게 될 것이다. (→ ⓐ 오늘날(These days)에 관한 내용이므로 현재시제[현재진행

시제] 적절 ⓑ 조건 부사절)

D 19 92세의 Mahathir Mohamad는 다음 주에 말레이시아의 차기 국무총리이자 세계 최고령의 선출된 지도자가 될 것이다. 그는 지난주에 주요 정당의 60년 통치를 끝냈다. 이전에 그는 1981년부터 2003년까지 총리직을 맡아 그 기간 동안 말레이시아를 '아시아 호랑이'가 되도록 도왔다. (→ ⓑ 과거 특정 시점(last week)+과거시제 ⓒ 과거의 기간(that period)에 있었던 일에 관한 내용이므로 과거시제[과거완료시제]가 적절) 20 어젯밤에 Bruce는 부엌에서 나는 소리를 들었다. 그는 경찰에 신고했지만 경찰이 도착했을 때는 절도범이 이미 도망가고 없었다. Bruce의 딸은 대학에 다니고 있고 지난 일요일 이후로 그에게 전화하지 않고 있지만 그녀는 아마 다음 주말에 집에 들를 것이고 그 소식을 들으면 놀랄 것이다. Bruce는 절도범이 들었을 때 딸이 집에 없어서 다행이라고 생각한다. (→ ⓐ 과거 특정 시점(Last night)+과거시제 ⓑ 경찰이 도착한 과거 시점보다 절도범이 떠난 것이 더 이전에 일어난 일이므로 과거완료시제)

정답 01 ③ 02 ② 03 ②

01 ③

해석 당신의 마음에 들지 않는 선물을 돌려주거나 남에게 줘버리는 것은 괜찮은 것인가? 그것은 그 선물이 무엇인지와 당신이 그 선물을 원하지 않는 이유에 달렸다. 당신이 이미 가지고 있는 것을 받게 된다면, 그것은 돌려주어도 괜찮다. 그리고 같은 종류의 선물을 많이 받을 때는 몇 가지 선물을 가게에 다시 가져가서 대신에 당신이 원하는 것을 가져와도 된다. 또한, 당신에게 맞지 않는 옷을 알맞은 사이즈의 옷으로 바꾸는 것도 괜찮다. 중요한 것은 선물을 준 사람의 감정을 상하게 하지 않는 것이다. 만약 그 스웨터 중 하나가 손으로 직접 만든 것이라면, 그 스웨터를 절대 입지 않을 것이라 해도 남에게 주지는 마라. 어떤 사람이 당신만을 위해 특별히 만든 예술품이나, 준 사람이 매우 특별하게 여기는 물건도 마찬가지다. 당신은 그것을 볼 때 그것을 당신에게 준 사람을 생각하게 될 것이다.

해설 (A) 뒤에 보어가 없는 불완전한 절이 이어지므로 what이 적절.
<→ Chapter 08 접속사·병렬구조>
(B) if가 이끄는 조건 부사절에서는 현재시제가 미래를 표현하므로 현재시제 get이 적절.
(C) when이 이끄는 시간 부사절에서는 현재시제가 미래를 표현하므로 현재시제 look이 적절.
구문 (09행~10행) If **one** of those sweaters **was** handmade, do not **give it away**, ~.
「one of+복수명사」는 one에 수일치시키므로 단수동사 was가 쓰였다. 「타동사+부사」의 목적어가 대명사(it)일 때 「타동사+목적어(대명사)+부사」의 어순. give away it (×)
(11행~12행) **The same goes for** art that a person creates especially for you, ~.
「The same goes for ~」는 '~도 마찬가지다'란 뜻.
어휘 return 돌려주다, 반납하다 depend on ~에 달려 있다 offend ~의 감정[기분]을 상하게 하다 handmade 손으로 만든 even if 비록 ~일지라도 consider ~으로 여기다[생각하다]

02 ② (→ struck)

해석 일본의 한 지진 연구가가 병원 기록을 분석하던 중, 지진이 일어나기 바로 직전에 개에게 물린 상처를 치료받으려는 환자가 유달리 급증했다는 것을 알아챘다. 이후 그는 고베 보건소의 기록을 분석했다. 고베 보건소는 1995년 고베시(市)를 강타했던 대지진 후에 사람들을 치료했다. 그는 동물에게 물리는 부상이 지진이 일어나기 전 한 달 동안 급증했다는 것을 알아챘다. 그가 인터뷰했던 사람들은 또한 동물 행동의 다른 변화에 대해서도 이야기했는데, 물고기가 강 중앙에 큰 무리를 지어 모인다든지 하는 것이었다. 한 여성은 지진이 일어나기 이틀 전에 갑자기 새가 알을 무방비하게 버려둔 채 그녀의 정원에 있는 둥지에서 멀리 날아가 버렸다고 회상했다.

해설 ② '특정 시점의 과거'를 나타내는 부사구 in 1995와 어울리는 것은 과거시제이다. has struck → struck
① patients를 수식하는 분사이다. '환자가 치료받으려고 하는 것'으로 둘의 관계는 능동이기 때문에 현재분사 seeking 적절. <▸ Chapter 06 분사>
③ '동물에게 물린 부상이 급증한 것(had increased)'은 '알아차린 것(noticed)'보다 더 이전에 일어난 일이므로 과거완료시제 적절.
④ People을 수식하는 관계사절의 동사 자리이며 문맥상 알맞은 과거시제가 쓰였다.
⑤ '새가 날아간 것(had flown)'은 '회상한 것(recalled)'보다 더 이전에 일어난 일이므로 과거완료시제 적절.

구문 (09행~11행) **People** [(who(m)[that]) he interviewed] **reported**
／ S ＼ V
/ other changes in animal behavior, too, / including fish [gathering
O
~].
주어는 People, 동사는 reported, 문장 끝에 including이 이끄는 전명구가 이어지고 있다.

어휘 earthquake 지진 analyze 분석하다 unusual 흔치 않은 occur 일어나다 massive 엄청나게 큰 strike 《struck-struck》 강타하다, 치다 prior to ~ 전에 recall 회상하다 all of a sudden 갑자기 unprotected 무방비의, 보호받지 못하는

03 ② (→ were)

해석 개인 창고 시설은 현대 생활의 일부분이 되었다. 나는 개인 창고 시설에 대한 광고를 어디서나 본다. 과거에는, 이같이 안전하고 온도 조절이 되는 차고 같은 방이 주로 잠깐 동안만 임대되었다. 보통, 창고를 빌리는 사람들은 어떤 도시나 주에서 다른 곳으로 이사하는 사람들이었고, 그들은 새로운 집을 구할 때까지 짐을 보관할 필요가 있었다. 그러나 오늘날, 사람들이 창고를 거의 영구적으로 빌려, 야외에서 사용하는 가구에서부터 아이들의 장난감과 자전거까지 모든 물건을 그곳에 채워 넣는 것은 흔한 일이다. 한때 중고 장터에서 팔렸던 물건, 혹은 자선 단체나 친구에게 주었던 물건들이 지금은 수년간 손대지 않은 채 방치되어 있다.

해설 ② '특정 시점의 과거'를 나타내는 부사구 In the past와 어울리는 것은

과거시제이므로 are → were.
① 문맥상 '(과거부터 현재까지) 창고 시설이 생활의 일부가 되고 있다'는 내용이므로 현재완료시제 적절.
③ 과거에 있었던 일에 관한 내용이 이어지고 있으므로 과거시제 적절.
④ 오늘날(today)에 관한 내용이므로 현재시제 적절.
⑤ 관계사 that이 이끄는 절의 내용은 과거이므로 과거시제 적절.

구문 (11행~13행) **Things** [**that** were once sold at yard sales, or
S ↑⎿⎯⎯⎯⎿
given to charity or friends], are now left untouched ~.
V C
주격 관계대명사 that이 이끄는 절이 선행사 Things를 수식. that절 내에는 두 개의 동사구(were sold, (were) given)가 or로 연결된 병렬구조를 이룬다.

어휘 facility 시설 advertisement 광고 secure 안전한 mostly 주로 belongings 소유물, 재산 permanently 영구적으로, 영원히 stuff A with B A에 B를 채워 넣다 charity 자선 단체 untouched 손대지 않은

실력을 완성하는 **서술형 훈련**

정답 **01** climbed **02** has had **03** mixes **04** rains **05** have you last heard → did you last hear **06** had taken → took **07** getting → get **08** feel better, will call you **09** hear about her decision[it], will not do anything **10** ⓐ → take, ⓒ → got

해설 **01** 과거 특정 시점(some years ago)＋과거시제 **02** '수백 년 동안'＋현재완료시제 **03** 시간 부사절 **04** 조건 부사절 **05** 특정 시점을 묻는 when은 과거시제와 사용 **06** 과거 특정 시점(in 2016)＋과거시제 **07** be about to＋동사원형(= be on the point of v-ing) '막 ~하려 하다' **08** 나는 어제부터 아팠어. 내일은 좀 나아질지도 몰라. 그러면 내가 전화할게. (→ If가 이끄는 조건 부사절, 현재시제가 미래를 표현하므로 feel이 적절) **09** 나는 아직 그녀의 결정에 대해 듣지 못했어. 그래서 나는 아무것도 하지 않을 거야. (→ Until이 이끄는 시간 부사절, 현재시제가 미래시제를 표현하므로 hear가 적절) **10** 다음에 비행기를 탈 때 누가 조종하는지 맞혀 보아라. 당신은 결코 모르겠지만, 그것은 왕일지도 모른다. 네덜란드의 왕 Willem-Alexander는 지난 21년 동안 비밀리에 비행기를 조종했다고 밝혔다. 그 왕은 20대에 조종사 면허를 취득했다. (→ ⓐ when이 이끄는 시간 부사절로 현재시제가 미래시제를 표현하므로 take가 적절. ⓒ 과거 특정 시점 부사절(when he was in his twenties)＋과거시제)

어휘 furniture 가구 tradition 전통 high-quality 고급의 stir 젓다 voluntary retirement 명예[자진]퇴직 tournament 선수권 대회[토너먼트] in spite of ~에도 불구하고 decision 결정 Holland 네덜란드 reveal 밝히다, 드러내다 secretly 비밀리에, 몰래 license 면허[자격](증)

해석 1 이 지역의 어떤 호텔들은 아침을 무료로 제공하지 않고 있다. / 그 대통령은 모든 시민의 존경을 받고 있다. / 내가 인터넷 식료품점에서 몇 가지를 주문했어. / 네가 발표 준비하는 것을 그가 도와주니? / 아이들은 보통 채소 먹는 것을 좋아하지 않는다. / 나는 정말 그분을 기억하고 있어. 그분은 내 여동생의 담임 선생님이셔. / 나는 그런 슬픔을 느낀 적이 없었어. **2** 내 아들은 여러 곡의 영어 노래를 부를 수 있다. / 원하면 내 계산기를 빌려도 돼. / 질문 하나 해도 될까요? / 항상 건강하고 행복하길! / 내일 너는 일출을 보게 될 거야. / 네가 그에게 사실대로 말하지 않으면, 내가 할 거야. / 나는 가족들과 산에 오르곤 했다. / 에어컨 좀 꺼도 될까요? / 너는 해외로 여행 가기 전에 여권을 갱신해야 한다. / 차를 입구 앞에 주차하면 안 된다. / 너는 회의에 올 필요가 없어. / 최소한 일주일에 두 번은 운동하는 게 좋아. / 내가 이야기한 것은 사실이니까 믿는 게 좋을 거야. / 나는 학교 근처에 새집을 구해야 해. **3** 그녀는 어제 밤을 새웠기 때문에 틀림없이 피곤할 거야. / 그가 공항에 도착하자마자 나에게 전화할 거야. / 그들은 더 열심히 공부하면 더 좋은 점수를 받을 수 있을 것이다. / 4시 이후에 Julia는 집에 있을지도 모른다.

시험에 나오는 **어법 Point**

해석 Point 01 그녀는 내 핸드폰을 사용하기 전에 나에게 물어봤어야 했어. 그녀는 내 프라이버시를 존중하지 않았어. **1** 너는 잘못된 번호로 전화를 걸었던 것이 틀림없어. / 내 남동생이 그 창문을 깼을 리가 없다. / 그녀는 그 영화를 그와 함께 봤을지도 모른다. / 나는 어젯밤에 더 일찍 잤어야 했다. / 나는 그렇게 많이 먹지 말았어야 했다. **2** 새로운 과학적 증거는 공룡이 포유류처럼 행동하는 온혈동물이었을지도 모른다는 것을 보여준다.

Point 02 그는 자신의 수업을 받는 모든 학생이 규칙적으로 학습해야 한다고 권장한다. **1** 선생님께서는 내가 영어 회화를 연습할 수 있도록 영어 동아리에 참여해야 한다고 제안하셨다. / 그는 아들이 매 식사 후에 설거지해야 한다고 주장한다. **2** 너는 정말 그녀가 고의로 이렇게 했다고 생각하는 거야? / 그 목격자는 불이 지하실에서 시작됐다고 주장했다.

정답 1 과거 **2** ~해야 한다
[01~06] **01** cannot   **02** should   **03** have heard
04 should   **05** must   **06** have forgotten
[07~12] **07** consider   **08** join   **09** enhances   **10** be
11 saw   **12** have

[01~06] **01** A: 그 세미나에서 Julia를 봤니? 전화를 안 받더라. B: 아니, 근데 Julia는 주요 연설자라서 그 세미나를 잊었을 리가 없어. (→ 과거 사실에 대한 부정적 추측으로 cannot have p.p. '~했을 리가 없다') **02** 넌 좀 더 쉬었어야 했어. 오늘 열이 더 높아. (→ 좀 더 쉬지 않았다는 과거 사실에 대한 유감을 나타내므로 should have p.p. '~했어야 했는데') **03** 이 노래는 어딜 가나 나오고 있어. 너는 전에 이 노래를 틀림없이 들어봤을 거야. (→ 과거 사실에 대한 단정적 추측으로 must have p.p. '~했음이 틀림없다') **04** 그 식당에 기다리는 사람이 너무 많았어. 우린 예약을 했어야 했어. (→ 예약을 하지 않았다는 과거에 하지 않은 일에 대한 후회를 나타내므로 should have p.p. '~했어야 했는데')

05 그것은 심한 사고였지만, 승객과 운전자들이 다치지 않았다. 그들은 안전벨트를 매고 있었던 게 틀림없다. (→ 과거 사실에 대한 단정적 추측으로 must have p.p. '~했음이 틀림없다') **06** 그녀가 차에 도착했을 때, 오븐을 끄는 것을 잊었을지도 모른다는 생각이 떠올랐다. (→ 과거 사실에 대한 막연한 추측으로 might have p.p. '~했을지도 모른다')
[07~12] **07** 의사 선생님은 어머니가 눈 수술을 받는 것을 **고려해야 한다고 제안하셨다.** (→ that절의 내용이 '~해야 한다'는 당위성을 나타내므로 동사원형) **08** 그는 그들이 3일 후에 특정 장소에서 자신과 **합류해야 한다고 요청했다.** (→ 요구를 나타내는 동사 request 뒤의 that절이 당위성을 나타내므로 동사원형) **09** 연구에 의하면 블루베리를 먹으면 시력과 기억력을 높일 수 있다고 한다. (→ 연구로 밝혀낸 일반적인 사실을 이야기하므로 현재시제) **10** 모든 강의가 온라인상에서 **이용할 수 있게 되어야 한다고 제안되었다.** (→ 제안을 나타내는 동사 propose 뒤의 that절이 당위성을 나타내므로 동사원형) **11** 그는 네가 싸우기 시작했던 순간을 목격했다고 주장했다. (→ 과거에 목격한 사실이므로 과거시제) **12** 의사 결정자가 그 정보에 대한 완전한 접근권을 **가져야 하는 것이 필수적이다.** (→ essential 뒤의 that절이 당위성을 나타내므로 동사원형)

빈틈을 채우는 **촘촘문법**

해석 그 이야기가 너무 슬퍼서 나는 울음을 터뜨리지 않을 수 없었다. / 미리 계획을 세우라는 금언은 아무리 강조해도 지나치지 않다. / 직원들의 수고에 아무리 감사해도 지나치지 않다. / 이것이 사실일 수도 있지만, 우리 주제와는 관련이 없다. / 당연한 질문입니다. 좋은 질문이네요. / 그 식당은 멀지 않아. 걸어가는 것이 낫겠어. / 공원에서 간식을 사는 것보다 여기서 사는 것이 낫겠어. 거긴 모든 게 더 비싸.

QUICK CHECK
정답 01 ④   **02** (1) cannot help thinking of her   (2) You might as well buy a bag.

해설 01 ④ may as well → may well **02** (1) cannot help v-ing '~하지 않을 수 없다' (2) might as well ~ '~하는 편이 낫다'

어휘 burst into tears 울음을 터뜨리다   emphasize 강조하다   strongly 강하게   wisdom 금언; 지혜   employee 직원   related to ~와 관련 있는   on foot 걸어서   admire 칭찬하다   downtown 시내에, 시내로   importance 중요성   stress 강조하다   competition 시합; 경쟁

정답 A 01 must 02 be 03 have missed 04 go 05 get
06 should 07 express 08 prevented
B 09 (should) answer 10 ○ 11 (should) drive 12 ○
13 ○ 14 (should) be 15 memorize
C 16 ⓐ have been ⓑ keep 17 ⓐ have been ⓑ being
18 ⓐ need ⓑ might
D 19 ⓐ → (should) not go, ⓒ → eat
20 ⓐ → ignore, ⓑ → (should) keep

해설 A 01 아이들은 온종일 수영을 하고 나서 매우 배가 고팠음에 틀림없다. (→ 과거 사실에 대한 단정적 추측이므로 must have p.p. '~했음이 틀림없다') 02 환경오염을 **막아야 하는 것은 필수적이다.** (→ essential 뒤의 that절이 당위성을 나타내므로 동사원형 be가 적절) 03 나는 기차에서 그녀를 못 봐서 그녀가 기차를 놓쳤을까 봐 걱정된다. (→ 과거 사실에 대한 막연한 추측으로 may have p.p. '~했을지도 모른다') 04 나는 네가 캐나다 로키산맥의 Banff에 **갈 것을 권한다.** 그곳은 내가 가본 가장 아름다운 장소 중 하나이다. (→ 제안을 나타내는 동사 recommend가 나오고 that절의 내용이 '~해야 한다'는 당위성을 나타내므로 동사원형 go가 적절) 05 인터넷에 중독된 사람들은 정기적으로 온라인에 접속하지 못하면 생활에 문제가 생긴다. (→ 현재의 일반적 사실을 나타내므로 cannot + 동사원형, 부정적 추측을 나타내는 cannot have gotten은 의미상 매우 어색하다.) 06 중간고사가 곧 다가오지만, 난 아직 준비가 안 됐다. 좀 더 공부했어야 했는데. (→ 공부를 더 하지 않았던 과거 사실에 대한 후회를 나타내므로 should have p.p. '~했어야 했는데') 07 우리는 그 비극적인 사고에 대해 진심으로 유감의 뜻을 표하지 않을 수 없다. (→ cannot but + 동사원형 '~하지 않을 수 없다' (= cannot help v-ing)) 08 많은 연구는 가혹한 처벌이 범죄가 발생하는 것을 거의 막지 못했음을 시사했다. (→ 과거의 연구 사실을 이야기하므로 과거시제가 적절)

B 09 판사는 그가 법정에서 정직하게 질문에 **답해야 한다고 명령했다.** (→ 명령을 나타내는 동사 order 뒤의 that절의 내용이 당위성을 나타내므로 (should) answer가 적절) 10 우리는 7시에 만나기로 되어 있었잖아. 넌 한 시간 전에 왔어야 했어. 너는 항상 늦는구나. (→ 한 시간 전에 오지 않았다는 과거 사실에 대한 유감을 나타내므로 should have p.p. '~했어야 했는데') 11 그 경찰관은 다리를 건널 때 천천히 **운전해야 한다고 주장했다.** (→ 주장을 나타내는 동사 insist 뒤의 that절이 당위성을 나타내므로 (should) drive가 적절) 12 채식주의자인 우리 언니에게 특별히 신경 써 준 그 식당의 직원을 아무리 칭찬해도 지나치지 않다. (→ cannot ~ too[enough] '아무리 ~해도 지나치지 않다') 13 그는 결국 상을 받지는 못했지만, 그에게는 절대 잊지 못할 좋은 경험이었음에 틀림없다. (→ 과거 사실에 대한 단정적 추측이므로 must have p.p. '~했음이 틀림없다') 14 상사는 그 정보가 공식화될 때까지는 **비밀에 부쳐져야 한다고 주장했다.** (→ 주장을 나타내는 동사 insist 뒤의 that절의 내용이 당위성을 나타내므로 (should) be가 적절) 15 다음 달에 운전면허 시험을 통과하고 싶은 그 누구든 방금 발표된 새로운 도로 표지판 모두를 암기해야 한다. (→ '암기해야 한다'는 의미이므로 should memorize)

C 16 태국 정부는 해양 생물을 보호하기 위해 해변을 폐쇄하는 결정을 내렸다. 거주자들은 그 조치가 더 일찍 취해졌어야 했다고 말했다. 그러나 관광객들은

정부가 일 년 내내 해변을 **개방할 것을 요구했다.** (→ ⓐ 과거 사실에 대한 유감을 나타내는 should have p.p.이므로 have been이 적절 ⓑ 요구를 나타내는 동사 demand 뒤의 that절이 '~해야 한다'는 당위성을 나타내므로 동사원형 keep이 적절)

17 나는 열세 살 때 관중 앞에서 처음 공연을 했다. 나는 정말 끔찍했음이 틀림없고 무대에서 내가 무엇을 하고 있었는지도 전혀 몰랐다. 그것이 나의 첫 무대여서 나는 연기하는 내내 긴장하지 않을 수 없었다. (→ ⓐ 과거 사실에 대한 단정적 추측으로 must have p.p.이므로 have been이 적절 ⓑ cannot help v-ing 'v하지 않을 수 없다')

18 환경 단체들은 모든 사람이 대왕고래를 보호해야 할 **필요가 있다고 주장했다.** 그들은 사람들이 포획을 멈추고 관심을 갖기 시작하도록 하였고, 그 결과 바다의 대왕고래 수가 지금까지 중에서 가장 많다. 이러한 노력이 없었다면, 그 개체군은 멸종됐을지도 모른다. (→ ⓐ 주장을 나타내는 동사 insist 뒤의 that절의 내용이 당위성을 나타내므로 동사원형 need가 적절 ⓑ 과거 사실에 대한 막연한 추측이므로 might have p.p. '~했을지도 모른다')

D 19 어떤 의사들은 기침이 나면 병원에 **가지 말라고 권한다.** 우리는 항생제를 너무 자주 사용한다. 이것은 우리에게 해로울 수 있다. 그들은 대신에 꿀을 먹어야 한다고 말한다. 꿀은 목 통증을 완화시키고 다른 증상들을 사라지게 하는 데 도움을 줄 수 있다. (→ ⓐ 제안을 나타내는 동사 recommend 뒤의 that절의 내용이 당위성을 나타내므로 (should) not go가 적절 ⓒ 문맥상 꿀을 '먹어야 한다'는 의미이므로 eat이 적절)

20 우리는 나이가 들면서 약해지는 것이 불가피하다는 생각을 무시해야 한다. 노인들은 체력을 유지하기 위해 **계속 활동적일 필요가 있다.** 노인들에게 격렬한 운동은 해로울 수 있으므로 건강을 유지하기 위해 적당히 운동하는 것이 낫다. (→ ⓐ 문맥상 '~해야 한다'는 의무를 나타내므로 ignore가 적절 ⓑ necessary 뒤의 that절이 당위성을 나타내므로 (should) keep이 적절)

실전에 통하는 **적용훈련**

정답 01 ① 02 ⑤ 03 ④

01 ①

해석 인간 성장 호르몬(HGH)은 신체가 충분한 성장 호르몬을 만들어내지 못하는 아이들을 치료하기 위해 때때로 사용된다. 이것이 몇몇 아이들에게 희귀한 뇌 질환을 일으킨 것으로 밝혀진 후, 이 호르몬은 금지되었다. 그러나 현재, 'Somatrem'이라 불리는 인공 성장 호르몬이 사용 가능하며, 이 호르몬에는 위험한 부작용이 없다고 한다. 문제는 의료적으로 성장 호르몬이 필요 없는 사람들이 그 약품을 남용할 수 있다는 것이다. 어떤 부모들은 평균치보다 약간 더 작을 뿐인 아이들을 위해 이 호르몬을 불법으로 구하려고 할지도 모른다. 이것이 바로 관계 당국이 그 약품을 처방받은 사람들을 꼼꼼히 기록해 두어야 한다고 권하는 이유이다.

해설 (A) 문맥상 '아이들을 치료하기 위해 사용되다'라는 의미이므로 목적을 나타내는 to부정사 to treat이 적절. cf. 「be used to v-ing」 'v하는 데 익숙하다' <→ Chapter 02 태>
(B) '남용될 수도 있다'란 의미로 현재의 추측이므로 「could + 동사원형」 형태의 could be abused가 적절. cf. 「could have p.p.」 '(과거에 대한 추측) ~했을 수도 있다'

(C) are recommending 뒤에 목적어절을 이끄는 접속사 that이 생략되어 있다. recommend가 '~을 권하다'란 뜻으로, that절의 내용이 당위성을 나타낼 때는 「(should +)동사원형」의 형태가 오므로 (should) be kept가 적절.

구문 (03행~05행) It was banned / after it was found **to have caused** a rare brain disease in some children.

'뇌 질환을 일으킨 것(to have caused)'은 '발견된 것(was found)'보다 더 이전에 일어난 일이므로 완료부정사 「to have p.p.」가 사용되었다.

(11행~14행) **That's why** authorities are recommending *(that)* careful records *(should)* be kept **of** those [who are given a prescription for the drug].

「That's why+결과」는 '그것이 바로 ~인 이유다'란 뜻이다. of 이하의 전명구는 careful records를 꾸며주는 구문이지만, 주어부가 너무 길어져 문장 뒤로 보낸 것이다.

어휘 ban 금지하다 rare 희귀한 artificial 인공의, 인위적인 side effect (약물 등의) 부작용 abuse 남용하다 obtain 얻다 illegally 불법적으로 authorities 《복수형》 관계 당국 prescription 처방전; 처방 약

02 ⑤ (→ should never have bought)

해석 골프채 한 세트가 믿을 수 없을 정도의 저렴한 가격에 나왔다. 당신은 서둘러 상점에 갔지만, 상점 점원은 죄송하지만 그 골프채가 다 팔렸다고 말했다. 그러나 그때 점원은 더 좋은 품질의 다른 골프채 세트를 구입할 것을 권했다. 사실, 가격은 훨씬 더 비쌌지만 이 세트는 확실히 돈을 더 들일 가치가 있을 것 같았다. 그래서 당신은 더 비싼 골프채 세트를 구입했다. 이후에, 당신은 원래 원했던 골프채 세트가 여전히 광고되고 있는 것을 보았다. 당신은 강탈당한 기분이 들었고, 혼잣말로 중얼거렸다. "그 골프채를 사지 말았어야 했는데." 그 상점이 한 것은 '유인 상술'이라 불리는 불법적인 속임수였다. 당신은 값싼 '미끼'에 현혹되었고, 그 미끼는 더 비싼 상품으로 '바꿔치기' 되었다.

해설 ⑤ '사지 말았어야 했는데 샀다'란 의미이므로 과거 사실에 대한 후회를 표현하는 「should not have p.p.」 구문이 적절. 따라서 should never buy → should never have bought

① the store를 선행사로 하는 계속적 용법의 관계사 자리이며 뒤에 완전한 절이 이어지므로 관계부사 where는 적절. ↪ Chapter 09 관계사

② suggest가 '~을 제안하다'란 뜻이고, 문맥상 that절의 내용이 당위성을 나타내므로 「(should +)동사원형」의 형태가 와야 한다. 그러므로 (should) purchase는 적절.

③ '두 개의 골프채 세트 중에 더 비싼 것을 샀다'란 내용이므로 비교급 표현은 적절. ↪ Chapter 12 비교

④ '원래 원했던 것(had originally wanted)'은 '본 것(saw)'보다 더 이전의 일이므로 과거완료시제가 알맞게 쓰였다. ↪ Chapter 13 시제

구문 (11행~13행) You were attracted by the cheap "bait," **which** was "switched" to something more expensive.

계속적 용법으로 쓰인 관계대명사 which의 선행사는 the cheap "bait"

어휘 incredibly 믿을 수 없을 정도로 sold out 다 팔린 worth ~의 가치가 있는 originally 원래 advertise 광고하다 bait 미끼 switch 바꾸다

03 ④

해석 오늘날에는 상상하기 어렵지만, 한 연구 결과에 따르면 초기 기록에서는 단어 사이의 띄어쓰기가 이루어지지 않았다고 한다. 초창기의 기록자들이 쓴 단어들은 모든 줄, 모든 장에 걸쳐 연이어 기록되었다. 단어 사이의 띄어쓰기가

없는 것은 언어의 기원이 말에 있음을 반영했다. 우리가 말을 할 때는 단어마다 끊어서 발음하지 않으며, 여러 음절들도 우리의 입술을 통해서는 끊어지지 않고 흘러나온다. 초창기 기록자들은 단어 사이에 빈칸을 두어야 한다는 생각은 결코 하지 않았을 것이다. 그들은 단순히 말을 기록했을 뿐이며, 그들이 들은 대로 썼다. 오늘날 어린아이들이 글을 쓰기 시작할 때 역시 단어를 이어 쓴다. 초창기의 기록자들처럼 들은 대로 쓰는 것이다.

해설 (A) 동사 suggest 뒤의 that절이 당위성이 없고 과거의 사실을 나타내므로, 문맥상 과거시제 separated가 적절.

(B) '초창기 기록자들이 단어마다 띄어쓰기해야 한다는 생각은 하지 않았음이 틀림없다'란 의미이므로 과거 사실에 대한 단정적 추측을 표현하는 「must have p.p.」 구문이 적절. 따라서 have thought가 적절.

(C) 의미상 주어인 They(= The first writers)와 능동 관계이므로 현재분사형인 writing이 적절. ↪ Chapter 06 분사

어휘 imagine 상상하다 lack 부족, 결핍 reflect 반영하다 origin 기원 insert 끼우다, 넣다 pause 멈춤 stretch 범위, 기간; 늘이다 syllable 음절 transcribe (생각·말을 글로) 기록하다

실력을 완성하는 **서술형 훈련**

정답 **01** should have locked the door
02 cannot[can't] have attended the meeting
03 (should) study something
04 may[might] have been caused
05 read → to read **06** have kept → keep
07 has → (should) have **08** there (should) be an indoor gymnasium **09** must have confused my name
10 (1) be (2) have been (3) (문맥상 추가 정보가 부당하게 공유되었을지도 모른다는 의미로서) 과거에 대한 막연한 추측을 나타내므로 might have been이 적절하다.

해설 **01** 과거 행위에 대한 후회를 나타내므로 should have p.p. '~했어야 했는데' **02** 과거 사실에 대한 부정적 추측을 나타내므로 cannot[can't] have p.p. '~했을 리 없다' **03** 제안을 나타내는 동사 recommend 뒤에 이어지는 that절의 내용이 '~해야 한다'는 당위성을 나타내므로 (should) study something **04** 과거 사실에 대한 막연한 추측을 나타내므로 may[might] have p.p. '~했을지도 모른다' **05** A: 너는 독서가 중요하다고 생각해? B: 그럼. 너의 지식을 넓히는 데 독서는 아무리 강조해도 지나치지 않아. A: 그게 사실일지도 몰라. 엄마가 정말이지 내게 책을 읽도록 강요하셔서 매일 책을 읽을 수밖에 없어. (→ have no choice but +to부정사 '~하지 않을 수 없다') **06** 과학자들은 집 먼지가 우리를 살찌게 할 수도 있다고 말한다. 그들은 사람들이 체중이 증가하는 것을 방지하고 싶다면 집을 깨끗하게 유지해야 한다고 말한다. (→ 문맥상 '~해야 한다'는 의무를 나타내므로 should keep이 적절) **07** 디지털 시대가 발전하고 있으므로, 컴퓨터 프로그래밍을 배우는 것은 우리가 무시할 수 없는 교육의 한 요소이다. 전문가들은 대부분의 학교에 있는 모든 학생은 컴퓨터 프로그래밍을 배울 기회를 가져야 한다고 제안한다. (→ 제안을 나타내는 동사 suggest 뒤에 이어지는 that절의 내용이 '~해야 한다'의 당위성을 나타내므로 (should) have가 적절) **08** necessary 뒤에 이어지는 that절의 내용이 '~해야 한다'의 당위성을 나타내므로 「(should) 동사원형」이 적절. **09** 과

거 사실에 대한 단정적 추측을 나타내므로 must have p.p. '~했음에 틀림없다' **10** 그 회사는 자신들의 실수를 인정하였다. 그들은 정보를 보호했어야 했고, 정보가 이용되는 것을 막았어야 했다고 말했다. 그들은 또한 과거에 추가 정보가 부당하게 공유되었는지에 대해서도 조사하고 있다.

어휘 explosion 폭발 expand 넓히다, 확장하다 knowledge 지식 force 강요하다 dust 먼지 factor 요소, 요인 opportunity 기회 gymnasium 체육관 confuse 혼동하다 acknowledge 인정하다 exploit (부당하게) 이용하다; 착취하다 look into ~을 조사하다 additional 추가의 wrongly 부당하게

Chapter 15 가정법

p. 159

해석 **1** 그의 전공이 경제학이라면, 그들은 그를 채용할 텐데. / 네가 내일 온다면, 나는 그 회의에 대해 걱정하지 않을 텐데. / 그의 전공이 경제학이었다면, 그들은 그를 채용했을 텐데. / 네가 나에게 그 정보를 주지 않았다면, 나는 그 보고서를 끝내지 못했을 것이다. **2** 내가 산 책들을 읽을 시간이 있으면 좋을 텐데. / 내가 산 책들을 읽을 시간이 있었다면 좋았을 텐데. / 그와 말할 시간을 더 가졌더라면 좋을 텐데. / 그와 말할 시간을 더 가졌었더라면 좋았을 텐데. / 그의 영어는 그가 마치 영국 출신인 것처럼 완벽하게 들린다. / 그의 영어는 그가 마치 영국 출신이었던 것처럼 완벽하게 들렸다. / 그녀의 등은 심하게 타 있다. 그녀는 너무 오래 햇볕을 쬐며 누워 있었던 것처럼 보인다. / 그녀의 등은 심하게 타 있었다. 그녀는 너무 오래 햇볕을 쬐며 누워 있었던 것처럼 보였다.

시험에 나오는 어법 Point

해석 **Point 01** 그가 그렇게 빠르게 대응하지 않았다면, 더 많은 사람이 물에 빠져 죽었을 것이다. **1** 내가 하루 휴가를 낼 수 있다면, 해변에 갈 텐데. **2** Jenny가 나를 초대했다면, 나는 그녀의 생일파티에 갔을 텐데. **3** 우리가 점심으로 국수 대신에 밥을 먹었다면, 지금 배고프지 않을 텐데.

Point 02 호기심 많은 물개들이 바다에 떠다니는 비닐봉지나 용기 근처에서 놀 수도 있다. 물개들이 비닐봉지나 용기에 갇히게 되면, 죽을 수도 있다. / 만약 오늘 밤에 눈이 온다면, 정말 멋질 텐데. / 오늘 밤 눈이 오면, 정말 멋질 거야.

Point 03 혹시라도 추가로 도움이 필요하시면, 아래 번호로 언제든지 전화해 주십시오. / 그녀가 적절한 보살핌을 받았다면, 죽지 않았을 텐데. / 내가 너의 입장이라면, 그 일을 그만두고 다른 일을 찾아볼 텐데.

정답 **1** 과거 **2** 동사원형 **3** 과거완료 **4** had p.p. **5** have p.p.
6 조동사 **7** 조동사
[01~06] **01** feel **02** have increased **03** sleep
04 were **05** travel **06** had applied
[07~08] **07** 가정법 **08** 직설법
[09~10] **09** will **10** hadn't[had not] gone
[11~13] **11** ○ **12** ○ **13** Were I[If I were]

[01~06] **01** 네가 어젯밤 너무 늦게 자지 않았더라면, 지금 그렇게 졸리지 않을 텐데. (→ 과거 사실이 현재에 미치는 영향을 표현하는 혼합가정법) **02** 그 다리가 초록색으로 칠해지자 관광객의 수가 늘어났다. 그 다리가 분홍색으로 칠해졌더라면, 아마 그 수는 훨씬 더 늘었을 것이다. (→ 과거에 대한 가정) **03** 내가 아침에 커피를 그렇게 많이 마시지 않았더라면, 지금 잠을 잘 잘 수 있을 텐데. (→ 과거 사실이 현재에 미치는 영향을 표현하는 혼합가정법) **04** 그건 네 잘못이 아니야. 내가 네 입장이라면, 똑같이 할 거야. (→ 현재에 대한 가정) **05** 내가 운전할 줄 안다면, 차로 전국을 여행할 텐데. (→ 현재에 대한 가정) **06** 그가 대학 입학 지원을 했다면, 그는 입학시험에 합격할 수 있었을 것이다. (→ 과거에 대한 가정)

[07~08] **07** 나는 스페인에 가본 적이 없어. 하지만 내가 스페인을 여행하게 된다면, 투우를 볼 수 있을 텐데. (→ 미래에 대한 가정, 가정법 과거) **08** 걱정하지 마! 남는 침대가 없으면, 난 소파에서 잘게. (→ 상당히 있을 법한 일, 직설법)
[09~10] **09** 날씨가 개면, 우린 산책하러 갈 거야. (→ 상당히 있을 법한 일, 직설법) **10** Jake는 파티에 가서 Diane을 만났다. Jake가 그 파티에 가지 않았다면, 그들은 만나지 않았을 것이다. (→ 과거 사실에 반대되는 가정, 가정법 과거완료)
[11~13] **11** 네가 오는 줄 알았다면, 더 큰 케이크를 만들었을 텐데. (→ If I had known ~, 조건절의 동사 형태가 had known으로 가정법 과거완료) **12** 혹시라도 차후에 어떤 문제라도 생기면, 언제든지 연락해 주세요. (→ If you should experience ~, If가 생략되어 주어와 조동사가 도치) **13** 내가 부자라면, 우리 가족을 위해 새집을 지을 텐데. (→ If I were rich, ~ If가 생략되면 주어와 동사가 도치되므로 Were I가 적절)

빈틈을 채우는 촘촘문법

QUICK CHECK
정답 **01** (1) Without (2) But

해설 **01** If it were not for (지금) ~이 없다면 (…할 텐데) / If it had not been for (그때) ~이 없었다면 (…했을 텐데) = Without ~ = But for ~

어휘 go through 지나가다 exist 존재하다 overcome 극복하다

실력이 쌓이는 적용훈련

정답 **A 01** had not been **02** were **03** had not broken out
04 have **05** Were I **06** Had I **07** have been
08 Should problems **09** were
B 10 got **11** have made **12** had eaten
13 don't[do not] have **14** weren't[were not] **15** move
C 16 ⓐ will ⓑ had **17** ⓐ were allowed ⓑ recall
18 ⓐ Had I known ⓑ have modified
19 ⓐ had turned ⓑ missed
D 20 ⓐ → had

해설 **A 01** 어제 Amy가 다치지 않았다면, 그녀는 배구 경기에 참여했을 것이다. (→ 가정법 과거완료, 주절에 조동사 과거형+have p.p.) **02** 난 어떻게 해야 할지 모르겠어. 네가 이 상황이라면 어떻게 하겠니? (→ 가정법 과거, 주절에 조동사 과거형) **03** 한국 전쟁이 일어나지 않았더라면, 한국은 오늘날 좀 더 진보해 있을 텐데. (→ 과거 사실이 현재에 미치는 영향을 표현하는 혼합가정법) **04** 두통이 있다면, 아스피린을 한 알 먹어봐. (→ 상당히 있을 법한 일, 직설법) **05** 내가 너라면, 그 초대를 받아들일 텐데. (→ If I were ~, If가 생략되면 주어와 동사가 도치되므로 Were I가 적절) **06** 네가 학교에 있는 걸 알았더라면, 우리는 커피를 마시러 만날 수 있었을 텐데. (→ If I had realized ~, If가 생략되면 주어와 조동사가 도치되므로 Had I가 적절) **07** 할머니께서 살아계셨다면, 할머니는 그 당시에 95세셨을 것이다. (→ 가정법 과거완료, If절에 had p.p.) **08** 혹시라도 문제가 발생하면, 고객 서비스 센터로 전화해 주세요. (→ If problems should arise ~, If가 생략되면 주어와 조동사가 도치되므로 Should problems가 적절) **09** 당신이 이 회사에 고용된다면, 해외에서 일하는 것을 고려해 보시겠습니까? (→ 가정법 과거, 주절에 조동사 과거형)

B 10 그녀가 곧 결혼한다고 해도 나는 놀라지 않을 것이다. (→ 가정법 과거, 주절에 조동사 과거형) **11** 내가 경주에서 이겼다면, 부모님께서 자랑스러워하셨을 텐데. (→ 가정법 과거완료, If절에 had p.p.) **12** 내가 아침밥을 먹었더라면, 지금 배가 고프지 않을 텐데. (→ 과거 사실이 현재에 미치는 영향을 표현하는 혼합가정법) **13** 지도가 없으면, 우리는 여기서 나갈 수 없을 것이다. (→ 상당히 있을 법한 일, 직설법) **14** 내가 화가 나지 않는다면, 그 상황을 다르게 처리할 텐데. (→ 가정법 과거, 주절에 조동사 과거형) **15** 조금만 비켜주시면, 제가 여기에 앉을 수 있을 것 같습니다. (→ 「If 주어 were to ~」는 공손한 요청을 할 때 쓸 수 있는 표현)

C 16 우리 회사의 면접관들은 20초만 있으면, 지원자가 그 일자리에 적합한지 아닌지를 알 것이다. 면접관에게 인상을 심어줄 수 있는 시간이 당신에게 20초만 주어진다면, 무엇을 할 것인가? (→ ⓐ 상당히 있을 법한 일, 직설법 ⓑ 가정법 과거, 주절에 조동사 과거형) **17** 어떤 교사들은 만약 아이들이 답을 틀리게 추측하는 것이 허용된다면, 그들이 틀린 답을 암기할 것이라고 생각한다. 예를 들어, 아이들이 4 더하기 4를 6이라고 추측한다면, 그들을 바로잡아 준 후에도 6을 정답으로 기억할 것이다. (→ ⓐ 가정법 과거, 주절에 조동사 과거형 ⓑ 가정법 과거, if절에 동사의 과거형) **18** 일찍 은퇴하는 것이 당신이 돈을 버는 것을 그만하게 된다는 뜻은 아니다. 은퇴 후에도 돈을 버는 것이 여전히 가능하다는 것을 알았다면, 나는 내가 은퇴했던 것보다 더 일찍 은퇴했을 것이다. 게다가, 내가 지금 알고 있는 것을 그때 알았다면, 나는 적어도 내 은퇴 계획을 수정했을 것이다. (→ ⓐ If I had known ~, If가 생략되면 주어와 동사가 도치되므로 Had I known ⓑ 가정법 과거완료, if절에 had p.p.) **19** 몇 년 전에, 인류 역사상 유례없이 화성이 지구와 가까워졌고, (화성까지의) 빛의 편도 이동시간은 3분 6초에 불과했다. 따라서 만약 당신이 그날 화성을 향해 빛을 쏘았다면, 그것은 186초 만에 화성에 도달하였을 것이다. 만약 당신이 이 천문학적인 쇼를 놓쳤다면 당신은 정말로 불운한 것이다. (→ ⓐ 가정법 과거완료, 주절에 조동사 과거형+have p.p. ⓑ 주절에 조동사 과거형이 보이지 않으므로 직설법, '천문학적인 쇼'는 과거에 일어났으므로 문맥상 과거시제 적절)

D 20 당신이 하루 동안 타임머신을 갖게 된다면, 무엇을 할 것인가? 나는 조부모님을 뵈러 돌아갈 것이다. 당신이 할 수 있다면, 사랑하는 사람을 보기 위해 돌아갈 것인가? 다시 한번 사랑하는 사람을 보고 싶어 한다는 것이 감상적일지도 모른다. 하지만 그 도구(=타임머신)를 사용하는 아주 멋진 방법처럼 보인다. (→ ⓐ 가정법 과거, 주절에 조동사 과거형)

실전에 통하는 **적용훈련**

정답 **01** ③ **02** ④ **03** ④

01 ③ (→ could have done)

해석 나는 대학에 가서 집을 떠날 때까지, 농장에서 자랐고 인구가 3천 명인, 가장 가까운 마을의 학교에 다녔다. 나는 세 명의 남자 형제와 두 명의 여자 형제가 있었고, 우리 중 누구도 도시에 살길 바라지 않았다. 농장 생활은 확실히 장점이 있었다. 차량의 발 페달에 닿을 정도로 키가 자라자마자, 우리는 운전할 수 있었다. 만약 우리가 도시에서 자랐다면 절대 해보지 못했을 것이다. 마을은 안전했고 마을 사람들은 상냥했다. 그래서 아이들은 다른 곳에 있었다면 누렸을 자유보다 훨씬 더 많이 놀러 다니며 돌아다닐 수 있는 자유를 누렸다. 우리는 제멋대로 뛰놀았고 부모님께서는 우리에 대해서 조금도 걱정하지 않으셨다.

해설 ③ Had we grown up은 if가 생략된 도치구문으로 if절의 동사가 had p.p.이고 문맥상 '과거에 대한 가정'이므로 가정법 과거완료 문장이다. 주절에는 「조동사 과거형+have p.p.」의 형태인 could have done이 적절.
① I wish 가정법은 주절과 종속절의 때가 일치하는지 여부가 중요하다. 문맥상 that절은 '과거에 대한 가정'이므로 주절의 때(과거시제 wished)와 일치한다. 그러므로 가정법 과거로 표현한 lived는 적절.
② 「형용사/부사+enough+to부정사」로 '~할 만큼 충분히 …하다'라는 뜻.
↔ Chapter 07 준동사 심화>
④ 주어(The town)에 대한 보충 설명을 하는 보어 자리이므로 형용사 safe는 적절. ↔ Chapter 11 형용사와 부사>
⑤ ~ they would have had (the freedom to play and explore) if they had been anywhere else. would have had 뒤에 반복되는 명사구가 생략되어 있다. 「would have p.p.」는 '과거에 대한 가정(그들이 다른 곳에서 누렸을)'을 의미한다.

어휘 population 인구   advantage 장점, 이점   townsfolk 마을 사람들   freedom 자유   run wild 제멋대로 날뛰다   never[not] ~ one little bit 조금도 ~하지 않다

02 ④ (→ tasted)

해석 무당벌레는 우리가 어린 시절로부터 기억하는 매력적인 곤충이며, 우리가 정원에서 아마도 가장 많이 마주치는 곤충이다. 지금 머릿속에 무당벌레를 그려보라고 하면, 의심할 여지 없이 당신은 등에 검정 물방울무늬가 있는 동그란 빨간색의 딱정벌레를 상상할 것이다. 당신은 자신에게 물어본 적이 있을 것이다. 왜 무당벌레들은 색이 다채로울까? 이렇게 밝은 색깔들과 눈길을 끄는 무늬는 새와 같은 잠재적인 포식자들을 향한 경고이다. 이 현상은 '경계색'이라고 불리는데, 이것은 동물이 자기 자신을 맛이 없는 것처럼 알리는 것이다. 색깔은 무당벌레가 얼마나 독성이 있는지를 보여준다. 무당벌레는 그들의 화려하고 밝은 붉은색 날개를 이용해 그들의 위험성을 알린다. "나를 물 생각도 하지 마"라는 시각적인 신호인 것이다.

해설 ④ 문맥상 as if절은 '현재에 대한 가정'이므로 주절의 때(현재시제 advertise)와 일치한다. 즉, 가정법 과거로 표현해야 하므로 tasted가 적절.

① '(사람들이) 매력을 느끼게 하는 것'이므로 현재분사인 charming은 적절.

<·→ Chapter 06 분사>

② 문맥상 '현재나 미래에 대한 가정'이고 if절의 동사의 형태가 과거형(asked)이므로 주절의 동사는 「조동사 과거형+동사원형」이 되어야 한다. 따라서 imagine은 적절.

③ 주어인 you와 목적어가 동일 대상이므로 재귀대명사 yourself는 적절.

<·→ Chapter 10 명사와 대명사>

⑤ 의문문이 문장의 일부가 된 간접의문문으로 어순은 「의문사+주어+동사」이다. 형용사(toxic)와 함께 쓰인 how 뒤에 오는 올바른 어순은 the ladybug is. <·→ Chapter 03 도치와 어순>

어휘 ladybug 무당벌레 charming 매력적인 insect 곤충 childhood 어린 시절 encounter 마주치다 undoubtedly 의심할 여지 없이 imagine 상상하다 beetle 딱정벌레 polka dot 물방울무늬 eye-catching 눈길을 끄는 warning 경고 potential 잠재적인 predator 포식자 phenomenon 현상 advertise 알리다, 광고하다 unpleasant 불쾌한 indication 표시, 나타냄 toxic 유독성의 fancy 색깔이 화려한; 고급의 visual 시각의 cue 신호

03 ④ (→ lied)

해석 당신이 잘못한 일을 숨기기 위해 거짓말을 했지만, 결국 나중에 들켜서 혼이 난 적이 있는가? 잘못한 일에 대해 사실대로 이야기했더라면 그렇게까지 심하게 혼나지는 않았을 것이라 생각하는가? 곤란을 피하려고 거짓말하는 것은 특히 솔깃하지만, 거짓말은 아마도 들통나리라는 것을 명심해야 한다. 또한, 거짓말은 당신이 신뢰받을 수 없다는 것을 보여주기 때문에 상황을 악화시킨다. 어떤 사람이 당신에게 습관적으로 거짓말을 한다면, 당신은 무엇을 믿어야 할지 모른 채 계속 혼란에 빠져 있게 될 것이다. 자신의 실수에 대해 정직한 사람이 존경받는 이유는 잘못했을 때 인정하는 것은 용기와 엄청난 성숙함이 필요하기 때문이다.

해설 ④ 주절이 「would+동사원형」이며 문맥상 '현재나 미래에 대한 가정'이므로 if절의 동사는 과거형 lied가 적절.

① caught와 병렬관계로 to get에 이어짐. '처벌받는 것'이므로 수동형 punished는 적절. <·→ Chapter 08 접속사·병렬구조>

② if절의 동사가 had told로 가정법 과거완료이고 주절의 내용도 문맥상 '과거에 대한 가정'이므로 「would have p.p.」형태인 would not have been은 적절.

③ to lie ~를 진주어로 하는 가주어 구문이므로 It은 적절. <·→ Chapter 05 to부정사와 동명사>

⑤ 주어인 People이 '존경받는 것'이므로 수동태인 are admired는 적절.

<·→ Chapter 02 태>

구문 (01행~02행) **Have you ever lied** / to cover up *something* **bad** [you did], **only to get** caught out later and punished?

「have ever p.p.」'((경험)) ~한 적이 있다' something은 형용사가 뒤에서 수식하는 부정대명사이며, 이 구문에서 형용사(bad)와 목적격 관계대명사절(you did)의 수식을 모두 받고 있다. 「only to+동사원형」은 '~해서 (결국) …하다'란 뜻으로 '결과'를 나타낸다.

어휘 punish 처벌하다 severely 심하게 tempting 솔깃한 make matters worse 상황을 악화시키다 constant 끊임없는 state 상태 confusion 혼란; 혼동 truthful 정직한, 진실한 admire 존경하다 maturity 성숙함 admit 인정하다

실력을 완성하는 **서술형 훈련**

정답 01 Had I met you several years **02** Should you decide to sell **03** If Hemingway were to return today **04** you went to bed, you would[could, might] get up **05** you saved, you would[could, might] buy **06** you had requested, he would[could, might] have helped **07** it hadn't[had not] been for financial aid **08** it weren't[were not] for the night **09** you asked her, she would[could, might] clean the carpet **10** they hadn't[had not] taken him to the hospital, he would[could, might] have died

해설 01 If가 생략되면서 주어와 조동사가 도치된 가정법으로 Had I met ~ (= If I had met ~) **02** If가 생략되면서 주어와 조동사가 도치된 가정법으로 Should you decide ~ (= If you should decide ~) **03** Hemingway가 오늘날 돌아온다는 것은 불가능한 가정. If 주어 were to ~ **04** 가정법 과거 구문으로 If+주어+동사 과거형 ~, 주어+조동사 과거형+동사원형 ~ **05** 가정법 과거 구문으로 If+주어+동사 과거형 ~, 주어+조동사 과거형+동사원형 ~ **06** 가정법 과거완료 구문으로 If+주어+had p.p. ~, 주어+조동사 과거형+have p.p. ~ **07** 재정적인 지원이 없었다면, 나는 대학에 가서 졸업할 수 없었을 것이다. (→ 주절의 조동사 과거형+have p.p. 형태로 보아 가정법 과거완료, '~이 없었다면' If it had not been for ~ = Without[But for]) **08** 밤이 없다면, 우리는 별을 절대 알지 못할 것이다. (→ 주절의 조동사 과거형+동사원형 형태로 보아 가정법 과거, '~이 없다면' If it were not for ~ = But for[Without]) **09** 네가 그녀에게 부탁하지 않기 때문에, 그녀는 카펫을 청소하지 않는다. (→ '네가 그녀에게 부탁한다면, 그녀가 카펫을 청소할 텐데.' 현재 사실을 반대로 가정하는 가정법 과거 구문 **10** 그들이 그를 병원에 제시간에 데려갔기 때문에, 그는 죽지 않았다. (→ '그들이 그를 병원에 제시간에 데려가지 않았다면, 그는 죽었을 것이다.' 과거 사실을 반대로 가정하는 가정법 과거완료 구문)

어휘 request 요청하다 politely 공손하게 financial 금융[재정]의 aid 지원, 원조 graduate 졸업하다; 대학 졸업자 in time 제시간에, 늦지 않게

정답 01 ③   02 ⑤   03 ③   04 ⑤   05 ⑤   06 ⑥   07 ③   08 (1) ②, founded (2) may have been equal to those of the famed Inca civilization 09 (1) ③, what (2) could have happened if certain events had unfolded differently

01 ③

해석 프랑스 권투 또는 프랑스 발싸움으로도 알려진 savate는 파리와 마르세유의 거리 싸움에서 발전한 무도(武道)이자 격투 스포츠이다. 이 스포츠는 19세기에 특히 선원들과 노동계급 사이에서 인기 있게 되었다. savate에서 선수들은 손뿐만 아니라 발도 사용한다. savate는 킥복싱과 비교되지만, 아마도 킥복싱 중 선수들이 신발을 신는 유일한 종류일 것이다. 사실, 'savate'라는 이름 자체가 옛 신발 종류 중 하나를 지칭하는데, 아마도 이 스포츠의 초기 참가자들이 싸울 때 이 신발을 신었기 때문에 그 이름이 채택되었을 것이다.

해설 (A) '특정 과거 시점'을 나타내는 부사구 in the nineteenth century와 어울리는 것은 과거시제이므로 became이 적절. ↩ Chapter 13 시제>
(B) 뒤에 「주어(the fighters) + 동사(wear) + 목적어(shoes)」 형태의 완전한 절이 이어지므로 관계대명사 which는 불가. (B) 이하는 the fighters wear shoes in the only style of kickboxing이 관계사절로 연결된 형태이므로, 「in + 관계대명사」 형태가 알맞다. in which 대신 관계부사 where도 가능하다.
↩ Chapter 09 관계사>
(C) '과거에 대한 막연한 추측'을 나타내므로 「may have p.p.」의 형태인 may have been이 적절. ↩ Chapter 14 조동사>

구문 (12행~14행) ~ because early competitors in the sport wore these shoes / **when** *(they were)* fighting.
when이 이끄는 부사절에서 주절의 주어와 같은 주어와 be동사가 생략되었다.

어휘 combat 전투, 투쟁   particularly 특히   sailor 선원   the working class 노동계급   compare 비교하다; 비유하다   refer to 지칭하다, 언급하다   old-fashioned 구식의, 유행이 지난   kind 종류   adopt 채택하다; (특정한 방식을) 쓰다   competitor (시합) 참가자; 경쟁 상대

02 ⑤ (→ recover)

해석 1970년대에, 어부들은 잘 알려지지 않은 물고기를 발견했다. 이 물고기는 오렌지 러피였는데, 맛이 좋을 뿐만 아니라 수도 엄청나게 많았다. 곧, 어선들은 연간 4만 톤의 러피를 잡아 올렸다. 그런 후에 해양 생물학자들은 놀라운 것을 알아냈다. 러피가 대략 150년까지 산다는 것이었다. 당신이 먹은 러피는 19세기에 태어났을지도 모른다. 또한 러피가 살고 있는 바다는 먹이가 거의 없는 곳이기 때문에 느리게 자란다. 그런 바다에서는 어떤 물고기들은 평생에 단 한 번만 알을 낳는다. 불행하게도 이 사실을 알아냈을 때는 이미 개체 수가 많이 줄어들어 있었다. 세심한 관리를 하더라도 러피의 개체 수를 회복하려면 수십 년이 걸릴 것이다.

해설 ⑤ before가 이끄는 시간 부사절에서는 현재시제가 미래를 표현하므로 현재시제 recover가 쓰여야 함. ↩ Chapter 13 시제>
① '특정 과거 시점'을 나타내는 부사구 In the 1970s와 어울리는 것은 과거시제이므로 discovered는 적절. ↩ Chapter 13 시제>
② 명사 something을 수식하는 분사 자리. '놀라운 것'이란 뜻이 자연스러우므로 현재분사 alarming은 적절. ↩ Chapter 06 분사>
③ '과거에 대한 막연한 추측'을 나타내므로 「may have p.p.」의 형태인 may have been은 적절. ↩ Chapter 14 조동사>
④ '(개체 수가) 줄어든 것(had been reduced)'이 '알아낸 것(realized)'보다 더 이전의 일이므로 과거완료시제는 적절. ↩ Chapter 13 시제>

어휘 fisherman 어부, 낚시꾼   discover 발견하다   exist 존재하다   marine 바다의, 해양의   biologist 생물학자   alarming 놀라운   mature 다 자라다, 어른이 되다   give birth (아이·새끼를) 낳다   lifetime 평생   unfortunately 불행하게도   realize 알아차리다, 깨닫다   population 개체 수; 인구   management 관리   decade 10년   recover 회복하다

03 ③

해석 미국에서는 매년 5월 둘째 일요일에 어머니날을 기념한다. 이 기념일은 1세기도 더 전인 1908년 5월 10일에 시작되었다. 그날, Anna May Jarvis는 2년 전 돌아가신 어머니께 감사하는 특별 예배를 열었다. 이 작은 행사를 시작으로 전국적인 움직임이 일어났다. Anna와 그녀를 지지하는 사람들은 정·재계 지도자들에게 수백 통의 편지를 썼다. 그들은 매년 하루를 따로 정해 사람들이 어머니께 감사를 전할 수 있도록 해야 한다고 제안했다. Anna의 생각은 곧 인기를 얻어 퍼져 나갔고, 1909년이 되자 미국 45개 주(州)뿐만 아니라 캐나다, 멕시코, 푸에르토리코, 하와이에서도 이날을 공식적으로 기념했다.

해설 (A) '특정 과거 시점'을 나타내는 부사구 on May 10, 1908과 어울리는 것은 과거시제이므로 originated가 적절. ↩ Chapter 13 시제>
(B) Anna May Jarvis가 특별 예배를 연 것(held)보다 2년 전 어머니가 '돌아가신 것(had died)'이 더 이전 일이므로 과거완료시제가 알맞음. ↩ Chapter 13 시제>
(C) suggest가 '~을 제안하다'란 뜻으로 쓰였으며 뒤에 오는 that절의 내용이 당위성을 나타내므로 that절의 동사는 「(should +)동사원형」이 되어야 한다. 따라서 be가 적절. ↩ Chapter 14 조동사>

구문 (07행~08행) From this small event $\underset{V}{\underline{grew}}$ $\underset{S}{\underline{a\ nationwide}}$ movement.
부사구 From this small event가 문두에 위치하면서 주어와 동사가 도치된 구조.

어휘 celebrate 기념하다; 축하하다   originate 시작되다   church service 예배   nationwide 전국적인   movement (정치적·사회적) 운동   supporter 지지자, 후원자   set aside ~을 확보하다[챙겨놓다]   spread 퍼지다   popularity 인기, 평판   officially 공식적으로   observe (기념일을) 축하하다; 지키다

04 ⑤ (→ strange)

해석 과학자들은 왜 사람의 손에 손가락이 다섯 개가 있는지 알지 못한다. 만약 우리에게 여섯 개의 손가락이 있다면 우리의 삶은 더 나아질까, 나빠질까? 추가 손가락이 있다면, 그것은 어떤 일들을 더 수월하게 만들 것이다. 우리는 더 복잡한 악기를 연주할 수 있을 것이며, 더 빠르게 타자를 치고 물건을 더 꽉 붙잡을 수 있을 것이다. 단연코 가장 큰 영향은 수학에 있을 것이다. 세계적으로, 대부분의 사람들은 10개 그룹으로 묶어 수를 센다. 이것은 '십진법'으로, 인류학자들은 우리의 손가락이 10개이기 때문에 십진법을 사용한다고 믿는다. 우

리가 한 손에 6개의 손가락이 있다면, 우리는 당연히 12진법을 쓸 것이다. 우리는 12진법이 가장 쉽고 가장 정상적인 제도라고 생각할 것이며, 10진법을 14진법만큼 낯설다고 여길 것이다.

해설 ⑤ find가 '~을 …라고 생각하다'는 의미로 쓰여 SVOC구조를 취한다. 목적격보어 자리이므로 형용사 strange가 적절. ↪ Chapter 12 비교

① 완전한 절을 이끌므로 접속사의 자리인데, 의미상 why는 적절. ↪ Chapter 08 접속사·병렬구조

② if절의 동사는 가정법 과거(had)의 형태이며 '현재 사실을 반대로 가정·상상'하는 문맥이므로 주절에는 「조동사 과거형+동사원형」의 형태가 적절. 따라서 be는 적절. ↪ Chapter 15 가정법

③ a "base-10" numeral system을 지칭하는 것이므로 it은 적절. ↪ Chapter 10 명사와 대명사

④ 주절의 형태가 가정법 과거(조동사 과거형(would)+동사원형(adopt))의 형태이며 '현재 사실을 반대로 가정·상상'하는 문맥이므로 if절에는 「if+주어+동사 과거형」의 형태가 적절. 따라서 had는 적절. ↪ Chapter 15 가정법

어휘 extra 추가의 complex 복잡한 grip 꽉 붙잡다 firmly 단단히 by far 단연코 impact 영향 worldwide 세계적으로 anthropologist 인류학자 natural 정상적인, 당연한

05 ⑤ (→ should have been completed)

해석 Simon은 시계를 힐끗 봤다. 시험이 끝나기까지는 불과 몇 분밖에 남지 않았지만, 그는 두 문제에 대한 답을 알지 못했다. Simon은 만약 자신이 시험에 통과하지 못한다면 부모님이 얼마나 실망하실지 생각하는 것조차 싫었다. 그는 곁눈질하여 옆자리에 앉아 있는 Emma가 시험을 마무리하고 답이 훤히 보이도록 시험지를 책상 위에 놓아둔 것을 보았다. Emma는 시험을 잘 봤음이 틀림없다. 그가 해야 하는 일은 Emma의 답을 베끼는 것이었다. 그때 Simon은 엄마 생각이 났고, 만약 그가 시험에서 부정행위를 했다는 사실을 알게 된다면 엄마가 어떤 기분이실지 생각했다. 그는 엄마를 실망시키지 않기로 했다. 잠시 후 그는 시험지를 제출했다. 답이 채워졌어야 할 두 곳이 비어 있었다.

해설 ⑤ 문맥상 '답이 채워졌어야 하는데 그러지 못했다'란 의미로 과거에 대한 유감·후회를 나타낸다. should be completed → should have been completed. ↪ Chapter 14 조동사

① 주어가 minutes이므로 복수동사여야 한다. 시점은 과거이므로 were는 적절. ↪ Chapter 01 주어-동사 수일치

② 'Emma가 시험을 마무리한 것(had finished)'이 'Simon이 그것을 본 것(saw)'보다 더 이전의 일이므로 과거완료시제는 적절. ↪ Chapter 13 시제

③ 문맥상 Emma는 '시험을 잘 봤음이 틀림없다'란 의미이므로, 과거 사실에 대한 단정적 추측을 나타내는 must have done은 적절. ↪ Chapter 14 조동사

④ decide는 to부정사를 목적어로 취한다. to부정사의 부정어는 to 앞에 위치하므로 not to disappoint는 적절. ↪ Chapter 05 to부정사와 동명사

어휘 glance at ~을 힐끗 보다 disappointed 실망한 cf. disappoint 실망시키다 look sideways 곁눈질하다 beside ~ 옆에 visible 눈에 보이는 copy 베끼다 cheat (시험에서) 부정행위를 하다 turn in ~을 제출하다 blank 빈; 백지의 complete (빠짐없이) 작성하다, 기입하다

06 ⑤ (→ (should) be)

해석 예술은 음악, 연극, 영화, 무용, 그림, 디자인, 조각, 공예 등을 포함한다. 아이들이 예술 과목에서 만들고, 연주하고, 공연하는 기회를 많이 가질 때 굉장한 이점이 있다. 학생들이 예술 과목을 통해 얻는 지식과 기술은 매우 가치 있

다. 아이가 학교 연극에서 연기하면 자신감과 대중 앞에서 말하는 능력을 얻게 된다. 그리고 악기를 연주하는 것을 배우면 자라나는 뇌에 새로운 연결이 만들어져서 문제해결 능력을 강화시킨다. 음악은 또한 아이들이 미세한 운동신경 능력을 개발하는 것을 도와주고 창의성을 높여준다. 유감스럽게도, 예술 과목은 불필요한 것으로 간주되는 경우가 너무나 많고, 학교 예산에서 가장 작은 몫이 주어진다. 그러나 많은 전문가들은 예술이 모든 학교의 교육과정에서 지원을 잘 받는 분야가 되어야 한다고 주장한다.

해설 ⑤ insist가 '~을 주장하다'란 뜻으로 쓰였으며 뒤에 오는 that절의 내용이 당위성을 나타내므로 that절의 동사는 「(should +)동사원형」이 되어야 한다. 따라서 (should) be가 적절. ↪ Chapter 14 조동사

① when이 이끄는 시간 부사절에서는 현재시제가 미래를 표현하므로 현재시제 have가 쓰여야 함. ↪ Chapter 13 시제

② if절의 동사는 가정법 과거(acted)의 형태이며 '현재나 미래의 일을 가정'하는 문맥이므로 주절에는 「조동사 과거형+동사원형」의 형태인 would gain은 적절. ↪ Chapter 15 가정법

③ 주어는 하나의 동명사구(learning ~ instruments)이므로 단수 취급한다. 단수동사 creates는 적절. ↪ Chapter 01 주어-동사 수일치

④ help의 목적격보어 자리. help는 목적격보어로 동사원형 또는 to부정사를 취할 수 있으므로 develop은 적절. ↪ Chapter 04 동사와 준동사

어휘 sculpture 조각(품) craft 공예 benefit 이익을 보다 opportunity 기회 perform 공연하다, 연주하다 knowledge 지식 valuable 가치 있는 self-confidence 자신감 competence 능력 public speaking 대중 연설 musical instrument 악기 connection 연결 strengthen 강화하다 fine 미세한 motor skill 운동신경 능력 unnecessary 불필요한 budget 예산 expert 전문가 academic 학교의, 학업의

07 ③ (→ were)

해석 어떤 동물들은 태어난 직후에 처음 보거나 처음 소리를 들은, 움직이는 대상을 따르고 의지하게 된다. 보통, 어미가 첫 번째이지만, 어미가 아닌 경우가 있을 수 있다. 동물 행동학자 Konrad Lorenz가 인큐베이터 안에서 새끼 오리들을 부화시켰을 때, 이 새끼 오리들은 마치 그가 어미인 것처럼 그를 어디든 따라다녔다. 이 행동은 '어미'가 먹이도 애정도 주지 않는 물건일 경우에도 나타난다. 실험실에서 새끼 오리들은 고무공, 나무토막, 플라스틱 오리를 어미처럼 대했다. 이러한 사실은 그 행동이 생존을 돕는 본능이라는 점을 시사한다. 그 이유는 어미 근처에서 지내는 새끼 오리는 보통 그렇지 않은 새끼 오리보다 훨씬 더 안전하기 때문이다.

해설 ③ 문맥상 주절의 시제(followed)와 일치하는 가정법 과거인 were가 적절. ↪ Chapter 15 가정법

① thing과 move가 능동관계이므로 moving은 적절. ↪ Chapter 06 분사

② 이끄는 종속절과 주절이 서로 반대되는 의미이므로 접속사 While은 적절. ↪ Chapter 08 접속사·병렬구조

④ 동사 suggest 뒤의 that절이 당위성의 내용이 아니고, 실험 결과가 시사하는 바를 나타내므로 현재시제 is는 적절. ↪ Chapter 14 조동사

⑤ doesn't stay near its mother를 의미하므로 대동사 doesn't는 적절. ↪ Chapter 04 동사와 준동사

구문 (13행~14행) ~ because a duckling [that stays near its mother] is usually much safer **than** one [that doesn't (*stay near its mother*)].

because가 이끄는 부사절의 주어는 a duckling ~ its mother, 동사는 is.

than 뒤의 비교대상에서 반복되는 어구가 생략되었다.

어휘 dependent upon[on] ~에게 의지[의존]하는 typically 보통, 일반적으로 instance 경우, 사례 behaviorist 행동학자 *cf.* behavior 행동 incubator 인큐베이터, 인공 부화기 object 물체; 대상 affection 애정, 애착 laboratory 실험실 duckling 새끼 오리 rubber 고무 instinct 본능, 본성 aid 돕다, 거들다 survival 생존

08 (1) ②, founded (2) may have been equal to those of the famed Inca civilization

해석 볼리비아의 안데스산맥 높은 곳에 있는 도시 Tiwanaku에 관해 많은 설(說)이 존재한다. 역사학자들은 그 도시가 기원전 1,200년경에 세워졌고, 500년간 어떤 강력한 국가의 수도였다고 알고 있다. 몇몇 작가들은 그때 당시에 Tiwanaku 문명의 미술, 건축, 농업 기술이 유명한 잉카 문명의 그것들과 맞먹을 정도였을지도 모른다고 주장했다. 어떤 사람들은 15,000년 전에 다른 행성에서 온 외계인들이 Tiwanaku를 세웠다고 사람들을 설득하려 했다. 오랜 세월 동안, 그곳에 관한 이상한 설(說)은 끊임없이 있었다. 그러나 외계인을 믿는 사람들 사이에서 Tiwanaku만큼 관심을 끌어모은 고고학 유적지가 거의 없었다는 것은 사실이다.

해설 (1) ② 문맥상 '세워진 것'이므로 found(설립하다)의 과거분사인 founded가 되어야 한다. ↩ Chapter 02 태
① a number of + 복수명사는 복수동사로 수일치시킨다. ↩ Chapter 01 주어-동사 수일치
③ 특정 과거 시점 부사구(15,000 years ago)와 어울리는 것은 과거 시제이므로 was built는 적절. ↩ Chapter 13 시제
④ 기간을 나타내는 부사구 For many years와 함께 쓰여 문맥상 '과거부터 현재까지 계속된 일'을 나타내므로 현재완료시제(has been)는 적절.
↩ Chapter 13 시제
⑤ 뒤에 셀 수 있는 명사의 복수형(archaeological sites)이 나오고 문맥상 '부정'을 의미하므로 few는 적절. ↩ Chapter 10 명사와 대명사
(2) '과거에 대한 막연한 추측'을 나타내므로 「may have p.p.」의 형태인 may have been이 되어야 한다. ↩ Chapter 14 조동사 또한, art, architecture, and agricultural techniques의 반복을 피하기 위해 대명사 those로 변형해야 한다. ↩ Chapter 10 명사와 대명사

구문 (05행~08행) Several writers have claimed / that, at that time, the Tiwanaku civilization's **art, architecture, and agricultural techniques** may have been equal to **those** of the famed Inca civilization.
이 문장에서 반복을 피하기 위한 대명사 those는 앞의 art, architecture, and agricultural techniques를 가리킨다.
(12행~14행) It is true, however, that **few** archaeological sites have
          A
attracted as much interest as Tiwanaku has ~.
                              B
「부정어 + A as ~ as B」는 '어떤 A도 B만큼 ~하지 않다' 즉, 'B가 가장 ~하다'란 뜻으로, 이 문장은 'Tiwanaku가 가장 흥미롭다'란 뜻.

어휘 theory 학설, 이론 regarding ~에 관해서 approximately 약, 대략 capital 수도 claim 주장하다 civilization 문명 architecture 건축 agricultural 농업의, 농사의 technique 기술 be equal to ~에 필적하다; ~와 같다 famed 유명한 convince 설득하다, 납득시키다 alien 외계인 limit 제한 archaeological 고고학의 site 유적; 장소 attract (관심 등을) 끌어모으다

09 (1) ③, what (2) could have happened if certain events had unfolded differently

해석 대체역사(AH)는 공상 과학 소설 같지만, 역사 기술 요소도 가지고 있다. 대체역사 팬들은 대체역사가 그들의 상상력을 자극하고 역사에서 가능성의 역할에 대해 생각하게 해준다고 말한다. 대체역사 소설에서 우리는 어느 정도까지는 우리 역사와 비슷한 세상을 발견한다. 바로 그 지점에서 역사가 변하고, 대체역사의 세계는 우리의 세계와는 극적으로 다른 길로 간다. 예를 들어, 어떤 대체역사 소설에서는 일본이나 독일이 제2차 세계대전에서 승리했다면 세계가 어떤 일을 겪었을지를 상상한다. 다른 사람들은 어떤 중요한 것이 실제보다 역사상 더 일찍 발명된 세계를 상상할 수도 있다. 예를 들어, 예수가 살아있을 때 비디오카메라가 존재했다면 어떤 일이 일어났을까?
[요약문] 대체역사는 특정 사건이 다르게 전개되었다면 일어날 수도 있었던 일을 탐구하는 다양한 시나리오를 제시한다.

해설 (1) ③ 뒤에 목적어가 빠져 있는 불완전한 구조가 이어지므로 의문대명사 what이 적절. 여기서 what이 이끄는 절은 imagine의 목적어가 되는 명사절이다. ↩ Chapter 08 접속사·병렬구조
① get은 목적격보어로 to부정사나 현재분사를 모두 취할 수 있다. 현재분사는 '진행'을 강조한다. ↩ Chapter 04 동사와 준동사
② 두 절을 연결하면서 history의 소유격 역할을 하는 whose는 적절.
↩ Chapter 09 관계사
④ '실제 발명된 것(it really was)'보다 '더 이전에(earlier in history)' 발명된 경우를 상상해본다는 문맥이므로 과거완료시제(had been invented)는 적절. ↩ Chapter 13 시제
⑤ if절의 동사가 had been이고 '과거에 대해 가정'하고 있으므로 가정법 과거완료. 따라서 주절의 동사로 would have happened는 적절. ↩ Chapter 15 가정법
(2) 대체역사가 제공하는 다양한 시나리오로 여러 과거 사실이 다르게 전개되었다면 어떤 일이 일어났겠는지를 가정, 상상하는 내용이 나열되고 있다. 모두 과거 사실을 가정하는 것이므로 가정법 과거완료를 이용하여 영작해야 한다.

구문 (02행~04행)
Fans of AH say (that) it(= AH) ┬ **stimulates** their imagination
                                ├ **and**
                                └ **gets** them **thinking** ~ history.
                                      O'   C'
say의 목적어절 내에 두 개의 동사구가 and로 연결된 병렬구조. 여기서 get은 '~이 …하게 하다'란 의미로 SVOC 구조를 이루며 현재분사 thinking 이하를 목적격보어로 취하고 있다.

어휘 alternate 대신의; 교대의 science fiction 공상 과학 소설 contain ~이 들어 있다 element 요소, 성분 stimulate 자극하다; 격려하다 imagination 상상 *cf.* imagine 상상하다 role 역할 novel 소설 up to a certain point 어느 정도까지 dramatically 극적으로 path 길; 진로 undergo 《underwent-undergone》 경험하다, 겪다 significant 중요한 explore 탐구하다, 탐험하다 unfold 전개되다; 펼치다

첫단추 BUTTON UP

내신·수능 준비는 첫단추 시리즈로!

첫단추 문법·어법편	첫단추 독해유형편	첫단추 독해실전편	첫단추 듣기유형편	첫단추 듣기실전편
40가지 어법 포인트로 내신·수능 영어 완벽 대비	수능 독해 유형별 확실한 해결전략 제시	최신 경향을 반영한 실전 대비 독해 모의고사 12회	수능 듣기 유형별 학습 & 실전 대비 듣기 모의고사 10회	최신 경향을 반영한 실전 듣기 모의고사 20회

내신과 수능의 첫단추를 잘 끼우려는

모든 수험생을 위한 필수 교재

01 수능에 대한 완벽한 이해를 할 수 있습니다.

02 내신 문제풀이에 꼭 필요한 전략과 기본기를 쌓을 수 있습니다.

03 모의고사에 출제 가능한 유형을 총망라하여 폭넓은 시야와 대응력이 길러집니다.

04 충분한 양의 예상문제를 통해 실전 적용력이 자연스럽게 배양됩니다.

고등 기초부터 ○————— *New* —————○ 수능 준비까지

믿고푸는 **독해 4단계**

수능 독해의 유형잡고   모의고사로 적용하고

기본 다지는
첫단추

① 유형의 기본을 이해하는
**첫단추
독해유형편**

② 기본실력을 점검하는
**첫단추 독해실전편
모의고사 12회**

실력 올리는
파워업

③ 유형별 전략을
탄탄히 하는
파워업 독해유형편

④ 독해실력을 끌어올리는
**파워업 독해실전편
모의고사 15회**

* 위 교재들은 최신 개정판으로 21번 함의추론 신유형이 모두 반영되었습니다.

쎄듀 초·중등 커리큘럼

	예비초	초1	초2	초3	초4	초5	초6
구문		천일문 365 일력 | 초1-3	교육부 지정 초등 필수 영어 문장	초등코치 천일문 SENTENCE	1001개 통문장 암기로 완성하는 초등 영어의 기초		
문법				초등코치 천일문 GRAMMAR	1001개 예문으로 배우는 초등 영문법		
			왓츠 Grammar		Start (초등 기초 영문법) / Plus (초등 영문법 마무리)		
독해				왓츠 리딩 70 / 80 / 90 / 100 A / B	쉽고 재미있게 완성되는 영어 독해력		
어휘				초등코치 천일문 VOCA&STORY	1001개의 초등 필수 어휘와 짧은 스토리		
	패턴으로 말하는 초등 필수 영단어 1 / 2			문장 패턴으로 완성하는 초등 필수 영단어			
ELT	Oh! My PHONICS 1 / 2 / 3 / 4			유·초등학생을 위한 첫 영어 파닉스			
		Oh! My SPEAKING 1 / 2 / 3 / 4 / 5 / 6		핵심 문장 패턴으로 더욱 쉬운 영어 말하기			
		Oh! My GRAMMAR 1 / 2 / 3		쓰기로 완성하는 첫 초등 영문법			

	예비중	중1	중2	중3
구문	천일문 STARTER 1 / 2			중등 필수 구문 & 문법 총정리
문법	천일문 GRAMMAR LEVEL 1 / 2 / 3			예문 중심 문법 기본서
	GRAMMAR Q Starter 1, 2 / Intermediate 1, 2 / Advanced 1, 2			학기별 문법 기본서
	잘 풀리는 영문법 1 / 2 / 3			문제 중심 문법 적용서
	GRAMMAR PIC 1 / 2 / 3 / 4			이해가 쉬운 도식화된 문법서
			1센치 영문법	1권으로 핵심 문법 정리
문법+어법		첫단추 BASIC 문법·어법편 1 / 2		문법·어법의 기초
문법+쓰기	EGU 영단어&품사 / 문장 형식 / 동사 써먹기 / 문법 써먹기 / 구문 써먹기			서술형 기초 세우기와 문법 다지기
				올씀 1 기본 문장 PATTERN / 내신 서술형 기본 문장 학습
쓰기	거침없이 Writing LEVEL 1 / 2 / 3			중등 교과서 내신 기출 서술형
		중학 영어 쓰작 1 / 2 / 3		중등 교과서 패턴 드릴 서술형
어휘	천일문 VOCA 중등 스타트/필수/마스터			2800개 중등 3개년 필수 어휘
	어휘끝 중학 필수편		중학 필수어휘 1000개	어휘끝 중학 마스터편 / 고난도 중학어휘 +고등기초 어휘 1000개
독해	ReadingGraphy LEVEL 1 / 2 / 3 / 4			중등 필수 구문까지 잡는 흥미로운 소재 독해
	Reading Relay Starter 1, 2 / Challenger 1, 2 / Master 1, 2			타교과 연계 배경 지식 독해
	READING Q Starter 1, 2 / Intermediate 1, 2 / Advanced 1, 2			예측/추론/요약 사고력 독해
독해전략		리딩 플랫폼 1 / 2 / 3		논픽션 지문 독해
독해유형		Reading 16 LEVEL 1 / 2 / 3		수능 유형 맛보기 + 내신 대비
		첫단추 BASIC 독해편 1 / 2		수능 유형 독해 입문
듣기	Listening Q 유형편 / 1 / 2 / 3			유형별 듣기 전략 및 실전 대비
		쎄듀 빠르게 중학영어듣기 모의고사 1 / 2 / 3		교육청 듣기평가 대비